教育科学精品教材译丛

Educational Administration: A Problem-based Approach

教育管理：基于问题的方法

[美] 威廉·G.坎宁安
保拉·A.科尔代罗 著

赵中建 主译
赵中建 审校

凤凰出版传媒集团
江苏教育出版社

图书在版编目(CIP)数据

教育管理：基于问题的方法/(美)坎宁安等著；
赵中建译. —南京：江苏教育出版社，2003.7(2010.4重印)
(教育科学精品教材译丛)
ISBN 978-7-5343-4944-7

Ⅰ.①教… Ⅱ.①坎… ②赵… Ⅲ.①教育管理学
Ⅳ.①G46

中国版本图书馆 CIP 数据核字(2003)第 028526 号

本书封面贴有 Pearson Education 出版集团激光防伪标签，无标签者不得销售。

Simplified Chinese edition copyright © 2002 by PEARSON EDUCATION NORTH SAIA LIMITED and JIANGSU EDUCATION PUBLISHING HOUSE.
Educational Administration：A Problem-Based Approach，1E by William Cunningham，ISBN 0205184596 Copyright © 2000 All Rights Reserved
Published by arrangement with the original publisher，Pearson Education，Inc.，publishing as Allyn & Bacon

---

教育科学精品教材译丛

教育管理：基于问题的方法

Education Administration: A Problem-based Approach

[美] 威廉·G. 坎宁安　保拉·A. 科尔代罗　著
赵中建　**主译**　赵中建　**审校**
责任编辑　陈爱芳　**责任校对**　史玉娜　张黎华

出版发行　　凤凰出版传媒集团
　　　　　　江苏教育出版社
(南京市湖南路1号A楼，邮编：210009　网址：www.1088.com.cn)
经　　销　　江苏省新华发行集团有限公司
照　　排　　南京展望文化发展有限公司
印　　刷　　江苏凤凰盐城印刷有限公司
厂　　址　　盐城市纯化路29号　邮编　224001
开　　本　　787×1092毫米　1/16　印张 29.25　字数 595 000
版　　次　　2003年7月第1版　2010年4月第3次印刷
印　　数　　8 001—11 000 册
书　　号　　ISBN 978-7-5343-4944-7
定　　价　　58.00元
批发电话　　025-83657791，83658558，83658511
邮购电话　　025-85400774，8008289797
短信咨询　　025-85420909
E-mail　　jsep@vip.163.com
盗版举报　　025-83658551
苏教版图书若有印装错误，可向承印厂调换
　　　　提供盗版线索者我社给予重奖

编委会

顾问
顾明远　章新胜

主编
朱永新

副主编
严文蕃　张胜勇

编委（按姓氏笔画为序）
王智新　卢乃桂　许庆豫　朱小蔓　吴康宁
张斌贤　周　川　俞慧洵　赵　明　赵中建
钟启泉　徐　辉　袁振国　董　奇
James Campell　Thomas Shuell

海外咨询委员会

主任委员
韦　钰

委员（按姓氏笔画为序）
万毅平博士…美国肯尼索大学教育学院院长、教授
马立平博士…美国卡内基教育基金会
关小茹博士…美国芝加哥德保罗大学教学科技部主任
孙　静博士…澳大利亚昆士兰科技大学早期儿童应用研究中心
杨效斯博士…美国芝加哥森林湖学院亚洲研究中心主任
陈欣银博士…加拿大西安大略大学发展心理研究室主任
周　正博士…美国纽约圣约翰大学心理学系
秦志宁博士…美国明尼苏达州哈普金斯教育局测量评估部主任
彭凯平博士…美国加利福尼亚州立大学教授
蓝　云博士…美国得克萨斯州工科大学教育学院副院长

《教育科学精品教材译丛》总序

作为高校教师,我们中的许多人常常为教育科学教材的陈旧落后而痛心疾首;作为教育学人,我们中的许多人也常常对经济学、社会学等显学学科教材建设的突飞猛进而称美不已。

于是,我们坐卧不安,我们摩拳擦掌,我们立志超越,我们走到了一起。经过几年的努力,涵盖当代高等学校教育学专业的全部主干课程的大型海外教材《教育科学精品教材译丛》呈现在读者面前。

许多年来,我国高等师范教育和高等学校教育学专业课程改革的步伐极为缓慢,师范教育的教育学、心理学、教材教法这三门课程多年不变,教育学专业的课程内容陈旧,课程的选择空间相当狭小。可以说,改变高等师范教育课程和高等学校教育学课程的落后状况,是《译丛》的最为基本的宗旨。

另一方面,随着教育事业改革的深化,教育实践中产生的问题日益复杂,解决这些问题需要极为丰富的教育科学知识和能力。《译丛》追求的另一宗旨正是通过奉献世界上最先进的教育科学知识体系,促进我国教育事业改革的深化。

在过去的几年中,高等学校课程改革已经取得相当明显的成效。深化课程改革的一种重要途径是引进国外尤其是发达国家的高校教材,藉此提高教育质量和增进学生的学习能力。《译丛》的宗旨和思路与我国高校教材改革的这种方向是一致的,而且是高校教材改革过程的组成部分。

促进学术交流,是《译丛》向往的又一宗旨。学术沟通的障碍,表征是交际语言,而深层原因则是学术语言与学术规范。《译丛》希望通过引进国外的教育科学知识体系和贯穿其

《教育科学精品教材译丛》总序

中的研究方法与表达方式,促进我国教育科学学术事业的进步,并为其走向世界奠定基础和开辟道路。

《译丛》是建国以来从海外引进的规模最大、门类最全的教育学科教材,被国内媒体称为"又一次重要的拿来主义"。在科教兴国的基本国策背景下,它所蕴涵的巨大社会意义已经超出教材本身。因此,《译丛》的编委会和出版者——江苏教育出版社对此高度重视,并为此做了大量的细致而扎实的工作。第一,组建了强大的编委会和翻译队伍。《译丛》的编委会阵容整齐,有各师范大学的博士生导师、教授以及一批海外教育专家;主要翻译人员和审校者均是教育科学专业的博士或教育科学领域的教授,其中一些译者长期旅居国外,并从事教育科学专业的研究和教学工作,他们均在教育科学领域具有相当深厚的积累,可以确保《译丛》的翻译质量。第二,精心筛选选题。《译丛》的入选图书品质上乘,所有选题皆经中、日、美等国专家反复磋商论证,精选而成。其中一些书目为国外学术机构所推荐,在国外大学拥有广泛的学术声誉。许多教材一版再版,最多的已达十七版。

我们希望,这套教材能成为国内教育科学的替代课本或重要参考书,也把它作为各地教师继续教育的重要图书。

我们期待,这套教材能给中国教育理论界带来一些观念和方法上的启示,为我国的教育科学的教学和研究,尤其是教材编写工作提供一定的借鉴。

我们相信,这套教材会得到许多中小学教师、校长、教育行政机关干部、教育科学研究人员、教育专业的研究生以及高校在校学生的关注和选用。

当然,我们更希望、更期待的是创新和超越。希望和期待我国的教育科学工作者编写出高水平的、具有中国特色的教材。站得更高才能看得更远,看得更远才能做得更佳,希望我们这套教材能使中国教育理论界有一个更高的起点,使中国的教师和师范学生有一个开阔的视野。需要说明的是,由于原书附有大量的索引,为降低图书成本,减轻读者负担,我们只好割爱,敬请诸君谅解。

我们欢迎各种形式的参与和合作,欢迎专家和读者随时为我们荐书,随时提出各种建议和评论。

《教育科学精品教材译丛》编委会
二〇〇二年四月

中文版序

《教育管理：基于问题的方法》入选《教育科学精品教材译丛》，译成中文，与中国读者见面，对此，我们深感荣幸。中国教育制度早在公元前16世纪的商代已显端倪，历史久远，传统深厚。尽管美国和中国处理问题的方式存在差异，然而两国面临着相似的挑战，通过翻译，我们能够在许多方面相互学习。在全球化时代，这样的相互学习将会日益重要。相互解读对方的教育沿革过程、发展教育事业的努力和教育制度，必将促进未来的交流和理解。我们感谢江苏教育出版社《教育科学精品教材译丛》编委会，以及参与译丛工作和选译本书的中国和美国的学者们。

《教育管理：基于问题的方法》的写作目的，是全面和综合地审视美国教育领导的责任。本书的上半部着重探讨教育领导，而后半部主要讨论教育领导者的作用和责任。长期以来，中国和美国均面临教育管理中的集权和分权矛盾。中国的教育部和美国50个州的教育委员会都高度关注教育。两国需要解决的问题包括义务教育、教育标准、教育测量、职业技术教育、教育经费、课程编制、课外活动、教育改革、教育设施和教育管理。因此，作为国际上的伙伴，中国和美国面临共同的目标，面对相近的挑战。本书详尽地考察了美国的教育制度和美国的教育领导是如何生成与实施的。因而，我们希望本书有助于中国的教育事业进步，有助于中国读者了解美国的教育。

美国的职业学校，包括教育学院和执业者的在职训练课程，强调理论与实践的联系和知识能力向实践技艺的转化。

本书介绍了美国最杰出的和最新的相关研究与理论，评述了美国最富有创见的专家们关于教育问题的思考。所有这些研究、理论和思考都与中国和美国的教育实践直接相关。在这里可以说，本书恰恰是美国教育领导研究的最新突破。在中美两国的教育管理者、教师、学生和家长面对相同挑战的情况下，本书内在的职业性的、解决问题的取向，为人们认识两国的教育情境提供了最大的空间。两国的交流和学习是一种渐进的和能动的过程，借助于因特网，我们能够实现这样的交流和学习。我们的电子邮件地址是：wcunning@odu.edu 和 cordeiro@acusd.edu。我们期待关于本书内容的评论，期待关于我们为之贡献了我们全部职业生涯的本门课程的评论。

我们希望，中国读者能够通过本书获得对教育领导的理解，享受阅读本书的快乐。我们从事的职业——为国家培养下一代——有着十分重要的意义。我们国家的未来，我们这个世界的发展和稳定，都取决于我们的工作成就。我们希望，本书能够为两国教育事业的进步贡献一份力量。我们还希望，编辑委员会和其他相关学者们改进教育和增进两国理解的高尚的工作能够取得巨大的成功。

威廉·G. 坎宁安
（William G. Cunningham）
保拉·A. 科尔代罗
（Paula A. Cordeiro）

前 言

《教育管理：基于问题的方法》对教育管理领域进行了广泛的讨论。该书描述了成功和有效的学校和管理者在挑战和要求日益增多的环境下，是如何进行工作的。它在一种多元的视角和宽域的思考的指导下，为读者提供了一种看待管理的知识基础、研究和实践的整合观点。每一章所强调的各种活动、收集的实践材料和反思性著述，在读者阅读的过程中有助于他们形成一种个人的和专业的知识结构。

有些人希望理解并有效地从事教育领导，希望提高自己对教育、教育管理的作用、推动教育迈向一个新时代的各种力量以及正在出现的各种转型的认识，并利用最新最佳的实践来改善和提高所有儿童的教育。该书的内容对所有这些人都是十分有益的，而且使教育管理者的工作更有朝气。

该书的形式使得读者能从各个重点领域和观点中进行选择。由于读者当前的专业地位不同，因此有些章节就特别重要，而另一些章节就显得只是些资料而已。尽管主题是按逻辑从一章过渡到另一章的，有些章节或章节的部分仍可以分别进行学习，或者根据读者或教师的需要以一种不同的顺序进行。

尽管我们建议读者通览全书以对内容有一感知印象，但为了知道后面章节内容的实质，前面几章可以一览而过。每一主题的引入和安排都是从实践角度考虑的，而且是通过个人专业生活而发展起来的整个领导体系的组成部分。该书提供了在改善和提高教育实践中十分有用的关键信息的广泛参考框架。

每一章都遵循着相同的基本格式，首先是一个反映学校管理者生活的引子。每一章中都有问题和评论，以使理论与实践相衔接，以鼓励读者丰富他们对实践性问题的理解，以对领导如何应用于各种不同的情境提出建议。每一章不断地用叙述、专家的观点、引文、因特网网址和例证等突出关键论点、趋势和问题。

每一章以建议性活动作为其结论，而读者通过此可以建立起他们自己的领导平台，可以收集各种材料来显示自己将知识与职责联系起来的能力，可以为每一章收集档案袋物品和反思性作品以创设一个累积性的档案袋，从而显示读者的成长以及对管理实践的理解。

每一章还包含一些来自各个领域的全国知名学者和实践家对一些关键性主题的原创的、具有真知卓见的反思。这些内容洞察了教育管理中的许多关键领域，而这些洞察来自那些参与教育管理领域中最有前景之活动的人士。提供这些重要洞察的目的，是为了提供一种模式并鼓励读者去发展经过很好思考并受到支持的关键问题的分析。读者还可以将自己的反思性思考与该领域的知名专家的思考相联系。每一项内容都鼓励读者对围绕教育管理的关键问题进行仔细思考、讨论和争辩。

第一章探讨和发展教育管理的理论、价值观、问题和实践。后面的3章（二、三、四）检查了背景、社会文化的问题、主要的改革计划、文化多样性和社区关系。第五到第七章把重点放在学区组织、成功的领导和领导的道德和伦理方面。要求读者动用所提供的测量工具来评估他们自己的领导风格。第八到第十二章把注意力转向操作的责任和立法的常规问题。全书探讨了与课程、教学和课程计划编制相联系的主要的领导职责；学生人事；人力资源管理；立法和屈从的问题；以及财政和服务。最后一章则简要介绍了基于问题的学习、2位专家的询问以及4个基于问题的学习的项目。

4个基于问题的学习项目可以用不同的方式利用。第一种方法是在阅读文本之前先安排一个项目。当读者仅仅选择那些对于充分而适当地解决问题所必需的章节时，这一文本可以用作为一种资源。整合这些项目的另一种方法是让读者从本书约中间的地方完成一个项目。这一方法使学生对内容感到满意，开始发展一种教育平台，并可能开始编制一个档案袋。另外的方法是，在学生读完大部分文本后，一个基于问题的学习项目可以用作为一种累积性活动。这类学习不提供解决的办法。基于问题的学习项目的设计，是为了激励探究，为了创造一种更深的反思，为了挑战那些有关问题、价值观和需要的已有观点。

本书的最初设想来自于与Allyn & Bacon公司的教育编辑肖特（Ray Short）（现在已幸福地退休了）的多次谈话。黄（Karin Huang）女士在整个写作过程中呵护着我们的努力。本书的许多内容取材于研究人员、学者和实践家的实际工作。他们将自己的专业生活致力于不断加深对教育和管理的理解。我们感激他们的奉献和批评性的重要洞察力。我们还要感谢如下那些提供了有价值的反馈、洞察和资料的评论者：北科罗拉多大学的巴尼特(Bruce Barnett)、俄克拉何马州立大学的伯林盖姆(Martin Burlingame)、新墨西哥州立大学的冈萨雷斯(Maria-Luisa Gonzalez)、休斯敦大学的休斯(Larry W. Hughes)、北科罗拉多大学的金(Richard A. King)、北卡罗莱纳大学格林斯保罗分校的赖茨格(Ulrich C. Reitzug)和俄克拉何马州大学的雷斯蒂纳(L. Nan Restine)。我们要特别感谢每一位专家,他们提供了反映各章内容的原始材料,他们为我们的管理领域做出了卓越的贡献。我们还希望对为本书的完成提供过重要帮助的如下人士表示谢意:Paula Short,Gene Carter,Donn Gresso,Joe Murphy,Bruce Barnett,Fred Bateman,Kerry Lambert,Donald Walker,Bill Katzenmeyer,Frank Sellew,Bob MacDonald,Mark Shibles,Patrick Mullarney,Denny Wolfe和Bob Sinclair。特别的谢忱给予 Georgia Belaire,Sheila Jones 和 Dawn Hall,她们的打字和校对有助于使书稿成为著作。

许多教授教育管理或从事教育管理实践的朋友和同事给我们以咨询、鼓舞和指导,他们为此付出了时间并表示了兴趣。最后要提及的,但当然不是最重要的,是数千名学习教育领导的学生,他们首先把如此令人兴奋的生活融入到这一学科中,融入进我们的中小学。我们祝愿他们在宏伟的征途上获得成功和平安。对他们,我们表示崇高的敬意和无尽的感谢。

我们还应该感谢我们的父母:赫里和玛格丽特(Herry and Margaret Cunningham)和曼努埃尔(Manuel Cordeiro),姐姐盖尔(Gail Penn),侄子桑德拉(Sandra L. Cunningham),孩子克里(Kerri)、迈克尔(Michael)和他的妻子多蒂(Dottie),及孙子辈的谢尔拉(Cierra)、梅里克(Merrick)、基南(Keenan)和希利(Shealyn)。感谢他们不断的鼓励和支持以及我们所享有的幸福和爱。奥布莱恩(David J. O'Brien)对本书的初稿进行了细心的编辑,我们向他表示最诚挚的谢忱,深深地感谢他的洞察力和支持。

我们希望你能发现本书的价值,那些如此深深影响我们生活的人员的伟大之处成为本书的一部分。

威廉·G. 坎宁安

(William G. Cunningham)

保拉·A. 科尔代罗

(Paula A. Cordeiro)

总序

中文版序

前言

第一章　管理理论和领导责任/1
　　引子：弗莱姆·斯瑠匹斯学区的领导差异/1
　　一、管理的过程和知识/4
　　二、元叙事/5
　　　　（一）科学方法/8
　　　　（二）过渡的：现实主义、主观主义、自然主义、结构主义/9
　　　　（三）批判理论：价值观、伦理和控制/11
　　　　（四）性别与种族/12
　　　　（五）后现代主义、广域领域和超越/14
　　三、管理纲要/17
　　四、道德问题/20
　　五、教育管理的知识基础/22
　　六、结论/26
　　档案袋物品/28
　　推荐阅读文献/28

第二章　教育管理者的工作情境和视角/29
　　引子：斯克里夫纳中学——理解工作情境/29
　　一、联邦和州的角色/31
　　二、广泛而又复杂的背景/32
　　三、教育的起源/33
　　　　（一）土地赠与/37
　　　　（二）救济/37
　　　　（三）国防/37

目 录

　　　　　（四）平等的教育机会/38
　　　　　（五）世界水平的经济竞争能力——从1980年至今/40
　　四、确立国家目标/43
　　五、20世纪90年代以来/46
　　六、对新的教育需求做出回应/48
　　七、州的作用与回应/49
　　八、21世纪的挑战/54
　　九、结论/56
　　档案袋物品/58
　　推荐阅读文献/58

第三章　学校改革/60
　　引子：布鲁洛克学校改革/60
　　一、改革模式与21世纪/61
　　二、学校改革的评价/65
　　　　（一）发现新的方向/67
　　　　（二）支持改革事业/69
　　　　（三）变化世界中的共同主题/69
　　三、所需要的改革/72
　　　　（一）创新性计划/72
　　　　（二）其他革新模式及其优点/77
　　四、运用技术/81
　　五、领导能力的挑战/85
　　六、结论/86
　　档案袋物品/87
　　推荐阅读文献/88

第四章　文化多元与社区关系/90
　　引子：费尔黑文市的文化冲突/90
　　一、学校中的多元化/92
　　　　（一）社会经济地位和社会阶层/92
　　　　（二）美国人口统计/93
　　　　（三）关于我们所使用的语言/95
　　二、种族分类：名字意味着什么？/95
　　　　（一）文化同一性/96
　　　　（二）文化的过渡/99
　　三、偏见和歧视/100

四、学校中的歧视/102
五、竞争的观点：解决种族、阶层和性别问题的理论、模式和方法/103
 （一）文化缺失法/103
 （二）单一群体研究法/106
 （三）多元文化教育法/106
 （四）社会公正教育方法/107
六、种族歧视、隔离和融合/110
 （一）磁石学校/110
 （二）美国学校的语言多样性：教育计划选择/111
七、建立学校、家庭与社区的伙伴关系/115
八、联系学校和社区组织/119
九、结论/121
档案袋物品/121
推荐阅读文献/121

第五章　学区的组织结构与领导/123

引子：挑战奥费利亚高中中的旧行为/123
一、地方的角色/124
二、地方学区/125
三、学校董事会/127
四、学区教育局长/130
五、中心办公室的运作/133
六、学校管理者/138
 （一）校长：教学领导者抑或学校管理者/141
 （二）典型的一天/144
七、结论/147
档案袋物品/148
推荐阅读文献/149
 附录5.A　联合的 AASA－NSBA 教育局局长准则/149

第六章　成功的学校领导/151

引子：办学水平不断下降的阿特拉斯·施拉格高中/151
一、评估领导的特征/153
二、领导范式：不断增长的知识基础/154
三、领导的工具分析/156
 （一）麦克格里格的 X 和 Y 理论/156
 （二）俄亥俄州的研究/158

目 录

　　　　（三）新的管理模式/160
　　　　（四）情境型和应变型的领导/162
　　　　（五）密歇根大学的研究/169
　　四、新近的领导理论/172
　　　　（一）追求卓越/173
　　　　（二）高效率人士的7种习惯/174
　　　　（三）学习型组织/176
　　　　（四）新领导科学/176
　　　　（五）全面质量管理/178
　　　　（六）校本管理/179
　　　　（七）文化领导/180
　　　　（八）转换型领导/182
　　五、反思型实践者/183
　　六、领导的品质或领导技能/186
　　七、结论/187
　　档案袋物品/189
　　推荐阅读文献/190
　　　　附录6.A　框6.1得分说明　X-Y量表/190
　　　　附录6.B　框6.4得分说明　领导行为测量/191
　　　　附录6.C　框6.5得分说明　偏爱管理风格测量/192
　　　　附录6.D　有效的学校领导的21个组合领域/194

第七章　领导的道德与伦理向度/196

　　引子：库亚马克高中对价值冲突的处理/196
　　一、领导的目的/196
　　　　（一）成为真正的人/197
　　　　（二）文化的角色/198
　　　　（三）澄清和解决价值冲突/199
　　　　（四）真实的自我/202
　　二、创造共同体/204
　　　　建立一所伦理型学校/204
　　三、以伦理为基础的领导/206
　　　　（一）转换型领导/206
　　　　（二）公仆型领导/207
　　　　（三）以原则为中心的领导/207
　　　　（四）服务/208
　　四、伦理行为的基础：良好行为的标准/209

五、成为一位伦理型领导者：技能培养的方法/210
  道德准则/210
六、制定一份教育纲要/212
七、结论/212
档案袋物品/212
推荐阅读文献/213

第八章　课程计划的开发、实施与评价/214
  引子：林敦小学课程计划的改进/214
 一、学业成就观/215
  （一）智力理论/215
  （二）知识的类型/217
  （三）学习的迁移/218
  （四）建构主义：一种新的学习观/219
  （五）营造一种学习文化/220
 二、教与学的方法/221
  （一）学徒制学习/222
  （二）合作学习/222
  （三）基于问题的学习/223
 三、课程设计与教育计划/224
  （一）课程的功能/224
  （二）标准运动/226
 四、课程与教学改革/228
  （一）开发课程与教育计划/230
  （二）设计和管理课程/231
 五、计划的改进与评价/234
 六、利用时间/235
  （一）全年制教育/235
  （二）模块时段/236
  （三）环结/238
  （四）基于任务的时间分配/238
 七、评价学生的进步/238
  （一）档案袋/239
  （二）报告学生的进步/242
  （三）向社区展示学生的结果/242
 八、结论/244
 档案袋物品/245

推荐阅读文献/245

第九章　学生人事服务/247
引子：来自色布尔中学的挑战/247
一、关心学生/249
二、学生人事—学生服务小组/250
三、咨询、指导、心理服务/253
四、特殊教育和补救教学/254
五、学校的保健服务/259
六、学生记录与学校安全/260
　学生纪律/261
七、学生评定、考试和诊断/263
八、课外活动/265
九、整合向学生和家庭提供的服务/266
十、结论/269
档案袋物品/270
推荐阅读文献/270

第十章　人力资源管理/271
引子：林肯小学的师资问题/271
一、关心学校员工/275
二、工作分析、分类和员工规划/277
　（一）工作分析/278
　（二）工作分类/279
　（三）员工规划/280
三、招聘/281
四、选择/282
五、各种挑选方法/284
　（一）观察者学院/284
　（二）评价中心/284
六、工作评价/286
　（一）规划评价/286
　（二）收集信息/287
　（三）利用信息/288
七、员工发展/289
　（一）员工支持/291
　（二）健康项目/292

八、组织发展/293
　　九、薪水和报酬的考虑/294
　　　　津贴/297
　　十、集体讨价/297
　　十一、雇员记录和报告/298
　　十二、员工诉讼/299
　　十三、结论/301
　　档案袋物品/302
　　推荐阅读文献/302

第十一章　学校与法律/303
　　引子：违反学校董事会的政策/303
　　一、法律责任/304
　　　　了解学校与法律问题/304
　　二、美国的法律制度/304
　　　　（一）联邦政府在教育中的角色/304
　　　　（二）联邦法院/305
　　　　（三）州在教育中的法律角色/309
　　　　（四）州立法机关、行政机构和地方控制委员会/310
　　　　（五）学区与诉讼/314
　　三、法律问题与学校/316
　　　　（一）适当的程序/316
　　　　（二）言论和表达的自由/317
　　　　（三）纪律与残疾学生/318
　　　　（四）对学生档案进行保密/320
　　　　（五）侵权行为/322
　　四、监督政策与程序的遵守情况/323
　　五、结论/328
　　档案袋物品/328
　　推荐阅读文献/329
　　　　法院案例/329

第十二章　资源分配与管理/330
　　引子：为梅多斯高中确定资金来源/330
　　一、资助学校/330
　　　　税收/331
　　二、联邦参与资助学校/332

目　录

三、州参与资助学校/333
四、地方参与资助学校/335
五、教育券/337
六、非传统性收入来源/337
　　学校基金/338
七、独立学校的收入来源/338
八、撰写资助要求/340
九、预算、会计决算和设施管理/341
　　预算过程/342
十、预算类型/344
　　（一）线性—项目预算/345
　　（二）计划、立项、预算系统/345
　　（三）零本预算/346
　　（四）附加预算/347
　　（五）校本管理和校本预算/347
十一、活动资金/347
十二、财政决算/348
十三、审计/350
十四、学校供应和设备的管理/352
十五、学校建筑物及场地的养护/353
十六、学校安全/353
十七、结论/354
档案袋物品/355
推荐阅读文献/355

第十三章　基于问题的学习项目/356

一、基于问题的学习/357
二、促进小组的学习/360
项目1　安全的避风港：开发学校卫生所/363
　　（一）学习目标/364
　　（二）指导性提问/365
　　（三）问题/365
　　（四）申请资助：需要解决的问题和范围/367
　　（五）姆克凯布学校概况/368
　　（六）参考文献/371
项目2　糖罐中的一粒胡椒：解决多元文化问题/371
　　（一）学习目标/372

（二）指导性提问/372
　　（三）海望学区/373
　　（四）银矿初级中学/373
　　（五）存在的问题/373
　　（六）你的任务/374
　　（七）计划制定的具体要求/376
　　（八）银矿初中的4位教员/376
　项目3　原子与比特：一个技术项目/377
　　（一）学习目标/378
　　（二）指导性提问/378
　　（三）问题/378
　　（四）计划制定的具体要求/380
　　（五）校长日记选摘/381
　　（六）参考文献/385
　项目4　令人惊叹的结果：权威力、作用、关系和学校改革/385
　　（一）学习目标/386
　　（二）指导性提问/386
　　（三）希克里·里奇高中/386
　　（四）问题/389
　　（五）你的任务/391
　　（六）计划制定的具体要求/392

词汇表/394

参考文献/401

译后记/447

第一章 管理理论和领导责任

引子：弗莱姆·斯瑙匹斯学区的领导差异

弗莱姆·斯瑙匹斯(Flem Snopes)学区的教育局长阿姆斯替德(Vivian Armstid)博士希望在学校范围发展一种能支持未来学校革新努力的领导框架。她论证了内部发展和实施新课程和教学改革的必要性，并获得了支持。一些人认为，外部开发的方法更为安全，因为这可以避免一种地方知识和冲突。而阿姆斯替德局长认为，改革主要是为了提高教学和学习，而这种改进只有在教师自己努力思考改革和推进改革时才最有可能得到实现。学校董事会的大多数成员都同意这种观点，从而形成了要推进内在的学校革新努力的看法。

阿姆斯替德局长知道，学校领导在这一革新努力中将发挥一种基本的作用，因而邀请了弗莱姆·斯瑙匹斯学区的部分校长组成一个委员会，来讨论领导纲要(leadership platforms)和校长在革新努力中的作用等问题。该领导委员会的第一、二次会议用于进一步界说革新的努力，确定时间表，界定委员会的目的并确立工作关系。每一位委员都要为下一次会议准备讨论各自的领导理论和哲学以及这种理论和哲学将如何影响学校的革新。

在第三次会议上，与会者叙述了他们关于管理和领导以及校长作用的想法。阿姆斯替德局长说："在我们已经确立的实践中引进新的变革并克服过去的思维，将是你们所面临的最为艰难的领导挑战。因此，让我们看一下是否能够明确关于领导的信念以及校长在革新努力中的作用。韦纳(Wayne)先生，为什么不可由你先开始，尽可能发言简洁，我们大家围桌而坐。"在简要讨论了关于领导的几个关键要点后，与会者提出了他们的观点。

● 韦纳先生说："领导者必须成为其他教师的角色榜样。他富有力量且善于鼓舞他人，愿意冒险和尝试新的事物，而且希望表现卓越。领袖魅力(charisma)是非常重要的。你把校长职务看做是你所扮演的角色，模仿着你要求员工去实现的期望。你必须是一个身体力行的人，做大量的事情，在每一时刻消除消极的力量，并鼓励你的员工。你向他们显示你自己愿意努力工作，就如你要求他们努力工作一样。领导者必须是身体力行的人,在每一次可能的机会中成为优异的表率。"

● 泰勒(Taylor)女士认为她对领导的看法略有不同,她解释说:"你必须仔细地确立标准,分解必须完成的工作,明确那些具有专门知识使办事富有效果和效率的人士。组织的成功取决于日常琐碎事务的良好运作。如果你不能付清账单,不能让员工按时到达,回复电话并完成日程计划,那你就不会获得成功。有效管理(management)和有效领导(leadership)在某种程度上是一回事。两者都要求人们知道什么是对他们的期待以及完成工作所需要的组织和资源。"

● 牛顿(Newton)先生则提出了不同的观点:"领导首先是要做出有效的决定。如果领导者做出了好的决定,其他所有事情都会落实。领导者必须确保其组织客观地评价所知道的东西并使他或她做出的决定建立在研究、事实及合理的基础之上。必须仔细认真地确立和评价决定与需要实现的目标之间的相互关系。标准是用来界定期望的,而这期望与被认为可接受的成绩水平相联系。当人们知道领导者确保自己的决定是合乎逻辑的和客观的,而且是以最新的知识和研究为基础的,他们就会支持领导者,因为这些决定在给定的环境下可能是最佳的。领导者必须知道诸如发展、课程和财政此类的关键主题,并深入研究它们。领导就是运用正确的信息做出决定。这样的领导者拥有扎实的知识基础,意识到最新的研究,并在目标方面具有明确的重点。领导者善于说服他人并使他们相信目标是值得去实现的。一旦情况是这样的话,工作的完成就会更有效果和效率。"

● 梅纳德(Maynard)女士对她的同事拥有如此不同的观点颇为吃惊,并建议说:"正规的结构、通讯网络、人们的相互关系以及组织的氛围在领导的努力中是至关重要的。雇员的最强烈动机是生存、地位、权利和认可,而领导者要帮助他们获得这些激发因素。领导者应该在组织中及有时在组织外创造生产性关系(productive relationships)。正是组织的范式和运作程序塑造着组织的员工。领导者必须了解并能通过内在的结构来取得结果。人们是友善的并能勇敢地行动及做出决定,他们是你需要依赖的人。良好的相互关系与合作当然是有帮助的。你是谁及你所拥有的权力固然重要,但人们的行为却是由政策、程序、工作描述、组织的科层结构以及其他结构部分所形成。他们必须相信,使命有益于团队的所有成员,而且与正规的组织信念是一致的。领导依赖于驾驶一艘严密组织的船只。"

● 布朗(Browne)先生笑着说:"领导者不应付科学的或秩序的问题,但该应付哲学和道德的问题。领导就是要公正和诚实,并意识到什么是对的什么是错的。这就意味着诸如人权、正义、忠诚、信任、正直、尊重、责任以及其他优良品性的问题是重要的。一个人的道德职责和责任是非常重要的。领导者的工作是提高所有员工的觉悟,并确保他们具有良好的道德行为及合作责任感。领导要求对人类的条件和所有的人类行动进行批判性反思和分析,以确定什么是重要的、正确的和有益的。员工们应该是负责任的,他们好奇且善于探究,不断反思并拥有批判性思维。领导者是公正的、诚实的、道德的，而且言行一致，并因而获得尊重。领导者要敏锐地感受到出现的道德问题，并对此做出道德的、伦理的和合法的回应。"

● 吉利根（Gilligan）女士提出如下的建议："领导关心并意识到他人的需要，而且理解责任和关系，应该强调感情、同情、慷慨、支持、教养及关心他人。我们都要对他人的道德完善负有责任。你必须愿意倾听他人并把自己的事情搁置一边。仅仅因为对你是好的，未必就意味着对他人也是好的。决定只有对他人的个人生活和专业生活有所帮助，才是好的。领导者必须有道德，待人真诚并善于鼓励他人。领导的主要目的是帮助得到最好的发展，这样他们就有益于儿童。"

● 纽曼（Newman）先生对不同的观点并不惊奇，他说道："组织是可以改变的，不存在可能的终点并因此而没有确定性，没有真实或精确报告的可能性。结果是，领导只是成为一种论说的管理（management of discourse）。这些论说受到多样的解释和现实以及变化的观点和不同的看法的影响，即使是学校改革的领导也是如此。不确定性、不稳定性、差异性、分歧或反复无常经常使组织处于混乱状态；然而在适当的条件下，这种混乱状态或许是革新或改进的催化剂。领导可以来自于任何一个人，而冲突和异议未必就是件坏事。个人的差异可以经常被用作为一种学习的工具。领导者必须提供适当的条件和舒适的程度以让这种知识和不稳定性产生其作用。秩序并不来自于差异的消除；人们必须可以自由地与那种多变的环境发生相互影响，以便做出回应和更新。这就意味着领导者愿意倾听他人并把自己的事情搁置一边。倾听促进着反思情境并重构情境。领导（leadership）处理复杂性，提供信息，维持流动并鼓励持续的改进和提高。"

纽曼向阿姆斯替德教育局长建议道："我们需要进一步讨论有关弗莱姆·斯瑙匹斯学区需要的领导类型的广泛的不同观点。"而牛顿先生则不同意这一看法，并对如下问题表示出关注，"我们每个人都以完全不同的方式看待同一个概念。目前存在着要发展有效能的领导和推动革新过程的巨大压力。但我们在委员会意见分歧的情况下如何才能做到这一点？或许我们应该再考虑一下关于实施内部改革的想法并接受某种现有的模式。要鉴别出任何可能为学校革新所需要的领导的趋同主题（convergent themes）是不可能的。"阿姆斯替德局长认识到要对领导和相关的知识基础达成共识还存在着相当的不确定性。校长们对他们各自的角色作用未能达成一致意见，对所需要的领导行为持有完全不同的观点。事实上，现在迫切关注的是，学区内的领导实际上可能处于一种混乱状态。

阿姆斯替德局长对如何推动委员会工作或努力革新不再抱有确信。她曾希望能够建设能力（build capacity），确立方向并提供一些共享的信念和技能。但相反的是，学区内的校长们对领导的看法是如此的不同。当然，校长们已经在界定各种领导和所需要的知识方面迈出了重要的第一步。校长的位置可以作为进一步反思性思维和实践的平台(platforms)，是思考领导和革新的可能框架(frames)。阿姆斯替德局长决定，校长们需要进一步建立明确他们关于领导和教育思想的平台，与他人分享其思想，并促进系统的探究。如果局长的管理团队不能做到这一点，那她就不能期望其他员工这样做。她意识到，这一过程远未达到。

> 为什么阿姆斯替德局长一开始集中注意领导而不是所需要的改革？校长们的不同看法在多大程度上阻碍了学校的改革？

一、管理的过程和知识

法约勒(Henri Fayole, 1949)把管理描述成在一种整合的系统中规划、组织、活动、协作和控制资源的过程，而这一系统是用来实现预先确定的目标。这5个著名的管理要素不断地为人们所重复，修正和扩展，并且广泛地为绝大多数的企业、教育、政府、医院和军事机构所接受。

行政(administration)经常被划分为2个主要的责任领域：领导(leadership)和管理(management)。领导必须指导改进并给组织注入意义和目的，而管理则涉及职责及对所有各种资源负责。管理还关注一个组织日常事务的实施并确保其顺利运行。巴克(Joel Barker, 1992)指出："你在一种范型(paradigm)中进行管理，但在各种范型之间进行领导。"(p.164)对于某些人来说，这两种概念之间的界限依然是模糊的，但这两个词语偶尔也作为同义词而被使用。

管理的研究以科学和哲学为基础，也以理论和伦理为基础。巴内特(Barnett, 1991)认为，许多对教育管理感兴趣的人认为，理解并发展指导实践的信念系统和哲学是非常重要的。管理者具有需要得到理解的某种知识基础和思考问题的方法。他们理智地对信念、思想和知识进行组织和分类，这样，他们就能够更好地处理并最终理解大量的信息及他们所不断面临的可能性。

这些分类技巧可以作为一种三棱镜，人们通过它解释当前的环境并对其做出回应，同时小心谨慎地予以理解。因此，一个人的认识论，即人们思考并决定现实和从事工作的方式，是至关重要的。博尔曼和迪尔(Bolman & Deal, 1993)得出这样的结论：

> 聪明而有效能的领导比什么都重要，但它要求有一种复杂的视角以从未来的机会中区分出困境和死路(deadends)。多元框架的思维(multi-frame thinking)减少了管理者的压力并增强他们的效能(effectiveness)。从长期来看，成功的措施是领导者如何才能很好地重构(reframe)他们所面临的问题，以便发现和发明一些能够显著提高学校成就的新办法(p.31)。

前提是，良好的理论为指导有效的实践提供了有用的知识。理论和实践提高了管理者的技能和能力。正如杜威（John Dewey）早就指出的，良好的理论应该具有实践性。理论为强调管理者的工作提供了概念性工具，即指导行动，也为可能提高教育管理者成功的手段和策略提供了合理的基础。格林菲尔德（William Greenfield，1995）指出："这两种领域（学校中领导的实质和向心性以及领导做出回应的要求环境）的更全面的知识，将为更强有力的学校管理理论及与学校的有效领导相联系的特定目的、策略、行为和过程的更具体指导，提供一种基础。"（p.80）埃弗斯和拉科姆斯基（Evers & Lakomski，1996）表示了相同的看法，认为通过"为解决管理实践中的问题和难题——如领导、管理者培训、决策、组织和结构、组织变革、规划和政策、伦理、权力、文化和组织性学习等事务——提供一种系统的框架"，可以得到更多的好处（p.279）。

没有理论，实际上就是没有知识的基础。同时，教育管理的理论阐述对于理解组织和管理，不是一种完全清楚的或确切的知识源。这一主题还存在有太多相冲突的观点。尽管如此，每一种观点都提供了或许有更多理解的真知灼见，假如存在一系列条件的话。理论的阐述有助于管理者推断出将带来更好的成功未来的结论。对涉及教育管理知识基础的反思和对话的重视，被有些人（English，1994）描述为"元叙事"分析（"meta-narrative" analysis）。

> 弗莱姆·斯瑙匹斯学区的校长们会如何开始明确他们关于校长作用的不同思考？

二、元叙事

管理思想的概念化和转变非常明显，而元叙事则对这种发展提供了一种大致的看法。重点集中在思想的介绍，因为一旦思想得以介绍，它们就能持续不断地得到发展、改造和应用。元叙事从管理领域内大致的历史论述提供了知识。目前存在各种有关教育管理的知识类型学。英格利希（Fenwick English，1993，1994）给我们列举了一份该领域轮廓的完整类型。表1.1给出了英格利希对教育管理的一套元叙事。有效管理者"必须意识到一些关键的认识论思想，因为这些思想构成了我们知道什么及如何知道它们的基础"（Owens，1995，p.5）。

表1.1 教育管理叙事的尝试性概览

元叙事	类型学	原型的著作或作者
1. 前科学的	神话提供了有关人类生存的精神的和传统的智慧	神话学；传说；J. Campbell, *Hero with a Thousand Faces*; C. Estes, *Women Who Run with the Wolves*

第一章 管理理论和领导责任

续 表

元 叙 事	类 型 学	原型的著作或作者
2. 早期科学的	对领导予以证明的历史的、传记的和文学的型式	Homer, *Iliad* and *Odyssey*; Thucydides, *History of Peloponnesian War*; Plato, *The Republic*; Plutarch, *Lives*; Machiavelli, *The Prince*; Shakespeare, *Othello*, *King Lear*, *Hamlet*
3. 假科学的	以意识形态的、系统的和工程的方式为基础,对工作方法进行经济学和效率的分析	特征论;泰勒(Taylor)的科学管理;戴明(Deming)的全面质量管理;Henry Gantt, Fank and Lillian Gilbreth
4. 应急科学的	就组织和管理功能的基本理解来自多学科的洞察	Mary Parker Follet; Elton Mayo; Chester Barnard; Henri Fayol
5. 行为主义的	对以逻辑实证主义为中心的行为之影响和结果进行分析	Simon, *Administrative Theory*; Halpin, *Theory in Educational Administration*; McGregor, *Human Side of Enterprise*; Fielder, *Theory of Leadership*; Chris Argyris
6. 传统的观点(行为主义和结构主义之间的折衷)	在组织或结构影响行为时对组织和结构进行的研究	Katz and Kahn, *Social Psychology of Organization*; Likert, *New Patterns of Management*; Cohen and March, *Leadership and Ambiguity*
7. 广域的领域	集中于广域学科(broad disciplines)的研究,检查作为给定情境中领导的关键部分的个人性格	J. M. Burns, *Leadership*; Barber, *The Presidential Character*; Keegan, *The Mask of Command*; Lightfoot, *The Good High School*
8. 结构主义	结构作为理解人们在组织中的行为之原因的分析中心	Blau and Scott, *Formal Organizations*; Gailbrath, *Designing Complex Organizations*; Mintzberg, *Structure in Fives*; Bolman and Deal, *Reframing Organizations*; James Thompson
9. 批判理论	检查组织与更大的社会—政治背景及权力形式之间的连接,从而扩大思考的范围	Foster, *Paradigms and Promises*; Giroux, *Crisis of Democratic Culture*; Hodgkinson, *Educational Leadership*; Thomas Greenfield

续表

元叙事	类型学	原型的著作或作者
10. 后现代主义	放弃确定性并研究交织着的相互作用，作为运用艺术、政治、文化、哲学、道德等的本体论，来重新界说领导和伙伴关系	Foucault, *Archeology of Knowledge*; Foucault, *The Order of Things*; Derrida, *On Grammatology*; DeMan, *Blindness and Insight*; Wheatly, *Leadership and the New Science*

【资料来源】English, F. (Spring, 1993), A post-structural view of the grand narratives in educational administration. *Organization Theory Dialogues*. Bloomington, IN: Organizational Theory SOG(AEFA)Indiana University.

表 1.1 显示，早期的、更科学的方法取向设想了管理所关注的东西，通过自然科学和经验主义的方法是可以得到确定、研究和测量的。行为主义的叙事法发展了一种强调外在动机的人类行为科学。结构主义者则对理解教学如何进行及如何才能更有效更顺利地进行更感兴趣。然而，格林菲尔德(Thomas Greenfield)对这种科学的—逻辑的—实证主义的传统提出了挑战(Evers & Lakomski, 1991)。格林菲尔德(Greenfield, 1978, 1979, 1980)研究了那些在本质上是主观主义的各种影响，如控制、异化、开拓和约束。

主观主义和批判理论认为，管理是一种社会科学，因而具有浓厚的主观色彩并需要一定程度的解释。根据这些理论的解释，不存在诸如科学的、客观的选择这样的东西；我们运用感受、价值、主观爱好和意志来做出决定。女权主义的后结构主义理论强调背景和前景的重要性，关注给予情境以意义的各种相冲突的方法。人们总是根据各种情境——体验、接触、权威、历史等来看待权力、语言和假设的。后现代主义把不确定性、不稳定性、复杂性和经常的独特性描绘成管理的特征。后现代主义者对现有的各种假设、价值观和信念提出挑战，使"它们更为明确，对它们提出质疑，并寻求对新概念达成共识，而这些新概念正是重建我们关于组织行为中真理、知识和认识论的基础"(Owens, 1995, p.9)。后现代主义强调了那些对传统的知识基础提出质疑的呼声、问题和冲突的复杂多样性。

科学作为一种"显要的或大师的叙事"的优势在后现代时代已经黯然失色。管理是一种封闭的"科学"系统的说法，正面临着各种挑战(Callahan, 1962; Greenfield, 1988; Willower, 1979)。格里菲斯(Griffith, 1979)批评科学和"对效率的崇拜"未能提供道德指导和使性别问题理论化，未能支持政治的分析或调解利益的冲突，他因而认为教育管理作为一个领域正处于一种智力的混乱之中。吉利根(Carol Gilligan, 1982)和谢克夏夫特(Charol Shakeshaft, 1986)的女权批判主义论证了管理理论和研究中对性别问题的忽视。班克斯(James Banks,1993)后来对教育管理研究或许也存有种族偏见表示了关注。

因为难于将经验的充分性作为理论选择的标准,逻辑经验主义和科学提出了诸多的批评(Greenfield, 1993; Hodgkinson, 1991; Evers & Lakomski, 1996)。解释组织和教育管理的有用范式"利用了更多的标准而不只是经验的充分性,如一致性、简洁性、综合性、解释的统一性、可学习性及多产性"(Evers & Lakomski, 1996, p. 386)。人们就理解教育的组织和管理的适当理论和方法问题产生了辩论,霍伊(Wayne Hoy, 1994)则把因辩论而产生的混乱描述为"巨大的范型之战"(great paradigm wars)。逻辑经验主义、传统的科学主义、行为主义、批判理论、主观主义、女权主义以及后现代主义等都为管理理论提供了可选的但又经常相冲突的视角。但一些人士则认为这些可选的视角相互予以补充并提供了一种专业的更为综合的观点。

> 阿姆斯替德教育局长希望借助界说校长们的领导实践所基于的知识或信念系统来实现什么?

(一) 科学方法

理论是一组被用来解释现象的内在主题(propositions),而这些现象可以用某些科学方法或经验主义方法来检测。在证据开始证明一种理论是真实的并因而是事实之前,理论都只是一种推测。理论提供了进行检测的某种概念性观点,并因而是科学探究的基础。长期以来,理论可以作为说明某些方面如管理的解释而得到检验。最终的目的是达到真理。所做的决定和所采取的行动与一个人的信念体系或理论解释是相一致的。

范型(paradigms)来自于传统的科学,是依赖于信念系统及科学数据和事实的思想的框架。范型是我们理解和解释世界的方式,是我们在对复杂行为所做特殊解释基础之上从事观察,进行思维,给予价值判断和实现目标的方式。巴克(Barker, 1992)指出:"一种范型是做如下两件事的一套(书面的或非书面的)规则章程:(1)它建立或界定域界(boundaries);(2)它告诉你为了成功应该如何在这一域界内行事。"(p. 32)我们通过我们的范型来看待世界。"对运用某种范型的人来说可能是最可见的和最明显的东西,或许对运用另一完全不同范型的人来说则是完全不可见的东西。"(p. 86)

一种范型的最简单形式是某些事物运行的一套规则。当一个组织的范型发生变化时,该组织运行的方式也发生了变化。当剧烈的变化打乱了现存的理论解释和现状时,这种转型通常会导致困惑、骚动和混沌。规则、理论或范型的改变,或许是我们对世界的理解发生变化的最早征兆。

科学家把未确立的解释看做是意识形态(ideologies)。在意识形态的影响下,决定是以个人的解释为基础,而不是以合理的探究和分析及科学的方法为基础的。人们通常是用政治而不是用科学来协调不一致的意识形态、互不联系的价值体系以及相冲突的观点。科学家并不非常尊重意识形态,因为意识形态通常以思索或未经证明的学说为基础。科学家并不把意识形态接受为真理,因为科学家经常依赖于"自明的"(self-evident)或"未经检查的"真理(English,1994,p.49)。英格利希还建议说,社会科学中的范型很可能产生于那些与其说是科学理论不如说是意识形态的元叙事,因为它们无法根据客观的现实予以检验。科学家们认为,与以理论为基础的范型相比较,以意识形态为基础的范型较少受到挑战并因而也较难得到证实(Barker,1992)。将决定建基于思想过程而不是科学,会导致一个组织持续的摇摆不定,因为受到不断变化的和未经证实的意识形态所冲击。

> 哪一类校长寻求采取更为科学的方法?你得出这一结论的基础是什么?

(二) 过渡的:现实主义、主观主义、自然主义、结构主义

格林菲尔德(Thomas Greenfield,1978,1979,1980,1985,1988)强烈地攻击了在科学理性运动中所产生的许多假设。他认为,目的(ends)不能与手段相分离,事实不能与基本的价值观相分离,或者理性的思考和行动不能与偏爱、性情和意识形态相分离。每一类思维和行动都是主观的合理性——从思考者角度证明是合理的。格林菲尔德认为那些影响到我们日常生活和历史进程的(驱动人们去做他们做的事)真实但却不合理的突发(outbursts)才是重要的。探究必须从多维度进行,而不只是科学。格林菲尔德建议,教育管理能够从哲学、历史、法律、政治理论、社会学以及人类学等学科中获益良多(见表1.2)。

表1.2 超越格林菲尔德主观主义的社会现实理论

比较的方面	自然体系	人类发明	自然主义的一致性
哲学基础	现实主义:世界以其实际的状况而存在,是可认识的 组织是具有它们自己生命的真实存在	主观主义:世界是存在的,但不同的人以完全不同的方式解释世界 组织是发明的社会现实	自然主义:自然世界是存在的,因为这是对现象的最好和最连贯的解释 组织是人类协作的真实范式

续表

比较的方面	自然体系	人类发明	自然主义的一致性
科学的作用	发现社会的普遍法则及社会中的人类行为	发现不同的人如何解释他们生存于其中的世界	从经验中发现并提炼合适的规则系统,其目的在于综合地掌握社会中的规律
社会现实的基本单位	集体性;社会或组织	单独或一起行动的个体	个体对其他个体或群体及自然世界作出回应
理解的方法	识别存在的条件或关系;设想这些条件和关系是什么	解释行动的主观意义;发现这类行动的主观规则	探究那些符合个体的行为并能说明自己的行为理论的表达方式
理论	由科学家建立以解释人类行为的理性大厦	人们用来理解他们生活其中的世界的各种含意	关于世界的最连贯的系列主张
研究	实验或准实验的理论合法性	探寻有意义的相互关系,并发现其行动的结果	探寻世界的必然特征
方法论	现实的抽象,尤其是通过数学模型和质性分析	为了比较的目的而呈现现实;语言和意义的分析	能够确立范式存在的全部技术
社会	有秩序的。受一致的价值观所控制,而且只有这些价值观才使社会成为可能	相冲突的。受那些接近权力的人员的价值观所控制	成范式的。受以各种不同方法所解释之原因的网络所控制
组织	目标导向的。人员的独立。社会中秩序井然的工具,服务于社会和个人	依赖于人们及其目标。受一些人控制的权力的工具,并可用来达到对他们来说似乎是好的目的	依赖于个人的和结果的集体性目标,有记忆和记录所确保的稳定性
组织的变态	拥有社会价值观和个人需要但处于不良状态的组织	假设有不同的人类目的,为实现这些目的而行动的人们之间总是存在着冲突	个人之间以及组织和社会之间存在着不和谐

续表

比较的方面	自然体系	人类发明	自然主义的一致性
治疗组织疾病的处方	变革组织的结构以符合社会的价值观并满足个人的需要	找出组织行动中存在着哪些价值观,属于谁的。如果能够的话,改变人们或改变他们的价值观	促进结构的改善以增进组织性学习

【资料来源】Collin W. Evers and Gabrele Lakomski. *Exploring Educational Administration*, New York: Pergamon 1966, pp. 139-140. Reprinted with permission from Elsevier Science.

调查可以充分掌握管理和组织的复杂性,必须识别使管理实践复杂化的动机、情感、态度、能力、意图、偏爱、价值观、信念、关系及许多其他要素。要理解组织的结构、功能和作用,就需要对意识形态、权力、力量、权威、合法性和冲突等进行批判性的检查。

格林菲尔德(William Greenfield, 1995)认为,因为学校拥有一支受过很高教育的、教学自主的而且实际上是工作至退休的教师队伍,拥有独特的学校道德特征,及处于一种对学校稳定性具有持续而不可预知的威胁构成其特征的环境,所以学校不同于其他的机构。正如埃弗斯和拉科姆斯基(Evers & Lakomski, 1996)所描述的,学校是一种人类的发明或自然主义的系统。

(三) 批判理论:价值观、伦理和控制

我们对领导者期望甚多,而不只是不作反思地关注政策、程序、任务和其他结构性的事务。管理者如果希望生存下去,就必须意识到竞争性的价值导向。那些对道德基础规定了条例、政策、程序、实践和任务的个体自己,必须遵守这些法律。然而,一些人认为即使法律必须遵循,但也不相信为了立法的原因法律就能改变他们的道德信念。对这些人来说,遵守法律不会具有任何意义。赫斯利普(Heslep, 1997)指出:

> 从事教育领导的人必须遵循道德价值、道德权利和道德责任的各项原则,以作为他们做出判断的功能性标准,不能批准与这些原则不相一致的目的和手段……这些教育领导者所必需的就是,在形成判断时要正确评价所有受到影响的道德力(affected moral agents)的知识、自由、目的、审慎等,尊重这些道德力对此类事务的权利,并认知所有相关人员对促进有关这种领导的自由和知识的责任。

批判理论家向某些牢固的意义、动机或价值观提出挑战。这些挑战提供了新的回

应的可能性,并使我们从习惯的非反思性反应中解放出来。其结果可能是一种教育的和转变的过程,而诸如愿景(vision)、目标、实践、奖赏、结构、政策和控制此类的组织的方面或许可以得到改动。然而,必须经常激励那些掌握权力的人赞同这样的变化。这就通常需要放弃那些已经确立并得到界说和维护的传统概念和实践(Robinson, 1994)。

因为革命是不切实际的,因此变革就需要那些控制着当前的条件并从中获益的人们给予支持性的参与。一些批判理论家认为,创设一种道德的理论基础会减缓这样的困难。其他人则质疑一种道德的基础是否会同时有益于被压迫者和压迫者。当然相互承认共同的利益可以维持这一转变,但如果不存在这种承认怎么办?参与者或者为了合作而牺牲争论和冲突,或者冒着危及合作的危险行使权力(Bridges, 1986)。不顾这种权力与更新的改革实践的斗争,批评理论家认为管理者不是中立的、理性的官僚。他们行事的基本价值观影响着他们的观点、决定和行动。

福斯特(Foster, 1986)和塞尔吉奥万尼(Sergiovanni, 1992)认为,管理者有责任来清楚地表达他们的价值观和采取道德立场。批判理论家反对把伦理从管理科学中排除出来。更为激进的批判理论家认为,领导保护着社会中所有形式的不平等,以有益于特定的群体。"在领导的社会效率的仁慈面具后,是人类压迫的丑恶嘴脸。"(Slater, 1995, p. 469)领导应该是"使人们做他们应该做的事情,也就是做正确的事情"。影响这种变革的能力,首先要对管理者的价值观有一个清晰的理解,而这可同时用来检验方向和结果。

(四)性别与种族

女权主义理论家(femisnist theorists)首先期望提出一种着重以妇女的信仰和价值观为基础的管理的再概念化(reconceptualization of administration)。当前的管理知识基础是基于男性白人的观点的。这一知识基础只有当妇女和有色人种都有像男性白人那样的反应时才是通用的。吉利根(Carol Gilligan, 1982)挑战了公平的伦理观并提出一种关怀的伦理观。这一关怀的伦理观把道德的成熟概念化为关心并感受到他人的需要。她写道:

> 由于已经听了上百年男人的声音和他们的经验所告知的发展理论,所以我们最近已经不仅注意到女性的沉默,而且还应关注存在于一种关怀的伦理观中的女性的不同声音,关注关系和责任之间的联系以及在联系的失败中侵犯行为的根源。未能看到妇女生活的不同现实,未能听到她们声音的不同,部分归因于这样的假设,即只存在有一种社会经验和解释的形式。
> ……公平的伦理观出自于平等的假设,即每个人应该受到同等的对待,而关怀的伦理观的前提是非暴力,即没有人应该受到伤害(1993, pp. 173—174)。

女权主义者的批评(Noddings，1992)强调所有人的重要性，强调一种关系与关怀的伦理观。其重点在于"共存、创造、维持和促进积极的关系"(p. 21)。女权主义理论鼓励管理者挑战在利己主义和渴望"为他人的利益而奋斗"之间的冲突。诺丁斯(Noddings)认为，管理的决定要与我们如何处于某种境地、我们是谁、我们与谁发生关系等联系。女权主义者的批评强调参与公共活动和考虑道德问题的重要性，强调根据辩论的结果而不只是依赖于技术的、理性的和政治的知识做出决定及修改决定的重要性。对责任和关系的强调与对权利和规则的强调同样重要。

谢克夏夫特(Charol Shakeshaft，1995)关注男性和女性管理者感知情境的方式的差异。她的研究基于这样一种信念，即性别和种族的差异影响着行为和观点。例如，男性上司对女性的评价比女性上司更为苛刻。男性管理者较少会提拔女性到与其工作邻近的职位，因为他们感到邻近的工作关系不舒服，担心在同事、下属和家庭成员中影响形象问题。女性似乎比男性更看重集体和关系的价值，而男性通常会比女性收到更多数量的反馈，而且种类也更多。此外，女性即使在她们的表现不甚理想的时候经常收到的也是积极的反馈，这剥夺了她们改进业绩的平等机会。男人害怕女人的眼泪，经常抑制住消极的评论。女性的工作环境也存在着性别的担忧和威胁，这被认为是不安全的。谢克夏夫特的结论是：

> 探讨这些差异的意义并不在于确定一种方法是对的而另一种是错的(到目前为止理论和实践所采取的方式)，而在于帮助我们理解男性和女性可能是来自极为不同的地方，除非我们理解这些差异，否则就不可能很好地合作。
>
> ……传统的教育管理文献不仅使女性对自身重要问题没有清楚的了解，还使男性无法理解他们作为男性的文化身份同妇女作为女性的文化身份是如何相互作用的，以及这种相互作用对组织动力学的影响(pp. 153—154)。

斯塔拉特(Starratt，1991)认为，教育管理者需要同时利用关怀(理解、敏感、培养)和公正(合理性、权利、法律)来创建合乎道德的学校。

班克斯(Banks)最近(1995)表示了这样的关注，认为用于研究和实践的管理认识论或许含有种族偏见。班克斯认为，"所有的知识都反映了其创立者的价值观和利益"(1993，p. 4)。根据我们对教育管理的元叙事理解(meta-narrative understanding)，就正统性而言，其他种族或文化的观点可被降级至边缘。谢维克和杨(Schewick & Young，1997)指出：

> 当我们传授并提高我们的认识论，如从实证主义到后现代主义时，我们至少隐性地传授和提高着优势种族的社会历史，排斥有色人种及其学者，排

除基于其他种族和文化的认识论研究的可能性。然而,我们可以利用我们对种族主义的反对来考虑我们的主流认识论是否有种族偏见,如果是的话,就开始来改变这种状况(p.11)。

这些作者列举了以非洲为中心的女权主义者认识论(Hill,1991)。这种认识论在理论上是以具体的经历、对话、关怀和个人责任感为基础的。其底线是,一个人对事实的感知可受其信仰、假设、价值观、情境、话语及最终的决定体系的影响而模糊不清。

福斯特(Foster,1986)提出,在管理者"关注正义和公平而不是效率和经济"时会发生一种转化(p.23)。批判理论试图通过管理如何反映人际关系——管理者如何影响他们所遇到的人员——来理解管理。在客观的事实世界中,结论是基于经验证据的;而在公正的道德世界,结论则以受到认可的关于诸如真理、正义和平等此类的价值观的言论和辩论为基础。福斯特(Foster)把管理和领导看做是一种实践,一种旨在阐明并解决社会情况的实际行动:

实践必须被认为是旨在变革各种条件的实际行动,并由理论作指导。一方面,这种变革通过渗透占主导的观念和整体意识形态,并分析可能有的生活方式,涉及对可能性的意识的不断提高。这一定位虽然是政治和文化的,但也很关键,因为它表明我们试图克服"自然的"想当然的现状来探索新的安排(p.167)。

对福斯特来说,领导要求所有人在一个授权与转化的过程中都进行批判性反思和分析。

批判理论指出,所有的决定都是有事实前提和价值观的。管理者必须反思并考虑其行为的道德结果。他们的决定影响着一大批不同群体的人的利益和福利。管理的决定必须以对道德问题和基于这些决定的行动结果的审慎反思和深思熟虑为基础。儿童的福利作为基本的价值观,"……受压制的人们(不管是教师、管理者、学生还是职工)必须忍受直接的歧视性政策和实践,而这些政策和实践是由那些没有意识到其行为对他人产生影响的多数团体成员所实施的"(W. Greenfield,1993,p.269)。管理者对所有受其决定影响的人负有特殊的道德责任。管理者遇到的困难经常来自于竞争,而且经常与道德价值观发生冲突。在教育领域,诸如全纳性、学校祷告、家庭生活教育此类的问题都引起了这样的争论。决定最终是在复杂的选择方案中做出的,并要求具有有效的道德推理。我们将在后面的章节继续讨论这个问题。

(五) 后现代主义、广域领域和超越

女权主义者和批判理论家继续攻击经验主义者、客观主义者、结构主义者在教育

管理方面的思想和探究模式。他们认为科学的方法所提供的只是对组织的少量洞察，而且并不总是准确的洞察。另一方面，后现代主义者认为，不存在知识的基础，因而也不存在反映现实的成功方法。"后现代主义者认为所有的认识方式都具有平等的合理性，所有的表达形式都是可接受的，而且智慧没有等级性。"(Glickman，1998，p. 40)后现代主义者设法理解，强调知识对于探究的重要性与解构知识生产和传播的现有形式之间的区别。"那些用后现代观点写作的人倾向于质疑合理性的价值，排斥重大的理论，赞同乡土的知识而不是系统的理解，避免大规模的研究，并把世界看做是一个无法清楚描述的不确定场所。"(Constas，1998，p. 27)后现代主义排斥元叙事（meta-narratives）的观点，同时还否认把一个"可确定的整体化现实"作为可接受的真理。

但威洛韦尔（Willower，1996）认为：

> 我们在教育管理中所拥有的是这样的理论结合：一些借来的实证主义观点及伴之而来的一种活跃的主观主义和批判理论的回应，以及因专注于他物和缺乏哲学意识或兴趣或二者都缺而引起的认识论缺乏的背景(p. 172)。

批评家们似乎要求有一种管理实践的广域领域（a broad-fields）或理论见解。对于那些每天面对学校日常工作的实践者来说，效用（utility）可能是当今的环境压力下的惟一的准则。韦斯特（Cornel West，1992，p. 65）提出："……新的差异文化政治学……使其自身与混乱的、分散的、非政治化的及无组织的人联合起来，以进行授权并使社会活动成为可能。"

后现代主义提出创造性、想象和愿景（vision）的重要性。在一个迅速变化的环境中，组织必须明确表达出现实的、可信的、有吸引力的未来前景。进步是一种用来引领成功的改进的"愿景的实现"。进步始于对来自灵感和创造性理解的梦想的陈述。这种思维更是意象的而不是言词的，更是感知的而不是概念的，是对图像（scenarios）和愿景的一种呈现，而图像和愿景则反映着梦想，并与对可能实现的东西的理解（即对能够是而且应该是的东西的坚信）是协调的。

格林菲尔德自己应用这种方法来引出运用离题艺术（discursive arts）的激烈讨论，他为我们提供了看待教育管理领域的其他方式（Harris，1996）。

> 从经验中确实获益良多，这来自于应用理论公式，这些理论公式的应用超越了经验，使我们能够有前提地进行思考并依此而行动。这种增强的想象可以探索我们没有经历过的政策和抉择空间，或许不很准确，但由于当前管理理论的薄弱及其对情境的依赖，却是对竞争性机会的适当展望(Evers & Lakomski，1996，p. 140)。

第一章 管理理论和领导责任

创造出具有持久价值的东西并感到我们为这个世界增添了一些特别的东西，这是一种乐趣。博尔曼和迪尔（Bolman & Deal, 1995）认为领导者已经丧失了这其中一些给我们的生活以激情和目标的珍贵的东西。他们指出，这是"寻求一些更重要的东西……寻找活力、意义的新源泉，并希望丰富你的生活及为后代留下更好的遗产"（pp. 11—12）。这些源泉在作用于情感和精神资源及作用于其价值观、奉献和抱负时，就会产生激励、鼓舞和改变。它们给予目的和灵感以一种深刻和高尚的感觉。

最近的其他研究线索关注着对组织文化及领导者在发展和修改这种文化中的作用的研究。多数人认为，在关于共享的价值观、信念和意识形态的重要性的基本假设方面，这种文化的重心与主观主义和批判理论的观点极为相似。

少数人表示了这样的关注，认为这种文化的方法仅仅只是行为主义和结构主义控制模式的一种扩展，而这些控制模式受到了科学理性主义的支持。他们试图在影响行为的同时影响思维，以便转向一种意识形态的控制。福斯特（Foster, 1986）担心，受到推动的只是领导者的组织文化的概念，而现存的文化可能会保持其现状，因而需要得到变革以激励这一富有想象的过程。这一文化或许不得不自己从其所处的危机中解救出来（Cunningham & Gresso, 1993）。如果我们希望创造一个崭新的更美好的未来并在梦想和行动之间建立联系，文化就必须加以改变。

甚至后现代主义的批评者也认识到，这可以为我们理解认识论和知识的发展提供一些东西。康斯塔斯（Constas, 1998）指出：

> ……我们意在认为，后现代主义可以从现代主义或科学言论主导的压制性条件下拯救我们。但有理由相信，后现代主义（解构、质询、性别化）本身包含一种尺度，来衡量控制着教育探究之论述的隐含的审查制度……我们需要考虑这一观点，即教育探究的后现代主义观点只是教育领域讨论的另一种变化形式，不应该享有特权……这是因为我认为，对任何一种学科观点的过度信赖都必定是受到限制的，教育研究该如何定位、如何解释及如何充满活力的方式是值得探索的（pp. 30—31）。

这种争论在主观与客观、价值与事实、经验主义与哲学之间继续着。理由最充分的立场似乎认为，所有这些观点都为增进对教育管理的理解提供了可能性。当所有的知识形式都发生增长时，它就会支持我们的推理和决策能力的提高，并最终增强我们的管理能力。一种平衡观（Willower, 1996）认为，科学、伦理和实践不应该截然分开，而应该是相互渗透的。我们不应该把自己与可使我们做出明智选择的任何知识源隔离开来。科学、伦理、哲学和创造性不应该截然分开，处于彼此排斥的敌对阵营。

我们可以从许多"元叙事"的类型学中学到好多东西，而从事这一学习使得教育领导的发展更具挑战性且获益良多。这正如威洛韦尔（Willower, 1996）所说：

确实，主观主义者和批判理论家吹捧价值观的重要性而排斥科学，把他们自己与能够在具体情境中提供价值选择的那些过程和见解隔离开来，这是很有讽刺意义的……道德必须处理生活中的共同问题。崇尚抽象信条而把道德和生活相分离，会造成社会问题而不是解决这些问题……教育管理中的争辩时代在走向末路，学者们现在应该投入更多的精力去复兴教育管理领域的科学工作(pp. 173—174)。

元叙事不必彼此排斥；思考一致，它们就能在广域领域立场的精神下对理论发展和实践做出贡献。西罗特尼克和奥克斯(Sirotnik & Oakes，1989)把结构功能主义、诠释主义和批判理论结合成一种他们称之为"批判性探究"的实践性教育方法。普雷斯蒂尼(Prestine，1995)指出：

关于知识基础的问题的争论需要继续下去。"知道"管理意味着什么的基本问题，需要与诸如"谁的知识是正统的"和"为什么这种知识是正统的"此类的政治问题一起被提出。

……这一多方面的知识概念与趋同的线性知识和接受知识的等级性，形成鲜明的对照，这就歪曲了实践。这些问题及其他一些问题告诫我们，在关于确立知识基础之问题的争论上，放弃包容而不是排斥，放弃趋异而不是趋同似乎是明智的。如果教育管理要继续成为一个充满活力富有生气的领域，就像它曾经有过的优势一样，我们不必为僵硬的领域界限的前期规定或知识的过细分类所局限(pp. 281—282)。

元叙事可以经常比任何单一的理论视角更好地指导实践。并不是所有的理论在所有的情境下是同等发挥效用的，但每一种理论在教育管理的不同方面都可以提供某些东西。知识丰富的管理者可以赋予从不同的认识论来评价情境的多元方法与价值，并采取超越任何单一视角的行动(Capper，1993)。

> 指出如下每个人的元叙事方法的特征并对各自的优势和不足给予评论：(a) 韦恩先生，(b) 泰勒女士，(c) 牛顿先生，(d) 梅纳德女士，(e) 布朗先生，(f) 吉利根女士，(g) 纽曼先生。

三、管理纲要

以上，我们描述了与管理一个组织的相当复杂工作相关的许多参照框架、概念性理解、求知方法和道德信念。它们包括一系列能够为实践提供某种基础的不同信念、观点、价值观和态度。因而重要的是，管理者以及他们所影响的人员应该对基础性原理、概念化、哲学和叙述法有一清晰的了解，因为这是他们做出判断的基础。

塞尔吉奥万尼和斯塔拉特(Sergiovanni & Starratt, 1983)把这种个人哲学看做是一种**教育纲要**(educational platform)。

> 一种个人的纲要包括有关人的发展、学习的性质以及学校教育与社会中承认生活之关系的基本信念……这一纲要的要素构成了愿景(vision)的基础……不论是领导者还是管理者都需要超越一些信念和价值观而行动，而哲学就是构成他们的纲要的东西(Starratt, 1995, pp. 71—72)。

巴尼特(Barnett, 1991)强调了纲要发展在帮助管理者"识别他们作为管理者所面临的道德两难并联系他们在判断情境时所使用的实践标准"方面的重要作用(p. 135)。管理者经常是通过检查教育的目的、儿童、学习的本质以及教学的过程来建构其最初的纲要。以后才是他们关于监督(supervision)和管理是如何与这些过程相联系的思想的产生(Kottkamp, 1982)。管理者应该给他们自己以机会来有意识地清楚表达自己的教育哲学和管理哲学及实践的道德标准。

教育家从事工作，做出决定和规划教学都是基于他们的教育纲要；这样，这些纲要就应该得到清晰的表达和支持。这一概念是以这样的政治模式为基础的，即人们期望各政党发展有助于其支持者和选民做出最清楚的及情况了解最好的选择的纲要。了解这种纲要并意识到这一纲要与实践或其他纲要之间的任何不一致，都是极为有益的。阿吉里斯和舍恩(Argyris & Schon, 1978)把这些不一致描述为支持性理论(espoused theory)与应用性理论(theory-in-use)之间的差异。支持性理论包含有成为行为之基础的哲学、信念、价值观、假设、理论和范式；应用性理论则反映了人们实际上实施这些哲学等的方法。阿吉里斯和舍恩(Argyris & Schon)指出：

> 当某个人被问及他在某些条件下是如何表现的，他通常给出的回答是应对这一情境之行动的支持性理论。这是他予以遵循的行动理论(theory of action)，并在被要求的情况下愿与他人进行交流的理论。但是，实际上指导其行动的理论是他的应用性理论，而应用性理论可能与他的支持性理论相一致，但也可能不一致；进而，个人可能意识到也可能没有意识到这两种理论的不相一致性(p. 11)。

阿吉里斯和舍恩(Argyris & Schon, 1978)、坎宁安(Cunningham, 1982)以及布莱克和麦坎斯(Blake & McCanse, 1991)都建议，最能提高组织功能的第一步，对于实践者来说是发现支持性理论与应用性理论之间的任何差异并使这些差异更为明确。

管理者需要清晰地阐明自己的支持性理论，也就是说，阐明自己的管理纲要。管理者以后要在组织中对这一纲要和他的行为进行比较。当纲要和行为不相一致时，管理者就要决定改变什么。当实际的行为与支持性的价值观和理论相一致时，这对所有相关的人员都是最好的。但当不一致时，信任就会丧失，组织就会变得无效。这样，教育和管理纲要的发展对于所有的管理行动都是至关重要的。

创设一种纲要并明确行动的理论基础，管理者应该评价说服力（cogency）、一致性（consistency）、综合性（comprehensiveness）、比较性（compatibility），并将纲要与自己的确信（convictions）（5个Cs）进行比较。元叙事能够帮助确定方向和认识论。个人的纲要应该与学校系统的哲学、使命、目标和方向达成基本的共识。如果没有这样的话，那管理者应该努力解释为什么会存在这样的差异。

塞尔吉奥万尼和斯塔拉特（Sergiovanni & Starratt，1988）描述了如何开始这样做：

> 一旦我们写下了我们的纲要的要素，我们就可以通过进一步的反思开始将这些要素分组并将它们按某种重要程度排列……
> 一些人会发现写作练习太令人乏味，并寻求某种挑战来讨论整个问题。共享观点的流畅经常会刺激阐明的过程……其他人则可能继续以学校或系统用印刷形式显示的正规的目标陈述开始这一过程……（p.244）。

他们继续建议说，不论个人的纲要如何发展，管理者应该将这些纲要与其他同事的纲要进行比较，以向他们提供机会来反思"相同的或相异的领域"。这种比较有时会带来修正，有时又会带来对观点上的更大差异的接受。这通常有助于建立共事、理解、结合，以及当纲要与行为相一致时的信任、整体、合作和持续的提高，这就创造了组织的效能（Cunningham & Gresso，1995）。

> 从引子中选择一位其观点最接近你自己观点的校长，并发展这位校长的管理纲要。

学 校 提 高

威洛韦尔（Donald J. Willower）
宾夕法尼亚州立大学

大多数教育家、家长和社区成员希望他们的学校成为好学校，因此学校的提高（school improvement）就成为教育管理的一项主要功能。这必然是一项不断进行的活动，因为过去的成功并不能保证未来的成功。

学校管理者和教师特别关心学生并希望帮助他们，但尽管关心（caring）是重要的和合乎需要的，仅仅关心本身是不够的。基本的问题是如何保持学校向真正会使学生获益的目标前进。提高（improvement）具有两个主要要素：所期望的方向和目标的选择；达到这些方向和目标的策略。

检查潜在的方向是一个哲学的问题，因为一些方向而不是另一些方向会被选择。方向的选择可以以不同的方式进行，包括考虑哲学价值观、探寻教育的长远和具体目标，或者在设定问题时审视一下课程问题。方向的最终选择依赖于它与所希望的目的之间的相关性，但也应该基于由对实施策略的检查和分析所决定的可行性。

实施策略的选择是科学的，因为真正实现有价值的目的依赖于有效的策略。这里，"事情是如何运作"的理论或解释的应用是关键性的。组织的变革具有心理学的、社会学的、政治学的和经济学的要素，而且来自这些领域的概念和解释，在判断事情可能如何在个人自己的情境中运行方面是有帮助的。这种分析会显示出能够出现的预期之外的和意图之外的结果是什么。

此外，这种分析提供了选择学校提高之方向的现实主义的方面。努力推动学校向前会有一些冒险，教育管理者应该愿意甚至应该快乐地接受这一点，但这会不负责任地把精力、时间和公共资金耗费在根本不能实现的东西上。因此，要考虑到方法途径的价值。

当然，当所引用的各种程序被接受为学校的组织文化的一部分时，这种分析是有益的。因为这些程序是基本的问题解决方法，它们可以应用于学校的所有各类问题。当这种方法成为教育家处理学校未来问题之方法的关键要素时，等级制度、个性、时尚、灵丹妙药和特别的项目等对于探究和形成批判性思想则处于第二位。然而，假如人们和组织的实质，将这样的实践融入组织的日常工作并作为其组成部分，可以是一种主要的挑战。古代希腊人称之为运用（praxis）或思考性实践的东西，既是人们所希望的，但经常又是难以理解的。

四、道德问题

管理的一个重要方面是敏锐地感受到可能出现的各种道德问题。本章至此一直集中讨论作为原则、实践和决定之基础的论证（reasoning）。现在我们需要考虑管理者所面临的并经常有助于阐明和支持论证并使论证更为具体的各种伦理问题。管理的挑战就是以其最基本的形式，针对管理所面临的伦理问题做对的事情（do what is right）。这些伦理问题是什么呢？

我们关于主要的道德问题的信念，通常是在我们成为成人时就已牢固地形成了，而且我们并不总是有意识地理解纲要或问题。这些道德问题的信念，形成了我们关于如何对待他人和其他地方的观点。这些就是我们的个人和社会正义的观念（ideals）。

此外，存在着许多控制我们处理道德问题之方法的法律。有关种族隔离、民权、合适过程和隐私权的法律提供了所有人都须遵循的指令，以避免强加的立法惩罚，而不论管理者的价值系统是怎样的。随着新问题的处理，法律会持续地产生。然而，领导的作用必须考虑到更多的东西而不只是考虑法律文件或依从法律。

布尔和麦卡锡(Bull & McCarthy,1995)提出：

> 教育家在他们的权限范围(如课堂、学校和学区)，在解释和应用法律方面发挥着重要的作用。他们在做出决定和确立政策方面保持有思考性的权利。关于法律如何生效的知识应该导致这样的认识：即教育家，而不是法院或立法，必须决定什么样的行动是合理的并适用于大多数的学校情境(p. 620)。

事实上，法院并不愿意干涉教育家的判定。除非立法权明显地悬而未定，否则法院系统会延期执行有关学校人员和决策者的决定。正是在这一点上，推理、判断、伦理和道德责任常常与问题和决定缠绕在一起。

一个管理者所面临的几乎所有问题都是有价值基础的：所有的问题和行动都有伦理的和道德的涵义。尽管参照的背景和意识形态框架似乎是很多的，但某些问题似乎比另一些问题更容易引起注意。许多这样的道德问题涉及如下方面的整合：

Ⅰ．人的权利
    A．多数人的或少数人的兴趣
        1．人种和种族
        2．社会阶级
        3．性别
        4．残障
        5．性倾向
        6．宗教实践(宗教与国家分离)
    B．个人的或集体的兴趣
        1．教材、教学法和标准
        2．幸福
        3．纪律与惩罚
        4．贫穷
        5．资源
        6．集会
Ⅱ．民主社会
    A．陈述(共享的权力)

B. 家庭价值观

C. 经济机会

D. 共同货物

E. 民族特性

F. 政治和政府

Ⅲ. 健康和安全环境

A. 空气、水和土地质量

B. 罪行和暴力

C. 人权和社会权利

D. 公共服务

有关相冲突的价值观和其他有关问题复杂性的知识，有助于使管理者意识到所面临的道德的和伦理的困境和两难。对这类问题的最佳决定并不总是清晰的。决定一个组织是如何解决这些价值冲突，是管理者的关键职责之一。

> 选择一个道德问题并讨论每一位校长可能会如何基于他们自己的元叙事法来处理这一问题的。

五、教育管理的知识基础

诸如不同的元叙事法所建议的，就教育管理的具体知识基础而言存在着相当激烈的争论和很少的一致意见(Hoy, 1994)。显而易见，没有一本"烹饪指南"告诉实践者该使用什么样的元叙事法、价值观、方法或模式，该处理哪些问题和运作领域，或者在各种不同的条件下该如何应用具体的技能。管理知识是应用于各种不同问题的元叙事法、理论、意识形态、技能、伦理原则、范型和实践的复杂排列。伯纳德(Bernard, 1938)第一次竭尽努力对管理的各种文献进行了一次充分而完整的解释。在教育领域，仅列举 Edwin Bridges，Roald Campbell，Luvern Cunningham，Fenwick English，Daniel Griffith，Mark Hanson，Wayne Hoy，Ralph Kimbrough，Stephen Knezewich，Cecil Miskel，Joseph Murphy，Robert Owens，Thomas Sergiovanni 和 Donald Willower 等人，他们也做出了相同的努力。这些学者指出，每一种方法尽管给予了不同的洞察和提供了不同的角度，都有助于对管理的过程给出一种更为完整的解释。

教育管理知识的综合，可以按照如功能、技能、伦理、条件(context)、运行领域和问题等6种要素给予概念化。表1.3提出了教育管理之复杂性的综合模式。尽管在实践中这些要素不能相分离，但可能最好是一次只集中并整合一个要素。每一要素都导致达到某种真理，但没有一种要素本身提供了充分的了解，而它们的综合则提供了对教育管理的更充分了解(Flood, 1990)。

表 1.3 有效管理的关键要素

管理功能	技能	伦理标准	结构和组织	运行领域	背景条件	问题
规划	领导	诚实	总统	财政	社区	安全的学校
组织	问题分析	正直	美国教育部	课程和教学	纳税人	多元文化主义
激励或指引	决策	履行承诺	教育部长	人力资源开发	特殊利益群体	全纳性
协调	实施	忠诚或诚实	州长	研究和发展	教师或家长或学生	学校祈祷
控制或评价	代表	公正	州学校委员会	经营和后勤	商会	技术
	监督和激励	关心他人	州的教育局长	物资供应	大学教授或研究人员	标准化考试
	人际感受	尊重他人	州教育部	学生事务人员	媒体或电视	教育券
	口头交流	遵法或公民责任	地方学校董事会		城市委员会	特许学校
	文字交流	追求优异	学区教育局长		宗教组织	学校改革
	研究策略评价	个人绩效责任	中心管理者		私人企业	生产力
	法律、政策和政治的应用		校长		专业协会	家庭价值观
	公共关系		教师		教科书生产商	社会资本
	技术				工业	结构主义
					政府	课程
					国际团体	全球教育
					技术专家	环境保护主义

今天美国很少有比教育更能引起争论的问题,而教育管理则面临着"不可预测性、变革的迅速性以及兴奋和灾难的潜在性"(Porlin,1997,p.4)。当然,对不同的要求做出回应对于所有教育领导者来说,都是主要的责任。领导者的角色就是从指示和控制转移至指导、促进和协调(Goldring,1990)。领导者需要确立方向,保持协调并创建愿景文化,要鼓励冒险和实验,确定步骤并维持高标准。

美国州际学校领导者证照中心(Interstate School Leaders Licensure Consortium,ISLLC)的《学校领导者标准》(Standards for School Leaders)是由24个州及9个教育管理专业协会的关键人员所编制,旨在美国改进政策、实践和研究。代表了学校管理领域的专业组织自20世纪60年代以来做了许多工作(见第六章),而目前的努力正是以此为基础的。这些标准集中在委员会称之为"有效领导的核心和灵魂"的方面。所有标准都支持着学习环境的根本重要性,而每一项标准又都特别关注愿景及促进所有学生获得成功。框1.1显示了州际学校领导者证照中心的6条标准。

> **框 1.1**
> **州际学校领导者证照中心的学校领导者标准**
>
> 标准一:
>   学校管理者是一个教育领导者,应能在取得学校社群的共同认同与支持下,发展学生学习的愿景,将愿景予以清楚的说明,并加以有效管理,以增进全体学生的学习成就。
>
> 标准二:
>   学校管理者是一个教育领导者,应能提倡滋养与维护有利于学生学习及教职员专业成长的学校文化与教学方案,以增进全体学生的学习成就。
>
> 标准三:
>   学校管理者是一个教育领导者,应能确保营造一个安全、有效率及有效能的学习环境,以增进全体学生的学习成就。
>
> 标准四:
>   学校管理者是一个教育领导者,应能与学生的家庭及社区人士联系,对社区的不同兴趣与需求做出回应,并且有效地运用社区的资源,以增进全体学生的学习成就。
>
> 标准五:
>   学校管理者是一个教育领导者,应能以正直、公平及合乎职业伦理的原则作为,以增进全体学生的学习成就。
>
> 标准六:
>   学校管理者是一个教育领导者,应能对超越学校范围的政治、社会、经济、法律、文化等较大的层面有所认识,有能力回应,并能发挥影响力,以增进全体学生的学习成就。

【资料来源】Interstate School Leaders Licensure Consortium (1996). *Standards for School Leaders*. Washington, DC: Council of Chief State School Officers.

有效的领导者了解教育管理的所有要素,并为学校的优异制定一种可以应用于课堂实践的共享的愿景(shared vision)。他们提高了教师对所有学生的期望,支持持续的课程和教学改进,并奖赏和认可所有形式的优异。塞尔吉奥万尼(Sergiovanni, 1991)的结论是:

> 学校如果要生存下去的话,就必须办得既有效能又有效率(effective and efficient)。政策必须落实,预算必须编制,教师的工作必须得到安排,课堂教学必须有计划,报告必须完成,标准化考试必须进行,物资必须购买,学校必须保持整洁,学校必须免于暴力,课堂必须颇有秩序。所有这些都是确保学

校作为一个组织而生存下去的必要任务。但对于学校将自己转变成一个机构时,一个学习型的社会就必须形成。制度化(institutionalization)是校长们所面对的道德必然(moral imperative)。不论管理者如何不懈地履行他们的管理职责,确信行动,坚定信念和恰当的倾向,是他们道德必然的结果。如果缺乏道德的必然,就不可能有组织的特征,而学校如果没有特征,那学校就不可能是优秀的,也不可能是有效的(pp. 329—330)。

> 校长们在弗莱姆·斯瑙匹斯学区的革新努力中的职责是什么?

我们学校的领导素质

卡特(Gene R. Carter),执行主任
督导和课程发展协会

  正如我们站在新千年的门槛上,我们正处于世界历史大变动的时代。我们的社会正在经历一些我们未曾知晓的最激烈的社会、政治、经济和教育的大变动,而且这种混乱从本质上危害着所有的机构和它们的领导者。粗略地可界说为从幼儿园到研究生院的教育,被看做是美国解决问题的方法。不论问题是什么,许多人都认为教育机构是国家防卫的第一道防线。

  今天,教育领导者发现他们自己正领导着组织和团体,通常是在引起争论的条件下跨越迅速变动的场景而朝向新的终点。这些团体正越来越呈现多样化,被迫去应付未曾界定的问题,尽力去解决理论的和情感的问题并做出新的决定,以致无人知晓组织的结果。教育领导者必须帮助个人和团队意识到经常以分裂、势不可当和变动迅速的情境为特征的新千年。在面对这些要求时,教育领导者正意识到他们不必再依赖于传统的管理技巧来满足其角色的需要——他们必须更多地利用指导、优势和影响之源。

  19世纪的教育是设计用来培养通过循规蹈矩以促进经济发展的工人和公民的。20世纪的教育必须以决定性的不同议程为基础,它必须以衔接、内聚、共享的和相互创造的意义、相互关系及人类自身的体验为其坚实的基础。

  为了认识这一愿景,21世纪的教育领导者必须重新发现他们自己和他们的学校。我们必须变革我们关于学校和学习的简化思维(reductionist thinking),我们必须变革我们相互发生作用的方式。我们的挑战是重构围绕学习的问题和挑战的议程,而不是紧紧围绕着学校和培训。我们必须把学校思考为人类生活的组成部分,而不是仅仅为了课堂而保存的东西,我们必须把所有的情境思考为潜在的学习机会。

  我们现在已充分了解学习系统,足以使我们对现有实践的重新安排提出建议。根

据关于现实的新愿景,相互关系和相互依赖是重要的方面。我们作为教育领导者的职责,不是去重新设计一种新的、固定的教育结构,而是要能够构建适应生活之舞的变动的结构。

我们正处于变革之海,它挑战着我们去重新思考我们对变革学校的基本假设。长久以来,我们设法固定课程、教学计划、现实和考试。现在我们认识到,我们必须首先变革我们思考问题并使问题相互联系的方式。我们必须通过激励探究、质疑和问题解决,通过重视系统中每一个人的而不只是学生的学习,来变革发生于学校及学校周围的论说(discourse)。

在我们的社会和我们的世界所发生的许多变革中,一种新的领导方式对于所有领导者,尤其是学校、组织和机构的领导者是必需的。领导是如何成为领导(how to be)之事,而不是如何去做领导(how to do)之事。有效领导的迹象更多地表现在跟随者(followers)的身上。他们是否实现了自己的潜能?他们在学习吗?结果是,教育领导者必须成为一系列行为的模范,这包括:

- 在理解和实现短期目标的同时,创设一套核心的信念和价值观并进行交流。
- 在人们及其思想之间搭建桥梁,支持人们去发现自己的创造潜能。
- 挑战传统的观念、设想和结构。
- 接受不明确性和赞许意外的发现。
- 反思当前的行动和事件。
- 寻求生活的新视野。
- 实践终身学习。

那些能够在他们自身、同事及委托人中间释放出这一伟大精神(spirit of greatness)的人士,增强了他们成为教育转型中的领导者的能力。

我们知道凤凰涅槃的故事,它成为转型(transformation)和新生的象征。在我们进入21世纪之际,这一象征对于我们来说特别有说服力。我们正处在剧烈变革的时代,处在要求摧毁做事的旧方法和创造新的更为强劲有力的新方法的时代。这一凤凰涅槃的故事告诉我们,我们可以在自身找到转变领导的手段。对于作为将跨越集体的灵魂而走向下一步的一代人的我们而言,领导的时间就是现在。

六、结论

我们现在已经知道可以用足够的东西来发展我们所需要的学校,但是我们现在想暂停不前。我们必须改变我们的参照框架、我们的范型、我们的思想模式以及我们的元叙事法,如果它们不再符合我们时代的需要。它们会影响我们的思维方式以及展望未来所隐含的要素(invisible elements)。我们可以在一种习惯的状态下"不用思考"即运作,因为我们的元叙事法、我们的信念系统对于我们来说是如此的熟悉。然而,它们却让我们回头看到,当前的情境并不像以往那样支持实践,现存的哲学信仰和相关的知识迷惑了我们。新的框架可以着重指出先前未能注意的可能性；新的相互关系，尽管先前未能注意到，是能够生存的。为了这些理由，管理者应该继续再访并反思他们自己的纲要。

显著的提高可以从已经存在的系统开始，但系统总是可以得到相当的改进和提高（Rhodes，1997）。我们的理论、知识基础和经验使得我们的实践受到控制。我们必须确保在观察事物的新方法产生时，思想、主张和理论本身应该受到质疑，而这些思想、主张和理论是那样的欣赏未受过质疑的特权地位，并因而认为自己就是"真理"。我们该如何追寻知识以及如何扩展知识，这就是我们面临的挑战。

知识在这样一些人身上得到发展，他们促使自己去思考什么是知道的和仍需要去知道些什么。这样，我们就不断地得到学习，我们也就获得了新的洞察力。戴明（Edward Deming，1993）发现如下的情况是相当令人震惊的，即我们未能用足或错误地利用了各个层面的员工的知识和技能。团队比任何一个个体拥有更多的知识、专长和信息。我们需要向前辈和同辈学习，这样才能做好使我们的组织和专业具有自己特征的准备。这才是领导的真正本质。

领导就是要提供信息和新知识，保持相互影响，创造新的联盟，使人们发生联系，持续地提高和学习，评估结果，证明能力，并使提高（improvements）制度化。领导者应该鼓励学校和学区内的合作以及跨学区的合作。这样，思想的不断丰富（cross-fertilization of ideas）就成为可能，而新的研究、知识、价值观和最佳的实践就能够在一份学校规划中得到综合。坎宁安（Cunningham，1994）认为，有效学校应该：

- 重视能对学生产生积极影响的提高。
- 鼓励集体性、信任和正直，并允许有充分的时间用于开放的、自由的沟通。
- 培育一种相互信任、支持、成长和革新的氛围。
- 促进员工的发展，以作为学校提高的必要组成部分。
- 为增值的和系统的持续提高做好准备。
- 授权并鼓励员工去实验、创新和分享成功。
- 用价值观、兴趣和专门知识去工作。
- 对结果进行持续的监控并做出反馈。
- 对个人的学校努力提供集中的管理支持。
- 培育家庭、学校和社区之间的合作。
- 鼓励合适的相关利益者（stakeholders）直接参与学校活动（p. 25）。

改进和提高教育的所有努力的最终评估，依然是学生的学习是否得到提高。这是持久的核心价值，指导着管理的和组织的成长。

> 什么样的促进知识发展的参照框架和方法能够最有效地革新弗莱姆·斯璐匹斯学区的学校？

档案袋物品

- 撰写一页你的教育哲学陈述。
- 撰写一页你的领导哲学陈述。
- 界说指导你作为教育领导者的行为的价值观和伦理观。
- 在学校改进委员会中任职或检查委员会的工作结果。
- 检查学校董事会各次会议的议程或参加一次这样的会议,并将董事会的工作与你的哲学和价值观相联系。
- 阅读教育和管理主题的著述,并写出注释性书目提要。
- 出席一次大会或教育局长的管理会议并就会议内容及你所学到的东西写份报告。
- 就学校教育的某些方面提出一种新的改进过的方法。
- 发展一种综合性的管理纲要。

推荐阅读文献

Bech, L. G. (1996). *The four imperatives of a successful school*. Thousand Oaks, CA: Corwin Press.

Capper, C. A. (Ed.)(1993). *Educational administration in a pluralistic society*. Albany: State University of New York Press.

Donmoyer, R., Imbar, M., & Schewich, J. (Eds.) (1995). *The knowledge base in education administration*. Albany: State University of New York Press.

English, F. (1994). *Theory in educational administration*. New York: Harper Collins.

Evers, C. W., & Lakomski, G. (1996). *Exploring educational administration*. New York: Pergamon Press.

Gordon, S., Benner, P., & Nodings, N. (1996). *Care giving: Reading in knowledge, practice, ethics, and politics*. Philadelphia: University of Pennsylvania Press.

第二章 教育管理者的工作情境和视角

引子：斯克里夫纳中学——理解工作情境

你是斯克里夫纳中学（Scrivner Middle School）的校长，这个职位是你从那些任期很短的校长们手中接过来的。因为前任的那些校长们既不能让这所学校的运行围绕着社区和家长们的要求来进行，也不能使其符合州和全国的标准，所以他们很快就被替代了。这所学校位于一个曾经具有辉煌历史、现在却很贫穷的少数民族居住区——这一辉煌因社区内的电话公司和其他小企业的歇业而遭重创。

在与你讨论这种情况时，学区教育局长梅尔维尔（Melville）说："州级评估的低分数、联邦专项资助的减少、法院的裁决，特别是与扩展的学生服务相联系的意识形态的差异、州政府控制、人口状况的变化以及学生支持系统的衰落等，导致了斯克里夫纳中学的迅速衰败，而这种境况必须得到扭转。"来自州和国家的压力迫使我们进行有意义的改革，而你最首要的任务是要找到转移和缓解政治及其他压力的途径，并确保学校能够更好地回应这些要求并符合州的标准。

梅尔维尔继续说道："前任校长们未能领悟联邦、州和地方的要求，并对此产生了抵触、分歧和误解，而这最终导致意识形态上的混乱及学校改进方面的一事无成。"梅尔维尔引用了他曾读到的一句话：变革在"技术领域是简单的，在社会领域中是复杂的"。他陈述道："这的确很像斯克里夫纳中学的情况。你必须借助现有的政策与背景来实施必要的改进措施，而不要成为它们的牺牲品。"

你与社区成员间的第一次会晤会迅速显示出他们把你误解为一个教育家。他们会让你知道：在社区资金越来越紧张的情况下，生均教育经费增长了近1倍；师生比也下降了；州和地方的评估也显示出学生的学业成绩在急剧下降。佩尔兹曼（Peltzman）夫人，作为一名州学校委员会的地方成员，将斯克里夫纳中学作为一个典范严厉批评了州立学校，说明"向问题扔钱是不会奏效的"。她认为："对一个普通的企业几乎成倍地增加其资源但却由于疏于管理而效率极差，这种情况是不可想象的。但这确实就是斯克里夫纳中学过去十来年中所发生的事情。"

斯克里夫纳中学也被认为是社区内社会裂变的一部分——攻击、抢劫、偷盗、物资滥用、少女怀孕、单亲家庭等现象都有显著增加，社区的凝聚力确实下降了。过去，这所学校是社区活动的中心点，也是社区的骄傲，但这已一去不复返。社区正在向教育委员会施加压力，要它们降低财产税，从州和联邦政府那里获得更多的资金，以及拥有更多的主办权等。

因为该社区周遭的那些较为富裕的社区没有经历过这种社区与学校的衰败，因而该学区的这种"消沉"现象变得极为突出。由于"对社区的教育极度担忧，再加上需要给学校的毕业生提供治疗教育"，所以在该社区最近失去一个可能开办于此地的新企业之后，它变得尤为令人关注。该社区认为这些问题是不可克服的，所以已经放弃了斯克里夫纳中学。社区正在鼓动地方教育委员会成员考虑教育券（vouchers）、民营化方式或是将斯克里夫纳中学转制为一所特许学校（charter school）的可能。

在社区表达的对教职员工的忧虑中，你能明显地感到地方对州与联邦政府的干预持有强烈的敌对情绪与不理解。斯克里夫纳中学的教师也攻击社区的家长制作风，讨论学生的不良行为以及州和地方政府将经费用于武器检测、安全系统、警察巡逻、健康诊断、督察逃学者的官员、上学前及放学后教育计划、特殊教育者、咨询人员、纪律官员、安全学校以及其他相关行为的计划等，认为这些事项占用了太多的时间与金钱。学校则将经费主要用于消除危险、几项未了事项的诉讼、某项学校突发事故以及明显增长的州与地方的绩效责任（accountability）要求等。学校教师则把这些看做是对一些不必要的事情进行的检查，并不适合于该校学生的实际情况。他们认为，州级评估系统正在阻止地方为回应正在变化着的需求而做出的努力。

由于一些不必要的且经常是半途而废的计划、项目，联邦和州的一些命令已经阻碍了学校的发展。教育委员会和学区教育局长不断地向那些要求开会、进行评估及要求教师和校长提交专门报告的州和联邦的机构提交报告。争论中人们表达出的一个突出观点就是，随着用于教学支持的资金越来越多，与生活消费水平相适应的实际工资水平却在下降。可获得的少量资金全部用于技术设备上，而这却不是学校课程的主要部分。里韦拉女士（Mrs. Rivera）是一位理科教师，她这样说道："梅尔维尔局长想让我们改革这所学校，但学区的老师们对局长已经尝试过的改革给予了很低评价。另外，教育委员会将很快解雇他。"

州和联邦政府最近在评估上所作的努力，似乎是斯克里夫纳中学教师们争论问题的核心。基于标准的系统（standards-based system）并不适应他们最近在学校所进行改革的诸多方面，因此学生在评估过程中的表现不尽如人意。在学生需知和能做、如何对课程进行最好地教授和学习，以及如何评估学生的学业成绩等问题上，地方、州和联邦各级之间存在着很大分歧。来自外部压力的历史似乎就是一个不断转变态度与信念、缺乏持续一致目标的历史。现在，学校被贴上了冲突、误解、批评以及很低的士气等标签。教师们认为，学校的这些问题之所以会存在，是因为家长们缺乏责任感，所要求的改进和提高缺乏足够的资源，无力辨别那些可以解释考试结果之不同的学校之间的差异、权力政治、微观管理、缺乏对社会问题的关注、永无结束的障碍系统、领导的不稳定，以及无法就如何把斯克里夫纳中学建成一所理想学校而达成共识。

梅尔维尔局长在反复强调他不期望你重蹈斯克里夫纳中学前任校长的覆辙时说："你会意识到，如果你没有真正理解你将面对的工作情境时，你会发觉自己正处于惟恐被指责的惊慌之中。许多事件、政治决策以及经济状况等因素，已经对斯克里夫纳中学的实际情况造成了强烈的影响。如果你想成功地教育这所学校的学生，你就不能把注意力狭隘地局限于学校或者社区眼前的需求。斯克里夫纳中学所发生的一切只是学校外部正在发生的巨大变化的一部分而已。如果你忽略了这些影响斯克里夫纳中学教育质量的更大的环境的话，你就不会成功。"

> 在真正了解斯克里夫纳中学现有条件的过程中，在个体和团队看来，什么才是最为重要的？

一、联邦和州的角色

大部分专家今天都认识到并接受了这样一种观点：即情境对教育管理的实践具有重要作用。他们或许未能在如何最好地归纳情境的特征方面达成一致，但很少对情境的重要性提出质疑。杜克（Duke, 1998）说过："人们在互动过程中，他们受到自身对情境感知的引导。即使在情境影响到这类互动时，这些感知仍能够通过影响语言及行动来帮助形成情境。"(p. 172) 他在后文又强调了这一观点："从最近已有的研究成果中可以清楚看出的一点是，领导具有情境性。换言之，脱离了一定的情境就无法理解领导。然而，领导的情境可以通过各种方式来界说其特征。"(p. 182) 没有对影响美国教育同时又受美国教育影响的社会、政治和经济因素具有广泛了解的话，领导者今天就不可能成功。如果想实施有效的教育领导，管理者就必须至少对意识形态、政治压力以及变化着的经济和社会条件有清醒的认识。

随着竞争性的改革议事数量的急剧增加，有关如何改善教育的各种可能实施的观点和想法也在急剧增加。改进教育的努力被描述为改革的浪潮，而这种浪潮很难对目前难以进行自我平衡的教育制度产生影响。由于人们对其中的多数改革普遍感到失望，所以，现在就有这样一种呼声，即要求转移改革的责任。这不仅指学校教育的变革，而且也指教育领导者的角色、责任和工作程序的转换。

在很大程度上，美国教育的质量依赖于学校领导者在不断改善学校的过程中对各种群体和压力的有效回应。这就要求领导者具有政治常识和道德意识，他们要了解社会的、经济的和人的要求，了解政府的和社区的议程，同时还要了解领导工作的专业期望与职责。学校是更为广泛的全球体系的组成部分，它通过正规或非正规的管理机构

和影响机构与社会发生联系,而这些机构几乎决定着所有的教育决策。(为获得更多的信息,请查:www.ed.gov/)

> 那么将会有哪些主要因素可能对斯克里夫纳中学的未来成功产生强烈的影响呢?

二、广泛而又复杂的背景

学校教育既是一种联邦利益,一种州的责任,同时也是一种地方的运作行为。美国拥有 50 种公立教育体系,它们受到来自世界、国家、州和地方的压力与期望的强烈影响(更多的细节详见第五章)。格斯里和里德(James W. Guthrie & Rodney J. Reed,1991)抓住了这一教育制度的复杂性:

> 美国的教育制度可能是世界上最具多样性、分权性以及动力性的制度。这种制度很少依赖于国家政府来为教育机构制定教育政策或提供财政支持。相反的是,美国教育的政府权力主要在 50 个州内进行分配,这些州进而又将管理职责赋予数千个地方学区。结果是形成了 50 个由税收支持的公立初等和高等教育体系。在这些体系中,大多数的决策是由 50 个由州的政府官员、州长、立法者、法官、州教育委员会成员以及与之相关的数千个地方社区领导组成的集合体确定的。这些好像还是很复杂,通常情况下,无论是在高等教育还是在较为低级的教育体系中,还有一种与公立教育体系并存的私立或非公立教育体系。

在这些众多的利益群体之外——《协会百科全书》(Encyclopedia of Associations)罗列出 1 221 个国家的和国际的教育协会——也许你现在开始理解思维的多样性了,甚至是面对学生及其家长之前,地方学校的领导者们就必须准备着接受这种多样性的挑战。

美国各地的公民越来越对"我们的公立学校中应该教些什么、读些什么、传授哪些观点、进行哪些讨论"等问题感兴趣。全美学校董事会协会(National School Boards Association)的一份政策网络通讯这样陈述道:

> 家长、学生、学校董事会的成员以及学校的领导们,还有那些与地方或学区没有任何附属关系或直接联系的人们,所有这些人都明显地对"我们的学校情况怎样"感兴趣。代表着不同政治观点与信念的人们以及那些有时更多地关注令人羡慕的社会而不是社会传统和未来的人们,会期望公立学校成为

一种促进或阻止变革的机制(Morris，1992，p.1)。

人们利用压力、立法、管理及其他政治行为方式来做出符合他们利益的决定。教育领导者有责任确保最后的决定既代表全体人员利益，同时也最符合儿童的兴趣。

教育领导者总会陷于一些冲突之中：被选举的欲望、政府官员、各个社区、教师和员工、教育委员会、利益群体、学生和家庭、教育专家以及其他人群，所有这些人或群体都有自身的议事日程。与之有关的压力的增加似乎与那些从未停止过滋长的社会问题和难题是同步的，而这些问题又延伸到学校。因为教育者会受制于各种利益群体争论的问题当中，所以他们会发现自己正处于冲突的中心位置，这在他们没有真正理解他们与之打交道的利益群体的历史和目标时尤为明显。

这种广泛而又复杂的背景已经引起了相当多的作家们的关注，他们指出，我们的教育机构从来没有像现在这样迫切需要有效的领导。拉茨克和斯旺森(Razik & Swanson, 1995, pp. 70—71)指出：

> 无论是好是坏，现在的确是人类历史上最具活力、令人兴奋的时期。由于情况的变动，现在也是不可预料的机遇和潜在的危险普遍存在的时代。为了突出机遇并使危险减少到最低限度，要求包括教育在内的所有部门和所有事业都有极为聪慧的领导……
>
> 今天教育领导的背景有别于历史上的任何时期。如果领导者期望采取相关行为的话，就必须理解当代的问题与进程。

那么，斯克里夫纳中学校长应该与哪些个体或群体定期会面呢？

三、教育的起源

美国宪法没有提及教育。作为1791年正式生效的第十修正案的结果，教育成为每个州的职责。由于通过自己的法律，各州巩固了由地方社区予以实施的教育的权力。各州都制定了最低的标准与指导纲领，为地方社区运作学校系统留下了很大的权力。美国的学校体系建立在为所有公民提供普遍的教育机会的理念之上。各州通过的众多法案和法律都规定要在公共区域内设立学校，同时下放征收义务教育税的权力(compulsory taxing rights)，允许将学校作为准市政公司(quasi-municipal corporation)，确立合法权利，建立标准，提供控制等。

诸如曼(Horace Mann)、巴纳德(Henry Barnard)、麦格菲(William H. McGuffey)、赫尔巴特(Johann Herbart)以及后来的杜威(John Dewey)等人对美国教育的形成产生了巨大的影响。美国人开始寻求公共教育来满足迅速变化的文明的挑战。学校的入学人数在不同地区都有所增加,公共教育成为国家的一项重大事业。与此同时,一个变化着的世界对社会和经济问题的关注向学校教育提出了新的要求。

由于宪法在支持公共教育上保持着沉默,联邦政府就必须运用潜在的力量,因为这些力量的确对支持参与教育有很大的帮助。这些潜在的力量来自于一般的福利条款,是第一修正案的部分内容,同时也是第十四修正案的正当过程和平等保护的条款。到目前为止,已经有5项主要的联邦职责为联邦参与教育提供了法律根据:(1)土地赠与;(2)公共基金与福利;(3)国防;(4)平等机会;(5)经济竞争和学校安全。(详见表2.1)该表虽未包容一切,但却为与教育相关的立法提供了一种样本。此外,一些立法尽管没有直接针对教育而制定,但肯定具有显著的影响,如《公平劳动标准法》(the Fair Labor Standards Act)和《平等就业机会法》(the Equal Employment Opportunity Act)。

表2.1 联邦对教育的参与

法律	年份	目标
土地赠与、农业和职业		
土地法令	1785	通过土地的丈量对公共土地进行有序的分配
西北部法令	1787	提倡运用公共资金来维持新兴城镇的公共学校
俄亥俄州授权法	1802	第一个授予权力的法案,为各新成立的州的公共学校提供土地拨款
史密斯—利弗法	1914	新设农业推广服务,以"帮助传播……有关适用于农业和家政学科的有用且具实践价值的信息"
史密斯—休斯法	1917	为帮助各州开展高中职业课程提供匹配资金
救济		
"新解决"行动	1930	提倡将教育作为公共工作管理、国民秩序维持军团、全国青年管理、工作进程管理及其他事务的组成部分
兰汉姆法案	1941	向那些因联邦行为而对地方政府造成负担的学校提供建设和运行的资金;在1980年因《紧缩法案815》和《紧缩法案874》而得到扩展,分别为学校建设和学区运行费用提供资金
全国学校午餐计划	1946	为公立及非公立学校的学校午餐计划提供基金;1954年扩展到包括学校牛奶计划
国防		
合作研究计划	1954	为高等教育机构的教育研究提供审定的联邦基金

续 表

法　律	年　份	目　标
学校建设法	1957	连续 4 年,每年提供 3.25 亿美元资助学校建设
国防教育法	1958	向毕业生提供奖学金——尤其是在科学、数学及外语上；1964 年有所扩展(如支持学生的贷款、地方—州—国家的合作、鼓励课程改革等)
和平军团法	1961	建立为不发达国家提供为期两年的教师和技术人员帮助计划
人力开发与培训法案	1962	为那些缺乏确保其就业机会之教育的青年人建立现代培训计划
平等教育机会		
职业教育法	1963	扩展 1950 年的紧缩法和国防教育法,并为职业学校建设和扩展的职业教育发展提供资金
经济机会法	1964	为"向贫穷宣战"提供立法依据；主要通过教育和社区项目改善处境不利者的命运：开端计划、工作团体、邻近青年团体、VISTA 以及其他的工作体验和社区计划
公民权利法	1964	旨在消除全社会的种族歧视,尤其强调消除公立学校中的歧视现象
青少年行为不良和犯罪控制法案修正案	1964	主旨在于充分调查和研究影响义务教育、青少年犯罪的因素以及青少年不良行为的童工法
中小学教育法	1965	为范围广泛的教育需求提供巨额支持；完善州教育部门、补偿教育及革新计划
国际教育法	1966	赋予高等教育机构在建立、加强和运行国际教育研究中心的权力
教育专业发展法	1967	修订 1965 年高等教育法案,以改善教职人员的职前与在职培训
双语教育法	1968	为英语不熟练的孩子的教学提供资金帮助
紧急学校援助法	1972	向自发消除种族隔离的地方学校提供联邦帮助
康复法	1973	向残疾学生提供住宿,并满足他们高质量教育的需求
家庭教育权力和隐私法	1974	将学生的权力个人化
为所有处境不利儿童教育法	1976	禁止仅仅因为他们处境不利便拒绝他们(向贫困儿童提供资金帮助)

续表

法　律	年　份	目　　标
世界水平上的经济竞争与安全		
教育巩固与提高法	1981	赋予州和地方部门可以适当广泛开展教育项目的权力
国家教育进展评估	1983	为评价教育结果确定一项国家检验计划
保障经济安全之教育法	1985	向教育及发展提供援助,以维持与高科技相关的经济地位
税收改革法	1986	降低高收入者的税收比率,提高对中等和中上等收入者的税收比率
美国残疾人法	1990	借助高标准、提供住房以及工作和服务等保障残疾人的权力
工作培训合作	1991	确定计划以帮助处于险境的年轻人能在学校和工作中获得成功
公民权利法	1991	严惩那些有歧视行为的人
家庭与就医休假法	1993	在诸如生育孩子、收养孩子、家庭成员生病等情况下允许被雇用者享有12个星期(一年)的假期,其间没有工资
2000年目标:美国教育法	1994	为公共教育确立8个国家目标(两个新的是关于师范教育和家长参与的);向以标准为基础的改革提供援助
学校—工作机会法	1994	提倡具有融合性和挑战性的标准以及从学校到工作转换所需的技能
暴力和犯罪控制与法律强制法	1994	打击青少年犯罪,包括针对青少年的严厉管制和犯罪预防计划
改善美国学校法	1994	极力提倡州和拉丁美洲对教育,尤其是在确定高标准中的参与;完善改革计划
安全和无毒品学校和社区法	1994	支持学校和社区反对毒品
残疾人教育法修正案	1997	尝试排除那些阻止残疾儿童得到有效教育的障碍
教育之灵活性伙伴关系	1999	赋予在运用某些联邦教育规则中的巨大的灵活度

那么作为一个校长,你如何从历史的角度看待斯克里夫纳中学所发生的情况?

（一）土地赠与

早在 1785 年，伴随通过对公共土地进行有具体目的的测量和分割而进行的有序分配，赠地学校开始形成。《俄亥俄州授权法》（The Ohio Statehood Enabling Act）是各新独立州中第一个为公立学校提供土地赠与的授予法。根据这类授予法，各州确立了自己的土地领域。授予法一般都要求为建立公共教育体系提供条件。在 1862 年，《莫雷尔法案》（Morrill Act）为学院和大学的建立提供了土地。1867 年，隶属于内务部（Department of Interior）的美国教育办公室（Office of Education）得以成立，其目的就在于搜集"各州和地区反映教育条件和进展的数据与事实……"巴纳德在这个办公室的建立中起了中坚作用，并成为美国第一任教育署长（Commissioner of Education）。

（二）救济

20 世纪 30 年代，国家正处于大萧条时期，最初的救济法对年轻人找工作的帮助要大于其对改善教育的帮助。这项立法的开始与 1917 年《史密斯—休斯法》开展的职业培训计划同步，但其核心的形成体现在 20 世纪 30 年代的《新解决行动》中，目的在于培训年轻人，将他们安置在有意义的雇用岗位上。《紧缩资助法》的颁布在于帮助学区中那些承担大量联邦免税份额的学校系统。这些法案包括我们所熟悉的学校午餐计划和学校牛奶计划。

（三）国防

1939 年，美国教育办公室转变成联邦安全署。在强调国家安全和防卫的指导下通过的第一个法案是 1950 年的《国家科学基金会法》（the National Science Foundation Act）。这项法案为科学领域的学习和研究提供了资金，由国家科学委员会监管，委员会由 24 名成员和 1 名主任组成。1955 年创建的名为政府组织委员会（Commission on Government Organization）的胡佛工作队（Hoover task force）得出的结论是，美国教育办公室仅有"微弱的影响，而且无法控制"。另外，那时在教育上投入的 30 亿联邦美元中，美国教育办公室所用的只有 1%，其余的则用于许多头等重要的委员会或调查团，以及 20 多个其他联邦部门。政府组织委员会建议在政府行政部门进行一些变革。1953 年，健康、教育和福利部得以创立，在教育办公室的职责范围内，该部门对教育事务的行政管理与控制权得到了加强。1954 年，在美国教育署长布朗耐尔（Samuel Brownell）的领导下，颁布了一项合作性的研究计划。

1957 年苏联人造地球卫星的上天，打开了对美国教育体系进行猛烈抨击的闸门。对于那些曾被告知"大部分苏联人无法获得电和自来水"的美国人而言，这无疑是个晴天霹雳，美国人从无知中清醒过来。无论公平与否，因为苏联的技术胜过美国，教育便受到了指责。社会各方都要求改革美国人接受教育的原有方式。国家的安全和防御逐渐成为联邦政府加大参与教育力度的一种理由。其结果是产生了时至今日仍是最大的联邦立法，即1958年的《国防教育法》。这项立法涉及课程、方法以及教育要求等方面的改革，包括制定更高的标准，提供更多的科学和数学训练，为聪明学生提供更为适当的课程，要求所有学生更努力地学习等。这项法案的设计尤其针对科学、数学和外语。通过强调充实的内容、能力分组、天才教育以及加速与提高计划等，这项立法使教育进入了一个优异的时代（era of excellence）。它还建立了更多的地方—州—国家伙伴关系以改善美国的教育。这是美国第一项将目标专门定位于改善学术或非职业性学科的教学，并扩大那些影响课程与教学的人员参与变革的法案。

（四）平等的教育机会

20世纪50年代之前，城市内部的贫困市区，尤其是黑人社区，将教育看做是他们提高生活质量的惟一希望。借助进步主义"儿童中心"的教育方法，教育制度已经满足了他们的一些需求。进步主义教育者认为，教师有责任将教育与孩子的需求和背景联系起来。杜威被认为是这场运动的领导者。杜威认为，应该通过孩子们在课堂中的日常生活，以一种对他们来说是真实的且有意义的活动框架让他们来理解社会。也就是在这一时期，教育才开始变得为所有的人都能够接受，能够让学生们按照自己的速度来接受教育。《国防教育法》所倡导的改革以及与之相关的思想，都否定了这种以儿童为中心的进步主义教育，从而转向以学科为中心，强调基础并取得优异，其中主要集中在数学、科学和外语的技能上。课程扩展到每一年级并包括更多的学习方式和内容。那些未能跟上的学生，会经常面对学业失败，最终将会辍学。

与此同时，美国最高法院及立法活动也正对没有歧视的、平等的教育机会投以更多的关注。1954年，美国最高法院在"布朗诉托皮卡教育委员会（Brown v. Board of Education of Topeka）"中的判决整合了法律，增加了非裔美国人及其他少数民族进入公立学校的人数。美国最高法院这一时期的一些判决，包括废除学校祈祷、公平的选举权及代表权、许多反歧视的决定以及重申了宗教、言论、出版和集会的自由等。

在大力弘扬基本的公民自由时，立法者及其他人也为解决日益突出的问题，尤其是市区中的一些问题，提供强大的政治推动力。犯罪，尤其是青少年及年轻人中的犯罪现象，已有明显的增长。透过1964年早期的城市学校系统的联合抵制运动，我们可以发现这些问题在纽约、克利夫兰及其他城市中是很突出的。再发展、教育及工作成为重要的主题。1964年夏天，在纽约黑人居住区开始了一场为期两年的抢夺和骚乱。马萨诸塞州的罗彻斯特、瓦茨、斯普林菲尔德、芝加哥、亚特兰大、旧金山、克利夫兰、匹兹堡、巴尔的摩、圣路易斯、奥马哈、密尔沃基，佛罗里达州的庞帕诺滩、伯明翰以及塔斯卡卢萨等许多城市，也都发生了类似的情况。游行示威也蔓延到国家的各个角落。

1967年成立了"国内动乱柯纳委员会"（Kerner Commission on Civil Disorders），其目的是调查这场骚乱的原因。报告得出的结论是，较为突出的骚乱者是一名辍学的失业者，他的希望曾因以学生为中心的教育改革而唤起，但却被《国防教育法》支持的学校变革的经验所碾碎。这些状况导致了最后的暴力行为。社区中一名突出的试图平息骚乱的公民——反骚乱者，是一名高中毕业的有工作的人。教育和收入是区分反骚乱者和骚乱者的显著的惟一因素。种族主义的普遍实践活动也是柯纳委员会所列举的较为突出的原因。

这也正是联邦为倡导平等的教育机会而参与教育的开始。在教育平等运动中最为突出的立法，是1965年的《初等和中等教育法》（ESEA），这是支持低收入家庭孩子教育的一项主要计划。该法的前六个部分分别是：补偿教育、教学材料、补充服务、革新计划、州部门的强化及图书馆等。一些文献，如希尔伯曼（Charles E. Silberman）的《课堂中的危机》（Crisis in the Classroom），就将学校描述为一个"严酷、无趣的地方"，在那里精神受到压抑，学习和创造毫无乐趣。这些都进一步加强了对以学生为中心的革新的支持。这些按照《初等和中等教育法》制定的计划，现在在"早期计划"（Head Start Programs）、反歧视、以学生为中心、开放课堂等措施中得到逐步完成。

20世纪70年代，学生乘车到离家很远的学校上学促进了种族间的平衡，这掩盖了其他所有的问题。1971年著名的"史万诉查里特—麦克兰伯格教育委员会"（Swann v. Charlotte-Mecklenburg Board of Education）的判决裁定："认为不要求地方学校当局把公共汽车作为一种消除学校歧视手段的看法是毫无根据的。消除种族歧视的计划并不能局限于学校内。"在住宅群结构自然而然地隔离开来之时，这一判决开启了将乘公共汽车作为一种合法的实现消除种族歧视的途径。这是美国教育再一次的激烈动荡期。在南波士顿及波士顿海德公园区所发生的抵制种族公共汽车的事件就是许多例子中的一个。在那里，警察和国家保安人员为了维持社区和学校的秩序，连续工作了大约5个星期。同样的事情也发生在南部的一些城市，如亚拉巴马州的伯明翰、阿肯色州的小石城等。

20世纪70年代在一种担忧中结束，这种担忧就是有相当一部分美国青少年在读、写、算（3Rs）标准测验中的表现让人失望。第一次重要的数学成绩国际比较揭示了美国学生的分数落后于日本和英国学生。与此同时，公共教育的资金投入却明显减少，州教育基金分配公式的平等化受到了挑战，美国学校的整合取得巨大成功，而且相当乐观。1979年9月24日，具有内阁级别的、独立的美国教育部（Department of Education）成立。一系列的教师罢工，要求解决诸如增加工资、备课时间、班级规模及课外辅导费用等问题。这一新的内阁教育部将履行对全国教育协会（National Education Association，NEA）的承诺，并改善与教师的关系。

回顾20世纪50年代以来发生在教育领域的骚乱，也许最为突出的一点是：教育领导者能够施加的影响非常微弱。他们不断地被政治和法院的裁令以及所在社区的社会和经济状况所左右。他们发现自己常常要对政治和社区论坛的讨论做出反应,而自己却不是这些论坛的参与者。教育者以往常常把自己看做是教育方面的专家、教授,认为政治与自己无关。但现在他们开始意识到,教育之外的政治问题对教育中正在发生的事情有着极为深远的影响,他们已不能控制教育的发展。

考虑到政治的要求,教育者已经建立起一个综合的教育体系,在这一体系中,很大比例的年轻人毕业于中学,他们达到或者超越了学校的最低标准,这些标准没有种族、性别、身体能力或智商方面的约束,对所有的美国年轻人都是开放的、不存在障碍的。20世纪80年代,教育者准备接受这样的事实:即美国人现在需要的,是能够与其他一流发达国家的一流学生竞争的学生。与此同时,教育者也被期望着变得更具政治头脑,对教育过程的参与也应更为广泛。借助这种途径,教育领导者们对于社区和国家的需求将会更为敏感。

(五)世界水平的经济竞争能力——从1980年至今

20世纪80年代是伴随着教师们公开表示他们对工作不满开始的——41%的教师对《国防教育法》的一项教师民意调查的反应是:如果再让他们执行这项法案的话,他们宁愿不做教师。美国入学人数的空前增长已经持续了30年。但是到了1980年,在教育费用继续增长的情况下,入学人数开始有轻微的下降。教育家认为,70年代的税收改革减少了州和地方的教育资金,而联邦基金的削减只是对地方学区内的困难解决有所贡献。举例而言,1980年破产的芝加哥教育委员会无法支付教师的薪水,这促使了财政预算大幅度的削减与裁员。洛杉矶联合学区在20世纪80年代和90年代初也经历了一系列的财政紧缺。这只是国内发生在许多大学区中的两个财政危机例子而已。

一系列的国家报告都对美国的教育进行了指责,其中包括由美国教育部长任命的全国教育优异委员会(National Commission on Excellence in Educalion,1983)的一项报告。这项题为《国家在危急中》(A Nation at Risk)的报告指责美国学生的考试成绩同其他发达国家的学生成绩相比非常之差。这项报告有目的地以一种危言耸听的语气开始:

> 我们的国家正处于危急之中。我们曾经在商业、工业、科学与技术创新上的独一无二的卓越性正在为全世界的对手所取代。我们社会的教育基础现在正在被一些庸才所腐蚀,这威胁着我们国家和人民的美好的未来……如果今天存在的这种平庸的教育表现是一种不友好的外国势力试图强加给我们的话,我们也许早将其看做是一种战争行为了。

美国学生很不乐意与其他国家的学生进行比较,他们在推理能力上弱于后者,科学和数学的成绩也在下降,文盲也是一个很大的问题。舆论主张实施一种核心课程,提高学术标准,延长在校时间,提高教师素质,招募有能力的教师等。国家也注意到需要更高的学术标准、更精深的学科、严格的考试以及较高的中学毕业要求等。同样重要的是高水平的认知技能、批判思维技能、积极而真实的学习、技术的运用、逻辑推理的技能、功能性和操作性的读写能力、人际交往技能、敬业精神、对多元文化的尊重、问题解决、推理和分析的技能等。教育家们发现,美国人总的心态再次开始摆动——优异比机会平等和公平更为重要。里根(Ronald Reagan)总统对公立学校、学费税额减免法、教育券、公立和私立学校选择很重视,并赞同联邦政府较少参与教育。

全国教育优异委员会的报告发表之后,国家、州和地方的委员会、专题研究小组、研究团体、其他各类委员会、听政会及立法部门的上百个报告也相继发表,这些报告对教育至关重要,它们为如何改进美国的教育制度提出了各种各样的建议。许多建议采用法令的形式,目的是期望学校董事会、教育局长、地方学校部门能够对其做出反应。整个美国都在为教育改革献计献策。

教育领导者们从来没有见过如此多的、来自于那些关心如何改善美国教育的人们的不同建议。美国教育办公室(U.S. Office of Education)的员工、学区教育局长以及后来的研究者都用改革的浪潮(waves of reform)这一词汇来描述 20 世纪 80 年代的这一状况。这些浪潮的规模似乎随着每一次新浪潮对公共学校体系的冲击而有所扩大,而这一体系对于这样的冲击而言却缺乏准备。在评价自己的第一届任期时,里根总统说道:"如果要我指出,在我第一个三年半的任期中所取得的最令我自豪的成就时,我们为确定教育问题以及为促进全国教育大讨论上所做的一切应排在最前列。"(Reagan, 1984, p. 2)

在对学校的一片指责声中,还存在的一个教育亮点就是:全国 80% 的学龄人口现在已经高中毕业,这远远高于其他任何国家。另外,教育中出现的质量下降现象与国内工业产量的滑坡、国际竞争力衰弱、生产率以及整体生产质量的降低、政府财政收入的下降等紧密相连。随之而来的争论在于,教育质量的这种下降是否正如《国家在危急中》所指出的那样,是导致其他方面下滑的原因呢,或者只是美国整体低迷状态的一种表现呢?一代人准备面对低于他们父辈的生活水平,这在美国历史上还是第一次。教育已经完全进入了政治舞台,无论原因何在,政治家们感觉到关注教育的紧迫性。没有任何迹象显示,他们会在不久的将来置教育而不顾。

全国州长协会(National Governors' Association)1986 年的报告《等待结果》(Time for Results)早就说过:"更好的学校意味着更好的工作。"亚历山大(Alexander)州长的报告摘要(1986, p. 7)重申了州长们的决心,即准备提供"必要的领导以解决在建立更好的学校运动中所遇到的难题……提供必要的领导以引导美国教育政策领域的第二次改革浪潮"。政府官员们分享了这样一种信念:"真正的优异不能从外部强加。政府官员并不创造优异的学校,而是社区——地方学校领导者、教师、家长或公民们——创造了优异的学校。"各州将致力于建议、标准、评价和绩效责任等方面的工作。

第二章 教育管理者的工作情境和视角

与此同时,卡耐基教育和经济论坛(Carnegie Forum on Education and Economy,1986,p.26)发现,许多教师都"非常失望——达到了一种冷嘲热讽的程度",这种失望来自于他们所看到的引起很小变化,而且对课堂教师缺乏尊重的改革活动。他们看到,官僚政府机构变得更为僵化,运用职业判断力的机会也在减少,学生很少或根本就没有什么进步,对教师的专业也缺乏尊重。全国州长协会的成员们在一份题为《教育结果:1987》(Results of Education,1987)的报告中指出:"各州都将必须承担起确定教育目标和评价结果标准的责任,同时还必须承担起激励地方创造性的责任。"(p.3)

由埃德蒙兹(Ron Edmonds,1979)、李扎特(Lawrence Lezotte,1988)、拉特(Michael Ruttier,1979)、布鲁克韦尔(Wilbur Brookover,1979)及其他许多人所进行的有效学校的研究,都很支持地方对教育拥有更大的自主权。由那些在课堂之外供职的人员制定出来的计划,通常会让教师们产生敌意、失望或无助。地方教育者,以及那些长期参与美国青年人教育的专家们,如果想获得成功,就必须相信他们的所作所为。李扎特博士(Lezotte,1988)提出了一系列的前提条件,这些前提条件似乎抓住了有效学校研究所报告的主题,具体包括决策权下移、合作、员工授权、学校绩效责任、校本规划等。

1986年的《税率改革法案》(Tax Reform Act)更多地将承担公共计划经费的责任放在了中产阶级纳税人的身上。这项法案已经使财产税下降了53%,联邦政府对中等或中等以上收入纳税人的税收增加了18%(Barlett & Steele,1994)。中产阶级为政府活动承担着不断增长的财政负担。政治家们不愿意增加财产税,而且也得不到对中产阶级微薄的工资征收更高税的支持。教育以及其他公共事业的预算经费已经变得相当紧张,这使教育家们原有的受挫感变得更加强烈。社区正在呼吁改革,并需要更高的标准,但与此同时,他们也很不乐意提供必需的经费支持,美国的那些高收入者尤其如此。

截止到20世纪90年代初,瑞兹克和斯旺森(Razik & Swanson,1995)建议美国的教育领导者们,应该意识到他们不再处于发布命令和掌握控制权的位置,他们应该更多地充当服务者的角色,如指导者、支持者、协助者、合作者、评价者与政治家等。领导权力的基础应扩展到把教师和其他一线人员包括在内,这些人将在学校中发挥更大的领导作用。既然中央机构的角色更多的是一种服务提供者,那么校长和教师们将具有更多的决定权。联邦政府在教育中的角色也将有明显的下降,州政府将确立标准并进行评价,地方政府则将负责教育过程的不断完善。与此同时,家长和社会团体将对学校的运作、教学及学习经验产生更大的影响。还将制定一些战略,以消除障碍、促进交流,把人们团结到全面、系统地改善教育的事业上来。

> 那么,请选择那些你认为是对当前斯克里夫纳中学影响最为深刻的情境要素。

四、确立国家目标

　　1989年的学校改革发源于我们时代最保守的政治意识形态。在这种背景下,乔治·布什(George Bush)总统以及全国的州长们聚在弗吉尼亚州的查里特斯威尔(Charlottesville),召开了具有历史性的教育首脑会议(Educational Summit)。所有人都一致同意,"制定明确的全国性成绩目标(national performance goals)的时刻已经来临,这在美国历史上还是第一次,这些目标将使我们具有国际竞争力"。一个明确的口号就是"教育复兴"。与会者们为公立教育明确提出了到2000年要实现的六项全国目标。

　　1991年,这些全国目标有所扩展,克林顿政府(Clinton Administration)执政时又将其定名为《2000年目标》(Goals 2000),这成为所有联邦政府行动的动力。后来除了弗吉尼亚之外,各州都采用和接受了这些目标,弗吉尼亚因此而失去了巨大的联邦财政支持,于是第二年也接受了这些标准。教育目标小组(Educational Goals Panel)对全国标准及相关的学生评估体系也提出了建议。各州和学区被要求制定出课程内容标准和学生成绩标准,这样才有资格得到联邦第一条款(Chapter Ⅰ)的资金。《2000年目标》的内容如下:

- 美国的所有孩子都将作好入学前的学习准备。
- 高中毕业率将至少提高到90%。
- 所有学生在四、八和十二年级结束时,都要展示其有能力在核心学术科目方面应付挑战。
- 美国学生在数学和科学方面的成绩要达到世界首位。
- 每一位成年美国人都将具有读写能力,并掌握参与全球经济竞争及行使公民权利和责任所必需的知识和技能。
- 美国的每一所学校都将杜绝毒品和暴力,以及未经授权的枪支和酒精的出现,并将提供一个秩序井然、有益于学习的环境。
- 全国的教师,为了继续改进其专业技能并有机会获得教授所有美国学生,并使他们为21世纪准备好所必需的知识和技能,要参加各种进修。
- 每一所学校都要促进伙伴关系,以增加家长在改善儿童的社会、情感和学术成长方面的参与活动。

　　恢复竞争力的一个关键因素,就是要改善未来的一线工人所接受的基础教育和中等教育,实施一种促进学校到工作顺利过渡(school-to-work transition)的机制。重新设计的学校将要求领导者与社区和企业界进行广泛的合作。然而,人们对学校能否承担起这些责任,还是表现出相当多的疑虑。

　　在我们进入20世纪的最后10年之际,《华尔街杂志》(Wall Street Journal)1990年2月9日第一期教育副刊登载的一篇文章对这种状态进行了最好的概括:

第二章 教育管理者的工作情境和视角

> 工作要求正在变得越来越高,也越来越复杂。但是,我们的学校似乎胜任不了这项任务。它们培养的学生缺乏工商界迫切需要的用于在全球经济中进行竞争的技能,但它们却还这样继续着,它们将学生置于一种无视有意义就业的生活当中。
>
> 企业较好的再培训也许可以作为一种权宜之计。但我们的学校最终还得进行变革。在激烈争论应该如何进行变革的时候,几乎所有的人都赞同应该做些什么。那就快点儿!(p. R1)

1991年的《工作培训伙伴法》(Job Training Partnership Act)和1994年的《学校到工作机会法》(School to Work Opportunities Act),就是联邦政府为帮助学校更好地满足工作需求而采取的几项行动计划的组成部分。

对过渡中的教育机构领导者的思考

坎宁安(Luvern L. Cunningham)
诺维斯·G. 福西特教育管理教授(荣誉)

这是一个过来人根据多年的经验所讲的个人故事。

时间,无情地滑过了半个世纪。在内布拉斯加州一所规模较小的高中做了一年的学校校长之后,我受聘为一名教育局长。当时是一个星期六的晚上,就在游泳馆后面的一间屋中。那是在1949年,当时我24岁。在随后的9年中,我先后做过两次教育局长,在米德兰大·鲁瑟兰学院做过一年的入学顾问,在奥马哈的内布拉斯加州州立大学获得硕士学位之后,又在俄勒冈大学获得博士学位,之后我到了芝加哥大学。我被任命为中西部行政管理中心的助理教授和主任助理,这个中心可能在整个美国学校行政管理问题研究中是最具权威和最受尊敬的。后来在1967年,我成为俄亥俄州州立大学教育学院的系主任和教育行政管理教授。

20世纪50年代后期和60年代是一个知识分子活跃和兴奋的时代。大学教育行政管理理事会(University Council for Educational Administration)得以成立,并在卡尔伯斯顿(Jack Culberston)的领导下茁壮成长。理事会的办公地点位于俄亥俄州。芝加哥大学的学生和教员们起到了龙头作用,产生了许多有关学校管理理论与实践的新想法。这是一场运动,芝加哥大学深陷其中。研究在进行,重要的书籍在出版,宣传册子和论文在撰写,与教育管理有关的地区性、全国性和国际性的会议在召开。完成学业的学生们在学校系统以及整个美国和加拿大的大学中正在占据重要位置。

20世纪50年代进行了一场对有些人来说是令人鼓舞的,而对另一些人来说却是令人沮丧的变革。学校管理领域内的关注点自始至终都在技术事务上。"财政预算、住房和校车"是这一领域常常使用的描述符号。重要的教科书都把重点集中在管理学校的本质上。受人关注的主题有：学程、建筑物的取暖与采光、学校和操场位置的选择、员工的聘用与解雇、财政预算、学习费用、合法性问题、课本和物资的订购、学区和入学区域的划定与重组、校历的安排等。20世纪的前40年，铅笔、纸张、黑板和粉笔是主要的技术；之后是胶版印刷、油印、打字机和A-V。要成为一名校长或教育局长，需要拥有最低程度的资格证书。

20世纪50年代，重心开始从这些问题转向诸如领导能力、政治行为、变革过程、决策、政策发展、政策分析、行政管理行为、组织行为、教育管理领导者的品质及作为社会过程的管理等方面。新理论及其倡导者们开始出现。整个社会科学成为新思想的源泉。理论产生于经济学、社会学、心理学、政治学乃至人类学。为了思考管理实践，也对一些专业领域如公共管理、医疗管理及商业管理等，进行了有益的探讨。从这些学科及实践领域中汲取精髓现在已经是常事，但过去并不是这样。

教育所处的政治、经济以及社会背景正在发生着变化。苏联在1957年发射了第一颗人造卫星。入学人数正在增加，教室需要增加，一学年两学期普遍流行。教师也极为匮乏。

集体性的争论开始出现，对学校表现的不满也开始出现。有本名叫《为什么约翰不会阅读》(Why John Can't Read)的书，激起了所有国人的愤怒和不满。联邦政府由于人造卫星的事件，而逐渐重视教育并采取了一些措施，这就有了《国防教育法》及其他一系列旨在提高学业成就、改革课程、解决贫穷问题、技术（如语言实验室）、特殊教育及职业等问题的计划。

20世纪50年代极其重要的事件是"布朗诉教育委员会"案件，即1954年托皮卡成功废止种族歧视案件，它深刻地改变了美国的公立教育。该判决发起了公立教育领域内的公民权利运动。它与其后的废止种族歧视立法一起，对1967年的《公民权利法》以及其他公共政策的制定作出了贡献。将近半个世纪之后，它对国家及其教育体系的影响还在延续。从某些方面来说，反对种族和社会阶层划分的斗争才刚刚开始。贫穷与特权之间的冲突、穷人与富人之间的冲突的威胁比以往任何时候都更为严重，这不仅是我们这一代教育管理者的障碍，对于未来一代的教育管理者们也是如此。

在新的千年中，学校管理者既要面对原有的挑战，又要面临新的挑战。筹措资金，合理地花费资金，制定标准并实现这些标准，加强对学生学习的关注，坚守职责，吸纳家长参与，在平衡中进行领导与服从，都是持续的需要。维持个人及专业的兴趣，于混乱中求得平衡，改变你的同盟者而不是你的敌人，在物质的安排中寻找科技发展的空间，为反思提供机会，坚决维护那些保持学校民主特色的价值观念、传统与实践，比以往任何时候更重视孩子、年轻人以及他们的家庭，全力对待种族与社会分层问题，继续维持道德和伦理的高标准，这些都是今天也是明天最为紧迫的事项。

第二章 教育管理者的工作情境和视角

外部的力量经常会对各级各类的教育机构施加压力。可笑的是,其中有一种力量,也可能是最具有创新意义的,就是数码计算机的发展,从一开始就在伊利诺斯大学和麻省理工学院发挥了核心作用。"公民的数字化"(digitalization of civilization),从最近一期的《代德拉斯》(*Daedalus*)杂志中借用来的一个短语,描述了我们目前环境的特征。这种现象开始于20世纪40年代,在随后的几十年中,其发展更为如火如荼,它在今后的发展将更难预测。世纪交替之际的数字化对生命和生活的各个方面的影响是如此的深远,除了管理者不能放松其对自己工作意义的警惕之外,我们没有必要对它的出现进行不停的指责和挑剔。

20世纪50年代中期,我在俄勒冈大学攻读博士学位时很注重社会科学,尤其是政治学和社会学。我从智力上的熟悉达到智力上的无知。我发现这种刺激很令人兴奋。这些经历比以往任何时候都增强了我的思考、研究、写作和管理业绩。我力劝管理者们在转变的过程中寻求建立一种概念体系,这将引导他们对付一系列情境的或虚拟的现实,帮助他们获得并理解自身经验所带来的兴奋。否则的话,为什么要走上管理之路呢?

五、20世纪90年代以来

20世纪90年代是教育局长迅速更新的时期。1990年12月26日的《纽约时报》(*New York Times*)头版的一篇文章描述了教育局长职位的特征:

> 整个国家的学校的教育局长已经成群地离职,或是被撤职,或是退休,这常常是因为他们不能很快地对教育需求做出应有的回应。现在有15座以上的大城市正在寻觅主管人才,据专家称,其数量将是以往的近3倍。寻觅教育局长人才正在变得越来越艰难。各个城市发现,很少有候选人申请这些岗位,尽管在多数情况下其年薪已经达到10万美元(p. A1)。

1991—1992年,城市学区——如洛杉矶、亚特兰大、波士顿、克利夫兰、哥伦比亚、查里特—迈克兰伯格、卡尔斯顿、圣·路易斯、坎萨斯城、华盛顿特区——总共有30位教育局长失去了他们的工作。《执行教育家》(*Executive Educator*)1991年进行的全国调查发现,美国超过53%的教育局长在其现在的工作岗位上呆了不超过5年的时间。只有40%的教育局长感觉到自己对现有的职位有安全感。50年代的官方数据显示,大型学区的教育局长任职的平均年限为6.5年。截止到20世纪80年代,这一数字已经下降到4年(Cuban, 1989, p. 46)。全国学校董事会协会(National School Board Association, NSBA)的研究报告指出,大型学区的教育局长的任职年限在20世纪90年代早期为2.5年。

正如全国学校董事会协会(NSBA, 1997)出版发行的《都市动力学:从都市学校委员会和教育局长那里学到的教训》所言：

> 1991年间，大约有30个管理着全国最大学校系统的学校董事会更换了它们的教育局长。其中有些原因是由于人员退休造成，另外一些原因则是由于新的机会和升迁的流动；但大部分的原因应归结为极大的工作压力。因为职位的空缺，城市的学校董事会正在寻觅为数不多的应聘者，即那些愿意承担管理数百万美元的教育系统重任的人，这些系统具有更多的社会问题和政治派系斗争，既要按比例减少学生人均经费，还要严格地接受公众审查(p.5)。

卡特和坎宁安(Carter & Cunningham, 1996)指出，人员更换的花费重重地压在了地方学区以及那些试图融合两者的人士的身上。教育局长经常是地方学区政治斗争的受害者。美国全国学校管理者协会(AASA)执行主任休斯顿(Paul Houston)就曾指出：

> 目前的角色确实是个很麻烦的东西。这个国家中的孩子们的状况已经严重下降，然而他们所面临的挑战却在逐渐增加。批评之声强而有力。教育局长们发现自己在保卫着他们所领导的体系，在要求责任以保证他们能够保持大门的敞开与士气的高涨，但与此同时，他们也必须探索出转换体制的途径以适应不确定的未来……最为困难的事情莫过于使这样一个系统运转起来，这个系统由于受既定利益、历史以及对其众多期望的羁绊已经无力运转——一个受到种种羁绊而无力运转的系统。重组该系统并不仅仅是纳入新的技术；它还要求转换做这项工作的那些人的头脑……已经有很多学校成了工商界和政治领袖的替罪羊，这种明显的压力已经导致教育机构威信的丧失与降低。解决这一问题的主要办法，就建立在学校领导者的能力之上，他们能够从那些对学校成功最为关注的人士那里获得支持学校的各种条件(Carter & Cunningham, 1997, ii—iv)。

截止到1993年，推动力旨在通过内部和外部团体间的信息与思想的交流而赢得更多的理解。目标是要保证支持公立教育所必需的所有团体完全参与这一过程。《2000年目标：美国教育法》鼓励"社区制定出自己的改革计划，并提供种子基金(seed money)来支持这些改革工作"。这一法案要求革新教与学、增加家长和社区的参与、促进教师专业发展以及减少教育官僚作风。克林顿总统以及美国教育办公室努力争取获得更多的资金用于创新性学校和特许学校。

20世纪80年代的重心是教育职责向州和地方政府转换，但90年代这些转换好像是落在了地方学校和社区身上。正如希泽尔(Ted Sizer)(O'Neil, 1995)所建议的：

> 持续的改革要求为地方教育者们和社区成员们创造一种氛围，在这种氛围中，他们可以操练他们的改善计划……我们的研究认为，除非你得到了教师、学生及其家长们的适当而又有力的支持与合作，否则你就别想进行重要的长期改革……但我们也坚信，你必须一个一个地对每所学校的改革进行检查(p.4)。

20世纪90年代也是一个对大量增长的青少年暴力犯罪极为关注的时期。我们越来越多的年轻人在犯罪和暴力中迷失。研究表明，那些鼓励对学校及学业的成功——尤其是阅读上的成功——做出承诺的策略，能够减少青少年的不良行为。联邦和州政府都对此做出了大胆积极的反应。

联邦机构加速了对不良行为采取联合措施的行动，出台了一系列行动计划或法案，如"特权区/企业社区倡议"、"将美国社区团结起来"、"暴力犯罪控制和强化法律法案"、"无枪支学校行动"、"安全和无毒品学校和社区法"、"家庭保护和支持计划"等。这些行动主要强调的是促进合作、动员机构、创设安全有效的学校、增强家庭的作用和制定青年计划。这些努力是富有成效的。到20世纪90年代后期，青少年的犯罪行为在减少，但青少年的暴力行为却在增加。

1996年3月，49名企业领导、41位州长及其他30位教育家、教师顾问及政策专家（观察家）出席了第二届全国教育首脑会议。格斯特纳（Louis V. Gerstner）是IBM的首席执行官，同时也是这次首脑会议的联合主席。他说道："除非我们确定标准并学会如何评价它们，否则我们不可能对任何革新的教育想法的有效性作出评价。"与会者一致赞同，每个州都要制定"具有国际竞争性的学术标准"，并通过严格的新型考试来测量学生是否达到了这些标准。

> 那么，斯克里夫纳中学可能存在一些什么内部问题呢？历史与现有的环境因素又是如何影响这些问题的呢？

六、对新的教育需求做出回应

国会技术评价办公室（Congressional Office of Technology Assesment）1995年的报告显示，尽管私营机构需要那些具有在"信息社会"中赢得竞争所需的技能的工人，但大部分学校还是缺乏关键的技术。学校也缺乏那些专门接受过如何使用器械设备培训的教师，这些器械设备是其他机构所普遍使用的。现在要求教育领导者将技术作为学习过程的一个关键部分。使用可能的技术有可能产生极其不同的教与学的方法——改变学习的内容与方法、评价方式以及教师在课堂中的行为。

总审计办公室（General Accounting Office）的报告显示，学校还没有充分使用计算机、录像机及其他交流方式的基础设施。一半以上的学校没有调制解调器和电话线路，不能与外界的网络相联结；1/3 的学校存在有电路问题；不到 1% 的教室可以获得口头的信息传送。副总统阿尔·戈尔（Al Gore）曾呼吁建立信息高速公路，以改变学生学习和教师教书的方式。尽管这过于乐观，但却有了一个明确的目标：到 2000 年，要将每一所学校联结到国家信息基础设施（NII）上，并进行针对如何使用大量的信息通讯资源库方面的培训。因而，全国性的行动——从远程学习到因特网建设与教师培训——都在不断增加。这一信息高速公路将世界带进了课堂。美国通讯委员会普通服务基金（FCC Universal Service Funds）通常也被用来向学校和图书馆提供技术上的服务。教育领导的作用就是为教与学寻找到利用这些新技术力量的途径。

工商界领袖和州的领导者在改善地方教育的过程中，正发挥着一种积极的作用。与此同时，教师们也正被视为领导者，应该授予他们以更多的自由来运用自己的判断力及实验那些具有很大潜力的想法。变革的时期需要最为强硬的也是最好的领导者；但是变革过程要求扩展基础并将权力下移至校长和教师，使他们为改善学校而拥有更大的自主权并承担更大的责任。要求地方学校和社区开展并实施大规模的变革，并对所需要的改进和提高负责。

为理解而教、为培养学生在新的情境中运用已有知识和概念的能力而教，现在也受到了比以往更多的关注。课程应该为检验思想、探索相关性、形成多种观点、评估结果、运用技术或打破学科界限提供机会。随着计算机和网络技术的普及，技术大大打开了人们获得大量最新信息以及通过网络与世界各国人民进行交流的大门。教育改革工商联合会（Business Coalition for Educational Reform）认为，"在已有的教育基础机构中引入新的方式，并克服普遍的对教育变革的恐惧"，是今天的教育领导者所面临的最为严峻的挑战。（为获得更多的信息，请查 www.ncrel.org/sdrs/）

> 那么，你认为斯克里夫纳中学最基本的需要是什么呢？成功地满足这些需要又需要哪些人的支持呢？

七、州的作用与回应

每一个州的宪法都提到了教育。除了夏威夷之外，每一个州的立法都继承了地方管理公共教育的最初范式（详见第五章）。州教育委员会的建立可追溯到 1784 年，1812 年纽约临时出现了第一位州的教育局长，到了 1854 年这一职位才永久性地确立下来。州教育局长成功地汇总了公共意见、疏通了立法机关、提供了专业领导、确定了教育方向并制定了最低限度的标准。尽管州立法的基本职能在于维护公共教育体制，但州长的意愿也不能被轻易忽视。州长们通过其有利的地位、教育的任免权以及对法案的表决权等对教育施加影响。州教育委员会经常由州长任命，并确定有关政策和州

第二章　教育管理者的工作情境和视角

首席学校官员(chief state school officer)人选。州教育部负责实施这些政策。最初，州教育部的职责是搜集信息，后来则扩展到制定并维持最低限度的教育标准、监督并确保适当的服从、借助法令和项目开发来进行领导等，最后，教育部的职责变成了促进并支持地方改善教育的工作。

州教育部直到1965年的《中小学教育法》颁布之后才真正形成。这项法案的第五款提供的资金大大增加了州教育部的官员人数，并且为研究和开发工作提供了培训、设施以及鼓励。这项法案颁布之后的三年内，在联邦政府资金的支持下，许多州教育部的规模扩大了1倍。这些联邦资金在1981年被取消了，因为联邦政府开始实施联邦的"一揽子拨款"(block grants)计划，这一拨款计划是根据1981年的《教育巩固和提高法》(Education Consolidation and Improvement Act)而实施的。《教育巩固和提高法》将更多的资金使用权赋予了州教育部，但它也减少了联邦的资金投入，而将更多的资金投入责任转给了各州。

州所关注的主要方面是学业标准、教学计划、教科书的选择、教师资格的认证、设备标准、资金支持、数据的搜集与传播、考试以及非公立学校的规章等。20世纪70年代开始成为州的影响前所未有的膨胀时期，其影响已触及到地方学校的表现。富尔曼(Susan H. Fuhrman, 1994, pp. 30—31)总结道：

> 20世纪70年代和80年代期间，立法机关出台了许多涉及教育的法律文本。70年代，它们修订了学校财政条例，以解决学区间存在的财富差异问题；它们也出台了一些特殊计划，如为最亟需的学生提供补偿教育。80年代早期，他们的注意力开始转向所有学生的成就、提高高中毕业的标准及实行更多的考试，以对学生的进步进行评价……1971年到1981年之间，有28个州实施了学校财政改革措施。到1979—1980年，有23个州为地方学区提供了资金，以支持那些针对处境不利学生而提供的服务；同样也有23个州为那些英语不熟练学生的教学提供了资金上的援助；尽管财政资助的机制各不相同，但50个州都已经颁布了与《公共法94—142》(Public Law 94—142)相一致的特殊教育计划。80年代早期和中期，教育改革迅速遍及各州，几乎每个州都触及到改革的若干因素。

州参与教育过程中的一个日渐复杂和突出的方面，就是政策发展的摇摆不定。这些摇摆使有些计划被取消、修改、改变、变向或失去资金。这些摇摆已经引起了地方教育者们对州维持改革的能力提出了质疑。人们的态度有时候似乎就是对变革毫不在乎，"等这一变革结束时再来叫醒我!"此外，到了20世纪90年代，由于资金的缩减和不足，州教育部已经受到了牵制(John Murphy, 1993)。

20世纪90年代，州教育部关注的是学生的结果与课程。事实上，全国各州都已经设计了新的学习与评估标准,几乎有一半的州要求高中毕业生成功地完成能力测试。越来越多的州已经强制实施了州范围内的四、八、十二年级的考试,以确定学生是否达到了全国性标准。有个别的州已经将耗时又复杂的档案袋评价项目作为州级考试要求的一部分。这些标准的意图在于为课程与教学提供指导,确定有多少比例的学生正在获得其未来成功所需的知识基础。在表达对这些标准运动的忧虑时,达林—哈蒙德和福尔克(Linda Darling-Hammond & Beverly Falk,1997,p.198)指出:

> 从根本上来说,提高学生的标准以促使他们学会他们所需要的东西,这要求提高系统的标准,以便它能够提供学生学习所需要的教学环境与学校环境。将留级作为一种对付低成绩的解决措施,仅仅象征了该系统成功教学的失败。考虑到留级的影响,这样的一种绩效责任策略为未来几年更大的教育失败埋下了伏笔。真正的绩效责任既需要高标准,也需要对学生、教师及学校学习提供更多的支持。只有这种更加全面的观点,才能够使我们运用那些以前从未采用过的方法,在教育所有孩子方面最终取得成功。

大多数州也提高了教师及管理者的培训和资格标准。北卡罗莱纳州为了维持学校的认可度,已经为学校制定了最低的学生通过率。亚利桑纳州已经下放了教师资格认证的权力,这项任务现在将由地方学区来完成。大多数州教育部门的改革行动现在均受到了标准和考试项目的控制,这些标准和考试项目的目的在于提供学生进步的档案,并在一定程度上使人们承担起责任。(为获得更多信息,请查:www.mcrel.org)

教师工会、中心办公室(central offices)、学校委员会以及州和联邦政府都对公立学校的运行实行控制,人们最近对此担忧颇多。接下来的工作就是要找到办法,使学校能够在这些控制触及不到的地方运行,从而使学校能够在"政策与传统的桎梏"之外自由地进行试验与革新。截止到1995年,将近一半的州已经批准了特许学校,还有一些州也正在考虑各种形式的学校选择计划、学校教育券、全年学习(year-round)和磁石学校(magnet schools)等。到1998年,已有16个州通过了"学校选择"法;在23个州,大约已有4 000所"磁石学校"和900所特许学校。随着各州寻求鼓励改进教育儿童的方法,这些数字会不断攀升。

在所有的这些改革中,特许学校因为显示出与传统教育相脱离的巨大潜力,已经引起了大多数人的兴趣。将多少的自治权赋予学校,可以区分出不同的州特许学校法。如果特许学校法要求在州批准前须首先得到地方学校委员会的批准,那就几乎不会有什么变革。

州政府也担任一种双重的角色:它既提供资源与技术上的支持,也承担评价和绩效责任的重任(Loveless & Josin,1998)。现在,学生被允许到他们学区之外的学校读书,允许选择设有特殊教学或特殊课程的学校。从1994年开始,学校范围的改革可以使用第一条款(Title I)的基金。全国重建教育联盟(National Alliance for Restructuring Education)是一个由州、学区和全国性组织结成的伙伴关系。该联盟强调,系统的改革应该以标准为基础。依据法肖拉和斯莱文(Fashola & Slavin,1998)的看法,现在所需要的关键改革是课程与教学、问题学生的课程计划及家庭支持等领域。

如果目前教育领域内的状况不发生改变的话,我们可以预见一种加速的私营化进程,这种进程是通过特许学校、教育券、给私立学校与教会学校提供公共资金,以及各种形式的学校接管方式来进行的。弗伦奇(French,1998)认为,如果州教育机构"发挥其杠杆作用,并借助其资源把严格与多样、平等与民主、高期望与多元智力结合起来的话,而不只是划一性、严格的标准、狭隘的高风险考试,私营化是可以避免的。我们的教育机构需要民主的行为"(p.190)。

在每一州内,由于学区间的财产税基数存在很大差异,即使是经过财政的均等化努力之后,这些学区所筹集到的用于教育每个孩子的资金数量依然存在很大差异。一般的资金收入使得各州能够很好地消除地方在筹措税收能力上的差异。尽管最高法院在"罗德里格斯诉圣·安东尼奥独立学区"(Rodriguez v. San Antonio Independent School District)一案的判决中认为,这一做法是不合法的,但是仍有一些州在探讨这些问题。在维护管理权下放所带来的活力和反应能力的同时,纠正学区中存在的不平等现象,这是州教育部所面临的众多挑战中的一个。(为获得更多信息,请查:www.ed.gov/programs/bastmp/sea.htm)

> 那么,你的州政府在斯克里夫纳中学改革的过程中最可能扮演什么样的角色呢?

联邦政府对教育的看法

特鲁兹(Gerald N. Tirozzi),副部长
初等和中等教育办公室
华盛顿特区

我国青少年的教育是国家的一项优先事项,但它也是而且必须是州政府的一份责任,同时还要让地方发挥作用。美国宪法恰好为这些角色奠定了基础。现在的情况是,整个国家现在有1.5万个学区,大约10万所学校。对实现公共教育的使命或者解决教育领域的问题而言,没有人能够比不断得到州支持的地方学校委员会和学区人员更能很好地实现这一点。

很少有人对此提出质疑,即今天的教育是国家的兴趣所在。教育是经济繁荣的关

键,这在教育与个人生活的联系日益紧密时尤其如此。在我们参与日渐全球化的经济时,受过教育的劳动力将是美国有力竞争的最大资源。一个稳固的教育体系也是培养终身学习者的关键,这些终身学习者是一些能够参与民主、创建充满生机的社区、进行发现与创新的学习者。这样的一个教育体系也是促进整个社会走向平等的关键工具。忽视教育对国家的重要性,会因为增加社会不平等而导致分裂我们国家的危险,而且我们未来的发展也会被窒息。

考虑到联邦政府对中小学教育的资助仅占中小学教育总支出的7%,故联邦政府的角色本质上只是一种策略而已,其所采用的策略受到了激烈的争论。

我将联邦政府在教育中的角色看做为借助于给项目提供资金、为促进所有学生的高标准而提供领导以及传播研究与评估信息等来促进整个国家学校之间的平等与优异。联邦政府的角色在活跃全国有关平等与优异的讨论方面必不可少。使用"高层讲坛"(bully pulpit)是该项工作的一个重要工具。

促进平等

联邦资金战略性地用于促进教育机会平等上。联邦政府对K—12(幼儿园到第12年级)年级投入的大部分资金拨给了州政府,以让各州支持《初等和中等教育法》中的第一款计划(Title Ⅰ Programs)(即按照学校贫困率进行分配的补偿资金,这些资金用于阅读和数学的教学)和《残疾人教育法》(Individuals with Disabilities Education Act,IDEA)中的特殊教育计划。联邦资金是州政府和地方支出的补充,而不是替代者。这些资金能够影响其他资金在促进所有学生的平等过程中的使用方式。举例而言,那些接受了第一款计划或特殊教育计划补偿性教育资金的学校,其目前的教育改革必须包括所有的学生;他们不能将成群处境不利群体的学生滞留在比其他学生低的标准上。这些政策影响到学校组织计划的方式以及对孩子们所持有的期望。

提供领导

总统和美国教育部长倡导教育的重要性,以此来提高国家对教育需求的重视,并增加对教育的投入。借助他们富有影响的有利地位,他们提出了一种对高质量教育的看法,这种看法能够影响州及社区中的教育政策和讨论。他们也推动了研究和发展工作,并且通过传播革新与实践、确立国家目标等促进学校的变革。

我主张所有的教育者和管理者都要有紧迫感和不停地追求优异与平等的意识和劲头,抓住国家教育目标所带来的挑战和机遇。对每个社区来说,实现国家教育目标的第一步是聚焦教育的本质。下面列出一些初始步骤。这些步骤绝不是全面的,但它们为那些提高所有学生的成绩所必不可少的重要工作提供了一个焦点。

首先,为学生在核心学科方面的表现确定明确的、富有挑战性的标准。将学区与学校的所有工作都集中在改善教与学的方式上,从而帮助所有学生掌握这些标准。也应建立与这些标准相对应的评价和明晰的绩效责任体系,从而使每个人都能够对过程进行监控，从而取得进步。

其二，保证所有的学生在三年级结束时都能够独立进行阅读。研究强调了较早获得写字和阅读技能的重要性。目前，我们四年级的学生中有60%达到了这一标准。为了满足许多不能独立阅读的孩子们的需要，我们需要投入大量的资金来培养受过良好培训的教师，开发针对性的阅读计划，促进家庭对学习的参与。我们知道，我们还必须开发出具有高质量的、有发展性的、合适的学前教育计划来支持早期的读书识字。令人兴奋的关于大脑发展的研究，就强调了为所有儿童制定早期童年计划的重要性。

第三，加强数学学习计划。我们知道，在八年级学习几何的那些学生最有可能上大学；我们也知道，今天的社会需要更高的数学理解力。在第三届国际数学和科学研究(TIMSS)中，美国在国际上排名第12位，这是非常不妙的。学校必须尽快加强其核心学术计划，以保证所有学生都能学习到精深的、集中的课程。

第四，对教师和校长的素质进行投资。如果学生想要达到有挑战性的标准的话，就要求教师必须具备那些能够帮助他们达到这些标准的知识与技能。必须让教师知道已有的最佳研究与实践，以改善他们的教学计划。校长也必须将其角色定位在教学领导者上。

第五，把技术作为一种学习工具和管理工具。技术能够极大地扩展课堂的范围，提供相当多的学习机会，从而支持核心课程的学习。

第六，保障学校创设有益于学习的环境。所有的学校都应该是安全的，没有毒品和酒精。无论标准定得如何高，如果学生整日为其安全担忧的话，他们是不会愿意学习的。创设有助于学习的安全环境是学校成功的基础。

最后，吸引家庭和社区参与到学习过程中。学习并没有随着学习日的结束或周末而结束，也不会因为暑假而结束。我们的学校常常忽略了相当多的学校以外的可利用资源。我们有必要将学习日延长，制定丰富的夏日计划，邀请家庭和社区与学校长期进行合作，以提高学习水平。

我们有知识和能力来改善我们的学校；现在是号召全社会共同克服我们面前的巨大的挑战的时候了。在我们不断追求学校的优异与平等中，联邦、州和地方在教育中的角色是同样重要的。由于所有与教育利益相关的人们为提高学生成绩而进行的有意义的合作性参与，实现公共教育前景的潜力将得到巨大的开发。

八、21世纪的挑战

据一些报告所言，许多家长和社区并不关心他们的孩子。厄杜曼(Marian Wright Edelman)是儿童保护基金会(Children's Defense Fund)的创立者和主席，她把孩子称之为"后座的"孩子("back seat" children)。双亲收入家庭、单亲家庭、变迁、离异以及非常忙碌的生活方式都已经改变了孩子们在家庭中的体验。他们总是面临这样一些社会问题，如犯罪、被忽视、贫困、酗酒、疾病、吸毒、暴力以及失业等。在《花言巧语之外》(*Beyond Rhetoric*)这本书中,全国儿童委员会(National Commission on Children,1991)这样描述了美国儿童:

> 在各个种族及各收入群体以及在整个社会中,有许多孩子正处于危险之中。他们生活的家庭一团糟。他们的父母压力过大,劳累过度,以至于无法给他们提供养育、住所和安全感,从而达到保护儿童以及为其成年生活做准备的目的。另外,一些人在家庭中或邻近社区中是不安全的。许多人很贫穷,还有一些孩子无家可归,总是挨饿(p.5)。

在20世纪90年代,国家变得日益以自我为中心,它只全身心地关注个人经济状况的提高与满足。那些因不能同他们的孩子一同度过足够多的时光而感惭愧的家长们,现在变得对孩子过于娇纵,也愿意在他们身上大把花钱。但这些并没有使他们的孩子感到更幸福。学生们拥有昂贵的汽车、立体声和100美元一双的名牌运动鞋;他们租用豪华轿车,住旅馆,也到正式的舞会上去娱乐。厄杜曼(Edelman)博士在一份关于美国孩子现状的报告中,表示了对美国的那些"后座"孩子深切的担忧(Children's Defense Fund,1991)。

> 今天,我们的孩子正在成长……当今时代,充斥着不负责任的即兴性行为、享受成风、不劳而获、只讲索取不讲奉献、崇尚占有而不是共享,这些都是我们的大众媒体、流行文化、商业和政治生活中频繁使用的符号……然而,没有其他方面比忽略和遗弃成千上万的儿童更能突现公众或个人良知的泯灭,然而这些孩子的未来将决定着我们国家在新时代的竞争能力和领导能力(p.7)。

1996年,厄杜曼博士参加了发生在首都华盛顿的一次游行,这次游行吸引了将近100万参加者,他们为改善美国孩子的状况而聚集在一起。

美国正在从劳动密集型经济转向以知识为基础的工业经济。工业正在深入农村地区,那些发达的工业城市因为依赖于大型的劳动密集型企业而产生了许多突出的问题。与此同时,各种组织也正在减少层级和缩小规模以实现更为有效的运作。除了大约30%的最富有的美国人之外,美国家庭真正的购买力在下降。美国的制造业和白领雇员得到的报酬在发达国家中位于最低之列,然而首席执行官们得到的却是最高的。收入和经济实力正在聚集到越来越少的人手中。看一下平均收入你会看到两条线:一条是不断上升的,代表的是越来越少的最富有的美国人的平均收入;另一条则是不断下降的,代表的是美国大众的平均收入。

一些正在恶化的生活质量因素是虐待儿童、贫困儿童的数量、吸毒、健康保险覆盖面、预算外的健康花费、自私、城市贫民和犯罪等。哈伍德小组(Harwood Group)是位于马里兰州百色大(Bethesda)地区的一家研究公司,它出版发行的一项研究发现,美国社会出现了两大主要的关注领域——经济安全以及对家庭的威胁。其他影响教育的重要趋势是,国家和全球间的相互依赖、步伐及复杂性都在增加的机构改革、知识的老化以及日渐恶化的生态环境等。我们生活的世界正在缩小,我们需要更好地理解其他国家和文化。未来学家指出,未来20年间将发生比上个世纪更多的变化。知识的半衰期(half-life of knowledge)大约是8年左右——也就是说,你所学的东西8年之后将会成为过时的。世界的知识存储量正以几何基数在增长。

少数民族人口,尤其是西班牙裔人口的增长将会继续而且会快于整个人口的增长。不过,随着越来越多的美国人与其他种族人的联姻,种族的划分可能变得越来越没有意义。霍金森(Harold L. Hodgkinson, 1995, p. 179)博士指出:"如果我们将布朗裁决之后的40年用来系统地寻求降低所有美国儿童的贫困水平的话,那么我们今天应该是处于一种不同的、也许是更好的状态。随着今后几十年中种族与民族特征的模糊,贫困问题将变得比以往任何时候都更为突出。"

美国老龄人口——灰发人口(the graying population)——的数量在不断增加。现在只有1/4的家庭有一个学龄儿童。随着越来越多的成年人在日常生活中与孩子们失去接触,孩子们在将来得到的政治支持就有可能减少。老龄人口数量的大量增加,要求那些在岗人员赡养已退休的人员。因此,保障每一个年轻人成为具有生产能力的社会成员是很重要的。劳动密集型的工作对其他国家而言正处于资源充裕期,这就迫使美国的劳动力与第三世界国家的低收入工人竞争。

霍金森(Harold Hodgkinson, 1993)对我们所处的现状进行了很好的分析:

> 现在我们边缘人口已经发生了很大的变化,亚洲人、西班牙人和印第安人越来越多。我们有很多高报酬或低报酬的工作,但却只有很少的中等报酬的工作。我们有单亲家庭及无家庭者、富人以及穷人、更多的老人,但孩子却越来越少,有一个与熔炉相对立的拼凑之物(mosaic)。我们有独立的郊区,它们可以完全忽视城市的存在。把这些东西拼凑起来,在我看来,你就会发现学校的日程是多么的艰难。那就是未来十年的挑战(pp. 205—206)。

(为获得更多信息,请查:www.lcweb.loc.gov)

那么,在规划未来的学校改革时,你需要考虑哪些变化条件呢?

九、结论

联邦和州政府对美国教育的参与,是紧紧围绕着教育优异和教育机会这个老生常谈的问题而展开的。教育优异意在寻求建立更高的标准；强化课程，尤其是数学和科学；为学程作业和毕业确立更高的要求；增加学习和做家庭作业的时间；提供更为严格的评分、考试、家庭作业及学科标准；提供更多的教育选择等。教育机会意在促进提高学校的入学率，提供必要的服务，确保所有美国人达到最低标准，为多元文化主义、全纳教育和多样性提供空间等。资金或用在那些针对天才学生的提高计划上，或用在给残疾儿童提供的特殊教育及全纳计划上，或同时用在这两个方面。用这样的两分法来看待目前的教育状况，是将各种各样的利益和改革行动过于简单化了，而这些利益和改革行动在联邦及州教育政策的制定过程中起到了突出作用。向具有不同学习风格和能力的孩子提供更多的教育选择这一需求正在增长。最基本的做法是创办一些能够不断提高自身，而且能够满足我们青少年不断变化的需求的学校。

　　似乎将有这样一场运动，它将导向教育政策控制权的更大的中央集权化，从而削弱地方的权力。政策的形成将是利益群体、政治家以及教育家们之间政治斗争的结果。斯普林(Joel Spring, 1998)发现，斗争的种类取决于参与改革的政党的观点。

> 保守的利益团体，如基督教联盟和老鹰论坛(Eagle Forum)，主张减少联邦的规章与控制。另一方面，一些利益团体，如那些代表处境不利群体和残疾人群体的组织，感到需要从强有力的联邦控制中得到保护。州和地方的一些新的专业人员，担心任何威胁到他们利益的规章变动……尽管各州的政治家们很欢迎对联邦计划进行控制，但他们还是很为联邦经费的减少而担心(p. 107)。

　　教育也常被用来作为增加经济发展的机会和增强政治的力量。学校有必要为全球化经济培养工人，也有必要为政治选举培养选举人。教育者必须要教会孩子们适应这种竞争非常激烈的社会。

　　作为"国家教育大讨论"的一部分，联邦、州和地方表达了相互冲突的意愿，地方学校的领导者就经常面临着这些冲突意愿的挑战。20世纪80和90年代，在教育受到的指责声中，这些冲突变得更加尖锐。教育者们不得不应付各种建议和命令，这些建议和命令均与如何改善美国的教育体系有关。一个逐渐壮大起来的、对教育颇感兴趣的特殊利益群体，正在澄清各种价值观念。来自全美各个角落的如洪水般的改革、建议和实践，都在为如何改善教育而献计献策。

　　随着研究揭示出了教育与经济竞争力、技术成就以及优异之间的关系，学业成就的国家目标被确立了起来，旨在培养学生的国际竞争能力。实现这些目标的责任落在地方学区和学校的肩上。教师们开始要求有机会来实践专业的判断以及应该获得的更多的尊重。在这种情况下，分权(decentralization)意味着对结果承担更多的绩效责任。《2000年目标：美国教育法》在确立全国教育标准的同时，鼓励社区制定出自己的改革计划。各州已经紧随全国的行动而确立了州的目标、标准和评估体系。

在美国,很少有问题能像教育这样生成更多的专家、产生更多的论争和引起更多的冲突。格雷克曼(Carl Glickman,1998)这样总结道:

> 在一个民主社会中,人们的思想不该有巨大的分歧。相反,我希望美国人变得疲倦——疲倦于彼此的大喊大叫或者相互让步;疲倦于政治上的左、右两翼互相指责对方不道德;疲倦于文化、种族和性别群体间相互指责要灭绝对方;疲倦于宗教和世俗团体间的相互猜测和攻击……我希望持各种宗教观、政见和信仰的教育者、家长和地方公民们,都能够平等地参与到帮助学校培养和塑造令我们骄傲的一代公民的行动中来(p. 181)。

不管工作日程是多么的拥挤、分心的事情是如何之多,教育领导者必须帮助每一个人将其注意力和精力放在未来的重要目标上。所有与学校的成功休戚相关的人们,都必须参与到改善学校的努力中。能够和他人进行合作,分享计划和愿景,并在创建有效教学和学习的过程中获得帮助,这些都是教育领导的基础和我们学校之未来的基础。

> 那么,你将如何为斯克里夫纳中学赢得所需的政治支持呢?

档案袋物品

- 加入并积极参与一个民间组织或商业团体。
- 与州或城市立法机关合作,以起草一份法案并使其获得通过。
- 跟踪(shadow)调查一位市长、家庭关系法官、警察或者是急诊医师。
- 加入并积极参与一个政党。
- 在社区内选择一个好的目标,并为改善现有条件提供领导。
- 成为一所学校的家长-教师协会的官员。
- 自愿为你所在社区的公民提供服务。
- 参加一次参议院、众议院或城市委员会的会议。

推荐阅读文献

Backarach, S. (1990). *Educational reform: Making sense of it all.* Needham Heights, MA: Allyn & Bacon.

Campbell, R. E., Cunningham, L. L., Nystrand, R. O., & Uslan, M. D. (1980). *The organization and control of American schools.* Columbus, OH: Charles E. Merrill Publishing.

Goodlad, J. I., & McMannon, T. J. (Eds.). (1997). *The public purpose of education and schooling*. San Francisco: Jossey-Bass.

Murphy, J. (1991). *Restructuring schools: Capturing and assessing the phenomena*. New York: Teachers College Press.

Murphy, J., & Forsyth, P. B. (1999). *Educational administration: A decade of reform*. Thousand Oaks, CA: Corwin Press.

Sergiovanni, T. J., Burlingame, M., Coombs, F. S., and Thurston, P. W. (1999). *Educational governance and administration*. Boston, MA: Allyn & Bacon.

Spring, J. H. (1998). *American education: An introduction to social and political aspects*. New York: Longman.

第三章　学校改革

引子：布鲁洛克学校改革

过去的 5 年中，布鲁洛克学校（Prufrock School）进行了各种形式的能力构建活动，但这些活动对课堂或学生的学习好像都没有什么影响。学校改革包括的能力构建活动包括成立地方学校计划委员会协会、顾客重心、更高的标准、改进的评估计划、教育选择、增强的技术、更多的家长参与、全纳性及其他等内容。大部分人都认为这些变革对必要的改革而言都是很有益的，然而就课堂或教学或学习过程而言，却几乎没有体现出任何改革的迹象。

布鲁洛克学校目前有 728 名学生，生源相当稳定。学生的种族构成情况如下：50％是白人，35％是黑人，10％是西班牙人，5％为亚洲人。这所学校的学生基本上属于中产阶级，没有资格获得任何外部资助的提高课程计划。学生的辍学率相对较低，但至少在一个年级因学业成绩差而失败的学生几乎占到 12％。布鲁洛克学校的学生是专业导向的，大约一半的学生打算上大学。

与本学区、本州的其他许多学校一样，布鲁洛克学校的课程也极为传统。除了在方法体系有些许的变革和内容的更新外，其课程与教学策略基本保持相对稳定的状态。学校以其课程与课堂管理计划而自豪，这些计划已经被普遍认为是学校的强项。据认为，学校的师资队伍相当强大，但其师生却认为学校的士气低落，部分原因是由于社区内以及教师之间对于学校未来发展方向日益扩大的分歧所引起的。

大多数人支持对学术性课程计划进行重大变革，把新的重点放在思考、理解、构建和应用知识，合作、联合、团队协作，积极且真实的学习，技术、远程学习和上因特网，以成就、演示和表现为中心，跨学科学习的方法等方面。支持这样做的人数越来越多。正是由于认识到原有教育体系的毕业生不能很好地为丰富多彩的、技术的以及信息丰富的职业世界作好准备，同时也不能很好地为接受更高层次的教育作好准备，才导致这种态度的转变。

另外一些人认为学校需要强调基础理论知识，但其比率正在缩小。这些人坚信，应该把焦点放在以下几方面：死记硬背的学习；基本知识和技能的获得；读、说以及过度的学习；印刷媒体；借助纸—笔测试得到的大量评价结果而进行的分级；个体相互独立的工作，以及回归基础学科等。他们希望在系统内扩充标准实施的范围，从而使整个学区所有的教师和学生的行动能够整齐划一。他们坚信，学校按照惯常的做法来做的话，是能够得到提高的，而且只会更好。

所有的人都认为，布鲁洛克学校的一切决策中心都必须是学生的学业成就和学习的相关性。如果教师不能把自己的新做法与提高学生的学业表现(这些学业表现均与21世纪的需要相联)联系起来的话，那么，这种努力将得不到支持。同时，现在所有的计划和工作都将由那些用于评价新计划、新方法的标准来进行考核，这将促进新的合理计划的出台，这些计划不但具有完整性，而且综合了教育研究者及其他人对学习、对我们为未来准备什么样的学生所进行的研究结果。比较研究已经表明，新型的学校要优越于像布鲁洛克这样的传统学校(Raywid, 1994)。

这一新改革所强调的内容重点已经引起这样一种认识，即学校或社区中即使有人的话也没有几个人知道21世纪的学校会是什么样子。学校以为它是组织良好、结构完善的，足以适应自身的反思与重建的挑战，但改造后学校的模样的确还没有成型。反思和变革课程与教学的挑战具有创造性，而教师和社会对此均没有作好准备。

当然，学区中几乎没有人考虑过设计或开发新的教与学的方法，其部分原因在于学区坚持推行一种单一的标准计划，但却不期望或不允许教师参与研究或选择其他的做法，更不要提设计或实验新课程了。然而，课程与教学的设计与实验正在被提倡。对于一位21世纪的校长而言，教育挑战就是领导课程与教学的重新设计。令所有人震惊的，是由学校委员会主席和学区教育局长联合发表的声明："有的时候，改变学术课程计划中的所有方面比单单改变某一方面更为容易。"你已经被呼吁来领导布鲁洛克的这场重大改革。

> 那么，你认为布鲁洛克是否已经准备好开始一场重大的改革工作？在成功改革布鲁洛克的过程中，哪些知识基础是最有价值的呢？

一、改革模式与21世纪

教育研究者们经常会对几乎所有的教育问题持不同意见，但却一致同意有必要进行一场根本性的学校改革。南部地区教育委员会(Southern Regional Education Board)认为，学校擅长于惯常的做法，但这却不是未来所需要的。美国商务部、工商圆桌委员会(the Business Roundtable)、工商联盟(Alliance of Businesses)及经济发展委员会(Committee for Economic Development)也都强调有必要对美国学校进行根本性的改革。中北部地区教育实验室(North Central Regional Education Laboratory)提出，学校将重点放在传统模式上是不能满足 21 世纪学生的需求的。国家教育目标小组（National Education Goals Panel）也认为，目前全国的学校普遍存在着停滞不前的现象。对于今天的教育者而言，其面对的挑战是建立这样一种学校制度，它能够不断地对学校进行反思和重建，使其成为一种适应社会变化需求的机构。

根据美国教育研究与改革办公室（OERI）有关学校改革的报告显示，最近的改革工作"致力于教育的各个阶段，从学前教育到学校—工作过渡教育，几乎涵盖了公立初等教育、中等教育的每个方面：课程与评价，教师的培养及其职业生活，学校的组织与管理，技术以及家庭、社区的参与等"（Goerty, Floden & O'Day, 1996, p. iii）。《改进美国学校法》（Improving America's School Act）要求各州政府制定学校改进计划，其中至少要制定出数学和语言艺术科目的内容和表现方面的高标准，以及与这些内容标准相一致的评估。截止到 1997 年，已经有 45 个州参与了不同阶段、不同形式的学校改革。1998 年初，"迎接声势浩大的根本性改革的挑战"成为一种号召，并已延续到了新的世纪。（为获得更多信息，请查：www.edweek.com/context/orgs/）

领导创新型学校

马歇尔（Stephanie Pace Marshall）博士
伊利诺斯州厄来瓦市
数学与科学学院

领导一所面向 21 世纪的创新型学校（这里我所指的是一种有改革能力和生成能力的学习型团体）需要些什么呢？学习中的领导者必须创设哪些条件才能把学生培养成开发未知领域的先锋呢？也许可以从历史中得到启示。三个世纪以来，占主导地位的科学世界观认为，宇宙是静态的、重复的、可预见的、线性的，并做着周而复始的运动。这种"牛顿力学说"的世界观已经影响并主导了我们的文化与组织生活的方方面面，包括我们的学校。

结果就是，作为领导者，我们将目光集中在假设性的人类学习的因果模式上；我们全神贯注于事务而无力自拔，并将它们分解为零碎的、可测量的部分来实现对学校的有效管理。我们的洞察力来源于"牛顿力学说"，我们的所作所为，就好像我们确信通过对部分的理解我们就能了解整体的行为，以及分析也必定会产生综合一样。

正如我们理解我们的世界一样，通过设计，我们建立并运行着我们的"牛顿力学的"学校，这导致了"无学习能力的"制度的产生，从而压制了我们的思想、创造性以及天生的、永不枯竭的终身学习的能力。

没有经过检验就将"牛顿力学说"的法则应用于学习环境的做法，削弱了我们继续成长与发展变化的能力,因为这削弱了我们个体与群体的智慧和精神发展的能力,也降低了我们对整个学校体系的希望。

在变化的可预测性模型以及人类学习可以增强信念的基础上,我们设计了一种线性的制度。但事实上,人类系统是不可预测的,变化也是非线性的,学习也是动态的和成型的(patterned)。人类并不完全遵循因果逻辑。人们挖掘事物的联系和意义,寻找持久深层的关系。我们通过资源的共享而不是通过保守秘密而成长,我们需要信任与被信任以获取足够的安全感。

因此,创新型学习组织的领导有必要创造一种学与教的环境,从而使学习者自己的学习更加严密、连贯和深刻;使学习者能够提高他们的智力、社交能力以及对他人的感情投入;使学习者能够培养合作与有效的学习方式,从而形成深思熟虑的、综合的认识方法。

我们必须为学生创造一种可以冒险、创新、试验和迎接挑战的学习氛围,而且这种学习氛围还要能够使学生重新定向,并进行个性化的学习。我们必须为所有年龄阶段的学习者创造一个学习型团体,赋予每个人以权力和时间,鼓励他们求知和创造。这种团体受学习法则而不是受学校的控制,这些学习法,即:

● **个性化的、灵活的而且连贯的。**对人类境况有重大意义的质疑推动了课程的发展,知识也不是像截然不同的、毫无关联的学科那样支离破碎。

● **内外相互联系的。**并不受物理、地理或时间与空间的限制(因为学习可以在任何地点进行,学生的学习必须跨出课堂与学校的界限)。

● **信息丰富的、灵活多样的学习经验。**适应所有学习者的方法途径(学生积极主动地投身到有意义的调查研究中;在那些重要的且与现实世界相关的综合学科性质的问题情境中,他们习得重要的概念;学生们致力于有意义的研究和认真的探究中)。

● **学习经验的代际结构。**米德(Margaret Mead)曾说过,三代同堂的学习创造出了最佳的学习环境。

● **以合作研究为基础。**学生同成人或同伴合作,汲取全体的经验;学习者以能够创造和生成知识为荣,而不仅仅是获取信息。

● **以复杂认知、问题发现以及问题解决为关注焦点。**学生参与团体内外的真实而有意义的对话,从而获得处理复杂问题、模糊认知和矛盾的技能。

创设生成性学习所需的条件,是具有创新意识的领导者的一项任务,而且也是为全体学生创设特殊学习环境的基本条件。

帕尔玛(Parker Palmer,1998)在他那本简洁而有深远影响的《教学的勇气》(*The Courage to Teach*)中,提出了关于学习型环境下的领导者与领导的基本要求:

> 如果我们想要拥有教与学的讨论团体——这种团体关注的是要追求的主题以及要进行的实践的基本规则——那么,我们就需要那种能号召人们实

现这种目标的领导者。

如果主席和校长、院长和系主任等领导不想这样做，也没有在实践中这样做的话，那么再好的关于好的教学的讨论也不可能发生。这种领导……包括给予人们一些做什么的借口与许可，但自己却不可能那样去做……(p. 156)变成宁愿开放而不是占有空间的领导，就需要进行"一次自我反省的旅行"……不要害怕面对真实的自我，这将是一次在尊重他人的同时也了解我们是如何忠于职守和足智多谋的"旅行"。

随着这些内在素质(inner qualities)的深化，领导者将变得更加开放了。在这种环境下，人们就会主动去创造相互支持的团体……领导者们号召我们回到教与学的中心上去，回到我们共同的工作上去，回到我们共同的工作热情上去。

博尔姆和迪尔(Lee Bolman & Temy Deal, 1995)在他们的《以灵魂来领导》(Leading with Soul)一书中肯定了帕尔玛(Palmer)的说法："领导是一种关系，这种关系扎根于团体之中……"(p. 56)(其本质)"不是物品的给予或者是理想的确定，而是人的自身与精神的付出"(p. 102)。

作为领导者，我们一直着眼于部分。现在我们认识到，我们必须首先改变自己的思维方式，相互之间联系起来；必须开辟新的认识世界与生存方式的途径，这将引起我们行为上的变化。

17世纪"牛顿力学说"的世界观导致了机械的、机器式的领导方式。如今我们的认识提高了，我们必须以自然界中活生生的生物系统来看待领导方式，而不应再是放于机器之上。

作为领导者，我们必须从我们的系统不断面临的矛盾中获得认识。我们必须：
- 处乱不惊。
- 创造机会，通过促进真实的教与学的对话，使精力、信息以及人的精神遍布整个体系。
- 促进多样性。
- 激励人们的身心投入到学习型环境之中，以建立有意义的公共关系。
- 探求模式、关系与明确的身份并命名之，以提升组织对自身及整体的意识。
- 崇尚团体的权力与人的精神。
- 创造共同的语言以构建共同的意义。
- 创建信任的、相互负责和关心的学习型团体。

作为创新型学校的领导者，我们的任务不是控制，而是通过创设必要的对话来促进真实的学习。团体的对话将整个组织都带到勾勒未来、回答如下问题的过程中：

1. 现在什么是可能的？

2. 在现实世界中,我们想成为什么样子?
3. 由于我们的存在,世界会有何不同?

直到最近,威胁着学校组织生存的因素实质上来自外部,这种威胁又被某些严峻的事实加剧了,而这些事实是领导者可以策略性地加以应对的。目前,大多数威胁来自于学校内部,其动态的、系统的复杂性所需要的,是那种能够运用整体、系统和人文精神方法进行思考和行动的领导者。

创新型学校的教育领导的愿景(vision),已经从过去那种知道"为了实现控制和管理该怎么做",转变成"为了加大系统的协同(synergy of the system)该如何生活"。这既是我们面临的最大挑战,又是一种最大的机遇。

我们需要有魄力的领导者,他们能够运用整体、系统和人文精神方式进行思考和行动。他们不惧怕创造出变形的学习型团体,因为这种团体会在充分发展人类潜能的过程中寻找它们未来发展的道路。

二、学校改革的评价

在审视改革运动的过程中,墨菲(Joseph Murphy,1991)发现:"20 世纪 80 年代早期,开始了一场致力于改革美国公共教育的运动。其推动力主要是经济。来自于美国各阶层的分析家们认为,在世界经济中占主导地位的美国现在处于被取代的边缘。坚信美国在发展、生产力以及质量上正落后于其他工业强国的信念,已经成为各种改革报告的一个主题(举例可参见 Carnegie Forum,1986;Education Commission of the States,1983;National Commission on Excellence in Education,1983;National Governor's Association,1986;National Science Board,1983;对此的评论,可参见 Murphy,1990)。改革家们并没有花费多长时间,就将这种经济上的'虚弱'同教育系统挂上钩来。学校教育在使美国重新成为经济巨人方面的潜力再也不会被忽略了。"(p. vii)

分析家们所担忧的是时代改变了,但教育却没有变。我们生活的各个方面几乎都发生了彻底改变的时候,学校除了极大地改善入学渠道之外,基本上仍旧保持着原样。美国的学生与外国的学生相比,状况堪忧,在推理能力方面较弱。科学成就有所下降,整个国家存在着文盲问题。对于这些忧虑,人们的反应迅速而又强烈。由此掀起了一阵立法风,内容涉及教育目标、标准、绩效责任、教师资格以及新的结构等。美国的许多学者加入到了全面解救美国教育的过程中,并就机会、愿景、授权、标准、期望、资源、目标、权力下放、技术、结果以及绩效责任等话题提出了广泛的建议。为了能更加适应所需要的变革,大学全面修改了它们对教师和校长进行培训的课程计划,教育局长们和学校委员会也在自己的学区中开展了新方法和结构的各种实验。

尽管从这些努力中学到了很多,但却很少有专家认为我们已经取得了显著改善。担任过教育部长的贝尔(Terrel H. Bell),曾建立了发表《国家在危急中》报告的国家

第三章　学校改革

优异教育委员会,他这样总结道(1983 年):

> 《国家在危急中》出版以后的十年对于美国教育而言,是辉煌、悲惨的 10 年。我们学会了许多。我们也遭受了许多失望的痛苦。但我们从来没有放弃过我们的追求,即将教育建设成为也是其必须成为的最为有效益的事业。如果美国想在未来 10 年或更长远的日新月异的信息时代中保持其值得骄傲的领导者的地位的话,就必须坚持这种追求。也许我们做得还不够好,但至少我们一直在这样做(p. 597)。

施乐集团公司的前任主席和首席执行官科恩斯(Darid T. Kearns)在积极关注了美国教育 15 年之后说道:"美国曾经拥有世界一流的教育,现在我们却排在第 13、14 位……我们只有 50% 的孩子获得了高中文凭,但却只是略高于八年级的水平。"(Third International Mathematics & Science Study, 1995, p. 12)

在 19 世纪和 20 世纪前半期能够很好地服务于我们的现存模式,在 21 世纪的时候却不再有效了,这一点是越来越清楚的了。人们期望教育家们能够创造出一种全新的教育制度。我们已经创新了结构,更好地理解了过程,已经建立起新的重要的标准和评估措施;然而,我们还未触及最重要的方面。在新的需求与期望以及新技术的前提下,既然我们已经构建了改革所需要的能力框架,我们就必须重新考虑学校教育的各个方面。我们的呼吁就是,改善课堂、课程、教学、师资以及学校与家长和社会的关系(Martin, 1993; Noddings, 1992; Carter & Cunningham, 1997)。

富兰(Fullan, 1993)在对 20 世纪 50 年代以来的改革努力所进行的分析中总结道:

> 我们知道,无论是集权化(联邦、州或学区)还是分权化(学校),单靠他们自身是不能解决问题的。我们也看到,改革的策略在过度控制和自由混乱之间挣扎着。多种改革运动的结果,就是将我们的注意力转移到了更为全面的观点上,但却没有为我们提供解决问题的方案。很显然,改革比我们意识到的要更为复杂(p. 122)。

兰德研究所(Rand Institute)的研究显示学校几乎没有什么变化。希泽(Theodore Sizer)的经验表明,学校的变革相当困难,动力也很微弱。教育改革工商联盟(Business Coalition for Education Reform)也发现,在教育中引进新的方法十分艰难。国家科学基金会(National Science Foundation)坚持认为,学校里只有极少量的技术,尤其是那些能够服务于现有实践的技术。总之,研究证明,改革仅仅对学校和课堂的长远功能产生很小的影响(Carter & Cunningham, 1997)。

另一方面,呼吁学校进行改革的要求在 20 世纪 90 年代有所加强,而且没有一点停止的迹象。人们希望教育领导者们能够对教育进行重新思考，创设那种完全改善了的、能够更好地满足 21 世纪所需求的学习环境。这是一个需要通过大规模变革而不断提高的过程。施莱希塔(Schlechty，1997)担忧地说："不幸的是，太多的教育家似乎缺乏紧迫感。如果公立教育想在 21 世纪成为美国人生活的主要动力的话，它就有必要进行各种形式的改革。"(p.17)

> 那么，你倡导对布鲁洛克学校进行教育改革的动机是什么呢？

(一) 发现新的方向

美国教育的以往改革是缓慢的、无计划和累积性的，而且经常对课程和教学仅仅产生一些边缘性的影响而已。当有一种迫切的需要，要对目的、性质、结构、过程、教学实践、学习、学校教育等进行反思的时候，便会产生这些边缘性的变化(Goodland，1991)。现在所提倡的改革涉及"教什么样的学科"和"如何教"，还有就是如何对进步进行测量和评价。它们抓住了教与学过程的技术核心。当学生的成绩、经验、准备和结果成为新改革的推动力量时，问题就变成了："当学生们承担起 21 世纪公民应承担的责任时，他们会需要什么呢？"

教学、课程与科学技术拥有牢固的知识和经验基础，这种基础是塑造新世纪的学校所不可忽视的。但这种知识和经验应该作为一种基础服务于改革和实验(Joyce et al.，1992)。我们不能照搬照抄其他学区效果良好的模式，我们也不能忽视那些非常有益于美国教育提高的想法。当教师意识到提高教育的可能性，并得到鼓励可以在自己的课堂及学校中试验这些想法的时候，提高就会成为现实。关键在于，教师改进学校的工作应该得到直接的激励。这种激励来自于学校领导，也来自于那些具有最好的教育头脑的人士所提出的学校教育的愿景。

当然，如果一个组织不具备改革的能力，教育的提高就不可能发生。为了成功实现这一点，就必须花大力气创设一种激励和支持参与者，鼓励广泛的参与，处理复杂性及坚持系统观的文化和方法。但是，如果教育者没有得到鼓励去思考那些存在于学校的重要机会的话，教育的提高也是不可能的。没有强烈的勾画 21 世纪学校的理想，能力建构运动也不可能对课堂、学校或学生产生什么重大影响。如果我们想要获得任何成功的话，我们就必须使能力与理想携手并进。

许多关于计划与革新的研究，都将焦点放在决策以及实施过程中(Allison，1971；Hughes & Achilles，1971；Cohen & March，1974；Etizoni，1986；Jnis & Mann，1977；Lindblom，1980；March & Simon，1968；Mintzberg，1989)。在将这种文化现象与教育联系时，富兰(Michael Fullan，1991)发现把单一改革作为一种改进途径来思考的观点有相当大的局限性。富兰说：

第三章　学校改革

我们不是追溯具体的政策与革新，相反，使问题颠倒了过来，问道：这一系列的改革可能会有什么样的结果……通过改革提高学校、社区的能力并使成绩得到持续的提高，这是一般性的方法所需要的。

偶尔进行一场革新是恐慌和赶时髦的表现。学校和学区教育的发展加强了如下各方面的一致性与能力，这些方面包括：挑选和整合多种选择并据此行动，评价进步以及重新确定精力投入的方向等。

另外，一些人将改革看做是一系列的选择，即一系列组织和个人在接踵而来的想法下决定出哪些是更好的选择（Rogers，1995；Hall & Hord，1987）。这种新异和不确定性将革新与其他类型的决策区别开来。对革新的再革新就是指在适应过程中为满足组织内的人员和客户的具体需求而调整革新的程度。也许，与实施速度及其最终成功相关的最为重要的因素，是那些影响决策及其最终成功的人们所预见的相对优势。不过，所有这些问题当中，关键的问题就是改革的动力来自于哪里。

改革通常始于对需要或问题的认识。这种认识可能来自于政治过程、出现的社会问题或者是对当前困境及未来需求的意识。当然，所有这些都是《国家在危急中》报告的一个部分，这份报告有意要促进研究计划，以期为教育寻求解决问题的方法。罗格斯（Everett Rogers，1995）指出：

> "许多但并非全部的技术革新来自于研究（p.160）。"研究的目的在于提升知识与实践并解决实践问题，或者二者择一。罗格斯把发展界定为"将一种新思想付诸于一种形式的过程，这种形式是人们预期能够满足那些潜在采用者的需求的……"这代表着一个汇聚了研究者与改革代理人的舞台。如何对革新进行评价？一种方式就是通过临床的尝试和科学的实验，而设计这些尝试和实验的目的就在于预先确定革新在功效、安全等方面的效果（p.160）。

最后，当革新取得成功并改进了现实状况的时候，那些充当革新催化剂的领导者就会在他们的学科中实施这些革新措施。

能力构建的关注点一直是教师的发展、管理、授权、基于现场的决策、社区参与、学校文化、绩效责任、合作、网络工作、资源、标准、评估以及现有体系的重建等。当然，为了支持革新性实践，这些工作对未来学校的完善都是至关重要的。它们创造了一种变革的环境，或者至少是一种有助于变革进行的环境。然而，它们只是工具而已。具有创新思想的人才，对未来的先见之明，引发个体去改善学校所需的知识等，这些也是完善未来的学校所需要的。能力固然重要，但思想观念同样重要。领导的一个关键作用，就在于通过能力的构建、理想、改革、发展和实施等手段，实现对现存制度的革新与完善。（为获得更多信息，请查：www.eryx.syr.edu）

> 那么，作为布鲁洛克学校的校长，你将如何开始改革课程和教学呢？

(二) 支持改革事业

来自于他人工作的思想和知识，在整个课堂和学校改革过程中起到了催化剂的作用。那些对特定的学校尤为有益的思想，有必要得到我们的讨论、实验与评价。这样，为了更好地满足学生中变动人口的需求，应对日益增加的经济和社会压力，也为了满足技术的提高，以及不确定的未来的需求，教育者通过检验与分享思想而团结在了一起。学校改革参与者在形成创新认识，创建新型学校和培养适应知识社会生活的学生的过程中，需要在一种共同改革理念的指导下并肩作战（Carter & Cunningham, 1997）。

新型的有效学校的创建最终依赖于教育者设想新型的学校该是怎样的能力。愿景将观点、知识、经验和未来学家们的思想转变为现实，一种可以为实践者们清楚地理解并能实现的现实。愿景在创新的思想与有目的的协调行动之间发挥了桥梁的作用。因此，教育者意识到最新的思想观念，意识到什么才是对改进教育的最重要承诺，这是至关重要的。理想学校的愿景帮助教育者改革并重新形成现有的课程内容、教学方法和传播体系。

在新的需求、期望、新技术以及向新的范式转变的条件下，教育者必须停止对现有教育范式"修修补补"的做法，而要对学校教育的各个层面进行反思（Sparks, 1997）。要求各个层面的教育领导帮助学校进行改革。（为获得更多信息，请查：www.alsr.brown.edu/html/builproj.html）

> 那么，在勾画布鲁洛克学校更为现代化的过程中，什么是教育者和社区成员所需要的支持？

(三) 变化世界中的共同主题

专家们需要一些学校改革的指导纲要，以明确该继承什么，该抛弃什么和该革新什么。在现代化技术更新的前提下，我们必须以教和学的本质、教育过程的结构、课程与教学的设计为出发点。最新的研究表明，在学校中迫切需要强调终身学习、思维和解决问题的能力。同时，也必须强调积极主动的学习，道德推理，有效地说与写，研究信息，运用新的技术，并倾听和理解他人。传统上对获得知识和技能的强调，正在让位于更多地重视学会如何理智地进行思考，重视如何在具体的环境中应用所学到的知识。最近的各种指南都是以布鲁姆（Bloom, 1956）的高级学习顺序为基础的，即分析、综合和评价。

第三章 学校改革

人们期望新的学校能为那些有不同学习风格和大脑功能的学生提供更多的学习选择。其中必须包括最新的脑科学的研究成果,还要包括婴幼儿学习和发展方面的研究成果(Gardner,1993)。教师需要帮助学生发展理解力、推理能力和策略性知识,并提高思维技能。最为有效的教学模式是互动的、生成性的,能够吸引和鼓励学习者以有意义的方式建构知识和生成知识。学生互教,并与教师之间相互产生影响。鉴于一系列共同的结果,改革者们希望通过反思教育,学校能够更好地满足所有学习者以及他们生活其中的社区(Education Commission of the States,1991)。

技术处于迅速变化的世界的最前沿,这是前所未有的现象。信息技术正以极快的速度推动着变革。与祖先们一样,孩子们在走向一个变化着的且充满巨大风险的未来之时,必须成为开拓者。在这样的未来之中,技术使他们在数秒钟之内就能获得世界任何地点的信息,而平常人所扮演的角色和承担的责任将面临新的挑战和机遇。一些未来学家预言,对这种范式的转变反应不灵敏的大系统(如教育),由于无法满足当代及未来各代人的需求,而处于特别危险的境地。

美国学校管理者协会(American Association of School Administrators,1993)完成了一项名为"培养面向21世纪的学生"的研究,罗列了许多关键的要素。部分排列最高的关键因素包括如下:

1. 学术内容。数学,逻辑,推理,写作技巧及功能性和应用性读、写能力的运用;关键的人际交往技能;运用技术来评估或加工处理信息的能力。

2. 行为。诚实、正直、守信、尊重尝试、职业道德、守纪;对多元文化和多样性的尊重;欣赏个人的贡献,与小组成员协同工作的能力等。

3. 必要技能。口头或书面沟通的教授;批判性思维、问题解决、推理和分析的能力;对自己的行为、纪律和道德负责;评价自己的目标的能力。

4. 学校中的变化。在学习中融入"市场"技术("marketplace" technology),并将其作为退出标准(exit criteria)的一部分;适应新技术;促进相对于被动学习的主动学习;为专业发展准备更多的时间,在技术方面尤其如此;对学生的目标和标准进行分类;融合更接近现实世界的项目;增强家长和社区对学校教育的参与程度。

孩子的教育应该以真实生活为基础;学科应该得到整合(NCTAF,1997)。显而易见,我们需要这样的公民,他们能够从战略思考来设想愿景,能在不断变化的环境中进行学习,能从广泛的资源中建构知识,能在多样的背景中理解系统,能够借助技术开展地方性及国际性的合作。

总统科学和技术顾问委员会(President's Committee of Advisors on Science and Technology,1997)在向总统提交的报告中指出,尽管私营机构需要那些在"信息社会"参与竞争所需技能的工人,但大部分学校还是缺乏关键的技术。学校还缺乏接受过使用器械设备专门训练的教师,而这些器械设备是其他机构已经在使用的。教育领导者正被要求将技术作为学习过程的关键组成部分。广泛使用技术就有可能产生完全不同的教与学的方法,如改变学习的内容、学习的方式和评估的方式以及教师在课堂所进行的活动。一个阐述得很清楚的目标,就是将每一所学校与国家信息基础结构(National Information Infrastructure)联结起来,并提供如何使用这一信息极为丰富的资源库的培训。

技术将成为各种学习的主要支持性工具;学生们也将通过远程学习与其他各地的学生或专业人员一起完成学习项目。他们运用技术从学校中和学校外获得所需要的资源。技术将以有效的学习范式为基础,帮助学生和教师就真实且具挑战性的问题进行学习;通过数据互动的方式使学生们能在一种学习型团体中控制和建构知识,同时有实践的专业人员和社区顾问参与其中。通过运用虚拟现实的手段,可以将生活融入知识学习和课堂活动。课堂将成为一个建构知识的学习型组织。

所需要的改革类型在规模上是巨大的,而且是变革式的,与过去没有什么延续性。框 3.1 概括了对教育提出的主要的新要求。学生需要能够建构他们自己的知识,并发展自己的思维技能。他们需要学会如何运用人际交往的能力和诸如"正直"此类的价值观,在团队中合作共事。学生将借助因特网、远程学习及各种形式的信息媒体来研究信息,并通过多媒体来演示研究的结果。他们将形成多元的视角,也将培养起一种自我发展的责任感。他们将积极地参与到与现实世界相关的项目中,并将在结果、职业道德、信息使用和知识运用等方面接受评估。

框 3.1

转变教育模式的新要求

从	到
教师——课程中心	学习者中心
知识和技能的获得	心智思维与知识运用
个体的任务	合作性的工作
被动的学习(听者)	积极的学习(合作者)
印刷媒体	技术工具
分级重心	成就重心
国家视野	全球视野
独立的努力	整合的努力
抽象学习(事实)	真实的学习(相互关系、探究、发明、理解)
机械学习(操练和练习)	问题解决(沟通、接近、表达)
纸—笔测试(常模参照)	演示和操作(标准参照)
以学科为基础	综合的、跨学科或交叉学科的方式

三、所需要的改革

学校要面对各种各样的学生,包括那些有很高的学习动机、准备充分的聪明学生;也包括那些不愿意学习、没有准备、能力也不高的学生。在检查小学所进行的结构重建实验(restructuring experiments)之后,特森、麦克彼卡瑟林和埃尔莫(Peterson, McCarthery & Elmore, 1996)总结道:

> 如果研究者、改革家和教师明白了他们想要进行的教学实践并对此达成共识的话,如果他们了解了进行这些实践需要学习什么的话,那么他们也许能创造出支持这种学习和这些实践的组织结构。尽管一些人可能继续通过改变学校组织结构的做法来实现教师实践的转变,但我们宁愿采取一种与这种思维相反的做法。为什么不以理解教学实践作为开始呢(p.151)?

教师们必须消除在推动教与学发展过程中以及在满足 21 世纪公民需求中所遇到的障碍,并以一种全新的、成功的实践取而代之。所需要的改革并不是指自上而下的结构变革,而是指发生在教育年轻人的课堂中的那些变革。

目前对于结构重建的研究表明,发生在课堂和学校中的学与教的过程很少受到关注。(Peterson, McCarthery & Elmore, 1996; Murphy & Hallinger, 1993; Murphy, 1991; Goety, Floden & Oday, 1996)一般情况下,人们很少将能力构建的改革与课堂变革联系起来,很少关注教师和学生之间的关系,关注教学内容、风格或方法以及技术的运用,也很少关注课程、教学和学生结果之间的相互联系。新的改革必须在课堂中得以验证;成功之后,这些改革必须融入学校和学区的基本结构中(Cunningham & Gresso, 1993)。

我们如何才能最有效地满足教育处境不利学生、天才学生、一般学生和有学习障碍的学生的课堂需求呢?我们如何才能帮助更多的学生达到思维的最高水平呢?我们如何才能提高学生的职业道德和道德思维能力呢?我们如何才能更好地使学生为技术的、以知识为基础的、快速发展的社会做好准备呢?所有这些以及许多其他诸如此类的问题,都是我们下一轮教育改革必须考虑的问题。(为获得更多信息,请查:www.temple.edu/iss/csr-info.htm)

> 那么,你将提出哪些使命或目标,从而对课堂和学生的学习产生影响呢?

(一)创新性计划

许多有望改善课堂教学的思想不断涌现。其中许多都与学校领导者的工作有关,而学校领导者也正被卷入课堂和学校重塑的工作之中。接下来的篇幅简单地描述一些知识渊博者在21世纪初期所进行的面向未来的一些杰出工作。(为获得更多信息,请查:www.aasa.org/reform/approach.htm)

加速学校(汉克·莱文)[Accelerated School(Hank Levin)]。课堂是围绕着建构主义的课程进行组织的,这赋予学生更多的学习责任,也为他们的学习增加了更多的内容。通过实际操作的活动和解决没有固定答案的问题,学生积极地参与到学习之中。他们在学校活动与自身生活之间建立了联系。教师们则通过探索和发现来帮助指导学生。学生在团队中工作,从班级的其他成员那里获得反馈。他们经常确定一些标准,并以此为基础对学习成绩进行评级。课程的设计在于丰富学习经验,并以对所有学生抱有高期望为基础。加速学校有三个基本的结构性原则:

1. 目的的一致。整个学校组织拥有一个统一的工作重心。
2. 授权与责任。整个学校组织做出重要的教育决定,并为此承担责任。
3. 能力构建。努力的方向在于增强整个学校组织的优势(Hopfenberg & Levin,1993;Keller,1995)。

学校运用各种教学方式,如合作学习、苏格拉底式讨论、跨学科课程、高级思维、无年级进度计划、小组教学和技术整合等。莱文(Levin,1992)指出:

> 我们所做的,就是将种子种植下去,并提供学校决定尝试的哲学基础;如果成功的话,就可以重复下去……我们不以态度转换而是以行为转换为起点;要求全体教职工进行尝试。他们已经掌握了这一点。我们没有详细地告诉他们怎么去做,我们只是列出了一般的原则。但随着学校开始步入成功,它呈现出自身的生命本色(p.23)。

要素学校(泰德·希泽)[Essential Schools (Ted Sizer)]。学校应该教授较少的科目、主题和技能,但应该教得彻底。课程应该集中在孩子们能够证实的以及确立了高智力标准的事物上。要素学校强调的是重要的信息,以及在现实世界环境中运用所得知识做出相关决定的能力。希泽的9个共同原则包括:注意帮助青少年掌握有限的关键性技能和知识范围(越少越好);运用不同的、个性化的方法;帮助学生学会如何学习并因此而学会自学;为学生提供用以证明已掌握核心技能和知识的方法;将家长作为关键的合作者来构建一种信任、尊重及高期望的文化;鼓励校长和教师先做一个通才,再做一个专家;花费时间来进行集体规划;领取反映竞争特点的薪水;教授学生的工作量少于81学时;维持具竞争性的生均经费。这些原则最初是为中学设计的,但却同样已被应用到小学的实践中。

对学生的评价以工作档案袋(work portfolios)为基础。因为我们不能简单地比较学生的成绩表现,因此必须更加信任教育工作者。当教师小组和每位学生在一起工

第三章　学校改革

作时,这个过程就能得到很好地实施。同样,课程计划建设性地整合了各个学科,如化学、物理、生物、数学和技术。然后,教师将作为教练来帮助学生,这些学生对他们自己的学习拥有更多的权力和责任。就每日时间段的数量及按年龄进行的任务划分而言,教学体制更具灵活性。

在要素学校中,学生要展示他们对核心技能的掌握,如"辨别证据和观点"和"运用各种各样实践的、科学的或数学的方法进行测量"等。通过让学生致力于个别的和集体的工作,以及将学习与社会、国家和世界的重要事件联系起来,教学强调了这样一种信念,即问题解决胜过死记硬背的学习。学生通过一系列问题来从事他们的工作,工作结果则在公共展览中进行展示。学生虽被异质分组(heterogeneously grouped),但却又被置于个人的发展轨迹上,这将鼓励他们在所谓的"小组分流"(teamstreaming)中确定更高的目标。学校有明确的标准,这些标准常常以领域来进行组织,而学生必须达到这些标准。要素学校的特征表现为5种思维习惯,即证据、观点、联系、假设和适切性。

在考虑"什么是重要的"时,希泽(Sizer,1996)主张:

"……学生在他们学校的文化氛围中——学校明确深信的东西以及这些东西在实践中被珍视的方式——要比在正规的技术结构中更有可能取得成功。很显然,好的结构(如在课堂上用足够的时间做一些重要工作)是必要的,但更重要的是学生在这些结构中做些什么。这种行为有赖于学校员工的态度和信心——一些不可界定的、不稳定的品质,尽管很重要但却难以控制。这种情况使大范围的学校改革变得极为困难。"他接着说:"态度和责任以及一个学校的教师、学生与家长之间的关系,都是至关重要的。"没有这些的话,用于展示的制定最佳的计划、灵活的时间安排表、咨询期、其他熟悉的联合实践工具以及相似的改革做法等,成效都会很低(p.106)。

学校发展计划(詹姆斯·卡摩尔)〔School Development Program(James Comer)〕。卡摩尔学校发展计划的主要目的在于促进学生社会的、情感的和学术的发展,从而使他们成为合格的公民。学生们被期望能达到较高的学术标准。重要的主题是创造一种能够吸引人的学校氛围,使得教师能赢得学生及其家长的信任与尊敬,并在课堂中受到学生的欢迎和支持。学校中的社会事件极为重要,每一所学校都必须制定出一份包括与各种各样的学生、家长以及社区成员的联系在内的社会事件日程安排,包括早餐、正式的午餐、专题讨论会、展览会、正式的化装舞会、沙龙舞会、读书节及其他。阅读是卡摩尔模式的一个主要主题。事实上,这种模式经常要雇用一名家庭—学校的社区协调人及任何必要的阅读指导教师。

教与学过程的一个非常重要的部分,就是让每位教师和学生为每个学生的进步承担起责任。图3.1介绍了学校发展计划的总的指南。这一模式至关重要的一个方面就是提供培训。

家 长 计 划	学校规划管理小组	心理健康小组
让家长参与学校的各种活动	规划、协调学校活动	·解决学校范围的预防问题 ·管理学生个人案例

指 导 原 则		
"无 过 错" 全面的学校计划 系统地阐述： ·学术成就目标 ·社会氛围目标 ·公共关系目标	协 商 决 定 员 工 的 发 展 满足学校全面计划的目标所 确定的需要	协　作 评 价 与 修 正 创造新信息并发现新问题

图 3.1　卡摩尔学校发展计划

【资料来源】Yale Child Study Center, 1991.

学校得到改善的原因在于，家长日益参与学校的工作以及为了所有学生的信念和"儿童中心"观念的运用。其他的因素包括行动研究的运用；教学时间与学生参与的增加；提供合作学习；课程、教学及考试的一致性以及发展性方法的运用等。在一本关于学校发展计划模式的书的结尾处，卡摩尔与他的合著者总结道：

> 我们应该坚持，在我们所有的学校活动中，对善良与公正的尊敬要得到反映。这是必须做的事情，没有回旋余地。至此，我们必须以行动为导向，而且在我们行动的时候，我们必须扮演成公仆型领导。要求孩子们成为最好的就意味着我们必须首先要求自己成为最好的(Comer, Joyner & Haynes, 1996, p. 168)。

1992年，卡摩尔将他的学校发展计划模式与希格勒(Edward F. Zigler)的"面向21世纪的学校"(Schools for the Twenty-First Century)相融合。这一新的卡—希模式(CoZi model)提供了一系列全面的家庭支持性服务，这些服务通过一种以儿童为中心的合作型决策结构与学校联系在了一起。学校发展计划和希格勒的指导性原则是，让社区所有成年人都参与到制定共同使命的过程中，这种使命将孩子们的发展始终作为所有规划与决策的核心。这一新模式包括那些为3岁孩子制定的每天从早上7点钟到下午6点钟的护理计划，也包括以学校为基础的服务，这些服务关注孩子发展的各个方面，包括身体的、社交的、情感的、语言的以及智力的发展。这种联合模式将儿童护理与家庭支持整合进学校。

为了所有人的成功(罗伯特·斯莱文)[Success for All (Robert Slavin)]。正如名

字所言，"为了所有人的成功"计划的一个最为重要的方面，就是要持续关注每个儿童的成功。学生以"阅读根基"(Reading Roots)作为开始，这是一项强调口头反复阅读的计划，这种口头反复阅读既包括给同伴读，也包括给教师读。阅读教师阅读孩子们的文学作品，并让学生们对这些故事进行讨论。接着，他们会进入"阅读飞行"(Reading Wings)，在这里，合作学习活动围绕核心技能来组织(Slavin,1994)。学生们参加同伴阅读并参加旨在掌握故事词汇和内容的小队学习。根基与飞行(Roots and Wings)使学生参与到活动中，这使他们能够运用所学到的各种知识，从而领会知识的用途以及知识之间的关联。每8个星期，就要对学生的进步进行一次评估，以决定谁需要接受辅导，或者是其他形式的干涉。这项计划着重强调了被称之为"永不分流"(neverstreaming)战略中的预防性服务。

斯莱文的方法还包括针对数学的"数学飞行"(Math Wings)，还有"语言实验室"(Word Lab)，这是一个整合了社会科、科学、写作以及其他学科领域的计划。学生们对参与科学发现、历史事件(研究)变得积极起来。他们借用杰出的艺术作品、音乐、计算机、录像机以及其他技术来准备各种形式的多媒体报告。他们参与有助于将其所学立即与实际联系起来的模拟活动。在"数学飞行"中，学生们在合作小组中工作，通过将概念应用到生活中，从而发现、实验或应用数学定理。在"语言实验室"里，学生扮演的角色可能是历史人物、各种各样的职业人士或不同国家的人们。学生进行实验、调查研究和项目学习。为所有学生还提供一种校外计划，旨在进一步补充常规的课堂工作。为了提高学生的出勤率和课堂调节能力，协调健康和社会服务，也为了提供辅导者、顾问和活动领导者，家庭的支持和综合的服务是不可或缺的。这些观念现在正开始被用来开发初中的课程(Salvin,1996)。

零点计划与为理解而教的计划(哈沃尔德·加德纳)[Project Zero and the Teaching for Understanding Project (Howard Gardner)]。理解是能够完成各种"操作任务"的，这些任务既标示了对于一个主题的理解，也标示了进一步推进主题发展的能力。为理解而教的计划的支柱是围绕仔细选择的生成性主题和目标来构建操作任务。概括、发现新的例子，应用、完成"理解操作任务"以及其他活动，均能促使学生在他们已知范围之外进行充分的思考。学习经常围绕着结果、影响、剧情、关联、关系、洞察力、责任以及选择而组织，而所有这些都有助于引发理解。

所有努力的基础都在于发展这样一种教育学，就是使学生能够完成"各种需要思考的任务"。任务是与学习主题相关的。人们希望学生能找到证据和例子，能概括、类推、应用并能以新的形式再现主题。每一个主题和保障性的教学需要关注的焦点，是通过确立具体的理解目标以及那些支持这些目标的操作任务而产生的。量规(rubrics)为贯穿整个学习过程的持续性评价提供了标准，从而能够支持反思活动。学生和教师都参与了这些标准的制定。档案袋就是持续评价的一个例子。它们说明一个学生经过反复修正后的工作进展情况。强调的重点就是学生要与教师一起积极参与到评价自己和同学的工作以及理解的记录之中。在一个人的工作中花些时间来反思和提高个人的工作,是这一理解过程的关键环节。

理解教学(teaching for understanding)确保了学生对他们所学东西用处的理解。因此,运用生成性的主题、理解目标和操作任务以及持续评价,都是所有理解教学的核心要素。这种课程的驱动力在于促使学习者在具体的知识基础之外进行合理的思考。在这种方法中,最大的挑战就是学生要花很多时间来形成理解(Perkins & Blythe,1994;Gardner & Boix-Mansilla,1994;Simmons,1994)。

生态学、未来学和全球课程(琼·巴克和巴巴拉·巴内斯)[EFG Curriculum (Joel Barker & Barbara Barnes)]。无穷有限公司(Infinity Limited, Inc.)的巴克和生态学、未来学和全球课程联合会(Ecology, Futures and Global (EFG) Curriculum Collaborative)的首席执行官巴内斯,正在开发一种新的跨学科课程,以使"我们的孩子为21世纪作好准备"。这一方法的一个重要主题,就是开发能力发展的途径,直至学生学会他们需要知道的内容为止。这种课程采用了建构主义的主题法,允许学生按照他们自己的步速前进。必要时,会为每个学生的具体教学计划提供指导。三个主要的主题是:

1. 生态的(与自然相联系)。重心在于我们是谁? 全部的重点在于生命的概念上。所有的科学都包括在这一主题中的各个项目上。

2. 未来的(与时间相联系)。重心在于我们在哪里,我们为什么会在那里,以及我们想到哪里去? 包括体育、哲学、历史、音乐、经济学、营养、心理学、摄影艺术、创新和科幻小说等。社区服务也经常包括在内,作为各个项目的重要组成部分。

3. 全球的(21世纪的公民)。重心在于我们是谁,以及我们如何适应这个世界? 学生学习文化知识,掌握流利的语言,还要理解他们自己是如何适应文明的。这一主题中的学科有语言、历史、宗教、人口学、地理学、政治学、世界文学和社会学。不同地域人们之间的相互作用和出国旅游,都是这一主题所提倡的。

所教的每样东西,总是与意义、情境和用途相关联。这项计划的核心价值包括数学、阅读、信息的获得与管理、团队工作、价值澄清、分析系统、项目规划和思想陈述等。

评估通过展示来完成,纸笔测验很少使用。人们通过使用档案袋来对学生进行评价。档案袋一般包括产品、同伴评估、报告、展示物品和评审结果陈述。所有的项目都包括一个与能力相关的描述,还有一个对期望和评价的结果做出明确说明的量规。计算机资源与其他资源相整合,以使活动个别化且有不同的进展速度,构建技能,开展小组的或个人的活动。叙事性报告卡被用来监控学生的进步情况。(为获得更多信息,请查:www.efgedu.org)

(二) 其他革新模式及其优点

这个简略的回顾提供了关于当今美国存在的一些主要改革的有限信息。其他正在进行的工作包括古得莱德(John Goodland)的学校革新计划(School Renewal Project)，施莱希塔(Phillip Schlechty)的学校改革领导计划(Leadership for School Reform)，格利克曼(Carl Glickman)专业学校联合会(League of Professional Schools)，里奇(Dorothy Rich)的元技能(Mega Skills)，格拉瑟(William Glasser)的高质量学校(Quality School)，李扎特(Laurence Lezotte)的全面质量高效能学校(Total Quality Effective Schools)，阿尔斯古勒(Alfred Alschuler)和梅耶(Stephen Meyer)的全球青年研究院(Global Youth Academy)，阿德勒(Mortimer Adler)的派迪亚小组(Paideia Group)，卡瓦逊(Gordon Cawelti)的重新界定普通教育(Project on Redefining General Education)，斯佩德(William Spady)的将方法转换成以结果为基础的教育(Transformational Approach to Out-come-Based Education)，伯耶(Ernest Boyer)的基础学校(The Basic School)，布莱沃尔(John Brever)的为了思考的学校(Schools for Thought)，希尔斯(E. D. Hirsch)的核心知识(Core Knowledge)，惠特尔(Chris Whittle)的爱迪生计划(Edison Project)。还有 ATLAS 社区(ATLAS Communities)，阅读恢复计划(Reading Recovery)，Co-NECT，远足学习(Expedition Learning)，超越范围(Outward Bound)，现代红色校舍(Modern Red Schoolhouse)，指导教学(Directive Instruction)，一致管理(Consistency Management)，美国择校设计(America's Choice School Design)，有效的高中(High School that Work)，学校成就结构(School Achievement Structure)和个别指导教育(Individually Guided Education)。另外，还有许多公司，如乔斯滕学习公司(Jostens Learning)、IBM、苹果教育公司(Apple Education)、计算机课程公司(Computer Curriculum Corporation)等，为了提高教育，都已引进了很多新型的计算机课件系统。新美国学校发展公司(New American School Development Corporation)检验了有关学校改革的想法，并解决了7项有广阔市场前景的设计。1998年，900多所特许学校对各种新的革新方法进行了实验。本部位于首都华盛顿的美国研究机构(American Institute of Research)，开发出类似于《消费者报告》(Consumer Reports)风格的文本，对各种改革模式的效益进行了排名。在未来5到10年里，我们将从这项工作中学到更多的东西。

已不复存在的全国传播网络(National Diffusion Network)详尽地列举了500多个效益突出、可重复实施的计划。在评价这些学校范围内的改革模式时，法肖拉和斯莱文(Fashola & Slavin, 1998)总结道：

很明显，从目前对可知晓的学校范围的改革模式的讨论中可以看出，需要更多的研究来推广那些已经被证实了的模式的实质性"框架"(shelf)。然而，我们现在所知道的是，学校没有必要从零开始设计有效的学校计划。学校可以利用相当多的有前景的计划，此外还有培训者、同行使用者(fellow users)、材料、评价以及其他资源的国家网络给予支持……一旦一所学校已经做出选择加入一项全国性计划，那么，基于正直、智慧以及对地方需求与环境的敏感性,它能够解决如何实施这一全国性模式的问题(p.378)。

对以前模式及相关网络的运用,将成为一种组织工具,也能给予教师在课堂中实验某些新想法的信心。网络提供了必要的员工发展、计划支持以及专业联系。教师们通过经常参观其他已经实施同一模式的地方,从而实现相互学习。任何地方的新的成功经验,都能够迅速地被所有使用同一模式的课堂和学校分享。

网络使成功经验能够共享,从而降低了教育成本,也避免了重新提出一些别处已经提出过的想法,还创造出支持必要改革工作的规模效应。对模式的评价可以在多种地方、不同的背景下进行。也许,网络最为重要的方面,是正在成为更为广泛的试验者小组的一部分,给教师在尝试不同方法的过程中带来更多的自信和知识。那些身为网络一部分的人员,在彼此之间建立了一种认同感。革新如果孤立于大多数教师的话,是得不到支持的(Sizer, 1996)。革新需要一个支持的网络,或是一个教育者群体,他们对新的设计达成一致意见并且正在对此进行试验。校长和教师在进行创造革新时,需要得到专业人员在网络方面的帮助。

人们学习、规划、实验和共享的群体合力,是成功革新的催化剂。米德(Margaret Mead)说:"从来不用怀疑,一小群有思想而又有奉献精神的人是能够改变这个世界的。的确,这是惟一曾经发生过的事情。"当领导者让更多的人相信、拥护并实践成功的新方法时,进步就会成为现实。变革需要人们对事业的支持,并且当成功时,需要人们去展示、说明、汇报、提拔和培养其他的专家。

现代教育学是一个复杂的过程,需要一种精深的、有深刻见解的教学。新课程确立了共同的知识,但却允许学生借用一种建构主义的和技术的方式,去追求自己的兴趣,构建自己的课程。学生们创造知识,相互教育并与教师及同伴进行生成性的互动。教师的任务就是提供丰富的环境和学习经验,这些都是进行互动的、生成性的合作学习所必需的。(为获得更多信息,请查:www.web66.coled.umn.edu)

> 那么,在为布鲁洛克制定一个革新教育计划当中,你将如何通过实验把新的课堂课程与教学策略联系起来并支持它们呢?

学校改善的框架

格利克曼、艾伦、韦斯(Carl Glickman, Lew Allen & James Weiss)
乔治亚大学

学校领导者需要确保自己和教职工的工作重心、结构和过程,一直是以教和学为

第三章 学校改革

核心的。在与上百所 K-12 年级的公立学校["专业学校联合会"(The League of Professional Schools)]进行的十多年的成功合作过程中,我们发现,在学习和管理中,致力于民主的信念及实践是很关键的。这将借助一个三部分的框架来完成。

这个框架包括一份教与学的契约、一个共享的管理过程以及一个行动研究过程。实施这一框架的目标在于创造一所自我更新的学校、一个重点关注学生的学习型团体。框架的三个部分同等重要,忽略任何部分都会使学校的努力大打折扣。

教与学的契约

一份契约体现了学校人员及其目前的团体对典范的教与学所持有的信念。一个学校的目的、目标、活动、课程以及教学实践,都要经过质疑的过滤:它们是在我们契约的字面意义与精神范围之内吗?

一份教与学的契约,既可以使学校具有一定的体现团体信念的教学实践,又可以区分出那些不合信念的实践(形式)。如果没有契约来帮助确定和明晰一个学校的信念和实践,学校的个体合力就会常常处于分割状态,或者只是关注一些眼前的问题,而不是所有人通过深思熟虑后都赞同的、为了取得学校团体的长远目标而应采取的一致行动。

反映学校中每个人的观点,对于一份教与学的契约来说是很重要的。那些在契约的形成过程中所进行的有关教与学的同事讨论和深刻反思也是至关重要的。一份孤立制定出来的契约剥夺了那些没有参与制定契约的人员参加同事讨论的经验,这些人关于教与学的信念已牢固树立起来但却经常得不到检验。没有反应出所有人声音的契约,将不可能成为人们工作的指南。

共享管理

共享管理,是指人们用民主的方式来决定如何将契约实施到学校生活中的过程。共享管理过程包括对诸如何做出决定,管理者、教师、员工、学生、家长以及社区成员的角色如何定位等问题达成一致意见。决策实体的结构和构成以及决策过程的确定,都是至关重要的组成要素。必须花费时间和精力来保证每一个人都理解其中的规则,从而使所有人都能从中受益。管理规则必须是在决策之前按民主的方式建立起来的,而不是在决策时建立起来的。

一个阐述清晰的共享管理模式说明了决策是如何做出的,它保证了学校中的所有人都知道这些规则,同时也使这些过程或程序不依某人一时的幻想或私利而有所改变。那些尝试实施新决策过程的学校,有时会发现他们自己正在同时采用两种决策方式:新的和传统的。创造一种共享的管理模式,能够帮助一所学校度过这个困难的过渡期。

行动研究

行动研究首先能够帮助一个学校确定、明确、计划和评价那些将契约中清楚表达的信念实施到生活中去的行动。一所学校进行的学校范围内有益于学生的革新的能力,与学校对"实践是如何影响学生"的研究和反思能力紧密相连。

对学生目标的持续关注相当困难。用文献来证明计划、新的倡议或结构是否已经付诸实践,要比研究学生们正在发生的事情较为容易。举例而言,研究教师们是否在课堂中运用越来越多的合作型学习技巧,要比搜集一些关于合作型学习对学生正在形成的影响的资料简单得多。一项关注学生的行动研究过程,在使决策过程获悉哪些因素正在起作用,哪些因素有必要进一步关注的同时,还有助于保证一个学校不脱离运行轨道。

总结

一所学校的改革框架将为其提供一种结构,这种结构使其能够将自身界定清楚,即"它想去哪儿(契约)"、"它怎样到那儿(共享管理)"、"它怎么知道是否有进展(行动研究)"等问题。学校中的每个人都在系统地和合作性地学习,更好地为学生创设支持这一概念的体验环境。教师是学习者团体的一部分,他们一起工作以形成一种学校应该成为怎样的共同愿景。

四、运用技术

计算机将使教育教学个性化,从而使教育教学适应每一个使用者的学习风格、兴趣和需求。技术将使学生方便地获得信息和进行学习,使他们与某一领域的最新发展保持同步。作为"爱迪生项目"的主要设计负责者之一的赫钦格(Nancy Hechinger)指出,技术在支持教与学方面发挥着各种各样的作用。它将学习途径、联系、探索和研究整合进一种建构知识的课堂环境中(Hechinger,1993)。全国和全世界的观点、资料以及图像都可以获得,并融入到一个总的教育体系中。学生们能与世界各地的人通话、交流思想或文件、合作工作并能同时见到彼此。

学生、教师和其他人都能通过计算机很方便地了解到学生的情况,方便地做记录、发表看法或直接与创作者进行对话。人们可以通过建立网络来参与对共同关心的、感兴趣的话题的讨论或会议。各类组织的志愿者们都可以回答学生的提问,对他们的工作发表评论,并向学生提出需要解决的问题。学生们通过虚拟学习可以体验历史进程、地理环境、博物馆等。

IBM公司的主席和首席执行官格斯特纳(Louis V. Gerstner)说道:"我们不想去强调技术,我们想关注教育的目标。IBM想要帮助找到能够创造出根本变化的解决方法。"因此,IBM启动了"重新设计教育"(Reinventing Education)计划,旨在通过新的技术手段来支持高学术成就的实现。截止到1998年,IBM已经投资3 500万美元来帮助学校,以达到更高的标准。IBM的"重新设计教育"计划旨在为教育找到恰如其分(cutting edge)的技术解决方法。例如,"面向学习的闭路系统(wired for learning)"被用来在计算机网络上创设课程与授课计划(lesson plans)、根据标准来评价学生的工作以及用来完成家长——教师会议等。另外设计的一些系统旨在使学生按照自己的进度学习，还可以根据学生对所知的展示累积学分。"看我读计划"（Watch Me Read）借助先进的声音识别方式，向孩子们提供个别化教学，从而能够监控和评价学生的进步情况。IBM公司还创造出网上专业发展的教材、数据库和解决方法贮藏库，以期能够改善学校的决策。（为获得更多信息，请查：www.ibm.com）

不难发现，当教育进入21世纪，技术的功能将无限扩展。一种可能的情景是，在教室里，学生们将会有自己的写字板——巨大的、能够联结世界各地的可视屏幕。他们写在板子上、手持垫子上的内容，或是被记录的口头输入，都能够被传送到各个地方。他们也许还能够与那些出现在他们教室大屏幕上的人们进行直接的对话，而声音可以传输到国外各个地方。这种技术将使学生有能力建构他们自己的学习体系。

和家长的交流也可以通过计算机来进行。家长们通过远程会议将有机会了解学生们的任务和工作，他们还能留言或确定预约时间。家长们能够与他们的孩子在家里一起工作，能够每天24小时将计算机联结到课堂的材料上。计算机将接受来自管理者、教师和学生的声音口述，并创造出需要的格式（如信件、便签、报告、研究论文、考试等）。教师们能够马上通过声音访问到学生的表现纪录，从而确定学生在学习中遇到了哪些困难。为了获得关于如何最有效地找到那些具有学习困难的学生，如何运用具体内容、课程和教学策略等方面的建议，教师可以访问一个资源库。

学生可以办理计算机磁盘的借出手续，这使他们能够不亲身进入遥远的图书馆就可以直接进行学习。学生能够从不同的资源处吸取信息，并将其纳入他们的多媒体报告和陈述中。计算机成为打开世界的一个窗口。学生通过计算机与另一个城市、州或国家的孩子们结成伙伴关系，共同工作，一起完成调查研究和报告。学生可以在不同地方的课堂中与其他地方的学生直接讨论，发表共同的多媒体报告或其他演讲等。当我们走出课堂这样的限制之后，构建主义式的学习将得到加速扩展。

苹果计算机公司已经对一项题为"明天的苹果教室"（Apple Classrooms of Tomorrow, ACOT）的计算工程计划进行了10多年的实验。也许，该项工程最大和最显而易见的研究成果是，计算机使"更多的孩子有更多的机会成为成功学习者"，以及"技术自身就是一种变革的催化剂"。研究已经发现，技术鼓励更多的合作，促使学生产生思想与产品，培养学生对自我和对学习的积极态度，也提高了他们在标准化测试中的成绩。教师与学生进行着与以往不同的互动，教师现在更多的是作为指导者或顾问，这使得我们有了重新界定学生如何最有效地学习的更多可能性。

ACOT课堂的学习活动逐渐增加了跨学科研究、小组学习及为具有不同学习风格的学生提供的学习场所……当教师对其课堂角色的转换变得适应时，他们就可以扩展自己的教学技能。有了适当的支持，他们还可以调整自己的教与学方法，从课程中心转向学习者中心，从个体的任务转向合作的工作，从被动学习转向主动学习[Fisher, Dwyer & Uyocam (1996, pp. 8—9)]。

技术为教育者创造新的教育范式提供了前所未有的机遇，这些范式极大地扩展了传统学校中所存在的有限的可能性。技术提供了获得更多最新信息的途径，能够吸引更多数量的人，还能为教师和学生的学习提供帮助。新技术需要新的课程、新教学和新的员工发展战略。这种需求将把新的技术——巴掌大的、无线的、声控电脑、多媒体功能的手提电脑、数字技术、虚拟现实、耳机——整合到其他类型的改革当中。教育者必须创造出一种与学生在校外发现的技术文化相一致的文化。其关键在于思考技术与教育的提高，而不仅仅是计算机。（为获得更多信息，请查：www.cnet.com.或www.zdnet.com）

现在，学校如何为学生的学习提供机会呢？将技术应用于课堂，作为课堂的有机组成部分，这就提供了一种重新思考这一问题的可能性。学校运用许多来自组织、机构和研究所的，有时是从卫星系统下载的最新资料而工作。通常，学生会运用数码相机、录像机、卡通制作工具、扫描仪、声音数字转换器、机器人技术、电信、数据库及其他各种形式的绘图技术。在一个设计良好的系统中，计算机和其他技术是核心课程与教学策略的一个主要组成部分。这时，复杂的任务将变得切实可行。

总的来说，这些观点抓住了完善学校的诸多关键之处。在将新的成功实践引入完善学校整体体系的过程中，它们要求教育者采取一种更具整体性的方法来促进教育提高。塔克(Michael Tucker, 1990)指出："这些观点几乎都是老生常谈……但它们从来没有在任何变革整个系统的战略中被综合地运用过。"（为获得更多信息，请查：www.ncrelorg/sdrs/areas/teocont.htm）

> 那么，预想一下那些将作为布鲁洛克新教育革新计划之组成部分的技术吧。

威尔逊小学学区：成功技术计划的五个步骤

朱利亚诺(Jane M. Juliano)，博士、校长
亚历桑纳州凤凰城威尔逊小学

你刚刚被任命为一所小学的校长，马上要负责实施一项技术计划。尽管这是一项令人沮丧的任务，但是，如果你能够让学校中技术熟练的员工与关键的利益相关者参与开发和实施一项长远的技术计划的话，那么你就能够成功完成这项任务。位于亚历桑纳州凤凰城的威尔逊小学就是一个例子，这里已经成功实施了一项为期8年的技术

计划的前5年。目前，所有的学生都有自己的计算机，教师通过将学科教材软件活动融入到课堂课程中，从而实现了每位学生的课程目标。

步骤1：理念

技术计划的最重要部分，是对制定计划的理由以及测量计划是否成功的方法所做的陈述。威尔逊学区拥有很多少数民族人口和社会经济状况较差的人口，因此，其技术计划最为重要的目标就是提高学生的成绩分数。另外，由于一些学生无法接触到计算机，还应培养这部分学生应对技术社会中的竞争所需的技能。当然，目标必须切合财政预算，以及在考虑到上述因素的基础上，为你的计划制定理念并指导实施的各个方面。

技术计划和财政预算从来都不是静止的。当你在计划中引入关键的利益相关者时，你将得到所需的支持，从而能够保证计划的实施并使计划顺利前行。在威尔逊，教育局长的理念是每个学生都拥有一台计算机。根据这一理念，所有管理者，连同学校委员会成员、家长、教师、学生以及技术员工，都被纳入到开发这项计划之中。学区的技术协调人继续保持每月一次与教育局长、管理者、技术员工以及教师的见面会，以保障这项计划的顺利实施。

步骤2：实施设计

接下来，你的计划需要详细说明如何实施。要实现你的技术目标，是在你的学校中安置一个计算机实验室呢？还是在每个教室中配备一定数量的计算机呢？或是两者兼用呢？你将购买什么样的软件来实现你的目标？你所选择的软件将决定硬件的购置以及计算机是需要联网还是单机操作。威尔逊小学学区购置了一整套的软件课程包，以便教师能根据自己的教学需要，为每位学生"定制"活动。这类实施意味着要将所有的1 500台计算机联网并分别配置到每一个教室中。教师能够打印某些重要的报告，这些报告对学生在规定活动方面的表现情况作了评价，还能够追踪学区所需要的某些信息，这些信息是学区在测评课程计划对学生成绩所产生的影响时所需要的。

步骤3：做事负责

在计划实施的下一阶段，你将开始使用你所购置的设备。威尔逊的技术小组在这一阶段学到了很多经验和教训。他们很快意识到硬件和软件在不断更新，需要储存一部分预算以进行设备的更新与更换。还有一个明显的现象就是，在技术工业中，人员的流动极为频繁。任何与推销员协商好的事情，都有必要在你的合约中进行详细的说明，这样才能使协议经得起公司推销员、首席执行官或业主因变动而带来的考验。

预算计划与购置在持续进行；筹措资金时，要具有创造性。在威尔逊，每3年一次的两个主要的债券选择（bond elections）承担了技术计划的费用。每项设备的购置，无论大的还是小的，都需要根据总的规划来决定。举例来说，尽管威尔逊的网络基础结构预先需要大量的资本，但是完成整个计划却要比在4年多的时间里一件一件地安装这些设备便宜。学生安全以及软件安全也需要一大笔预算。定制的学生课桌要能放置计算机。监控器安装在一块玻璃板下面,CPU和所有的电线要锁定在边门和后门的后面。定做的具有管道的架子安装在教室里,以装那些联结电脑和网络的电线。这些设计策略减少了损坏、偷窃以及故意破坏行为发生的可能性,保证了学生的安全,也促进了计算机活动与教师日常课程活动的结合。

步骤4:教职工的发展

现在,你的设备购买合同已经在手,安装即将开始,你必须开始启动一份长期的教师培训计划。在威尔逊,共有100名教职工,自计划的实施工作一开始,技术小组中就有一名全日制的教师培训者。教师们不仅需要学习新的教学方法,还要学习软件的更新、程序以及操作系统,更要学会如何实施技术计划新阶段的工作,如因特网的增加等。在威尔逊,教师培训者尽可能地做到使培训个别化,以使所有的教师都能感觉到成功和支持。在整个学年中,教师们要多次参加2小时一次的培训。另外,教师培训者经常在课堂中与教师进行合作,以用例子讲解和促进课堂技术的全面管理。

指导教师(mentor teacher)也要参加培训以帮助他们的同事。通过参加社区学院的技术课程而提高了其计算机素养的教师,会得到一定的年度薪水奖励。

步骤5:展示你的成功

最后,要规划如何使社区能够利用你学校的计算机,并要进一步提升你已经取得的成就。在威尔逊学区,人们晚上都忙于成人计算机课程的学习。家长们被邀请来提高打字技能、学习文字处理技能,中小学生忙于做家庭作业。国内外的参观者们定期参观威尔逊学区的两个校园。技术小组的成员在全国性的会议上或在寄送给全国性杂志的论文中,介绍了学区的技术计划。运用技术进行教学,已经成为威尔逊学区文化的一个组成部分,你的学校也可以是这样的,如果你在走出第一步前就考虑未来的计划的话。

五、领导能力的挑战

现在人们正在要求教育者将教与学的知识运用到新的教育系统中去(Murphy,1991)。我们已经充分了解了未来学校应该是什么样的。现在我们必须清楚地描绘并创造出这样的学校。卡特(Gene Carter,1993)以自己的观点对教育工作者提出了挑战:

> 国家和全球社会都在不断变化,在这种环境下生存需要一定的技能和态度,如果学生想要拥有这些技能和态度的话,公立学校就必须变得与今天大不一样……为未来公立学校确定一个连贯的、合适的、共享的理念或构想,需要考虑长远的可能性,而不是限于狭窄的专业之内。为实现人类更大的成就而设计出的那种教育,其所需要的想像力必须来自于那些本身就是未来主义

者的教育领导者(p.187)。

挑战就是要创造出一种新的教育模式,这种模式关注现有的知识与需求,并且能为一般的教师所实施。也必须给予教师和学生深入地学习经验的时间。开发以孩子们的经验为基础并与孩子们的经验相关的课程与学校经验,也是需要时间的。教师必须找机会通过网络与相似类型的教师保持联络——来计划、提炼、相互学习和学习。(为获得更多信息,请查:www.techedlab.com/k12.html)

> 请界说管理者、教师和社区在布鲁洛克学校的革新与改革努力中的角色。

六、结论

量子物理学指出,秩序是诸如教育此类的所有生物系统(all living systems)所固有的。刺激或机遇会打乱并威胁这种秩序或平衡。在适当的环境中,系统会做出反应,并走向一种新的、完善的秩序,即一种更适应新环境的秩序(Wheatley,1992)。适当的环境是指:(1)系统内利用机遇或可能性进行革新和再造的环境;(2)整个系统都必须允许自我调节、自我改善。当系统认识到组织的现有想法好像没有效用的时候,系统可以反抗、撤退、关闭、加紧控制、建立严格的结构或回归传统;系统也可以重新生成、改革、更新、重组或创建更适合自己的新环境。达林-哈蒙德(Linda Darling-Hammond,1997)认为:

> 改革从来不会结束,因为每个人都在不停地变化,每个人都在不停地学习。人们从实践中,研究中以及从教师、管理者、学生、家长及其他人的通力协作中不断地更新着知识,记住这一点至关重要。尽管政策的支持非常关键,但改革从来不能自上而下地强迫进行,因为就学校和课堂层面的改革而言,必须适应地方的需要。强调条件与责任的重要性,意味着地方的发明创造必须得到政策的支持,而这些政策既要提供自上而下的支持,又要赋予自下而上的主动性(pp.336—337)。

斯坦格勒(Casey Stengle)曾建议说:"如果你骑的马死了,你最好下来。"传统教育好像正在慢慢地死去,也许是该下来的时候了。尚卡尔(Al Shanker,1990)则这样指出:"如果你不进行重组的话,公立教育将在5年或10之内结束。"人们的忧虑在于,学生将带着20世纪50年代的技能和行为进入21世纪。对于教育工作者的要求就是要进行反思,并创造出新的、更为有效的范式以改善整个系统。框3.2描述了这一要求对于我们未来领导者的影响。

框 3.2

对领导者的要求

我们有必要：

对学生的学习和课堂产生积极的影响。

把学区、学校和员工发展的计划联系起来。

鼓励大胆、创造性的工作(不提倡修修补补,这会浪费资源,并使短期改革流产)。

提供理念与激励(运用长远的观点)。

保障充足的资源。

反思并重建学校。

使每个人了解研究和实践。

吸引有势力的选民的支持。

将信息技术作为一种驱动力量(作为学校改革的组成部分)。

测量成绩表现。

实施改进了的方法。

教育领导者需要确定方向,采取一致的行动并营造一种具有愿景的文化(culture of visionaries),以鼓励冒险和实验、确定变革的速度、通过榜样来领导。领导者必须将目光集中在规划、有效的革新、课堂、学生的学习和 21 世纪上。他们必须为实现优异学校而进行讨论、交流知识与研究成果。施莱希塔(Schlechty, 1997)总结道:

> 如果我们想严肃认真地制定出一份旨在提高美国学校质量的行动计划的话,我们需要注意的最为重要的要素有:能够关注且持续关注学生及他们所获得的经验的质量,能够坚持方向,能够策略性地行动(p.222)。

当相信、赞成、实践成功的新教育方法的人越来越多时,进步就会成为现实。我们必须发展学校系统内部的能力以进行必要的变革。但最为重要的是,我们必须点燃个人及群体精英们灵感的火花,这些火花是真正的革新教育所需要的。(为获得更多信息,请查:www.maec.org/mag-schl.html)

档案袋物品

● 评价一项本章所描述的革新计划,或者是某个地方学区正在实施的革新计划。

● 选择一项你所相信的改革计划并在网上公布,与人合作并成为该项计划的专家,开始在你现有的条件下进行实验。在任何学校或学区开始一项改革计划之前,都要获得适当的许可。
- 参加或建立一个有创新意义的图书俱乐部。在这里,人人每个月都可以读到一本关于改革课程或教学方法的书,并参加每月一次的评书讨论。
- 录制你周围区域里的革新课堂并开展小组讨论,评价录像中所运用方法的有效性。
- 参加一个课程开发与评论委员会。
- 为具体的某一年级设计一份课程与教学改革建议。
- 分发那些来自有关学校改革的专题讨论会、大会或小组研讨会的纪录。
- 搜索各网站上的改革计划,如:

加速学校

要素学校

卡摩尔—希格勒(CoZi)学校

为了所有人的成功

零点计划

EXCEL(微软公司生产的表格处理软件)

EFG 课程

专业学校联盟

(这些计划的强项是什么?它们提供了哪些服务?等等。)

(为获得更多信息,请查 www. pzweb. harvard. edu/hpzpages/whatsnew. html;www. waterw. com/~lucia/awlinks. html)

推荐阅读文献

Bennis, W., & Mische, M. (1997). *The twenty-first century organization: Reinventing through reengineering*. San Francisco: Jossey-Bass.

Goodlard, J, I. (1994). *Educational Renewal: Better teachers, better schools*. San Francisco: Jossey-Bass.

Hall, G., & Hord, S. (1987). *Change in schools: Facilitating the process*. Albany: State University of New York Press.

Lloyd, K., & Ramesey, P. (1997). *Reclaiming our nation at risk*. New York: Lloyd Ramsey Bell.

Marsh, D. D. (1999). *Preparing our schools for the twenty-first century*. Alexandria, VA: The Association for Supervision and Curriculum Development.

Pounder, D. G. (1998). *Restructuring schools for collaboration: Promises and pitfalls*. Albany: State University of New York Press.

Rogers, E. M. (1995). *Diffusion of innovation*. New York: The Free Press.

Schlechty, P. C. (1990). *schools for the twenty-first century*. San Francisco: Jossey-Bass.

Sizer, T. R. (1996). *Horaces'hope: What works for the American high school*. Boston: Houghton Mifflin.

Withrow, F. (1999). *Preparing schools and school systems for the twenty-first century*. Arlington, VA: The American Association of School Administrators.

第四章 文化多元与社区关系

引子：费尔黑文市的文化冲突

10月份冲突尚未开始。短暂但凶猛的殴打事件只是表明有了冲突。10月29日放学后几分钟，费尔黑文市（Fairhaven）栎树高中（Oakes High School）的数百名学生一起涌上街头，一片混乱。每一边有20—30个年轻人，每人手里都拿着鞋子、木棍、皮带、石块和木杖。

这些闹事者都是来自栎树高中的少数民族群体。校长助理巴拉斯（Henry Barros）说："主要的两个团体分别来自非裔人和索马里裔人。"据欧·布兰（Brent O'Brien）校长估计，这场冲突大约持续了10分钟。警察和教职工也前来解围，费尔黑文市警方出动直升机驱散人群。

第二天下午，与栎树高中相隔几个街区的纪念公园附近又发生了第二次巷战，一些警车和私人汽车被毁，其中一位骑摩托车的警官被一块石头击中。两周后，紧张局势才略有好转。但是，每个人都明白这只是暂时的缓解，以前有过类似的情况。没有人知道前面会有什么事情发生。

冲突的原因是多方面的、微妙而复杂的。从索马里人本身的经历中可以看出介入美国社会的外来文化群体可能碰到的困难。首先是发生在孩子们之间的争端，如诽谤、辱骂和欺凌。在同索马里社区成员和学生们讨论中，欧·布兰校长获悉这种冲突从1991年索马里人入住费尔黑文市时就开始了。而远在千里之遥的非洲大陆，由于政府被颠覆，索马里人正经受着残酷的部落之间的战争，处于无政府状态，还有成千上万的人由于饥饿而死亡。索马里难民大量拥进了费尔黑文市，但事先人们很少或根本不知道这样的事。通常就是这样大量难民被空运出自己的国家，也许只有一天的工夫就被安置在美国。

索马里学生抱怨，从一开始其他学生就取笑他们的民族服饰，说"只有在万圣节才会穿这种服饰"。当他们上学和放学经过纪念公园时，其他学生经常向他们挑衅、攻击他们。

在费尔黑文市，大部分索马里难民居住在一个被称为"小联合国"的地方——麦萨·格兰德（Mesa Grande），在那里，人们说着大约35种不同的语言。

据学区官员说,去年春季,栎树高中注册入学的学生,很多是居住在麦萨·格兰德地区,其中东南亚人占 29.7%,拉丁美洲人占 27.3%,非洲裔美国人占 26.3%,白人占 13.3%,亚洲其他人种占 1.5%,其他占 1.9%,其中非裔美国人中有 270 人来自索马里。

据东非青年研究中心主任加玛(Omar Jama)说,在学校里,索马里学生孤僻独处,不和外人交往。相对来说,索马里人在美国人眼里是陌生的,很难找到自己的文化归宿点。在学校里,索马里人形成明显的一组群体。他们中大多数是穆斯林。妇女和女孩多带面纱,系围巾遮住自己的头发。但是加玛认为,这种不同只是表面的,真正的分歧是深层次的。

在索马里,妇女很少出去工作或驾驶汽车,男人也不让妇女做这种事。伊斯兰教法律禁止喝酒、吸毒和婚前发生性行为,强奸将受到严重惩罚。索马里人不能同与自己没有关系的异性有肌肤之亲。他们对食物的规定也是相当严格的,例如,他们不食猪肉。作为穆斯林他们每天要祈祷好几次。

这些文化的不同使其他同学认为索马里人是不友好、不合群的,许多人曾经冒犯过他们的禁忌。许多索马里家长向校方领导抱怨:一些学生故意触碰索马里女孩并以引起这些女孩的愤怒为乐。其他种族的男孩试图跟索马里女孩接近说话。对于此事,加玛先生评论说:"这种事情绝对不允许发生。"

对于校方人员、警察和外围群体而言,由于语言和风俗习惯的不同,交流也形成了障碍,从而也会引发其他一些问题。

加玛认为:由于索马里孩子在学校里经常遭受挑衅,引起所有部落的家长感到极度痛苦和不安。他们认为索马里人本来就是一个遭受内战摧残的民族,本希望在这里找到和平。

校长助理巴拉斯认为美国公众不习惯将移民和难民区分开,他断言:索马里人到达美国的形式决定着他们在美国将受到的待遇。

去年,索马里学生家长向为栎树高中提供生源的约林斯初中(Rawlins Middle School)抱怨,希望校方采取措施禁止对索马里学生的诽谤和侮辱。校方并没有满足他们的要求。因此,多次召开有索马里社区成员、校方人员、费尔黑文市警方、其他种族的学生家长和其他对此事感兴趣的党派团体参加的会议。加玛说:"对此已采取了措施,但效果不够理想,索马里学生和家长对校方非常失望。"

这些家长认为警方也没有阻止这种事件的发生。一位费尔黑文市青年服务队的警官说:"索马里家长认为警察只是在阻止索马里人的孩子。其实,这些孩子告诉他们家长的只是一面之词。"

自从上次骚乱之后,各种团体组织,如费尔黑文大学的"学生城市青年团"向栎树高中和索马里社区提供了帮助。但是,人们知道骚乱还会发生。加玛说:"这次骚乱只是暂时结束,也许下周或明年骚乱还会出现。"

> ● 假如你是欧·布兰校长,你将采取怎样的措施减少这种冲突事件的发生?
> ● 应该如何使相关的家长、家庭成员和社区团体参与处理发生在栎树高中的事件?
> ● 涉入的人群是否具备应有的有关多元文化的基本内容知识?如果有,是什么?

一、学校中的多元化

所有学校都是多元的。无论是在北达科他州的校园里,还是在美国和墨西哥边界的校园里,无论校园内的学生是一个民族,还是多个民族或者各种各样的文化群体,教师员工和学生也是多元的。多元化包括许多方面,如年龄、性别、性倾向、政治信仰、社会经济地位、宗教信仰、智力水平、语言和民族等方面的不同。尽管同其他学校相比,有些学校的多元化程度更大些,但所有的学校都应该承认这种多元的现状并采取相应的措施。所有的学校必须承认和接受这种多样性,它存在于移民中、社区本身、各州、国家和我们生存的地球上。教职员工和学生需要从:(1)认识多元化;(2)拥有一定的知识并能够理解多元化;(3)在拥有这种知识的基础上,采取行动和实践。

当谈到校园文化多样性时,许多教育者认为城市学校的多元化程度是最高的。但是,多元化、城市和少数民族学生并不是同义词。例如,一所其所有学生都来自社会经济底层的墨西哥美国人的学校在多元化程度上要小于典型的郊区学校。

(一) 社会经济地位和社会阶层

社会经济地位(SES)指的是可通过诸如经济地位、家庭背景和工作状况等因素来进行测量的社会分层,包括对来自同等的社会经济地位,有着共同的文化特性、生活风格和态度的人群的大的分类。

社会经济地位与学业成绩有极大的相关性。我们讲的相关性,不是指事情的因果关系。研究者发现,来自社会经济地位低的家庭的学生更有可能在学业上落后于来自社会经济地位高的家庭的学生。当然,这并不是意味着所有的贫穷孩子因为穷而学业失败。家庭经济条件好的学生可以很容易地得到所要的有助于学习的东西,而贫穷的孩子更多的是关心能不能交上房租,而不是去买电脑。这种相关性在世界上的每个国家都会存在,所以不足为奇。总的来讲,社会经济地位高的学生更可能在学业上取得更好的成绩(Luster & McAdoo, 1994)。

社会阶层上的不公平贯穿于美国社会的其他领域。帕克和夏皮罗(Parker & Shapiro, 1993)认为:"社会阶层是有色人种争取平等的教育机会和学校资源公平的主战场,社会阶层是他们争取的重要部分"(p. 42)。

(二) 美国人口统计

表 4.1　在美国一个儿童成为穷人的机会

如果是白人	16.9%
如果是非裔美国人	43.8%
如果是拉丁美洲人	41.5%
如果是土著美国人	38.8%*
如果是亚裔美国人	18.2%+
如果是在单亲母亲家庭中	52.9%
如果年龄小于 6 岁	25.1%
如果家庭中家长年龄小于 25 岁	55.0%

* 1989 年的数据来自 1990 年的普查。
+ 1993 年的数据。
【资料来源】U. S. Department of Commerce, Bureau of the Census, www. census. gov/.

让我们看一下美国有关种族和少数民族的人口统计。如表 4.2 所示,据估计到 21 世纪中叶,美国一半多人口是白人(不包括西班牙血统的人)。而非白色人种在接下来的 50 年间,将有很大的增长,其中,西班牙裔的人将会急剧地增长。

表 4.2　按种族和西班牙裔分类的美国人口百分率

	1990	2005	2010	2015	2030
白人	75.7	81.3	80.5	79.7	77.6
黑人	11.8	13.2	13.5	13.7	14.4
印第安人	0.7	0.9	0.9	0.9	1.0
亚裔	2.8	4.6	5.1	5.6	7.0
西班牙裔	9.0	12.6	13.8	15.1	18.9
白人,但非西班牙裔	—	69.6	68.0	66.1	60.5
黑人,但非西班牙裔	—	12.4	12.6	12.7	13.1
印第安人,但非西班牙裔	—	0.8	0.8	0.8	0.8
亚裔,但非西班牙裔	—	4.4	4.8	5.3	6.6

【资料来源】Bureau of the Census, www. census. gov/population.

第四章 文化多元与社区关系

这里,我们来谈一谈种族和少数民族的分类。表4.3表明了美国在1960年到1990年间人口调查的变化情况。在1960年,美国人分为两类:白人和非白人。到1990年,有6种分类,其中包括"其他"。在美国,我们经常使用4种分类:白人、土著美国人、非裔美国人和西班牙人。用于描述种族的术语是不断有变化的。(为获得更多信息请查:www.ericsp.org/intdiv.html)

表4.3 美国人口调查分类(1960—1990)

1960	1970	1980	1990
白人	白人	白人	白人
非白人	黑人	黑人	黑人
	其他	美洲印第安人	美洲印第安人
		爱斯基摩人,阿留申群岛人	爱斯基摩人,阿留申群岛人
		亚洲人,太平洋岛屿人	亚洲人,太平洋岛屿人
		其他	华人
		西班牙血统的人	菲律宾人
			日本人
			亚洲印度人
			韩国人
			越南人
			马来西亚人
			印度尼西亚人
			萨摩亚人
			柬埔寨人
			其他
			其他:
			西班牙血统的人
			墨西哥人
			波多黎各人
			古巴人
			其他

【资料来源】Bureau of the Census, www.census.gov/.

(三) 关于我们所使用的语言

在美国说西班牙语的人群来自世界上好多国家和地区。"西班牙人"和"拉丁美洲人"是大家比较习惯的词语，两个词可以互换。这些词主要指那些来自伊比利亚半岛、拉丁美洲或加勒比海地区的人。最近，"土著印第安人"(Native Indian)和"印第安人"(Indian)使用频率比"土著美洲人"(Native American)要高得多。"土著美洲人"是一个概念模糊的词语，因为它包括了其他的美洲人在内。"美洲人"(American)这个词或许会引起困惑。当人们说自己是美洲人时是什么意思呢？北美洲，也包括除了美国在内的其他一些国家。一些南美洲人称他们自己为美洲人。不幸的是，在英语中我们找不到一个可以用来描述一个出生在美国本地的人的词，我们到底应该用哪一个词来描述他们呢？

亚裔美国人通常指的是来自亚洲大陆一些国家的人，其中包括太平洋岛屿（澳大利亚和新西兰除外）。对这类人用少数民族后裔来描述可能比称做"亚裔美国人"更准确。所以，1990年美国人口调查中，就把越南人和韩国人归为一类，称为"亚洲或太平洋岛屿人"。

再以黑人或非裔美国人用以自称的词为例，也可以看出语言是如何不断变化的。现在，"非裔美国人"是大多数非洲人后裔的美洲人比较喜欢使用的词。

教育家（事实指的是我们自己）必须认识到这样的分类是危险的，因为我们把种族或人种作为分类的主要因素。把生活在美国几代人的非裔美国人和那些从西印度群岛移居而来的移民如此截然分开，会导致很严重的错误。

在描述特殊教育人群时，最好使用以人为本(people-first)的词汇。例如，不能称他们为"聋子"或"弱智"，最好说"有听力障碍的儿童"或"有语言障碍的学生"。使用以人为本的词汇，更多的是注重个人的人道主义而不是残疾状况。最后，也许是最重要的一点，正确表述的学生的名字，总是最好的"标签"(label)。

二、种族分类：名字意味着什么？

林内乌斯(Carolus Linnaeus)在1958年按地理因素把人分成4类：美洲人、欧洲人、亚洲人和非洲人。1975年林内乌斯的学生、德国解剖学家和自然学家布卢门巴赫(John Friedrich Blumenbach)创造了一个新名词"高加索人"。它指的是浅色皮肤的欧洲人、西亚人和北非人(Gould, 1995, p. 55)。之后他又加了一种类别："马来人"。布卢门巴赫的5个分类包括：高加索人、蒙古人、埃塞俄比亚人、美洲人和马来人。

种族是什么？这个词重要吗？我们认为人都是"人类"的成员。现实中，任何人都不是一出生就被归为哪一个种类的，我们只有一个种类——人类。

在美国政府所要求填充的表格上有"种族"一栏。医学界以种族来分类整理数据。但斯里夫(Shreeve, 1994)提出质疑：这些研究指的是种族之间的基因差异呢，还是研究者用来作为健康缺损的一个方面的替代词，而健康缺损的原因是可以从个人的经济地位和所在环境中找到答案的。在教育研究中也会引发出同样的问题。我们经常听说黑人学生学业成绩不好,或者亚洲学生学习成绩出奇的好,尽管他们也受到不平等的待遇。按种族进行分类是一种有害的想法,对教育者来说没有什么价值。我们不讨论种族变量问题,还是回头来谈谈文化同一性(cultural iden-tity)的概念。

(一) 文化同一性

在第六章里,我们将讨论组织文化。在国家和少数民族文化中,组织文化的许多方面存在着差异。许多作者从不同的角度对文化做出界定。人类学家莱文森和霍兰(Levinson & Holland,1996)坚持认为,应该"把文化看做是社会和物质条件下的不断创造的过程,而不应视其为静止、不变的、代代'相传'的知识实体"(p.13)。

人类学家罗萨多(Renato Rosaldo,1989)认为文化是开放性的、充满活力的、可渗透的。对于他所调查的文化群体,他写道:"移民和社会流动人群在文化上是看不出的,因为目前他们的文化不再是以前的文化,而且还没有形成他们可能形成的文化形。"(p.209)

罗萨多讨论了边疆(borderlands)的概念,边疆通常是指文化冲突第一次发生的最初地域。当然,公立学校属于这类边疆的一部分。在美国公立学校的教室里几乎可以找到代表地球上每个种族的孩子。

布利万(Bullivant,1989)认为在边疆里,随着群体成员逐渐适应了社会环境,他们的群体文化项目也随之而发生变化。越来越多的教室成为边疆的典型,在这些教室中来自不同文化背景的孩子和成人互相影响着对方。在这类边疆里,如果其文化与学校和社会公认的价值观及行为产生冲突,学生则会放弃本土文化中的某些方面。对孩子们来讲,学校通常是最早将种族划分内化为一种描述自我的类别的地方,重要的是教育者应该记住这一点。

假如我们接受这样的文化界定,即"在社会和物质环境下创造意义的持续过程",那么包含在文化同一性(见框4.1)的组成因素中的每一个领域都可能随着时间的流逝而改变。

> 文化同一性的问题在栎树高中可能如何得到解决?

那么,边疆的概念对于学校和学校管理者来说意味着什么呢?一种意义是:因为新的"文化"是不断地被创造的,所以教育者必须放弃这样一种观念,即他们需要理解每一个孩子的种族文化(或国家)。因为:(1)孩子来自的文化和国家不再是两年前的文化和国家;(2)到了一个新的国度,孩子自身也不是两年前的他或她了,因此理解(understanding)或认识(knowing)其他文化就像理解自己的文化一样复杂。因此,尽管框 4.1 给我们提供了文化同一性的各个方面,但认为这些因素共同组成文化同一性的看法太过于简单了。文化同一性同样处于不断变化的状态中,这在边疆中尤其如此。

不同文化之间的性别角色的区别是相当大的。在美国,我们可以看到男、女性角色以及人们对性的认识是如何不断发生变化的。一种文化接受的性别角色可能在另一种文化中是不被接受的。课堂上一位来自少数种族的女孩不愿发言可能与语言熟练程度并无多大关系。对于其不愿发言的最好解释可能是因为在她的本土文化中应该让男孩先发言。

最近几年,美国一些基督徒居民比较集中的教区发生了微妙但意义重大的变化。几个宗教派别的人数显著增加。例如,美国自称为穆斯林的人数达到 600 多万人（1990 *World Almanac*）。绝大多数教育者对穆斯林的宗教信仰知之甚少,所以他们不明白穆斯林学生每天祈祷 5 次是什么意思。

文化同一性的另一重要因素涉及行为的、道德的和社会的实践。文化不同表现在衣饰、饮食、传统风俗习惯和社会标准等方面。当学校规定禁止戴帽子而诸如锡克教徒此类的学生却要头裹头巾的时候,学校的政策又意味着什么呢?当某一特殊文化群体并不使用"除臭剂",而其中有一个学生被认为有"体臭"时,老师和学生应该怎么办?

许多文化间的家庭和血缘关系也不相同。在一些文化中,大家庭在养育孩子方面发挥着重要作用。这种家庭由祖父母、表兄妹、叔伯舅、兄妹或没有直接血缘关系的亲戚所组成。在家庭参与学校活动方面,这种血缘关系就显得意义重大。

在美国,不同文化的学习风格以及关于人们如何学习及智力构成的观念也不相同。研究表明,不同的文化群体有着各自偏爱的学习风格(Ramirez & Casteneda, 1974; Stodolsky & Lesser, 1971)。除此之外,美国学校中的学生来自不同的教育制度。如果要使这些孩子能参与美国学校的学习过程,就有必要使这些孩子了解美国的教育体制。

一些教育者想当然地认为,美国大多数学校都有从幼儿园到十二年级(K—12)的各个年级,学生每年都可以接触到不同的老师。但是,在很多国家并非如此,有些国家的小学教师可能会跟班连续几年教同一门课。在一些国家,每年初中的课程并不是分成不同学期来教的。像高中的几何、代数、代数II和三角法等课程并不是分别在不同的学年教授。相反,在有些教育体制中,数学的上述这些领域整合在一个学年,接下来的每一年的课程都更加复杂。对孩子和学校而言,文化同一性是一个非常值得重视的概念。

尽管所有的孩子都认识到文化同一性的问题,但是移民过来的孩子仍然经常感到他们是处于另外一个世界。一位来自墨西哥的高中学生说他感到自己"就像糖果罐里的墨西哥胡椒"(Cordeiro, Reagan, & Martinez, 1994, p.105)。教育者所面临的挑战之一,就是知道在学校环境下如何对主流文化背景下的种族群体的边缘化做出回应。

第四章 文化多元与社区关系

框 4.1

文化同一性的要素

语言
  主导语言(英语)对母语
  非言语的交流：身势学(kinesics)和空间关系学(proxemics)
  语音风格

性别角色
  男性和女性的相互关系和角色
  对性的看法

宗教的和精神的信仰和实践
  宗教信仰
  宗教假期仪式

家庭和家属关系
  人们如何相互联系
  亲密对疏远的关系；扩展的家庭
  家庭期望和责任

行为准则、道德或社会实践
  文化的规则和准则
  合适的活动和行为对不合适的活动和行为
  服饰
  饮食；食物和与吃相关的问题
  个人卫生

成人—儿童的相互关系
  成人和儿童之间可接受的或不可接受的行为

学习风格、教育信念或智力的观点
  喜欢的学习方式(听觉的、视觉的、动觉的)
  合作的学习方式对竞争的学习方式
  教育或学校教育的价值
  原有教育体系的国家
  求知的方法

文化传统
  习惯和风俗
  假期

个人观和生活观
  "强烈的个人主义"对集体主义
  对文化的历史意识

(二) 文化的过渡

当遇到新的文化时，人们往往要经历好几个心理磨合阶段才能适应。探讨这些阶段的一种有用框架是阿德勒（Adler，1975）提供的"文化冲击的 5 个阶段"（见表 4.4）。这些阶段包括：(1) 文化的最初联系，(2) 熟悉的文化的分解，(3) 文化的新线索的再整合，(4) 新文化特性的形成，(5) 双元文化主义（biculturalism）。人的感觉、情感范围及行为都将依据它们所处的阶段而发生变化。这几个阶段不是单向的，当然中间某一事件的出现可能会导致反弹现象又重新回到起点阶段。

阿德勒的理论框架，可以供美国教育者借鉴来处理来自其他文化领域的学生面对文化冲突时所产生的困惑。要使这些孩子在美国达到独立自主取决于多种因素。学校的文化（见第五章）以及学校与学生家庭之间的关系，在减少来自文化冲击所产生的不利因素中起到决定性的作用。如果大多数人从某一文化进入另一文化时都要经历过渡时期，那么对于栎树高中的学生、教职工和学生家长来说，这些阶段意味着什么呢？

表 4.4 文化冲击的 5 个阶段

阶段	感觉	情绪状态	行为	解释
接触	差异引起好奇。感觉被隐蔽起来并得到挑选	激动 激励 心理安慰 幽默 发现	好奇 兴趣 自我保证 印象深刻 沮丧 退出	个人被他或她的文化所孤立。差异和相似为持续保持这种地位、角色和身份提供了合理化
分解	差异具有影响并得到比较。文化的现实不能被隐藏起来。	迷惑 迷失方向 丧失 冷漠 孤立 孤独 缺乏	沮丧 退出	文化差异开始浸入，对差异的日益了解导致迷失自尊。个人失去了文化的支持纽带，误解新的文化暗示
重整	差异被否定	生气 愤怒 紧张 焦虑 沮丧	背叛 怀疑 反对 敌视 排斥 固执己见	对第二文化的拒绝接受引起了爱憎，出现差异。但是，不良行为使自我作主和自尊日益膨胀

续表

阶段	感觉	情绪状态	行为	解释
自主	差异性和相似性被合法化	放松 热情 心领神会 愉快 自信	自我保证 自我控制 独立	社会上和语言上,个人都能成功地应付许多新的不同的情景,他(她)有能力、有信心克服一些困难
独立	差异性和相似性受到重视,具有重要的作用	信任 幽默 喜爱 先前的情绪	表达 创造力 现实化	接受了社会的、心理的和文化上的差异,个人有能力去选择和承担责任,能创造新的思想

【资料来源】Adapted from D. R. Atkinson, G. Morten, & D. W. Sue(1993) *Counseling American Minorities*, 4th ed. New York: McGraw Hill.

三、偏见和歧视

偏见是对某一群体的一种否定或狭隘的态度和看法。它与人们的成见(stereotypes)有关。

特里安德斯(Henry Triandis,1971)对 stereotypes 和 sociotypes 做了区分。sociotypes 是对社会和文化群体的正确认识,而 stereotypes 则是对这种群体错误的或者可能是危险的认识。

成见和偏见来自哪里?阿布德(Aboud,1988)认为:"对某一群体知之越少,越容易对其产生否定的认识。"(p.21)因此,对某一文化群体存在偏见的可能原因,是缺乏与该特定群体的接触及在其中的直接体验。

奥尔波特(Gordon Allport,1979)认为,孩子在很小的时候,就开始对人们之间的不同加以分类并形成成见。到了青少年和成年时期,他们开始接受一些特例来丰富和修正自己的分类。然而单靠个人的环境和经历,只会强化而不会忽视这类"成见"。

奥尔波特认为,偏见是顽固的和过分的偏好,所有人都有偏见。奥尔波特认为如果不因偏见而有所为,"就不会有大的危害,偏见是使拥有它的人头脑迟钝"。但是,表现出来的偏见产生歧视……(p.127)。奥尔波特完成了人类从友好到歧视的社会关系谱系图。他认为:"我们对敌视关系程度进行了界定,这种界定是可区分的:首先是偏爱(predilection)——最温和(mildest)、最正常的排外形式,然后是强烈的偏见和歧视,最后是替罪羊(scapegoating)。"这个过程可以被看做是一个"关系谱系图",一端是合作,另一端是替罪羊。

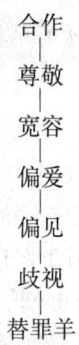

合作
尊敬
宽容
偏爱
偏见
歧视
替罪羊

奥尔波特把"替罪羊"看做是"发育完全的敌对行为"。他说:"受害者受到口头上的辱骂和身体上的虐待。"如果像奥尔波特所说的"没有一个孩子生来就是有偏见的,偏见总是获得的"(p.307),那么对于教育者来说,要做的不是去弄明白孩子是如何获得偏见的,而是要帮助孩子们弄清楚他们为什么会持有偏见。

当人们的想法与行为不是建立在证据之上时,就会产生歧视(discrimination)。当老师尽可能公正地制定评分标准,然后确定某一学生的试卷比另一学生试卷做得好时,他们表现出了歧视。歧视不仅是可以接受的,而且事实上它也是必然的。

当人们的信念与行为没有根据的时候,歧视这一问题就会发生。例如,如果一位老师拥有某种评分标准但却武断地改变这一标准或使用不适当的评分标准时,那么由此引起的任何歧视都是有害的。在讨论社会的和教育的歧视问题时,我们应该关注的是各种不适当的歧视。

奥尔波特(Allport,1979)认为产生偏见的社会文化条件有10种:

1. 人口的异质性。
2. 人口纵向流动的便利。
3. 伴随有杂乱无序的迅速的社会变革。
4. 交流中的漠视和障碍。
5. 少数种族群体人口的相对集中。
6. 现实的竞争和冲突的存在。
7. 维系社区重大利益的剥削。
8. 给予好斗的替罪羊的惩罚。
9. 维护敌意的传说和传统。
10. 对同化和文化多元主义的不支持态度(p.233)。

在回想国内和国际问题时,如发生在20世纪60年代的洛杉矶种族骚乱、波斯尼亚的种族动荡或者20世纪90年代的金(Rodney King)事件,我们发现奥尔波特提出的社会文化条件中有很多可对此做出解释。同样,再回过头来看看学校中发生的偏见事件,我们也可以在这些社会文化条件中找出几条来做出可能的解释。

> 奥尔波特的社会文化条件中哪些能够有助于解释发生在栎树高中的偏见事件?

四、学校中的歧视

在学校中很少能发现像奥尔波特所区分的那种有目的的针对学生的歧视。例如,法律禁止因为肤色不同而歧视来自非洲的学生。然而,尼埃托(Nieto,1992)指出:"在学校里学生面对的歧视不是一件过去的事情。学校的实践和政策仍在继续以一些非常具体的方式歧视着某些学生。"(p.24)尼埃托区分了偏见和歧视在其中影响到学生学习的9种教育结构:

1. 分班教学。
2. 考试。
3. 课程。
4. 教学法。
5. 学校的硬件结构。
6. 学校纪律。
7. 有限的学生角色。
8. 有限的教师角色。
9. 有限的家长角色。

布洛克和斯图尔特(Bullock & Stewart,1978,1979)提出了他们所谓的"第二代歧视",这包括了那些拒绝少数民族学生接受教育和限制学校整合的实践。用歧视性的方式进行学生分组和惩罚学生是第二代歧视的典型做法。迈耶和斯图尔特(Meier & Stewart,1991)在对142个学区的西班牙裔学生的深度调查中发现,这些地方都存在着歧视现象,因为西班牙人缺乏阻止这种种族歧视的政治力量。他们的研究结果显示:"那些在学校董事会及教师队伍中有较多西班牙裔人士的学区,这种针对西班牙裔学生的歧视状况就明显减少。"(p. xvii)

教育领导者应该就学校中的教育结构提出一些重要的问题。例如,假如一所初中有很高的辍学率,那么教育者一定会问各种各样的问题。学校管理者可能会问:是谁辍学了?辍学的学生在种族、社会地位,或者性别之间有差异吗?他们辍学的原因是什么?有没有专门为这些学生开设的课程(如双语课程计划和特殊教育班级等)?例如,迈耶和斯图尔特又发现,西班牙裔学生的高中毕业率与体罚和双语教学呈负相关,但与参加资优班级呈正相关。西班牙裔学生的辍学率与中途休学呈正相关,而与上资优班级呈负相关(p.177)。

此外,他们又说:"有些学校采用的形式是黑人受到的体罚、被休学以及被开除的越少的时候,西班牙学生受到的体罚、休学和被开除的就越多;或者相反。这说明学校

管理者通过减轻对某一群体的惩罚来补偿对另一群体的惩罚。"(p.154)

教育领导者必须是学生的拥护者。他们必须对尼埃托所区分的9种教育结构提出质疑，阻止学校中"第二代歧视"的发生。

> 栎树高中应采取何种办法，来确保他们学校里不会发生任何形式的"第二代歧视"事件？

五、竞争的观点：解决种族、阶层和性别问题的理论、模式和方法

教育机构可以使用许多方法解决文化多样性的问题。有关文化多样性学习的理论、模式和方法可分为5个领域。其中各个领域之间并不是孤立的，而是相互交叉、互为借鉴的。他们是：文化缺失、文化差异、单组研究、多元文化教育和社会公平教育。

（一）文化缺失法

历史上，美国教育者看待来自其他文化背景而非主流文化的学生的方式有以下两种：缺失的角度和文化差异的角度（见框4.2）。一些教育者认为来自其他文化的学生具有某些不足的地方。例如，他们可能认为这些学生因为英语不熟练而缺乏良好教育，或者他们认为这些学生因为来自社会底层或是单亲家庭而处境不利。这些情况说明需要在这些方面对这些学生加以弥补和矫正。最近几年，处境危急（at-risk）一词已经成为一个流行的标签。

框4.2

教育上的缺失理论和差异理论

缺失的观点

儿童的语言被认为是主流语言中"受制约的代码"，或者与主流语言相比是一种欠发达的语言。

儿童的学习风格被看做是达到适当的学业社会化的一种障碍，它应该适应文化上占主导地位的准则。

儿童学业成功的另一个障碍是一些儿童的家庭是"破碎的"，或者是机能失调的。

儿童的行为有问题，因而这一儿童被看做是一种纪律问题。

差异的观点

儿童的语言被认为是与主流语言不同的，但又是可比较的。

儿童的学习风格是个人的事，但应被看做是帮助儿童学习的工具。

家庭结构是经常变动的，但是儿童的家庭在儿童的教育中具有重要的作用。

家庭中的行为规则和学校文化之间经常存在冲突。

第四章 文化多元与社区关系

【资料来源】Cordeiro, P. Reagan, T. & Martinez, L. (1994). *Multiculturalism and TQE: Addressing Cultural Diversity in Schools.* Thousand Oaks, CA: Corwin Press (Reprinted by permission of Corwin Press, Inc).

贝恩斯廷(Bernstein,1964)的一项研究提供了"文化缺失"观点的一个例子,该研究把中产阶级的语言看做是"高雅的语言",因为它的词汇和结构具有复杂性。他还指出,这种语言的复杂性使得说话者在交流时可以用假设、抽象和关系词。他把下层阶级的语言看做是"受限制性的语言",因为这种语言过多地使用短而简单的句子。

诸如哈利(Beth Harry,1992)和特鲁埃巴(Henry Trueba,1989)此类的教育研究者指出:存有语言偏见的教育者错误地把说小语种的学生归为有学习障碍或是智力迟钝的学生。因为这些存有语言偏见的老师认为这样的学生具有"语言缺失"(如他们使用英语不熟练),所以他们把这些学生分到语言补习班(remedial classes)。

迈耶和斯图尔特(1991)发现,在那些被驱逐、被惩戒和被退学的学生中间,更多的是少数种族学生。他们的研究表明,西班牙裔和非洲裔的学生是没有机会接受高质量教育的。

许多教育者关于缺失的另一种观点认为,来自底层社会经济背景的孩子在成长过程中缺少良好的模仿对象。在《全国纽约时报》(*New York Times National*)1992年的一篇文章中,格劳斯(Gross)指出:"在这些家庭里通常是有母亲的,但她要么是吸毒者,要么是来去无踪的十几岁的未成年女性。多年来因受虐待和忽视而留下的创伤,使得大多数孩子是气愤的和不知所措的。"(pp. 1 & 166)许多少数民族群体(如非洲裔男性)被指责抛弃家庭,从而导致这些家庭被剥夺了生活必需品或生活必需品严重不足。适合这些问题的比较开明的解决方法,就是获得资源和支持系统,而不应只是确定道德的缺失或家庭的心理不稳定性。这种缺失的观点最近几年遭到了严厉的批评。

文化差异法。 斯利特和格兰特(Sleeter & Grant)认为:"'教授文化差异法'(Teaching the Culturally Different Approach)的主要观点,是要确保尽可能多的文化兼容性。"(p. 44)因为存在着文化的不协调(cultural dismatch),所以要在两种文化之间架起一座桥梁。例如,假如一个孩子被确认需要一些特殊的教育服务(如孩子隶属于特殊教育的文化的成员),那么为了使他在知识上通融,就必须给他以特殊的辅助(如一间资料室)。有英语语言障碍的儿童又是一例。这种情况下的课程计划就可能需要包括半日制、全日制或英语作为第二语言的课,或者有偏重性的英语课(sheltered English classes)。对于那些有听力障碍的孩子来说,为了达到文化之间的相互理解,为其提供一名手语翻译也是有必要的。

根据文化差异法来看少数民族人群,我们发现有些少数民族学生之所以失败是因为他们未能使自己完全适应学校中占主导的文化风格,或者像特鲁埃巴所说的,学校还没有提供合适的"活动设施"来适应少数民族学生。尽管因为这种差异法弥补了种族主义的文化剥夺(cultural deprivation)法或基因低等(genetic inferiority)法等观点是重要的,但它忽略了对学校中造成"文化差异"再生的历史的和社会的因素。

奥格哈(John Ogh,1992)是最早对文化差异方法提出批评的研究者之一。他认为:在教育者中缺乏批评性分析,而这种批评的缺乏使得教育者试图通过补修课程来减少学校里的文化冲突。

人际关系方式。这种方式有时候指的是小组间的教育(intergroup education),其主要目标是帮助所有的学生形成对待来自不同种族、文化、性别群体的一种公正的态度。它关注学生所拥有的与他人之间的相互关系。这一方式的另一个目标是帮助学生成为更好的交流者。作为合作学习的一部分,小组的进步和小组相互促进是实现这些目标的方法。

始于20世纪40年代的研究所形成的理论和概念,支持着人际关系方式。研究人员最初对研究种族偏见的性质颇感兴趣。米达尔(Gunnar Myrdal,1944)和多伊奇(Deutsch,1963)等其他学者发现,种族间的交流与合作往往会增加种族之间的忍耐和宽容。下面是对减少偏见的研究结果的几种解释:

认知不协调理论(cognitive dissonance theory)认为,当一个人的行为或经验与其观点不一致时,不协调就会发生。换句话说,为了使自己的态度和经历相一致,人们试图把行为和态度结合起来。另一种解释来自于人际关系吸引理论(theory of interpersonal attraction)。这种理论认为,人们往往被其他人的想法和价值观所吸引。赫斯顿和布朗(Herstone & Brown,1986)坚信,与人交往和提供给他们了解对方的机会,确实可以缓解原先存在的不利关系(p.5)。

跨越了种族界线(racial lines)可以增进种族间的宽容,对此的可能解释是以"交往可以具有教育效果"这一观点为基础的。与别人交往可以提供更多的知识并发现自己的错误的想法。因此可以认为,交往或许可以减少偏见,因为它丰富了个人的知识和体验。

奥尔波特(Gordon Allport,1958)在他的重要著作《偏见的本质》(*The Nature of Prejudice*)中提出了一个假设:假如同等地位的个人发生交往,态度就会经常发生变化。奥尔波特提出了重要的观点,即交往不能自动减少偏见。他认为,具有相似教育地位或职业背景的个人之间跨越种族界线的交往,比较容易形成对他人的积极态度,而不同地位的人的这种交往则不易改变态度。

这一观点支持了由哈利南(Hallinan,1979)最近在学校中进行的工作。他发现那些在所修科目上有共同点的同学更能增进相互间的友谊。利维森(Levinson,1996)最近在一所墨西哥的 secundaria 对学生进行了人类学的研究,结果发现:

> 来自郊区农村的学生在他们第一二年期间,在 grupos escolars(共同度过四年中学生活但属异质的同伴)中或之间建立了相互的联系。促使他们建立这种联系的共享立场,就是那种与学校中占主导的城市文化相联系的"农村"或"村庄"居住者的立场(p.227)。

其他研究者如普尔凯和诺瓦克（Purkey & Novak,1984）及约翰逊夫妇（Johnson,1975）的工作，也有助于我们理解人际关系。约翰逊夫妇推崇合作学习，因为他们认为合作学习能增进群体之间的关系。普尔凯和诺瓦克写了关于邀请教育（invitational education）的著作。他们认为教育者和学校必须有意识地邀请他人。根据他们的观点，如果政策、人员、实践、场所和课程计划具有邀请性，那么学校邀请他们会更有益于学生学习。

（二）单一群体研究法

另一种说明教育中文化多样性的方法，被斯利特和格兰特（Sleeter & Grant,1993）称之为单一群体研究（single-group studies）。课程是这种方法的关注重心。单一群体法的重心可能是一门学程（亚洲文学），课程计划（女性研究），或是特别关注某一群体的整个学校（非裔中心的学校）。在斯利特和格兰特看来，这些课程计划的目标是"减少社会分层和提升群体地位"（p.123）。这一方法形成于对那种传统上强调白人和中产阶级男性之贡献的课程的回应。

许多单组研究的提倡者使用基于再生产理论（reproduction theory）的论据。有两本经典著作是学校教育批判研究第一次浪潮的一部分：鲍尔斯和京蒂斯（Bowles & Gintis,1976）的《资本主义美国的学校教育：教育改革和经济生活中的矛盾》，以及布尔迪厄和帕斯龙（Bourdieu & Passerons,1977）的《教育、社会和文化的再生产》。他们认为学校不是单纯的文化传播的被动场所。相反，学校继续着或复制了社会中的不平等。学校不是使人们平等，而是复制了隔离他们的不平等。教育者开始追问：对并非来自诸如白人、中产阶级等优势社会群体的学生来说，学校教育意味着什么？在最近的20年里，这种思想也许是我们所看到的对单性别学校和非裔美国人学校的兴趣复兴的一个原因。

（三）多元文化教育法

多元文化教育（multicultural education）这一术语常常未能被适当地使用。许多通过文化差异、人际关系或单一群体方法研究文化多样性的教育者，将他们的成果描述为"多元文化教育"。班克斯夫妇（Banks & Banks,1994）认为，多元文化教育"至少包括3个方面：一个理念或概念；一场教育改革运动；一个过程"（p.3）。

达维德曼夫妇（Davidman & Davidman,1994）确定了多元文化教育6个互相关联的目标：

1. 教育平等；
2. 学生和家长的授权；
3. 社会的文化多元论；
4. 在教室、学校和社区中，文化、种族、群体之间的理解与和谐。

5. 有关各种文化和种族群体的扩展的知识。

6. 学生、家长的发展及那些其思想和行动受一种信息丰富的调查性多元文化观点指导的实践者的发展。

平等不仅包括学校和社区里的学习机会、物质和经济条件的平等,还包括"个人和群体的教育结果"的平等(p. 4)。

授权要求学校社会的成员扮演积极的角色,无论是在地方还是在国家层面都是如此。承认家长是孩子的第一任教师,是多元文化教育方法的一个重要目标。使用多元文化方法的学校吸引家长以多种形式参与学校及与学校相关领域。学生和家长的授权对多元文化教育方法来说是很关键的。

文化多元论接受文化的多样性,认为它是社会的有价值的方面。接受文化多元论观点的教师经常反思应该如何在课堂、学校和社会中帮助学生接受和欣赏文化的多样性。

在多元文化教育方法中还包括一些人际关系方法的目标。所有的学生在适当的引导下都能对不同文化群体的成员持积极态度,这一想法是这些方法的一个共同点。因此,斯利特和格兰特(Sleeter & Grant)认为:"多元文化教育法寻求的是为了所有孩子而改革学校的整个过程。"(p. 153)

(四) 社会公正教育方法

在对先前的研究方法的诸多借鉴的基础上,社会公正教育方法(Social Justice Education Approach)"更直接地解决了由于种族、社会阶层、性别和残疾等原因而产生的压力和社会结构的不平等"(p. 153)。

《确定多样性:多元文化教育的社会政治背景》是关于教育中文化多样性的最权威著作之一。尼埃托(Sonia Nieto, 1992)在其中指出:

> 多元文化教育是针对所有学生的学校整体改革和基础教育的一种过程。它挑战并摒弃了学校和社会中的种族歧视和其他形式的歧视,它接受并确认学生及其社区以及教师所代表的(种族、人种、语言、宗教、经济和性别等)多元主义。多元文化教育渗透进学校所使用的课程和教学策略,渗透于教师和学生及家长之间的互动,以及学校解释教学和学习本质的方式。由于多元文化教育以批判教育学作为其哲学基础,并将知识、反省、行动(实践)作为社会变革的基础,它因此促进了社会公正的民主原则(p. 208)。

在尼埃托看来,多元文化教育有7个基本特征,它们是:(1) 不分种族的教育;(2) 基础教育;(3) 对所有学生都是重要的;(4) 渗透的;(5) 为了社会公正;(6) 过程性;(7) 批判教育学。

第四章 文化多元与社区关系

让我们更详细地检查一下社会公正和批判教育学的概念。图 4.1 是班克斯（James Banks,1994）编制的一种模式,描述了可以在课程改革中运用的种族内容整合的层次。

种族内容整合的层次

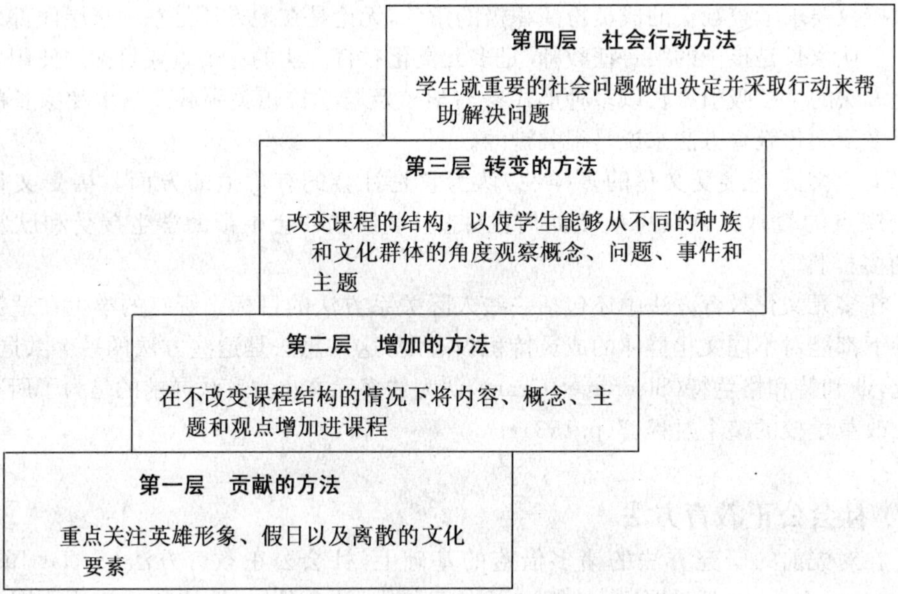

```
                    ┌─────────────────────────────┐
                    │ 第四层  社会行动方法         │
                    │ 学生就重要的社会问题做出决定 │
                    │ 并采取行动来帮助解决问题     │
          ┌─────────┴─────────────────────┐───────┘
          │ 第三层  转变的方法             │
          │ 改变课程的结构,以使学生能够从 │
          │ 不同的种族和文化群体的角度观察 │
          │ 概念、问题、事件和主题         │
   ┌──────┴─────────────────────┐─────────┘
   │ 第二层  增加的方法           │
   │ 在不改变课程结构的情况下将内 │
   │ 容、概念、主题和观点增加进课程│
┌──┴──────────────────────┐──────┘
│ 第一层  贡献的方法       │
│ 重点关注英雄形象、假日以 │
│ 及离散的文化要素         │
└─────────────────────────┘
```

图 4.1　多元文化课程改革的方法

在贡献的层面（contributions level）上,教育者可能庆祝 5 月 5 日节（拉丁美洲的墨西哥人居民团体和美国的墨西哥裔美国人居民团体,为纪念 1862 年在普埃布拉战役中击败法国军队而庆祝的节日）或马丁·路德·金节。重点集中于一群人（西班牙裔美国人或美国黑人）或某个人对某种运动、某个事件或文化团体的特殊影响。大多数美国学校开展的各种活动都可归于这一层面。正如班克斯（Banks）所说,在贡献的层面上,"学生没有获得从全球的视角看待各种族和文化群体在美国社会中的作用"（p.207）。

班克斯（Banks,1994）将下一个层面称为种族增加法（ethnic additive approach）。在这一方法中,概念、主题以及各种各样的观点被增加进课程,但课程的结构未被重建。然而,附加另一种观点,并不必然会加强课程。例如,一个班级学习"哥伦布发现新大陆"这一单元,如果教师此时发起有关西印度（West Indies）的土著居民如何看待哥伦布的讨论,他不一定能提供可供选择的观点。这一单元的题目本身暗示了它是指一个欧洲人发现有着悠久文化的人群。因此,这种方法只是提供了一种欧洲中心的观点。

第四章 文化多元与社区关系

> 用费尔黑文市栎树高中的例子讨论可选择的方法,其中有关哥伦布的课可以更多地强调多元文化性。

在转变的层面(transformation level)上,发生了课程结构的重组。提供给学生的是来自不同观点的思想、问题、主题和挑战。例如,有关美国内战的学习,将重点放在当时历史条件下我们的多种文化是怎样形成整个美国文化的。这是根源于不同的种族、性别、伦理、文化和宗教群体的多样的文化要素(例如来自语言、音乐、艺术)的综合的迂回前进。这一层面是变革性的,因为它超越了主流观点,给了社会中现存的许多文化要素以一席之地。

班克斯的第四层——社会行动,整合了上述的三个层面,不过社会公平的概念是这一层的主要准则。发展学生做出社会行动和发展决定的技能是关键的目标。加尔东(Gardon, 1985)引用解放的教育学(emancipatory pedagogy)来说明这个问题。她认为"像'批判性的解放或解放的教育学'这样的分类,可以用作为描述符,不仅能扩充了狭窄的参考框架,而且能将它们从轻蔑的含义转变成自我反省、批判性和社会行动……"(p.29)。

一些讨论这种方法的研究和理论,可以从吉鲁(Henry Giroux, 1992),阿波罗(Michael Apple, 1986),弗莱雷(Paolo Freire, 1985),奥布(John Ogbu, 1992)和阿涅(Jean Anyon, 1980)的著作中找到。

批判教学(critical teaching)和批判教育学(critical pedagogy)的术语来自批判理论。正如吉鲁(Giroux, 1992)所言:

> 批判教育学是指一种有意的倾向,它试图建构一种特殊的情境,在这种情境中教师和学生能批判性地思考知识(与个人、他人以及更大的世界间的特殊关系所激活的社会经验的建构有关的知识)是如何产生和发生变化的(pp.98—99)。

巴西教育家弗莱雷(Freire, 1985)坚持认为批判教育学推进了对这种方法的更透彻的理解。

> 一种教育学越是批判和激进,它的研究性就越强而肯定性就越弱。一种教育学越是"动荡",它的批判性就越强。充满着植根于我们所讨论的问题的不确定性的教育学,在本质上是一种要求进行调查的教育学。因此,这种教育学更是一种充满问题的教育学,而不是一种提供答案的教育学(引自Macedo 1994, p.102)。

因此,如果使用社会公正方法,学生在进行社会问题研究时必须集中、分析、综合、评价和判断他们所收集到的数据。其结果是学生的授权并获得一种"政治效率的意识"(Banks,1993,p.209)。

> 这些方法对栎树高中的启示是什么?一种或几种方法的综合是否更适合栎树高中的环境?

六、种族歧视、隔离和融合

美国的教育制度以各种方式回应了种族隔离和种族融合的问题。一些计划相应出台,包括磁石计划、"问题"儿童计划、双语教育计划和非洲中心计划和学校,等等。自"布朗诉教育董事会"(Brown v. Board of Education)成立(1954)以来,学校的种族隔离已经成为全国上下争论最激烈的教育问题之一。一些人认为:在"布朗"之前,学校的种族歧视是合法的,目前这种歧视仍然存在,其形式如单一性别学校、单一种族学校[如非洲中心学校(Afrocentric schools)]、一些双语教育计划,以及一些分离"特殊教育学生"的可选择的学校和计划。

显然,教育领导者不仅必须理解实施这些计划的可能性和它们的关系,而且要理解影响计划发展决定的社会和文化因素。所以,第八章中坦纳(Laurel Tanner)所谈论的社区需要只是学校课程的关键问题之一。

(一) 磁石学校

人们可以在私立学校和公立学校的各年级段发现磁石学校(magnet schools)的存在。各种磁石计划(magnet programs)因课程内容、特殊关注的领域和教学方法的不同而不同。磁石学校的模式也各不相同,有些磁石学校计划是全校范围性的,在该计划中,所有的学生都参与磁石领域。另一种类型常被称之为"校中校计划"(school-within-a-school program),学校中只有一些学生参加磁石计划。还有一种模式可能是年级磁石计划。按照该计划,只有某些年级获得某一课程方面的关注。

作为消除学校种族隔离制度的一种手段,第一批磁石学校产生于20世纪70年代。实施磁石学校计划主要是基于种族问题。今天几乎所有的学区都有磁石学校。1991—1992年度,全国有2 433所磁石学校,提供着3 171种磁石计划(有些学校的磁石计划还不止一种)(American Institutes for Research,1994)。5种基本因素导致了"磁石"学校的产生:

1. 磁石学校为解决学校种族隔离问题提供了自主选择的方法。
2. 由于人们要求择校,有着"定期"课程的磁石学校便成为地方学校的选择。

3. 磁石学校像"磁铁"一样吸引着来自学校所在区域外的学生。
4. 近年来,人们更加注重教育成果。
5. 磁石学校提供了对某特定职业选择有用的知识。

(二) 美国学校的语言多样性:教育计划选择

虽然我们在美国历史上可以找到双语教育计划的早期事例,但双语教育实际上确实是最近才有的现象。1968年,国会通过了双语教育法(尔后作为《初等和中等教育法》的第7部分)。双语教育法规定"任何人不能因种族、肤色或出身而受到歧视"。校区被要求采取正确的步骤为儿童提供接受学校教育所需的语言技能。双语教育法和1974年美国最高法院的"劳诉尼克尔斯"(Lau v. Nicbols)这一里程碑决定为平等对待美国学校中英语能力有限的儿童提供了基本的法律保障。在这种情况下,母语为非英语的孩子们便成了人们经常激烈争论的话题。

双语教育。 双语指的是至少两种语言的熟练运用,双文化主义是指教育在两种文化中进行。双语教育通常指的是,在学校教育的某一时刻使用两种语言实施教学的一种教育方法。

几十年来,教育者和教育政策制定者为双语教育的设计大伤脑筋。教母语为非英语的学生最好的方法是什么?英语能力有限的学生的学业成绩如何提高?熟练掌握英语对学习和工作的成功是至关重要的,大家对此毫无疑义。而人们争论更多的是:对于把英语当做第二语言学习的学生来说,什么才是最有效的教学方式?如果说学生的母语起作用的话,那么该起什么样的作用?

学区为美国的学生提供了各种类型的教育计划(框4.3),其中包括英语作为第二语言(ESL)、结构浸润、隐蔽英语、过渡式双语教育、双向式双语教育,以及维持式双语教育。

框 4.3

母语为非英语学生的教育计划选择

英语作为第二语言(English as a Second Language)

　　这是教母语为非英语的学生的一种系统、综合的方法。它通常是双语教育计划的一个重要组成部分,但自身也可单独存在。

选择项(Options)
- 全日制/半日制
- 将英语课单独抽出教授
- 隐蔽英语
- 为特殊目的而设的英语课(ESP)

第四章 文化多元与社区关系

隐蔽英语（Sheltered English）

在那些被称为过渡班或桥梁班级的班里，学生们学习的内容同英语为母语且掌握熟练的学生学习的内容相同。这些班级的语言要素经过调整，以适应少数民族学生的英语熟练水平。

过渡式双语教育（Transitional Bilingual Education）

1968年的双语教育法把过渡式双语教育定义为"一种结构式的英语语言教学，在其程度上必须使学生掌握英语语言能力，以学生的母语进行教学"。通过提供以母语进行的基本教学来确保学生进行综合课程的学习，目的是培养学生的英语学习的能力及对说、写、读的理解。这些计划的目的是使学生尽可能快地掌握英语，这样他们就能退出该计划。

双向式双语教育（Two-Way Bilingual Education）

双向式双语教育计划提供一种鼓励掌握两种语言的方式，对小语种和大语种的学生来说都是一样的。

维持式双语教育（Maintenance Bilingual Education）

维持式双语教育计划的目的在于为学生提供有助于他们母语发展的教学。

浸润式或沉浸式（Submersion or Immersion）

有时它指的是一种"沉浸式或游泳式"（sink or swim）的教学方法，浸润式教育把学生完全置于一个说英语的环境，在这种环境下不使用他们的母语，但这不是双语教育的形式。

对于教育领导者来讲，确定哪种方法对孩子更为合适是至关重要的。诸如语言的熟练程度、母语非英语的学生数量、儿童年龄、能否熟练运用母语等等，只是他们需要考虑的因素中的一部分。大多数双语教育工作者更偏向于使用维持式计划，然而目前使用的计划大多数是过渡式的。

只用英语，加用英语，及说非标准英语者的计划。最近几年某些州和组织要求在各州的文件中、商务交往中和学校教学中把英语作为惟一使用的语言。同时，其他一些组织指出使用多种语言的重要性。后者认为应该采用加用英语（English Plus）：人们应该不仅说英语，而且应该熟练地运用其他语言。尽管这些州的范围内和全国性的辩论可能是重要的，但它们还没有形成对学校的直接冲击。

1997年引起广泛注意的一场争论，是由加利福尼亚州奥克兰（Oakland）学区的学校董事会做出的一个决定所引起的。该决定要求向非裔美国人提供依波尼克斯（Ebonics），即黑人英语的特殊教学。除此之外，人们在争论中发现洛杉矶等一些学区已经提供了"依波尼克斯"计划。假如我们对这些问题进行详尽分析的话，可以从中发现争论中的若干因素：(1)非裔美国学生在学业上落后于其他种族群体；(2)必须采取行动来进行补救；(3)相关人员（教师、家长、学生和社区成员）都一致认为所有的学生必须能说出标准的英语。很明显，进行一些可行性计划完全有助于那些不能说标准英语的非裔美国人或者其他说非标准英语者在学业上取得成功。许多语言学家认为，那些了解自己英语方面不足的学生更容易学好标准英语。

促使语言多样的学习者走向学业成功

亚历山德罗维奇(Viviana Alexandrowicz)，教育学助理教授
圣的亚哥大学

在不同的学科领域中为不同语言背景的学生提供一种综合的教育，已成为教师面临的巨大挑战，尤其是在移民人口较多的州里。

在加利福尼亚这样的州里，从幼儿园到六年级，四分之一的学生被认为"英语程度有限"。1982—1992年加州所有的入学新生中，69%的学生英语说得不流利。一项研究表明：一名学生需要花上9年之久的时间才能获得必要的语言能力以成功完成学习任务。教师和教育管理者能做些什么来帮助移民孩子在学校里取得成功呢？

理解掌握第二语言的重要性

学校中普遍传播着这样一种观点——从政府官员到学校管理者、教师和家长都这么认为——认为移民孩子到了美国之后，两年之内就能很快地习得第二语言的能力，且足以跟上别的孩子取得学业成就。这种观点表明人们不了解语言学习的各个方面（如语用学、语义学、语形学、语音学和句法学）在学业上有效地发挥作用有多么困难。这种观点也表明，必须加强教育者对关于掌握第二语言诸要素的清醒认识。

例如，学生先前所受的教育和母语会影响到第二语言的学习。第一语言使用的字母表和字母与英语相似的学生在英语学习上要比其他学生更容易。而且，诸如家庭成员的受教育水平、父母亲的支持、生活条件、东道国对学生语言和文化的态度等社会文化因素，在学生的动机、学业成就等方面起着关键性的作用。此外，学生的个性和学习取向，需要人们把每个学生看做为有着不同社会、情感、认知和语言需求的个体作一番仔细的评估。

在美国学校里，一旦忽略了与说不同语言的学生的安排有关的一系列复杂问题，第二语言学习者常会发现自己陷入一种"沉浸式或游泳式"的处境之中。换句话说，他们被"整合"进主流英语课堂之中，以便能"沉浸"于真实的语言环境。人们认为这样一来一段时间后他们便可"捡起"英语了。在这种情形之下，我们可以发现孩子们日复一日地以牺牲其他教育为代价来学习生存所需的英语。

一般说来，个体只有在达到中等语言能力水平时，他们才可能应付并完成学业，更不用说全面参与以第二语言开展的课堂活动了。在许多情况下，教育管理者和教师会把一年之中达到"口音与英语母语的人相像"的孩子置于一个正常的英语课堂之中，因

为"他的英语进展不错"。当孩子其他科目考"不及格"时,这些教师和管理者就很"困惑"。而且,大量的第二语言学习者最终落入特殊教育班。

有效的计划是打开学业成功之门的钥匙

在"附加式"计划("additive" programs)中,除母语外,为学生们增加了另外一门语言的说、读、写训练,这就变成了不仅是进行双语教学,更重要的是进行双语教育。这种例子有"双向式"双语计划和"推迟—退出"维持计划。在"双向式"双语计划中,所有的学生用两种语言接受教育,在"推迟—退出"计划中,在学科领域从用学生的母语教学逐步过渡到用过渡性的英语进行教学,直到他们的英语水平熟练到足以转入主流英语课堂。到学生们升入高中的低年级时,除了语言艺术课外,他们接受的教学是全英文的,这有助于学生保留和丰富自己的母语。所有的双语学习者都清楚,一旦一个人在第一语言下掌握了知识和技能,其中很多就不必再在第二语言中进行学习了。

经常进行但被证明是无效的计划是在学生做好准备之前,如在两年的母语学科教学之前,就把他们转入全英文课堂。可悲的是,在这些牺牲学生的第一语言区获得第二语言的"减少式"计划("subtractive" programs)中,学生们并不认为好的英语是在新的全英文"沉浸式"的课堂里获得成功的作为第二语言的英语(ESL)。

这种低质量的计划的实施会让人产生这样的感觉,即双语教育总体来说是不起作用的。20世纪90年代又一次出现的"只用英语"运动("English Only" movement),反映了人们的这种感觉。只用英语课堂的拥护者们倾向于这种观点:"要是我们的祖辈没有双语教育能行,这些孩子们也能行。"(一个关键的问题是:与40年前获得成功所必需的技能相比,在现代社会,我们应该如何界定成功?)而且,第二语言学生中只有30%的人接受双语教育(无论是有效的还是无效的计划)。因此,为何在文化和语言各不相同的人群中产生如此高的辍学率,一定还有其他的因素。

当有效的双语计划由于各种不同的原因不能实行时(例如当缺少能掌握学生的第一语言的教师时),另一种可替代的方法,就是利用"特别设计的英语学业教学"(SpeciallyDesigned Academic Instruction in English, SDAIE)向学生提供综合性的教学。如果在某一年级水平上有足够的第二语言学习者,一名SDAIE教师可能会有一个浓缩的SDAIE课堂;在一个"主流"教室里他们也可能只有几个这样的学生。SDAIE教师应该在第二语言习得、多元文化以及在学业背景和语言水平参差不齐之班级的课堂管理方面有着深厚的职业准备。

有效计划聘用的是训练有素的教师,他们远远不止能提供"良好"的教学。他们清楚:对多数能熟练掌握英语的人来说是足够清楚的说明、图例和解释,而对于第二语言的学习者来说是不够充分的。这些教师会使用大量的上下文线索,如图画、图表以及手工操作。他们通过强调词汇、释义、重复来精心设计语言的使用,增强学生对内容的理解。此外,当面对的是纳入"正规"主流教室中的为数不多的第二语言学习者时,这些教师必须评估其学生的语言能力,并设计相应的教学。

这些教师对他们的学生怀有很高的期望值,而且还知道一个学生的第二语言发展能力并不一定能反映他们的认知思维反应。在学生的第二语言能力发展早期,他们还积极促进学生批判性思维的发展,但他们对学生完成英语表达的学业任务之能力的期望却是很实际的。

同时有必要增强包括教师、学生、家长和员工等在内的社区学习者之间的感情、人际关系和相互尊重。最重要的是每位相关人员必须相信,任何人应该而且能够学会第二语言,成为接受两种教育和拥有两种文化的人,每个人都能成功地完成学校学业。

七、建立学校、家庭与社区的伙伴关系

当被问及家庭是如何参与孩子的教育活动时,教育工作者通常会告诉你,家长会以课堂自愿者的身份被邀请参加学校的各种活动,如开放日、家长会、学校大会、各种体育活动等。一个世纪以来,家长参与的许多活动以及他们所扮演的角色几乎没有什么改变。这些活动已经制度化,它们限制了家长的参与方式,把所有的权力全部归于学校,但却常常忽视了一些群体的需要,尤其是那些代表着不同文化群体的家庭的需要——这些家庭可能不会用英语自如地交谈或不熟悉学校的教育期望。

许多教育工作者认为即使有些家庭不能或没有直接参与学校活动,学校仍需增加参与学校活动的家长人数,教育工作者经常抱怨说:

> 几乎从来就没有很多初中、高中学生的家长参加学校开放日。
> 那些参加家长会的倒不一定是我们需要进行交谈的家长。
> 这些家长并不真正关心他们的孩子。
> 种族或民族群体的名称并不重视教育。

家庭没有直接参与他们孩子的学校教育活动,是有多方面原因的。为了改变家长参与学校活动的模式,有必要先说说家庭的参与。由于家庭人口的不断变化,学校考虑的不再仅仅是父母亲,在谈及参与时应稍微扩展一下家庭的概念,可能的参与网也就有所扩大。在许多家庭中,哥哥、姐姐、爷爷、奶奶或是叔叔、阿姨都有照顾孩子的责任。

其次,需要改变的还有学校和家庭的关系,学校应该把学生的家庭成员看成是合作伙伴。而这种合作必须是出于自愿的。两个或两个以上独立的个体为了实现共同的目标而自愿合作共事,其利益是相互的。合作涉及到分担职责和共同参与。合作伙伴关系意味着听取各方面的"声音",且各种"声音"交互作用。

对于学校和教育工作者来说,伙伴关系意味着家庭和学校共同分担教育权力。家庭成员也应有机会像教育工作者一样提出他们的想法和意见,父母双方都应承担起教育子女的责任。

另一个需要改变的传统模式是教育工作者关于家长参与的旧观点。如果教育工

作者还是一味地考虑那些有限形式的家长参与,那么学校和家庭的关系就不会有丝毫的改变。

爱泼斯坦(Epstein,1992)提出了家长参与的类型学,指出家庭参与的 6 种形式:
1. 家长作为孩子基本需要的提供者;
2. 学校和家庭之间的沟通;
3. 家长学校活动的志愿者;
4. 家长作为家庭中的教员;
5. 家长参与学校的管理;
6. 家长与整个社区合作工作。

另外,斯旺普(Swap,1993)提出的家庭与学校关系的 4 种模式,可以成为有助于教育工作者转变他们看待家长参与的看法的又一种框架。这 4 种模式包括:
(1) 保护模式;
(2) 从学校到家庭过渡模式;
(3) 课程丰富模式;
(4) 合作伙伴模式。

在保护模式中,家长将教育他们子女的责任委托给学校。斯旺普认为这种模式的目的主要是减少学校和家庭之间可能产生的冲突。

从学校到家庭过渡模式涉及到家长支持学校的目标、家庭有责任在家庭中促进这些目标的实现。

在课程丰富模式中,家庭参与学校课程的开发与丰富。鼓励家长带孩子参观水族馆或博物馆,如果学校的课程正讲到某些相关主题的话。

合作伙伴模式企图通过双向沟通与共同解决问题的方法来重塑学校环境。在这种模式中,家庭和教育工作者一起工作来提高学校的所有方面,而不仅仅局限在课程的某些方面。

亨德森和贝拉(Henderson & Berla,1995)报道说,学校普遍采用了保护模式和从学校到家庭过渡模式,而课程丰富模式正逐渐被更多的学校所采用。斯旺普所说的合作伙伴模式包含了爱泼斯坦所描述的类型学。如果学校能将爱泼斯坦的类型学与斯旺普的合作伙伴模式结合起来,那么将会创造出一种家庭参与的新标准。

发展学校、家庭和社区伙伴关系的计划:管理者具有重要作用

爱泼斯坦(Ioyce L. Epstein)
学校、家庭和社区伙伴关系中心主任
霍普金斯大学

我们曾多次发现，学校校长、学区管理者和州教育政策制定者是否共同参与学校教育活动直接影响到学校的成败。尽管不同的管理者有着不同的管理风格，但所有卓有成效的领导者都将工作重心放在一些关键目标上，激励大家努力工作并取得优异成绩，同时认可别人的付出与贡献。只有给予强大的支持，教师、学生、家长、社区成员以及其他社会人事才会不断地致力于发展学校教育。这种支持对于发展学校、家庭和社区伙伴关系的综合计划（comprehensive programs）尤为必要。

什么是伙伴关系的综合计划？首先，这种计划是受理论驱动的。"影响重叠论"（theory of overlapping spheres of influence）认为，学生是在家庭、学校和社区里学习并成长的，学生是这一模式的中心，因为他们是其教育的主角。其次，伙伴关系的综合计划又是以研究为基础的。根据对许多中小学进行的研究之结果，我构建了关于参与的6种主要类型：

类型1：家长会（Parenting）：支持家庭以家长教育的方法，提供家庭支持、帮助家庭了解儿童和青少年的发展、帮助布置家庭环境，以利于学生在每一年龄和每一年级的学习。帮助学校了解学生的家庭背景、文化以及对孩子的期望。

类型2：沟通（Communicating）：通过各种清晰有效的方式，就学校的课程计划及学生的学业进展情况与家长进行沟通。创设沟通的双向通道（从学校到家庭及从家庭到学校），以使家庭能够容易地与教师、管理者、咨询人员以及其他家庭进行交流和沟通。

类型3：自愿（Volunteering）：改善成员吸纳计划，改善培训和活动并修改时间计划，以吸引更多家庭作为志愿者或观众参与到学校或在其他地方开展的活动。这样，教育工作者就可以与那些关心学生和支持学校的定期或不定期的自愿者进行合作。

类型4：家庭学习（Learning at home）：家长和他们的孩子在家里共同参与学习活动，如家庭作业、学习目标确定及其他与课程相关的活动和决定等。鼓励教师设计一些家庭作业，使学生能够与家庭成员分享并共同讨论感兴趣的作业和观点。

类型5：做出决定（Decision Making）：通过各种学校委员会和改进小组、家长教师协会或家长教师组织（PTA/PTO）及其他的家长组织，使家长作为参与者关心学校的决定、管理和倡导各种活动。帮助家庭和教师代表从他们所代表的群体中获取信息，同时也向他们提供相关信息。

类型6：与社区合作（Collaborating with community）：协调社区内的各种企业、机构、文化的和民间的组织，高等院校以及其他社区群体，为家庭、学生和学校提供各种服务和资源。使学生、教师和家庭也能够为他们所生活的社区做出贡献。

第四章 文化多元与社区关系

这6种类型在实际运用中有着数百种具体形式,小学、初中和高中可以从中进行选择。为了将一种普通的计划转变为一种卓越的计划,每一种参与类型都存在着必须面临的挑战。每一种参与类型都会给学生、家庭、教师、学校和社区带来不同的结果。

我们从许多研究中发现,学校在家庭—学校—社区的联系中取得进步,如果这种联系有计划,其进展活动受到学校、家庭和社区伙伴关系的行动小组的指导。行动小组由教师、家长、管理者和其他人士共同组成,其职责是列出当前的活动项目,制定一份三年愿景目标,并撰写年度活动计划,用来自6种参与类型的良好实践实现学校目标。

好的伙伴合作计划会带来什么样的结果呢?许多研究表明:

● 从孩子的学前教育到高中教育的过程中,家庭对于孩子的学习、健康成长和学业成功是非常重要的。

● 州、学区及学校关于伙伴合作的政策陈述尚不完备。学校需要帮助、支持、认可和不断的指导,以便发展、改善和维持学校、家庭和社区伙伴关系的成功计划。

● 所有的社区都拥有促进学生的社会发展和智力发展的资源,及支持学校和家庭的资源。社区资源必须予以组织、调动并融入伙伴关系的综合计划。

● 如果学生的家庭及其所在社区能积极参与到学生的教育活动中,那么学生对学校和学习会抱有更为积极的态度,并在学校中做得更好。如果家长和社区参加一些目标活动或是学科特别活动(subject-special activities),还会产生一些特殊的结果。比如,出勤率增加,不良行为减少,家庭作业情况有所改观,而且学生在阅读、写作、数学以及其他各科的学习都有所进步。

● 当小学、初中和高中之间都建立了良好的伙伴关系计划时,学生家庭都将参与其中,包括那些曾经不愿参与或很难接近的家庭都将参与。

那么管理者又是如何组织和改善他们对学校、家庭和社区伙伴关系的领导呢?对学校、家庭和社区伙伴关系的领导,需要理解、行动和坚持不懈,包括理解6种参与类型的框架、必须予以应对的所有家庭所面临的挑战、家庭参与同具体目标和结果之间的联系等。

我们可以从霍普金斯大学学校、家庭和社区伙伴关系中心(Center on School, Family, and Community Partnership)的全国伙伴学校网络(National Network of Partnership Schools)中获得行动指南。该网络帮助学校、学区和各州制定并运行积极、有效、持久的伙伴关系计划。会员单位可以取得手册、简讯、培训工作坊,可以通过电话、邮件和网址等形式获得帮助,也可以参与研究及经验的相互交流。这些服务都是免费的,但会员单位必须拥有自己的工作人员,确定预算,实施年度计划,发展综合计划,并与中心分享发展成果。

建立良好的家庭、学校和社区伙伴关系是一个长期的过程,它需要投入时间、精力并进行组织。如果在教师、校长和教育局长的年度专业评估中确立学校、家庭和社区伙伴关系的目标,那这种进步就会得到加速。

学校、家庭和社区的伙伴关系已经不再是一种与"真实"的改革努力不相干的主题,这种伙伴关系现在被看做是学校全面改革和学校改进的主要部分。为了使参加双语教育计划的学生获得成功,开发挑战性的课程及实施创新性教学和新的考试和评估,需要获得有关家庭及其参与和投入的信息。总之,良好的伙伴关系有助于提高学校质量,增强家庭参与,使社区充满活力,并促进学生获得成功。所有这些能否实现,管理者是关键因素。

注:这一研究受到美国教育部拨款及 DeWitt Wallace-Reader's Digest Fund 的支持。其观点属于作者,并不必然代表资助机构的政策。要获得全国伙伴学校网络的信息及相关出版物的名录,请联系:Center on School, Family, and Community Partnership, Johns Hopkins University/CRESPAR, 3003 North Charles Street, Suite 200, Blatimore, MD 21218. 电子邮件 sfc@csos.jhu.edu 或网址 www.csos.jhu.edu/p2000。

八、联系学校和社区组织

学校、个人和组织在发展教育伙伴关系中进行合作的共同目的,可以用一句被广泛引用的非洲谚语来形容:"养育一个孩子需要整个村庄的努力。"伙伴关系之所以存在,是因为不同企业和组织的个体在寻求儿童在学业、社会、情感、身体和伦理等方面的发展。

在教育方面,伙伴关系是与学校有关或是以学校为基础的。这些伙伴关系是复杂的,从学校与个人、组织或机构的合作到多层次联合。最近的一些著作也对这一伙伴关系概念进行了评论,认为这种形式不仅是有用的,而且在当今的经济社会环境下,很快会被公认为是必须的(Cordeiro & Loup, 1996;Gardner, 1993;Jehl & Kirst, 1993)。

图 4.2 描述了一些人力服务机构和社区组织,是它们组成了一些研究人员称之为"文化资本"(cultural capital)或"社会文化资本"(sociocultural capital)(Bourdieu & Passeron, 1977, p.90;Coleman, 1993;Cordeiro, Reagan, & Martinez, 1994)。其中心是孩子,先由家庭,尔后由学校和学区所包围。

其他一些实体也直接或间接地影响到孩子所在学校和孩子的家庭生活。这些实体包括宗教组织、高等教育机构、非盈利部门,如博物馆、艺术团体、政府机关、医疗机构、媒体、社会服务机构、商业机构和社会少数民族组织,如 YM/YWCA 之类的青年组织、男女童子军、公园和娱乐场所、与教育相关的组织以及迅速变化的外部世界每一个机构和组织都是对所有儿童提高服务的网络的一部分。学校和学区需要承担一种全新的角色,协调这些实体机构同学校以及同家庭之间的的关系(见第九章)。

科尔代罗和科列克(Cordeiro & Monroe-Kolek, 1996)确认了存在于这些组织和

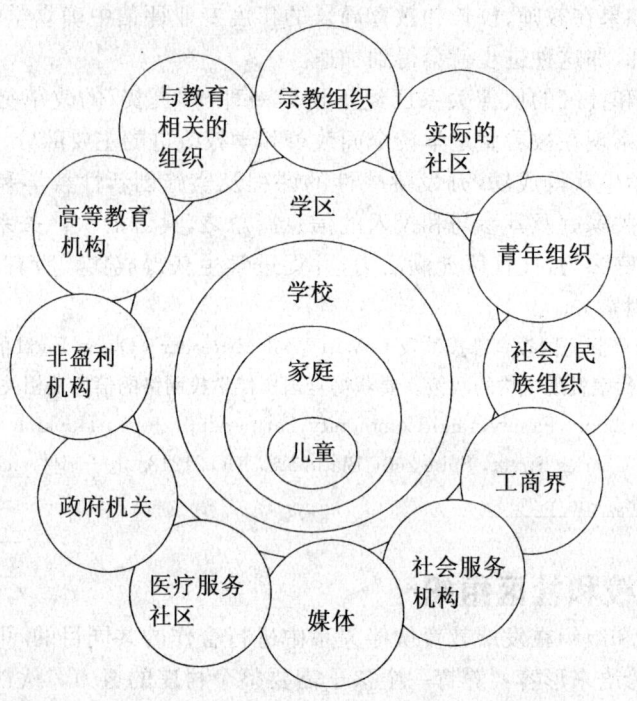

学校中的如下5项关键因素,它们构成了成功伙伴关系的前提条件:领导、信任、稳定、准备和共同的议程。这些因素之间的相互作用,形成了伙伴关系得以建立的基础。如果没有这种基本框架,要建立一个能改善孩子生活的稳固的学校—社区伙伴关系是不太可能的。

科尔代罗和科列克的研究发现,如果上述的前提条件要想存在,必须有支持合作的4个条件。任何伙伴关系中的关键是沟通的问题。沟通的形式看上去似乎不是主要的因素,但事实上人们需要定期的和持续的沟通。伙伴关系要保证在某种方式上对伙伴双方都有利,这是保持伙伴关系稳固的另一个因素。资源的调整和集中是又一个因素。约翰逊和加尔万(Johnson & Galvan,1996)提出,与这些努力相联系的利益和交易成本表明某些伙伴关系事实上可能会增加合作双方组织的实际支出。因此,合作伙伴必须做的不是重复服务而是填补服务供应中的空白。

这些学者所确认的保持这种伙伴关系的最后一个关键因素是对社区的了解。解决这一问题的方式之一,是麦克奈特和克雷茨曼斯(McKnight & Kretzmann's,1993)提出的财产制图(asset mapping)概念。特别是在城市和社会经济条件不太好的社区,一种趋势是看重当前并不存在的支持儿童成长和发展的条件。麦克奈特和克雷茨曼斯认为,贫穷的社区其实有许多可利用的资源,如学校、民族和宗教组织、高等教育机构、教堂和图书馆等。

因为孩子的需要是没有界域障碍的，服务和各种计划迫切要做的，就是跨越和消除界域，填补空白，这对于保持成功的伙伴关系是至关重要的。通过这种方式，重心就可以从关注组织自身转向关注儿童。

> 栎树高中的教职工和管理层应该考虑发展什么样的社区伙伴关系？

九、结论

一些社会和文化因素影响着孩子的学习。种族、社会阶层、性别、残疾、家庭、居家环境和语言等因素，是教育工作者必须更好地予以理解的许多因素中的一部分。对于这些因素的仔细思考，有助于教育领导者分析问题，从而可以制定出谨慎的教育计划。教育领导者必须创造条件以构建与家庭和社区机构之间的有意义的伙伴关系。这类伙伴关系能够帮助教育工作者和社区成员为孩子们提供服务，从而使所有学生都能够更好地学习。

档案袋物品

- 重新访问你的教育纲要。你的教育纲要是如何述说你关于教育平等问题的观点？教育纲要是如何处理与多元文化教育相关的问题的？
- 采访一位与学校有着伙伴关系的社区机构的成员。这个人的观点是如何影响你对学校和社区的看法的？
- 安排一次与学校有伙伴关系的组织的一位领导一起工作的见习期。
- 检查课程。课程是否反思了本章所讨论的多样性问题？
- 同一些在种族、社会经济地位、少数民族、能力或障碍等方面与你持有不同观点的人上呆一段时间，并对这段经历进行反思（例如，与一位在学校服务于异族者交换一周工作）。
- 一起骑自行车同一位警官在一个不同于你所在社区的另一个社区转一转。（许多警察部门为居民提供特殊计划）对这段经历进行反思。
- 到你所在的社区之外的社区或国家旅游。
- 搜寻网站：全国多元文化教育协会（National Association of Multicultural Education）。www.inform.umd.edu/NAME。这个网站可能是有帮助的，教育管理者以什么方式发现这一点？

推荐阅读文献

Bennett, C. I. (1998). *Comprehensive multicultural education: Theory and practice*. Boston, MA: Allyn & Bacon.

第四章 文化多元与社区关系

Capper, C. (Ed.)(1993). *Educational administration in a pluralistic society*. Albany: State University of New York Press.

Cordeiro, P. (Ed.). (1996). *Boundary crossings: Educational partnerships and school leadership*. San Francisco: Jossey-Bass.

Cordeiro, P., Reagan, T., & Martinez, L. (1994). *Multiculturalism and TQE: Addressing cultural diversity in schools*. Thousand Oaks, CA: Corwin Press.

Nieto, S. (1996). *Affirming diversity: The sociopolitical context of multicultural education*. New York: Longman.

Nieto, S. (1999). *The light in their eyes*. New York: Teachers College Press.

Reyes, P. E., & Scribner, J. (1999). *Lessons from high-performing Hispanic schools*. New York: Teachers College Press.

Sleeter, C., & Grant, C. (1993). *Making choices for multicultural education: Five approaches to race, class and gender*. New York: Merrill.

Smrekar, C., & Goldring, E. B. (1999). *School choice in urban America: Magnet schools and the pursuit of equity*. New York: Teachers College Press.

West, C., & Sealey, S. (1997). *Restoring hope: Conversations on the future of black America*. Boston: Beacon Press.

第五章　学区的组织结构与领导

引子：挑战奥费利亚高中的旧行为

你是奥费利亚高中（Ophilia High School）的新校长，该中学长期以来保持着优秀的传统。在全国标准考试中，该校学生的考分一直保持在 65 到 75 百分点之间。超过 88% 的学生通过了州级评估测试。学校拥有大量的优秀学者，尽管学校的服务对象相对说来是中产阶级的居民们，但该校仍有近 65% 的毕业生升入大学。奥费利亚高中拥有本州最高的毕业率与最低的辍学率，这一点尤其令校方感到骄傲。学校以前曾入选为总统卓越学校（Presidential School of Excellence）。学校员工一直坚守着岗位，并在共同奋斗中创造出一所杰出的高中。前任校长的座右铭就是："在你能够赢得学生的头脑之前，你必须先赢得他们的心灵。"学校教师已经全身心地投入于"奥费利亚优异"（excellence at Ophilia）。

最近，学校董事会主席、教育局长福特（Robert Ford）声称："我们一直在做那些我们已经比以前做得都好的事情；然而我们却正在做错误的事情。"这位新任的教育局长要求学区的每位校长重新将学校工作的重心定位在知识的实际应用和分析能力、批判思维及创造能力的提高上。他提出"我们今天所做的是明天需要的吗？"的问题，但他的回答是"不！"。他要求中心办公室（central office）的员工支持学校中的这些工作，以对教育学生的方式进行明显的范式转型（paradigm shifts）。他解释说，学校"画着线条和方框来简化教学并使内容区分和可测。问题是，世界不会在方框中运行，而学生亦没有准备好将他们学到的东西应用于存在于学校教育之外的竞争。因此，校长和教师们必须反思教育，而中心办公室的员工则必须推动这一工作"。

学校董事会和教育局长的意见得到了商业界人士和一般事务团体的广泛支持。奥费利亚高中的全体教职员工发现他们规定的许多东西，如学术性学科领域、等级水平、有独立设施的教室、为期 9 个月的学年、教科书、测试、技术应用以及 A—F 的等级都在受到挑战。当地方商业行政机构主席指责学校"在要求大规模改革期间存在着很大的由来已久的惰性"时，当地教师大为震惊。她接着说："学校与近 40 年前我读中学时一样，没有发生一点变化。"

在最近的一次校长会议上，福特局长表达了学校董事会新的关注热点和各位成员的担心。他激励学校教职员工开发出"更为有力更为复杂的内容"，并注重"在各种各样具有挑战性的环境中进行应用"。他一直在重组中心管理人员以协助和支持学校的工作。此次会议所讨论的主题包括跨学科方法；真实性环境；与应用相关联的技能；利用网上知识和远程学习技术；根据展示、产品、展览等方式进行的评估；建构主义的主题方法；整合在线与非在线的技术；自定进度的个别化活动；专家的利用；以应用为本的进步指标；说写素养以及档案袋评估。福特局长曾要求你提供"转型的领导"并"开发一种有效的现场本位的学校改革模式"。他承认说："这将是困难的，因为教师们认为他们正在做的事是正确的。所以，你面临的挑战是如何使你的教师们提高满足新要求的能力并与其他人共同建立新的教学模式。我们想创建一个不论在上层还是课堂一线都能顺利发挥功能的团队。"

在思考这一新观点时，你会认为这是正确的方向但却又为必需的大量改进的努力所困扰。学校在努力提高学生的考试成绩和学校报告卡过程中，很少去考虑新世纪和千禧年所需要的学生类型。计算机已被用作为打字机，但学校却还没有电子通信或因特网设施；商业伙伴未对教学进行任何投入；学习在评估和学科领域中被分解得四分五裂；对能力或技能未能进行真实性评价；教师缺乏技术知识；教师未能做好准备开始在学校教育中采用全新的方法。事实上，不管是家长、中心办公室还是学校教师，都没有真正认识到改革的需要。改革的重心已经放在学校本位的绩效指标（performance indicators）上。

人们要求学校董事会、教育局长、中心办公室成员和学校职员重新考虑奥费利亚高中的教育情况。大家对自己将在这场改革中扮演何种角色都不太清楚。你也想知道每个人在学校改革中应扮演的角色以及自己将需要什么样的帮助。

> 那么，作为校长，你是否从合适的资源中得到了所需要的权威并开始努力进行改革？你将寻得帮助与支持吗？

一、地方的角色

劳伦斯和罗斯切（Lawrence & Lorsch,1969）把组织描述为"协调每一个贡献者为执行规划了的事务所作的不同活动与环境的关系"（p.3）。组织是一个结构，在这个结构中每个人都在追求既定的目标与目的。"除阐明工作角色和权威关系外，常规的组织还明确界定了诸如组织的交往方式、政策与程序以及行为准则与处罚措施此类的详细内容，并将它们编成法典。"（Loveless & Jasin,1998）

我们可以确定一个组织的结构及其各种内部职位。人们拥有组织中的这些职位，他们具有独特的个性和履行其正规的角色和组织结构的独特方式,而各个组织也因此而显得各不相同。结果,一个组织总是具有显性的和隐性的两个方面。隐性方面往往与组织和时间有着特殊的关系,而显性的常规结构在所有组织中都是非常稳定的,因此比较容易被描述和理解。一般来说,常规组织阐明了人们共同工作中所存在的组织结构,但非常规组织必须处理组织内的那些不确定的人为因素和组别。

尽管正式界说下的结构未能描述出所有的现实情况,但意识到这些却有助于人们去理解一个组织的运行。行为准则与角色是常规组织结构的两个重要方面。斯格特(Scott,1992)将这两个要素定义为:"行为准则是指导人们以一种特定的,尤其是适当的方式追求目标的行为的总体规则;角色是在评定拥有特定社会地位者之行为时的期望和所运用的评价标准。"(p.16)斯格特接着解释道:"组织的这两个要素是为了建立一套相对连贯一致的信念与规定,以此来控制参与者的行为。"(p.16)组织结构不仅可以约束人们的行为,还可以激励人们完成比他们在漫无目的且组织涣散情况下所能做的更多的事情。每个人在组织中工作往往能比他们单独工作产生更大的成果,因为组织可以促进协同的效果。

布罗(Peter Blow,1970)主张:"常规的组织结构展示了一些规则,这些规则可凭借其自身的权利而得到研究,而不需要调查组织中每个个体的动机。"(p.203)这一章的重点是论述具有官僚结构的典型的地方学区以及学区中两位关键人物——教育局局长和校长的角色。

二、地方学区

美国公立教育的分权导致了具体学区结构方面实质上的多样性。地方学区是美国教育结构的基本组成单元,大约有1.5万个。然而,尽管有如此多样的系统,但仍然存在着一些一般的结构范型和问题,如权力结构(authority structures)、政治范型、准则、角色和任务等。典型的是,在学区组织内部,主要的职责层次是学校董事会、教育局长、中心办公室管理、学校管理和教师员工。

教育通常是地方政府单项预算中的最大组成部分,而且就全部雇员而言,教育部门的人数多于州政府和联邦政府的人数。地方学区管理着其区域范围内的所有公立学校,并拥有社区影响地方教育的功能。地方学区是准市政机构(quasi-municipal corporation),是州政府职能的延伸,并从州政府获得权力。地方学区拥有一种永恒的地位,作为一种个体而行事及挽救任何成员的生存,而且只要官员和雇员以一种良好的信念行事,不存在欺骗和勾结,学区的责任是有限的。

由于学区有自己的董事会和学校管理实体,所以它脱离于其他政府部门。教育是州的职能,地方教育委员会不仅代表州政府,也代表该区的居民。它代表着学区在法规和宪法中所享有的权益。学区要么在财政上独立,要么从其他政府部门那里获得财政上的支持。独立的学校董事会成员由市长(经议会同意)或县级督学(county supervisors)任命。某些情况下，董事会成员也可由该区域内的居民选举产生。必须选举出独立自主的董事会。绝大多数的城市学区都有独立的学校董事会，这些董事会必须从被选举或被任命的市政官员那里获得优先支持权，最后合法地决定地方征收税额、税率以及学区经费预算的比例。

学区教育局长与学校董事会之间的关系和接口，对学区内教育计划的成功与否起着关键作用。然而，只有一半左右的州的学校规章界定了学校董事会与学区教育局长之间的关系。立法指导的缺乏导致了学区教育局长的地位、权力和责任的混淆。

总之，学校董事会可以拥有自由地确定学校方向的权利，这在教育局长看来是可信的。美国学校管理者协会（AASA）一直都在为教育局局长模棱两可的角色表示关注。在1994年，协会提出了解决这一问题的方法：

> 美国学校管理者协会（AASA）认为，有效的学区领导与学校办学成功及学生学业成功之间有着重要的关系。当教育局长与董事会之间的作用与责任得到明确的规定和履行时，这种关系就得到加强(p. 19)。

大多数教育管理者都知道，管理者与学校董事会之间的关系对学校办学成功是多么重要。当这种关系开始恶化时，许多人已经经历了失业的遭遇（Carter & Cunningham, 1997）。

董事会成员对学校运作的影响通常有限，因为他们都有自己的全日制工作，因此他们在履行董事会责任时所付出的时间与精力有限。这种情况又掺和着大量入学人数、州立法规和联邦法规、社区政策、教育专业技能、经费预算紧缺等问题。结果，只要社区不关心，学校董事会便将大量的决策权留给了教育局长和学区的工作人员。这并不是说董事会成员没有权力——因为他们可以采取一些会产生重要结果的处罚措施，包括教育局长的聘任和解聘。

为了确保政策、法律与法规能够得以坚持，有效教育得以进行，预期的目标和结果得以实现，中心办公室与学校层面的管理者就须具备领导和管理的才能。管理结构之不同层面上所行使的权力是变化着的，而且常常处于一种不稳定状态。比如说，20世纪90年代，权力在某种程度上已从中心办公室管理者那里转移到基层学校，但并不是所有学区都出现了这种现象。同教育局局长一样，校长也是普通职员（业务人员），人们希望他们能够确立学区内学校的特色及发展学校的文化。中心办公室成员是典型地围绕专门工作领域而组织起来的，如金融、学生、人事、课程与教学、日常工作和后勤等。中心办公室成员被作为专家而看待（这些将在下一章予以讨论）。

行业的概念与行政（staff）的职责已经超脱了经常存在于组织内的等级制结构。职权（权力）和职责（义务）从组织的顶端下移到组织的底部。那些服务于行业职位的人们则体现了履行运作功能所要求的权力和职责。人们开始用上级与下级之间的界线来界定成员间的交流方式、职权等级及其相互关系。行政的权力来自于一种需要，即需要特定领域的专家向该领域的官员（line officer）给予支持。行政关系常常是行政—业务的管理关系，这种关系可以发生在学区内部任何层面。行政概念给组织提供了一个水平面，而业务官员特别需要行政人员的协助，以帮助履行特定领域中的职责。

> 那么，在地方学区范围内，学校改革的驱动力存在于哪个层面？它看上去是个问题吗？

三、学校董事会

理论上，学校董事会是决策机构，教育局长和学校教师则执行其制定的政策。然而在实践中，有时候董事会也从微观上控制学校，而教育行政人员则会对政策进行陈述。这种职责界限的模糊常常导致不满，从而又破坏了学区的有效性。事实上学校董事会有权为学校制度提出战略性的计划和决策，大多数董事会成员认真地履行着这一公民职责。

地方学校董事会的职权分为：（1）法规明确允许的职权；（2）公正且必须隐含在已明确允许的职权中的职权；（3）为实现学区目标而必不可少的职权。董事会只有遵守州的法规，其他别无选择。然而，董事会只要发现州的法规并没有代表学区的最佳利益，便可以通过既定的立法渠道修正、变更或废除法规。法律给予了董事会成员大量自行处理和自决判断的机会。学校董事会也能为社区的民众负责，并为他们提供一种能充分表达自己的忧虑的有效机制。然而，公立学校有的时候也会成为政治的舞台，在这里各种意识形态、社会、经济或宗教信仰的差异得到调和，但实际上有时却牺牲了学生的需求。担任董事 职可以成为将来谋求更高政治地位的踏脚石。

所有董事会都有决定学区内薪水和工作条件的合法权。他们有权聘任和解聘学校领导，有权批准解聘其他所有的教职员工。学校年终预算必须获得他们的批准，而且他们有权在获取必需资源的过程中给予支持。他们还有权决定资本购买信贷。他们解决与社区价值观念密切相关的问题，如家庭生活与性教育、宗教信仰问题、受欢迎的道德行为、个性化教育以及社区所关注的其他问题等。他们随时会通告社区学校的总体情况，并帮助地方为建立学校制度而给予支持。他们批准管理学校的所有政策。

学校董事会参与确定校址、选择建筑设计和承建商、决定入学者的范围、参与合同签订以及与雇员团体进行谈判等。董事会的大部分时间用于解释政府其他部门制定的规章。董事会提供所有会议的会议记录，这些记录被视为官方记录，并对纳税人开放。所有董事会会议必须向公众公开，除非是讨论学校人事问题的特别"行政会议"。尽管会议是公开的，但以往的调查表明：只有不到6%的美国公民曾参加过学校董事会会议(Boardman & Cassel 1983, p. 740)。

美国学校管理者协会的专题报告《建立董事会与管理者之间更好的关系》(*Building Better Board-Administrator Relations*)(McCurdy,1992)指出,董事会和教育局局长自身以及他们之间(on and between)的压力越来越大,并指出董事会对参与学校领导工作已经变得更为积极。报告总结道:"一系列广泛的调查结果、专家分析及教育局长、董事会成员和其他人的意见都表明,董事会与教育局长之间的关系总的来说保持着持续的稳定,但近几年来这种关系开始变得越来越紧张。"(p. 30)现在已经发现的一些领导因素增加了董事会与教育局长之间的紧张与摩擦,这些因素包括对彼此角色的误解和对个别董事会成员的偏袒等。另外存在的一个问题是,教育局长要么没有花足够的时间与董事会成员进行交流,要么在会议期间没有与他们保持联系。如果董事会觉得自己没有参与决策过程,或者教育局长用命令来控制董事会或专横行事,那么他们两者之间就会更加疏远。董事会产生的问题包括干预管理工作(微观管理);单一问题、单一区域或单个兴趣成员的存在;泄露行政会议上讨论的内容;干涉人事问题;试图给予亲朋好友以优先照顾;缺乏技能、知识和经验;董事会成员对政治权力、职业生涯或行动主义的追求等。

许多调查人员指出,董事会人事变动是导致关系恶化的一个重要原因。一个董事会的新成员可能不会支持前任董事会成员认为是重要的行动或个人素质。董事会成员的变动常常被看做为学校放弃行动和不信任产生的一个重要原因。当一个新成员获得了他付诸全力所追求的委托权时,这种状况就尤为明显。

董事会成员越来越重视选区中的政治选民,也越来越多地拥有再次被选举的机会。在许多教育局局长看来,极其关心政治的董事会成员的决策是"将更多的注意力放在怎样获得选民的支持上,而不是什么对儿童最有利上。"然而,即使这些决策在经历了一番艰苦奋斗后达到了最有利于学校的程度,但这种疏远选民的决策可能会导致失去董事会的支持。教育领导者明白,如果他们或他们将采取的行动需要在伴随几乎所有的决策热情中幸存下来的话,他们就必须得到董事会的支持。

有关这种现象的一个例子出现在一次非常激烈的是否赞同给学生分发避孕套的表决会上。费城市教育局长克莱顿(Constance Clayton)能够使学校董事会建议并支持这个想法。纽约大学校长费尔南德斯(Joseph Fernandez)因为在诸如分发避孕套的问题上与董事会和社区发生了政治斗争,而最终被免职。很多董事会成员和社区成员称他为"避孕套大王"。教育局长不可避免地要面对一些有争议的问题,并且如果他们的董事会没有支持他们的观点和提供帮助,那么他们将陷入困境。

教育局长指出,平衡点已经转移到了政治敏感点上而不是工作表现上。"绝对地说,政治家起着很大的作用。"霍斯顿独立学区的教育局长皮特兹罗(Frank Petruzislo)博士说:"许多情况下,能力并不是问题,但与公共部门或私立部门相比,它却使这些工作的完成更有难度。"(Carter & Cunningham,1997,p. 104)

在纽约,过去的十几年里已有5位教育总监(chancellor)受到了谴责(尽管并没有将全部责任怪罪于他们),许多社区成员要求对学校董事会进行一次整体重组。事实上,整个美国的学校董事会都在受到州政府、教育专家、全体公民的批评。来自教育领导研究所(Institute for Educational Leadership)、经济发展委员会(Committee of Economic Development)和20世纪基金会(Twentieth-Century Fund)的报告都建议将学校董事会改为教育政策委员会(educational policy boards)或儿童与青少年协调委员会(children and youth coordinating boards),以便增进学校董事会与地方政府之间的关系,加强对学校董事会及董事会选举的参与,制定州立工作标准以确保董事会的可信度。肯塔基、西弗吉尼亚和马萨诸塞州已经公布了有关修改地方学校董事会责任的法令。《卡潘》(Phi Delta Kappan)杂志1994年第1期曾辟专栏刊登了学校董事会改革和学校管理方面的文章。仅仅这一专栏就包含了有关改革学校董事会的25种以上的建议。

也许,学校董事会改革的不稳定性在一场激烈的争论中得到了最好的展现。这场于1993年在佛罗里达州奥兰多市召开的学校管理者协会年会上,改革拥护者、斯坦福大学教授科斯特(Michael Kirst)与原全国学校董事会协会(National School Boards Association)执行主任仙农(Thomas Shannon)之间发生了一场争论。科斯特认为,学校董事会应放弃一些责任以便成为更好的学校政策决策者和远见卓识者。他还主张董事会应该聘任教育局长,制定学区计划,明确基金优先权,制定教职工发展政策,批准重大基础设施建设项目以及开发课程结构等。学校董事会不应掌握控制权,不应批准竞争投标合同和款项,不应做出人事决定,也不应从微观层面管理学校等。科斯特在其文章中声称:"一般条件下,尽管政策与行政管理是不可能分离的,但正如教育领导研究所(IEL)的研究所提议的,学校董事会转变为教育政策委员会将明确地规定地方学校董事会未来角色的界限和适当的重心。"

仙农指责科斯特以及其他改革者试图让学校董事会成为教育失败的替罪羊。他说董事会鼓励改革,但不管基金会还是民众都没有支持必需的改动。他争论道,科斯特的改革建议破坏了学校董事会的权力,从而削弱了公共教育的代议制管理(representative governance)。仙农问道:"公众是想让学区决定中的实质性部分由教育局长在他们的行政办公室中秘密制定出来,还是想让他们在公开场合下开诚布公的由教育局长和董事会共同制定出来呢?"

丹兹伯格(Danzberger)(1998)声称:

> 教育领导研究所已努力将总体改革提升到了州的改革议程上和国家的教育改革领导者中……
> 州的决策者应避免束缚于整体的地方管理改革,尽管它对于完成州自身的教育改革目标来说起着关键作用。政策风险似乎太大……当然民众并没

有广泛要求改革地方学校董事会,但有人打算迅速组织工作网或利用已经组织起来的工作网,迎接任何已经意识到的变化的挑战,以削弱与人们密切相关的代议制机构的权力,从而加强专业教育工作者的权力。

不管怎样,对于其社区和儿童,董事会和教育局长有义务去建立真正的伙伴关系,并为社区塑造一套最适合的教育体系。

确定政策与监督学校是件非常困难的工作,而且大多数学校董事会成员也因其自愿服务学校而受到了许多赞誉。他们在相互抵触的意识形态、政治压力以及变动的经济与社会状况中充当着决策者。他们与商业、政府和社区组织一同不断地为学校的发展和学生福利的提高而努力着。高级公共论坛中存在着许多失误的可能。事实上,现在许多董事会会议是通过电视向当地社区直播的,而且受到了媒体的大量关注。批评者和支持者都向董事会提出许多问题,让他们感到了压力,而这些压力同样是教育局长所承受的。

学校董事会是我们政府民主建设的一个重要部分。古德(Howard Good,1998),一位学校董事会成员,声称:

有些人认为学校董事会自身的一个主要弱点——被好心的业余人士所领导的现状——实际上可能是一种力量。美国的学校董事会是个独立的机构,世界上没有任何一个地方对教育的控制会像美国这样与其人民联系得如此紧密……我认为,我们可以毫不夸张地说,今天,当官僚的规章迅速增加而且遥远的高度集中的社团控制着我们生活的许多领域时,地方学校董事会却是仅存的民众民主权力的少数几个范例之一。

那么,奥费利亚高中的学校董事会在支持改革议程上担任何种责任?学校是怎样获得董事会的支持的?

四、学区教育局长

学区教育局长是学区的主要教育领导者和发言人。学校董事会的关键作用是支持有效领导,但是教育局长有专业知识、技能、有义务、有地位,能把握学校的未来。美国学校管理者协会(AASA,1993)的教育局长标准委员会(Commission on Standards for the Superintendency)作了以下陈述:

在很大程度上,美国学校的质量有赖于学区教育局长的工作效率。我国学校行政部门的领导责任非常复杂,只有那些出类拔萃的人才能担任这一职位,而这类人才又必须由社会来提供。他们的观点和行动集中在创造一种学校,这种学校将激励我们的孩子们成为成功的、有责任心的美国公民,使他们能够成为有献身精神的世界公民。

教育局长的职位要求由颇有胆识、富有创造力、精力充沛并具有远见的学校领导者担任,他们能够迅速地对各种各样来自于社会变化的问题做出回应,能够应对各种各样的学生群体,能够适应平等的需求,也能够为每个孩子来提高学校质量并有效地利用新的技术(p.3)。

美国教育需要领导、政治常识、改革、社区支持与改进后的 21 世纪的教育。教育局长成为学校董事会的首席执行官,他们向董事会提供专业性建议、领导改革、管理资源及与公众的心得交流。因此,教育局长已成为组织中最显著、最易受攻击和最具潜在影响力的成员。教育决策通常是在社区、州和国家的许多部门的强烈要求下而制定的。教育局长的主要责任是协调相互冲突的期望,在不过分地产生敌对情绪和不信任感的情况下协调多种政治议程并转变一些观念。作为首席执行官,教育局长的成功很大程度上取决于他们在运转一种真实而有效的学校制度时处理以上这些压力的能力。

库班(Larry Cuban,1988)曾将教育局长的核心作用界定为教学、管理和政治的作用。教学作用指确定任务、建立校风、确定例行仪式和结构、创造并强化课程与教学策略、制定标准以及对今后的改革进行指导等。教育局长还通过计划的制定、政策的实施、信息的提供、经费的预算、资源的监督与冲突的协调等参与到管理中(Cunningham & Hentges,1982)。发展最快(fastest-growing)的责任或许是政治的作用。人们期望教育局长能满足迅速增长的选区选民的需求,并能对这些群体和人们产生影响。库班说:"这三种作用组成了督导的核心。然而,在学校行政机构发挥这些作用的过程中还存在着许多复杂性。"(p.142)

在减少预约活动的时间安排中,教育局长的主要功能是领导教学、财政与日常工作管理、总体计划制定、人事管理、学校绿化管理、交际与公共关系以及为学生服务等。许多教育局长很难安排自己的日程,他们常发现自己总在处理似乎每天都要发生的问题与危机。教育局长主要与学校组织成员和董事会成员之间存在着相互作用,但来自于各种各样的社区组织(家长、小贩、大众媒体、商会、市政府官员、特殊利益集团、市镇领导、商务社区、牧师与神职人员、警察及其他人)的要求也越来越高。

教育局长与地方学校董事会正在经历来自于那些大权在握的机构的压力与反压力,这些机构常持不同观点。教育局长在协调这些相互冲突的期望和利用授予权的同时,也要赋予教师权力,以让教师能够设计和实施课程。更大的分权以及学校行政人员、教师和家长的参与,导致了"决定什么将在学校中发挥最好效应"问题的产生。教育局长还要响应全州范围的基于标准的改革(standards-based reforms)。这种"关注年轻人正在学习什么"和"学得怎样"的形势已经成为整个美国许多学区的驱动力。一些州已将学术成绩与中学毕业生以及学校是否合格联系起来。《1999年质量分析(Quality Counts 1999)》报告(Education Weekly, January 11, 1999)指出:"压力依然存在。在勉励和哄骗学校发展的若干年后,决策者决定采用强硬手段。各州正逐步采取措施,奖优罚劣以确保儿童获得良好的教育以及不浪费税款。"(p. 5)53%—77%的雇员和家长"赞同"这些标准/评价/绩效责任的方法,然而64%—76%的教师却是持"反对"态度。

教育局长正面临的现时挑战,是处理所有各种各样来自国家、州及地方要求提高学校工作效率的压力,与此同时,他们也正与地方学校董事会、中心办公室管理者及校教职员工为开创尽可能最为有效的学校而共同奋斗着。正如诺顿、韦伯、德鲁哥希和希伯茨(Norton, Webb, Dlugosh & Sybouts, 1996)所建议的:"就是在公立学校竞技场中,管理者和董事会成员必须倾听选民的声音,必须通过一系列的防范措施来制定和实施合理的教育政策以维护儿童利益。"(p. 104)

每个实体都在教育过程中拥有合法的角色。然而,教育局长与董事会有责任决定怎样在学区里扮演这些角色。现实证明,这一过程是非常困难的。每个决策都将进一步影响学校议程的方向,这样往往会有利于某一群体而不利于另一群体。然而,教育局长必须有能力对有争论的问题做出决定,必须有能力解释和维护这些决定的依据,从而使自己能够得到很好的理解与支持。决策应该建立在对全部有利害关系的政党所处地位的清晰理解以及对各种条件和预期结果准确无误的评价基础之上。教育局长的决策应建立在有根据的核心价值观和政策基础上,而不应被迫去迎合充满压力的环境。

美国学校管理者协会与全国学校董事会协会于1980年首次联合召开会议,尔后又相继于1992年和1994年召开了两次会议,共同制定了有关教育局长的角色和责任的指导方针。本章附录5将介绍这些指导方针(AASA-NSBA, 1994, p. 11—12)。

为了进一步解释教育局长是一种职业,美国学校管理者协会标准委员会确定了一系列职业标准(AASA, 1993)。委员会说:"所有教育局长都应该符合8条职业标准。"教育局长的职业标准可以归结如下:

- **标准1:领导与社区文化**

    这一标准强调执行领导才能、洞察力、塑造学校文化与氛围、授予他人权力以及对多元文化与种族的理解。

- **标准2:政策与管理**

    这一标准以与董事会共同工作程序的确定,社区政策、标准与规章的制定,以及我国民主社会公立学校管理的描述为核心。

- **标准3:交际与社区关系**

    这一标准强调向社区和媒体清楚且有效地解释地方区域的构想与意图的能力;还

强调对社区反馈做出的反应以及达成一致意见以强化社区的支持等。

- 标准4：组织管理

这一标准要求搜集、分析和使用有关政策信息的能力，发现与解决问题的能力以及设计解决问题方法的能力。它还强调有质量的管理以满足内外消费者的期望以及资源的配置。

- 标准5：课程规划与开发

这一标准检验的是教育局长为提高教学而进行课程战略计划设计的能力，运用认知发展理论的能力，使用有效可靠的性能指标的能力，以及检验过程与解释电脑及其他学习技术使用的能力等。

- 标准6：教学管理

这一标准衡量的是对有关学习与教学策略的研究发现，以及让学生成绩最优化的资源的知识及其使用。它还关注将研究发现与最有效的经验运用于整合多元意识与多元评价下的课程等。

- 标准7：人力资源管理

这一标准评价的是有关确定教职员工评价与评定的能力，以及建立监督提高工作效率体系的能力。它还要求解释和应用有关人事筛选、发展、留任与解聘等合法要求的能力。

- 标准8：领导的价值观与伦理观

这一标准强调的是理解并塑造适当的价值体系、伦理观和品行端正的领导。它还要求教育局长具有对多元文化和种族的理解，并要求他们与社会机构和人力服务部门进行合作，以帮助每个学生成长和发展成为一个有责任、有知识的公民。

教育局长的角色正从命令、控制转移到指导、协助和协调上。当教育局长鼓励进行试验时，他们就要建立指导、联盟和理想主义的文化。教育局长的注意力和精力主要集中在教育目标上。人们要求他们培育一种能提高教学效率的文化。他们必须让人们了解学生在学区中学到的知识。教育局长必须向公众灌输一种思想：即学习是美国社会的核心价值。

> 那么，教育局长如何更好地支持奥费利亚高中的必要改革？学校如何获得教育局长的支持？

五、中心办公室的运作

中心办公室行政管理人员包括副教育局长、教育局长助理、主任、协调员和督学

第五章 学区的组织结构与领导

(supervisors)。中心办公室职员通常在官僚模式下工作,这种模式主要强调计划、服从、发展与绩效责任。大多数中心办公室职员为那些在学校服务的教职员工提供专业指导。尽管中心办公室职员人事部没有直接控制学校,但他们却借助其职位、知识、时间和资源而拥有相当大的权力。

以工作责任及学校规模为基础,中心办公室职员通常被分为不同单位或部门(departments)。部门划分是在核心行政人员中进行任务细化时常用的。组织图粗略地描绘了部门划分,这几乎是所有学区都使用的。组织图说明了利用组织渠道的各个不同职位与所有其他职位的正常关系,部门中每一成员的权力与责任的分配通常通过这种渠道来进行。当一个人被任命担任某一职位时,他(她)应向惟一的上司(命令的别称)汇报工作并拥有必要的权力去完成所有分配给他(她)的任务。一个人的权力总体上应与其责任相均等。

部门通常包括人力资源管理、课程与教学、行政与后勤服务、财政、技术、学生事务服务、信息与社区关系、运输以及规划、评价和发展服务等。这些部门大部分是向教育局长、副教育局长、校长及教师等业务部门人员提供支持的。行政部门成员通常在处理一些细节工作、确定需求及具体领域等给予帮助和建议。

中心办公室职员一般提供特殊服务或履行其特定责任,而这类特殊服务或职责是业务部门成员应做的,假如他们有时间和专长的话。业务人员通常是一个全面手,而行政人员则是一个专家。行动权力被赋予业务人员,行政人员则提供建议性和协商性的服务。中心办公室职员的工作是学校工作人员工作的补充。中心办公室职员的主要职责为:

1. 提供新开发领域的技术专业知识。
2. 对行动计划提出建议。
3. 与组织的其他人讨论计划,以促进信息的交流和学校决策的制定。
4. 准备有关肯定工作成果的书面文件。
5. 解释、说明由监督员们做出的决定。
6. 进行评估和研究,并搜集、总结和解释结果。
7. 协助业务部门的人事努力开展新计划。
8. 向其他人公布该领域的进展现状并提供建议。

理论上,中心办公室职员应借助其专业知识、信念和威望去影响那些运作负责人的决定。

因为教育局长工作繁忙,所以他(她)不得不依靠中心办公室的管理者去维持学区的平稳运作。教育局长经常没有时间直接监管中心办公室的管理者,他们不得不依靠其下属的能力去遵循他们与董事会共同确立的愿景。在区域非常大的学区,副教育局长及其职员直接对特定的学校群负责。董事会、教育局长和局长助理关注于学校战略目标,允许中心办公室职员支持工作区的工作,允许副教育局长和学校人事部门负责日常的工作,这是重要的(Glass,1992)。

在许多学区,中心办公室的工作正在接受彻底检查,以便向以学校为本位的行动提供更大的支持。这些学区正在改变中心办公室的工作目的、结构及性质。在学区分权或进行体制改革时,中心办公室职员的责任也将有所改变(Murphy,1994;Fullan,1993)。中心办公室职员常常会感觉被控于一种中间状态,在州的权利与地方自治之间(Crowson,1988;Murphy & Hallinger,1993;Elmore & Fuhrman,1994)。分权带来了"中心办公室管理者和督学的角色的显著变化。中心办公室必须开始认识到自己不是调解器或发动者,而是服务的提供者。中心办公室的功能必须是确保每所学校获得自己成功的必要条件"(Carlson,1989)。一些人担心,校本管理的潜力"将无形地陷入有关权力与控制的政治斗争中,并将迷失其最初的目标:为学生改善受教育的机会"(Carlson,1996)。

由于分权,中心办公室管理者必须扮演起支持和促进学校工作的新角色。他们的精力主要集中在帮助学校完成它们的发展目标上。正如俄克拉何马大学前教育学院院长伍德(Fred Wood)所指出的:"中心办公室的角色变成了促进和支持并确保变革的实施。"现在,中心办公室的成功则依赖于教育领导者与学校层面的同行共同创造新知识的能力。

> 中心办公室的人员必须在目前的实践与研究中表现得最好。与学校系统中其他任何的工作者群体相比,他们应更多地知晓教育动态方面文献的最新研究成果。接下来,他们应运用一种学校教职员工都可以理解和利用这种资料的方式清楚地阐释信息的重要部分……督学和中心办公室的专家必须成为有才识的工作者,如果他们要想生存和成功的话。(引自Brown,1995)

为了传授新千年所需要的知识,中心办公室的教育领导者创造着学习型社区。中心办公室管理者与学校合作并为学校提供支持和帮助的其他方法有(Glickman,1993):
- 界定学区的教与学的核心信念。
- 界定受过教育的学生的目标和具体目标(goals and objectives)。
- 提供资金、技术服务、人力咨询,让学校明白如何开展工作。
- 提供信息并认同共同需求。
- 协调与联合资源。

1993年,城区学校改革跨城市运动组织(Cross City Campaign for Urban School Reform)发表了一篇名为《重建中心办公室:学校成功的前提》的报告,呼吁从根本上把权力与基金从中心办公室转移到地方学校。这一报告勾勒了学校发展的策略,即将基金、权力与责任下放。报告认为:"中心办公室的各部门应是企业型的(entrepreneurial)，它们与其他卖方相互竞争来提供服务。由于其存在只是为了满足学校的需要，所以进行有效服务的部门继续得以迅速而有效益的发展。"重建中心办公室的责任大多包括确保公平、干预失败学校的事务以及承担巨大的或浮动的费用等，以免这些风险蔓延到所有学校。

跨城市运动组织预想到中心办公室将保留以下几点：
- 目标与标准。
- 公平的保障。
- 协助。
- 经费预算。
- 信息系统管理。
- 危急事务专款。
- 法律援助。
- 人事功能。
- 竞争性服务（如交通、膳食、工资表等）。

分权与支持地方学校努力提高自身能力是关键的主题。中心办公室正逐渐成为学校的服务中心。这就意味着需要抛开学校之间的同一性，而去支持实际存在的多样化。（为获得更多信息，请查：www.mcrel.org）

在许多学区，人们呼吁中心办公室的管理人员能直接与校长和教师共同努力来提高学生的考试分数。提高考分的责任牢牢地落在了校长和教师身上，这也要求中心管理机构给予必要的财政与技术支持。在这些情况下，工作保障、薪水和奖金有时便与学校提高考分的能力挂钩。共同努力是获得高质量的以提高学生成绩为关注重心的职业发展的一个关键。对低绩效学校的期望包括制定改进计划，惩罚失败者以履行改进计划，为改进学校而发展各种伙伴关系及州的绩效责任系统（*Quality Counts '99*，January 11, 1999）。

那么，界定中心办公室在支持奥费利亚高中必要的改革努力中的角色是哪些？

地方学校的结构与布局

托拉莱克（Marilyn Tallerico）教授
塞拉克斯大学

未来的教育领导者面临许多挑战，这些挑战与学校如何构建以及地方学校与学区如何布局（arrangements）密切相关。这些布局影响着在哪里和如何做出关键的决定，而且这些决定的关键之处在于触及了学校的核心功能：教与学。

学校领导必须努力解决的一个问题是如何平衡地方学校自治的要求与学区范围内学校间的调和或标准化。有些学者常将这一问题称为决策过程中权力集中与分散之间的紧张关系。

如果我们用不同的判断方法来看待它们的话，我们就能更好地理解形成这些决定的学校布局。一种观点认为学校是种官僚机构，具有在权力等级制、劳动力多元化、功能专门化并且在一个毫无人情味的环境和规章制度基础上，建立起来的常规组织的特点。一些人认为这些特点是使决策最合理化和效率最大化的重要手段，而另一些人则强调这样一种体制中潜在的不良功能（例如，当权力链条断裂时或当规章指导控制过度时）。

从另一个观点来看，地方学校结构被看做是松散的组合，容易受到各种内外部的影响，而且更像是组织性的混乱（organized anrcchies）而不是与等级制紧密相关的。从这一点来看，学校的特征包括模糊混乱的目标，无保证的教与学的技术，无反应的决策行为，松散的组织结构因素以及不稳定的教师、管理者、学生、家长和社区成员的参与。因此，更形象地说，学区更像是一个有很大自主性的学校的联盟，而这种学校联盟又代表着单个有自主性班级的联盟。这种观点隐含的一个假设是，作为专业人员的管理者和教师在现存的学校结构中拥有广泛的自主决策权。

从一个更为折衷的观点来看，人们可以把学校机构理解为包括如下几个方面：(1) 等级秩序与官僚作风；(2) 共同掌权，个体自主与专业技能；(3) 政治特性，如不同的利益冲突；(4) 文化与象征。后者隐含的一个假设是：共同的信仰、价值观、象征、仪式和传统激励着人的行为，并可能是一种把松散或不定的学校结构粘合在一起的"胶水"。

所有这些对一个学校领导来说意味着什么呢？首先，重要的是不要将你的视野仅局限于你所处的学校环境。其次，由于某些特定环境中存在的相互间的控制，某种集权和分权的双元决策机制将很可能会共存于你的学校和学区中。再次，作为一位学校领导者，你也可以同时维持和塑造你学校的文化。明确且有意识地利用这一影响很重要。最后，知晓这一情况也同样重要，即不同群体（如教师、学生、行政人员）和部门的亚文化将可能束缚整个学校文化的发展。对你而言，通过信息组织和常规学校结构来理解和锻炼领导能力是重要的。

无论学校与学区的结构是否很具有官僚性，或者只是结构松散的联盟，现实的情况依然是，校长是中心办公室与学校董事会决策者、教师、家长及学生之间相互交流的关键人物。由于这一严格的定位，所以校长的一个重要作用就是替教师和学生缓冲不良影响，并有效地利用体制结构为学校的学习优先权获取资源。

最近的文献强调了学校领导的道德与伦理责任，包括教师、校长以及其他行政人员。无论你可能继承哪种特定的文化与组织体系，不断地对其进行质疑是重要的。具体而言，我建议至少要提出和注意两个问题：（1）谁从学校建构方式中获益？（2）谁在这些结构中拥有领导地位？

第一个问题的假设是，并非学校中所有的学生或成年人都平等地从现有的组织安排中获益。揭示并修正这种不平等是领导者面临的一个重要挑战。例如，学校如何根据年级水平或特定程序进行组织？哪类学生会从某种标签或课程中获得优先权？

根据遗传、部族、种族以及其他差异来分析教育的领导作用时，你也将不得不考虑许多教育领导作用的有限性。为什么会这样？最近几年有哪些完善的证据？为了确保我校领导人才储备的多样性和最优化，我们需要做些什么呢？虽然这些不是在对学校进行道德与伦理管理的过程中可能产生的惟一问题，但它们却与地方学校结构的任务有着直接关系，并且激励我们大家去思考那些理所当然的组织安排。

六、学校管理者

一个学校的入学区域（attendance zone）是指学区内的一个部分，它由地方学校董事会指定并为某一特定学校提供服务。尽管入学区域似乎应该是明确的，但它们常会引起公众的很多反映，并被用来解决诸如整合此类的问题。结果是，入学区域并不总是千篇一律地或被简单地予以界定。

每所学校中都会有一位校长和不定数量的校长助理、教师和其他职员及办公室文员。校长对一所学校的有效运作负有全部责任。这些责任大体上包括对政策与计划进行落实和管理；提出有关学校发展的建议；计划、实施并评价课程与教学计划；聘任、协调与发展教职员工；组织学习计划与安排课程表；维护学校安全与校园环境；分配好所有的学校资源；提供课程与体育活动。校长通常服务于小学（K—5）、初中（6—8）和高中（9—12）。总体而言，人们认同高中校长的工作是要求最高的工作，其次是初中校长的工作，最后便是小学校长的，校长薪水的不同也反映了这一点。

调查研究表明，对任何学校的成功而言，校长最为重要（Miller，1995）。20世纪80年代的学校效能研究揭示了校长和教师作为学校成功的主要决定因素的重要性。格拉瑟恩（Allan Glatthorn，1994）认为：

> 校长在为学区范围内的学校开发专门课程中拥有非常积极的作用。忽略学校课程工作采用委员会形式的话，就需要有很强的领导，而这种领导通常是由校长承担的（然而在一些学校中，校长助理或其他成员却承担着课程领导的主要责任）(p. 66)。

这些研究者建议，有效学校应存在于那些将权力下放给校长的学区，让校长支持课程工作、进行评估以及提供学习材料与职业发展等。校长的远见和精力是所有提高的关键。有效学校的一些特点就在于：
- 为学习以及学生的学习结果而进行教学。
- 对可测量的结果持有高的期望，并有很高的责任感。
- 决策中进行合作、吸纳教职员工的意见并考虑其发展、教师直接的影响等。
- 借用研究结果和最优的实践。
- 运用技术手段来促进学习、反馈、监控和管理。
- 确立高标准与高期望。
- 充足资源的可利用性。
- 不断提高课程与教学。

校长是学校发展的核心。在《美国 2000：学校领导者的地位》(*America 2000: Where School Leaders Stand*)(1991)报告中，美国学校管理者协会(AASA)声称，"有效学校至少有一个共同点，那就是健全的领导。学校行政人员从来没有在美国社会中担任过重要的角色；他们应倡导争论并帮助形成一种观点，即我们的学校在全国各社区中应该成为什么？"(p.6)

最近几年，已有相当多的努力花费在清楚的解释学校校长的具体功能上。在此分析中逐渐形成的主旨之一，就是管理功能与文书琐事不应支配校长的工作。事实上，最重要的责任集中体现在目标以及为培养出最佳学生的学习结果而发展和激励教职员工上。全国小学校长协会(NAESP)和全国中学校长协会(NASSP)都已具有了他们认为与校长的领导而言是至关重要的熟练的职业能力。这一观点是为了提供目标，以便校长将他们的精力集中在这些目标上。人们普遍认为，这些能力正在不断地形成适合学校运作的环境。经全国小学校长协会修订的校长职业熟练能力有：

- 领导能力——运用洞察力，认清个体需要，激励和提高领导才能，分析信息，委托责任，做出决策，协调资源，提高教学与学习质量，连接学校社区，以及参与职业小组等。
- 交际技能——解释并维护决策，简明扼要的写作，利用研究结果、事实与资料，运用现代技术，使用大众媒体，积极地倾听他人所言，促进更高层次的思维技能的发展，建立有效行为模式，以及向学校成员提供时间等。
- 组织过程——吸纳教职员工、家长、学生和社区其他人员的参与；解决冲突；确定决策过程与技巧；引导达成一致性意见；以及取得结果等。
- 课程——运用社区价值观，激励引进人才，寻求资源，阐明知识，体现多样化以及提高学生的学习能力等。
- 教学——运用成长、发展与学习规律；评价方法与策略，明确有效的班级计划、管理与教学等。
- 监督能力——设定高期望和高目标，体现多样化的风格，实施行为管理，确定教职员工发展计划，激励教职员工的参与，以及使用适当的服务设施等。

第五章 学区的组织结构与领导

● 评价——评价表现、进展与有效性；激励投入；促进不断的改进；运用观察与协商的技能；激励教师；利用形成性评价和总结性评价；制定专业发展计划；以及按照某种适当的步骤行事等。

● 组织管理——确定并实现学校的目标；制定并实施计划程序；筛选、任命与组织教职员工；利用研究结果；协助专业人员；吸引自愿者；提供安全的环境；协调社区服务；制定合理的进度表；管理时间、委托任务；对问题与忧虑做出反应；确定政策与实践；利用技术；熟知学校规章制度；以及保护校园花草树木等。

● 财政管理——熟知学区经费预算；确立预算优先权；准备学校经费预算；使用并监控支出程序；使用成本控制程序，以及发掘新资源等。

● 政治管理——吸引社区和财政的支持；吸纳有影响力的社区成员；关注政治问题；制定有效的政治策略，以及参与合法的活动等。

全国中学校长协会是为调查校长必需的职业熟练能力而最早建立起来的组织之一。全国中学校长协会完成了一项对中学校长的研究，并列举出一名校长具有的 12 种最为重要的技能（参见第十章中的评价中心）。协会建立了一个评价中心，以评估候选人的能力，并同时开展了一系列帮助未来的和现任的管理者提高上述技能的培训活动。该协会非常强调适应于 21 世纪不同国家的领导学校的能力。他们看到，未来学校将具备更加尖端的技术，将更具现场管理的性质、更受全球关注，承担更多责任，与社区的联系也将更加密切，而在文化上也将更具多样性。全国中学校长协会（Walberg & Lane, 1989）认为要领导这些未来的学校，新的学校领导者应必须：

● 建立团队和下放责任，团队成员包括来自社区的人士。

● 发动和管理变革，并处理因动态的体制而产生的模糊性。

● 为广大学生设计创设有效的学习环境。

● 以极度的敏感性向各种公众做出口头的或书面的评论。

● 敢于冒险和行动，创设校内变革的环境。

● 激励学生和教师达到高期望。

● 利用技术手段来协助学生的教导和管理学校。

● 评估计划并为学生的学习承担责任。

● 尊重文化背景不同的学生和教师，并将其整合到学校生活中，创设一种积极的学校文化。

● 在影响教育的政治权势范围内工作。

校长还必须做好处理危急事件的准备，通常这类事件会在细微间或没有预先警告的情况下发生。诸如种族之争、暴力事件、不良性行为、宗教自由、教育平等、吸毒以及暴力等严重问题已经渗透到美国的所有学校。校长有的时候可能会错误地判断冲突的性质、方向或范围，这会导致低估或夸大现状的嫌疑。校长如何有效地处理危急事件将最终决定于他的工作效率以及学校的工作效率。

明尼苏达州一所中学曾发生过此类危急事件,但这只是成千上万例子中的一个。校长没有认清社区内性骚扰问题的易变性质。当一位女生抱怨有人在浴室的墙壁上写上诽谤她的图文字画时,校长没有迅速处理这件事情。校长要做的就是坚决杜绝这种图文字画,然而他没有理会该学生的抱怨。于是,这位学生起诉了该学区,并在整个明尼苏达州产生了代价很高的骚动。校长要有一种认清潜在"定时炸弹"的直觉。许多失去工作的校长都经历过某种类型的"危急事件",这种事件对他们来说是不利的。此类事件的成功处理体现在对社区核心价值观、政治权力基础的了解及所形成的共同意识中。

(一) 校长:教学领导者抑或学校管理者

人们围绕校长角色主要是教学领导者还是学校管理者这一问题展开了一场长时间的争论。教学领导集中体现在开发课程与教学,发展教职员工,监督教学,评估计划、教师和学生及不断提高教学中。而日常工作的管理者更多关注的是设施、设备、供应品、进度表、常规、管理员的职位与责任、危急事件,以及对有效行为、实践和社区政策、常规与计划的普遍抱怨等。研究表明,校长首先必须是教学领导者,但这不应以牺牲有效的学校管理为代价。德雷克和洛尔(Drake & Roe,1999)说:

> 当管理工作干预教育的领导工作时,校长经常感到好像自己正面临着一种困境。这种担忧是现实的,因为学校与学区的角色期望常会影响校长的活动,它强调人和事物的管理。然而,一位经过认真选举的校长候选人,他已经做好了充分准备并已经被调动了起来,是能够很好地管理好一所学校的,而且仍然能够把教育领导看成自己的主要职责并履行它(p.38)。

一些实践者认为,校长不能同时做两项工作,也不能以牺牲对教学的领导为代价去参与全面的管理。这个问题是由于缩减中心办公室管理者而产生的一种结果。然而,史密斯和安德鲁斯(Smith & Andrews,1989)发现,有能力的校长更可能对教学问题进行交流,注重考试结果,讨论课程与教学,关注如何在与学生、教师和家长的交流中很好地掌握学习目标,以及成为校内外的显要人物等。

为了学生的利益而发展学校范围内的教学领导是学校成功的一个关键。再者,教学领导还要关注课程、教职员的发展、工作计划与教职员工的评估、师生协助、研究与实验、责任与医疗以及资源的提供。克罗格(Krug,1992)假设的主要任务包括界定任务、管理课程与教学、监督教学、监视学生进步以及促进教学气氛等。阿其利斯和史密斯(Achilles & Smith,1999)总结道:

> 提高学生的学术成绩是校长不断面临的一个挑战。如果校长不给予时

间和注意的话,那就不可能有所改进,因为"校长是什么样的,学校也将是什么样。"校长是学习环境的协调者,他应献身于学生成绩的提高并做出表率。校长、教师和学生是一个学习共同体(p. 242)。

1999年,近20个州参与了评定所有学校的工作效率。他们希望校长和教师能共同努力,不断地提高工作效率。这是对所有学校的教学领导的要求。

争论与讨论的另一个相关领域则是,课程与教学的改革应是集权化还是分权化。分歧存在于基本的权力、信息以及决策能力等领域。正如已提议的,学区正逐步倾向于分权或以情境为基础。许多研究表明,尽管并不是所有的人都相信这些权力转移的益处,但分权还是最有效的(Murphy, 1996)。重要的是,董事会和教育局长应该清楚,如果以情为基础的或者分权的教学领导方式生效的话,他们的哪些权威被削弱了。所选择的方式对组织的结构、校长的类型以及学校的效率等都有着深远的影响。德雷克和洛尔(Drake & Roe)接着说:

> 修补学校的结构是我们完善学校的一个重要方法。为了让市民与学校保持密切的联系,并让学校更多地对学生和家长做出回应,就必须完善结构。为了学校能做出可以直接影响地方的决策并为其"消费者"提供合理影响决策过程的机会,人们会获得更多的分权(p. 111)。

我们以描述许多校长都会有的特别的一天来结束本章,这一描述阐明了不同层面的管理者对学校的影响。它也使人们看清了校长的重要性及其所面临的挑战。

> 那么,你将怎样提高教职员工对你领导奥费利亚高中重要改革工作的能力的信任?

在乡村中实施"C's"

休斯顿(Paul. C. Houston),教育博士执行主任
美国学校管理者协会

记住这些是重要的,即系统领导的角色正在改变,成功将以决然不同于以往的方式发生。目前,许多领导正陷入试图效仿前几任"命令和控制"式管理者的成功做法。但今天,你是不可能命令教职员工或社区人员——甚至不能让他们接受一部分。

管理者必须发展和孕育关系,而不应试图通过命令来进行领导。我喜欢提醒我的

第五章　学区的组织结构与领导

同事,如果你们站在马路中间,便会被来来往往的车辆撞伤。但是,马路中间也是指挥交通的最佳方位。你不仅可以知道刚才撞倒你的卡车的车号,还可以站起来挥动你的手臂朝那些你给予帮助的人群挪动。

教育者常乐于说"需要整个村庄来培养一个孩子"。但对学校领导者而言,真正的问题是"塑造一个村庄需要什么?"往日的村庄已不复存在,我们必须在我们所面对的新的时代重建它们。学校是社区的连接点。它们可以而且也必须承担为儿童创造必需的支持网络的责任。学校领导者必须作为连接者或桥梁架设者,将不同的社区部门连接在一起来帮助孩子们。

学校领导必须从昔日学校行政管理的"B's"(合同、建筑、学校车队、经费预算——教育的"物质")转移到"C's"(联系、合作、交流、儿童——关系的建立)上。学校系统的领导者必须平衡儿童与社区勇敢的拥护者与促动性协作之间的关系,促动性协作常会利用自己的核心作用带领人们共同行事。我把这种角色转变叫做从学校管理者到教育管理者的转变。它意味着打破学校与学区的传统围墙,接受一系列更广泛的责任与关系。

学校领导者将以决然不同于今天的方式去行事。我们需要具有先见之明的领导者来建立联系、发现问题,同时还要体现对人与政治的敏感性。在诸如学区办公室等支持学校的组织中,其态度和能力也要做些新的改变。学区办公室必须降低自己的监视和监控作用,并给予学校发展的能力。学校需要指导和支持,而不是控制。萨维学区的领导者准备将他们的工作放在将学区办公室变成支持场所上。

下一世纪的学校管理将是关系的管理:孩子与学习的关系、孩子与孩子的关系、孩子与成年人的关系以及学校与社区的关系等。不能存在障碍。事物是相互联系的。教育本质上是一个有机体,不能机械地割裂每一部分。学校领导者的作用,将是培养和孕育已有的关系以及创造为改变儿童和学校所面临的社会环境所必需的新型关系。

我一直认为,领导才能来自于安慰受害者的能力——帮助公众了解学校比他们所想像的更具效率,帮助教职员工了解他们并没有像他们所认为的那样有效。成功的领导者会在一些人的要求与希望间找到平衡,这些人包括解决问题的人和依靠需要解决问题的人。你应该像海洋公园里骑在一对海豚上的工作人员一样,一只脚踏在社区的背上,另一只脚踏在教职员工的背上。如果你过于倾斜于任何一个方向,你便会摔下来。

必须塑造的最后一个关系则是——与学校董事会的关系。本质上,学校董事会的真正作用是将社区的价值观转变为学校制度的政策。这种作用很关键,但却经常没有正常地得以发挥。学校董事会常忽略他们所应担当的角色——观察社区对其儿童的希望和梦想。必须给予董事会以帮助,以摆脱对教育"物质"的迷恋而转移到更高的目标上去。学校负责人应利用其地位去帮助学校董事会担当这一角色,如果希望成功的话。

成功的学区领导者正将自己由像鲨鱼一般转移到像海豚一般。这不再只是肉食动物的角色,在水里凶残地游着寻找下一个食物。在这里,尖端的通讯工具和声纳装备会被采用,合作与协作也会被加以强调,一点点玩笑也不会使人受到伤害。对于所有那些仍将坚持鲨鱼式行为而不害怕被下世纪的危险洪水吞没的人来说,这样做是有好处的:即记住海豚会杀死鲨鱼。为了成功,你不必是肉食动物。快点游吧,不要太紧张,不会受伤的。

(二) 典型的一天

也许,了解教育管理者所面临挑战的最好办法就是体验一下典型的学校日——如果这样的一天存在的话。典型的工作日从早晨 6:30 开始。大多数校长通常非常珍惜这个时间,因为早晨往往更安静,只要花上少许的时间就可以处理掉头天晚上遗留下来的日常文书工作,接听一些电话,留下一些指示或发一些电子邮件。7:00,校长开始给前一天未能联系上的家长打电话。还必须给缺席教师找到代课教师,有时还要重新安排进度表。

大约 7:30 左右,校长会出现在办公室,迎接教师和家长。有时教师和家长一起来到办公室讨论紧迫的事情。今天上午,乐队教师进来反映说昨晚科学俱乐部把舞台弄得乱七八糟,所以乐队在进行乐队练习之前不得不打扫整理舞台。她非常反感俱乐部发起者把这块场地弄得乱七八糟。校长随即写下一份提示,以提醒自己调查这件事并与学校门卫一起核实查看晚上这块场地是否正被打扫了。这时秘书来了,电话也响了。校长检查了一份今天必须送到副教育局长那里的报告。最后,第一节课上课的铃声响了,学校日正式开始了。

早上走过大厅时,校长和校长助理会发现目前存在的问题并讨论这天的活动。这天上午,门卫汇报说西边男生寝室的水管坏了,他除了关掉阀门外没有别的办法。门卫还说水管要到明天上午才能修理,所以今天寝室就不能用水。校长助理建议将这个寝室的男生安排到另一个宿舍,并将这个安排作为上午的一个简要通知在广播里通知了。为回应教师留下的便条,他们顺便访问了几个班级。

一位教师想把一位不断扰乱课堂的学生开除并想把他安置到其他地方去。头天,这位学生的父亲来到学校会见了这位教师。这个孩子具有超常智商,但对学校的学习任务却完全失去了兴趣,他得不到家长的支持。这位教师要与指导顾问谈谈,看还能否为这个孩子做点什么。校长同意与这位学生谈,并让她明白持续的不良行为将带来什么样的后果。学校发现行为不正、思想狭隘的学生人数在不断增加,因此正在建立一个委员会来讨论这个问题。

与休了一周病假后的教师一起检查工作时,校长意识到被聘请的代课教师并不令人满意。接着,校长又急忙跑去参加一个会议,与家长、校长助理和学校心理专家共同讨论个别化教育计划。

　　尽管中心办公室会议有一些日子没有召开了，但校长今天将到3个班级去听课以完成形成性评价。接下来，将安排对此评价的讨论并制定教师发展的计划。下一步便是校长会见有关人员，对一些新问题和现有任务的重要性进行讨论，交流信息和检查短期与长期目标的落实程度。入学人数是人们关注的一个问题。今年的入学人数比预期的要大得多，班级规模非常大。

　　会议结束后，校长和秘书一起核实将报送中心办公室的报告，并讨论了下午的会议、尚未解决的报告和信函等。这时，校车管理员插了进来要谈13号校车上的纪律问题和最近一位愤怒的家长的电话，这位家长为他女儿在13号校车上遇到的争吵和不愉快而担忧。这个问题应首先解决而且必须尽快解决。然而，在这个问题被提出之前，一位教师略带愤怒地解释说她房间里的钟还没有修理。于是，校长赶快就这两件事写了一个便条，放到校长助理的信箱里。

　　结束上午的工作之前，校长召见了人事处领导，想了解一下入学人数是否证明今年和明年分别聘任一位和两位教师的可行性。得到的回答是经费预算是多么的紧张，明年聘任多名新教师是不可能的。人事处主任私下里说，到学期结束时每个校长可能要从学校的经费预算中被削掉大约1%。人事处主任说，她将调查这一要求，如果教育局长不能提供额外基金的话，那么可能的办法就是聘用长期代课教师，因为他们的开支小而且更易解聘。校长认为让学生和教师看见他是重要的，因此午饭时，他来到食堂帮助维持秩序。

　　校长与学生和教师的谈话突然被停止了，因为校长助理的进度表没有处理掉两位因在操场上打架斗殴而被带到办公室的学生的问题。其中一位由于受伤正被护士看着。这两位学生仍很生气，相互骂着、反抗着。考虑到自己女儿的行为问题，一些家长为这次家长会而早早地来到办公室。他们看来非常关心这两个打架学生的行为。校长简要地与这两名学生谈话时，家长们在一旁等候着。秘书叫这两名男生的家长来把他们领走，因为他们被暂停上学了。

　　与女生家长的会见进展得很好，家长答应协助教师改进自己女儿的学习态度。而教师也同意向家长和校长反馈有关事情进展的情况。

　　接下来，校长将与家长教师协会委员会召开会议。委员会成员想提高经费和增加日常工作管理员——根据已经非常紧张而且今后还可能减缩的经费来看，这是个重要的问题。一位学校事务资助人正准备出席此次会议，以决定他的公司将给予什么样的帮助。这位资助人表达了他对学校计算机技术的关注，并打算帮助改进和利用这项设备。

　　校长回过头来与秘书交谈了一下，因为秘书有一个关于一些班级设备购买单的问题。经费预算中的平衡足以解决这个问题，在支出额账目单上记录必要的账目，然后由校长在购买单上签字。中心办公室计划主任要考虑教职员工的课后发展活动。学校教职员工已参与到学校目标的确定中。他们现在打算确定一个具体的憧憬目标,即他们想让未来的学校看起来像什么。计划主任将于今天下午向校本规划小组发表讲话,她已确定了会议的意图、时间和地点。她打算谈谈如何最为充分地利用测试资料来帮助诊断和解决困境。下午会议要用的资料和会议室都已准备好了。

等着校长的家长会有3个以上。教师工作组的领导埋头讨论着他们工作成果的简短陈述,因为今天下午她要在计划委员会的会议上陈述它。接下来的家长会是关于一个经常犯错误的学生的,这位学生几乎要被开除了。学校心理学家和顾问都参加了这次会议,以决定是帮助改变该儿童的行为,还是开除他,或是把他放到另一个环境中去。此后,校长在到学校过道上以让学生在放学后能看见他之前,回到办公室回复一些电话。

其中一个电话是打给一位董事会成员的,其孙子在这所学校就读。这位董事会成员告诉校长,她反对已通过的学校会接受127名来自贫困家庭的孩子的计划,她已要求董事会重新审视重新划分区域计划。她要一位学校代表举出一个关于为什么在已拥挤的教室里再容纳这些学生是不明智的案例。而教育局长却支持接受这些孩子的计划,并叫校长参加准备支持此项计划的会议。董事会成员结束谈话时,私下里表达了她对教育局长的担忧,并说她不可能和现任教育局长一样持续这么长时间——3年的时间。挂掉电话时,校长意识到在这件事上所有学校教职员工都同意这位董事会成员的看法。然而,校长也明白跟随教育局长的领导是重要的,正如所建议的,提供一个"统一的前沿阵地"。一些教师在学校过道上找到校长,他们一起来到其中一位教师的房间。教师们与校长谈了谈他们对学校前景新方向的一些想法。然后,校长急忙赶回办公室去会见计划主任。计划主任已端着咖啡在此等候了。计划委员会会议非常生动活泼,在会上许多教师就如何在开发21世纪学校计划中更好地使用测试和评价信息展开了讨论。

校长回到办公室,开始处理大量日常文书工作,回复最后的电话。在回家的路上,他思考着如何解决今天所面临的诸多问题。特别令他担忧的是政治风气和普遍信念,因为这所学校是该学区中政治最活跃的一所学校。此外,尽管媒体支持过去的办学能力,但他们对学校的学术标准、评价和教学质量的报道仍令人担忧。

近来,社区也好像没有给予很大的支持。教师给予了支持,这是很重要的,但是社区的支持也很重要。校长相信,地方学校董事会成员非常反感学校领导没有更强烈地反对重新划分入学区域,而且她正在唆使家长们转而反对校长和教职员工。校长还有一个担心,那就是好像越来越多的学生行为不端正,而教师好像没有做好处理纪律问题的准备。

正如这个典型的日子所描述的一样,校长的大量日常工作在某种程度上维持一种活力。校长必须简单而有效地处理一些在简短的碰头会和未事先安排的会议中迅速出现的事件。校长应首先解决日常发生的"意外事件"和问题。校长还花上大量时间管理学校事务、领导教学与课程、管理学生、培训教师和处理与社区的关系。他明白同情和理解家长是必要的，并努力争取社区的大力支持。校长还关心教职员工的问题，并意识到教职员工的支持对成功来说是多么必要。校长最担心的问题是，紧急事件（危机、紧迫问题、到了期限的活动）是那么经常地出现在重要的工作中（计划、准备、授权、开发）。他意识到成为一个有预见的指示性领导者而不是一个被动的管理者是多么困难。

有能力的校长积极参与学校的日常工作，他们是看得见的、充满热情的领导者。学校的骄傲突出表现在他们的工作上。他们试图不让教育局长接触到问题，但与此同时又小心谨慎地向他们汇报了这些问题。校长的成功领导可以引起学校文化的再创造，促进和维持学校的不断发展。富兰(Fullan, 1997)总结道：

> 改变基本组织的一个关键是依靠自己实现一个高度互相影响的组织的正确方针。人们改变组织。改变组织的起点并不是体制的改变或在我们周围的体制中改变，而是自我采取行动。面临的挑战就是用惟一可能的办法改进教育——即通过那些被赋予权力的人的日常行动。这是值得学校领导争取的(p. 47)。

七、结论

地方学校是美国教育的基本工作单位。一般正是在这个层面上教学和学习才会发生，服务才会被提供。学校董事会和学区教职员工的作用就是支持和帮助杰出学校的发展。与此同时，家长、员工以及社区的领导也被看做是这一过程的合作伙伴。

现存的学区结构更倾向于一种官僚体制，它拥有严格的法典、法规和规章。研究(Johnson, 1996)表明，与那些局限于权力和倡导集权控制的领导者相比，利用学区结构激发自主能力、自由交流观点和信息的领导者已在促进发展上获得了更多的成功。因此，许多学区正在转变它们在社区中的角色，让教育局长自由地、更密切地与董事会和社区权力组织共同工作，与地方学校共同分享和担当更大的权力与责任，并希望中心办公室职员在以上两种情境中提供必要的支持。在确立地方学区的风格上，教育局长有着极为重要的作用。而校长在单个学校中也发挥着类似的重要作用。

随着对教育需求的增加，那些负责教育的人士的作用也已发生了变化。发展学校的愿望导致了更大的分权和反响，而这种愿望则迎合了学生和家庭的需求。人们期望学校的校长和教师更具有创业精神，有权力和能力制定必要的学校发展计划并成功地落实它们。中心办公室的管理者将促进、支持这些工作，并对其进行评价。教育局长与董事会则将解释清楚核心价值观和结果、获取政治支持、发展联盟、创建学习型组织、提供资源并维持结果的可信度。当整个过程对外开放，允许家长和社区成员以及公共的、非营利性的私人机构参与其中时，它就能发挥最大的效应。

第五章　学区的组织结构与领导

为了不断改进教育，我们可能需要对组织的权力结构、行为准则、常规、角色以及指定的任务做些调整（Singh, Tucker & House, 1986）。欧文斯（Robert Owens, 1995）声称：

> "以前常被人们推崇的各种组织形式现在却受到了质疑，人们用敌对的眼光来看待它，并用残酷来形容它……当然，这明显地背离了传统的思维方式，而是以过于强调官僚结构和权力的从上至下的模式为基础的。很显然，集权控制并没有产生传统组织理论倡导者所期望的组织结果"（p. 327）。他继续总结道，"一方面，官僚主义远不会在教育组织中消失，许多人相信集权性的指导是改革它们的最有效的途径。另一方面，非官僚的组织与管理方式在最近几年里也因受到支持而得到了迅速发展。这两种途径将在思想的交流中继续竞争下去……"（pp. 327—328）

然而，许多人认为学校董事会仍是行动中最佳的民众民主的榜样，并且官僚主义不是也从来没有成为过教育问题。

如果学校打算迎合 21 世纪学生学习的需要的话，它们便要进行"第二次变革"，即变革学校体制结构的基本性质和学生的学习方法。任何仅仅关注人而忽略组织结构的改革就意味着失败。无效的组织结构将使最有成效的工作付诸东流。圣吉（Senge, 1990）认为，领导的"新工作"就是设计、教学、展望、创造、改进、倡导、缓和、评价和提供服务。我们应激励所有致力于全国教育事业的人们重新思考并弄清楚为支持这项"新工作"我们需要什么样的组织形式，激励学生为 21 世纪做好准备，激励我们学校不断地改进。

档案袋物品

- 出席学校董事会会议，筛选和研究正在讨论的问题。
- 会见学校董事会成员。
- 监督教育局长、局长助理、学校律师和校长。
- 参与学校审计。
- 制定学校运输计划。
- 与研究员和测验员共同计划和实施测试/评价活动。
- 成为学校计划或课程评述组的一员。
- 检查学校系统的组织图表和工作描绘并使其跟上最新发展。
- 参与工作分类审计。
- 搜索下列组织的网站：
  AASA——*www.aasa.org*

NAESP——*www.naesp.org*
NASSP——*www.nassp.org*
NMSA——*www.nmsa.org*
NSBA——*www.nsba.org*
ASCD——*www.ascd.org*

谁是他们的目标观众？他们为成员提供什么？
- 描绘你的学区内校长的"典型的一天"。

推荐阅读文献

Carter, G. R., & Cunningham, W. G. (1997). *The American school superintendent: Leading in an age of pressure.* San Francisco: Jossey-Bass.

Drake, T. L., & Roe, W. H. (1999). *The principalship.* Upper Saddle River, NY: Merrill.

Hughes, L. W. (ED). (1999). *The principal as leader:* Englewood Cliffs, NJ: Prentice-Hall.

Kimbrough, R. B., & Burkett, C. W. (1990). *Principalship: Concept and practices.* Englewood Cliffs, NJ: Prentice-Hall.

Norton, M. S., Webb, L. D., Diugosh, L. L., Sybouts, W. (1996). *The school superintendency: New responsibilities, new leadership.* Boston: Allyn & Bcon.

Owens, R. G. (1995). *Organizational behavior in education.* Boston: Allyn & Bcon.

Sergiovanni, T. G. (1995). *The principalship: are flective practice perspective.* Boston: Allyn & Bcon.

Short, P. M., & Green, J. T. (1997). *Leadership in empowered schools: Themes from innovative efforts.* Upper Saddle River, NY: Merrill.

Smoley, E. R. (1999) *Effective School Board.* San Francisco: Jossey-Bass.

Speck, M. (1999). *The principalship: Building a learning community.* Upper Saddle River, NY: Merrill.

附录5.A

联合的 AASA-NSBA 教育局局长准则

- 以学校董事会首席执行官和杰出教育顾问的身份服务于董事会实现其学校系统管理者角色的工作。
- 以学校系统的主要教育领导者和整个学区专业人员的主要管理者的身份给予服务，并支持教职员工，包括被任命为董事会提供支持服务的教职员工。
- 以学校体制下的管理领导组的推动者的身份提出并实施政策变革政策。
- 建议和制定长远的战略规划，这一规划要求董事会和社区在未来几年内引领学区走向成功。
- 让所有的董事会成员都明了学校的运作和规划。

第五章 学区的组织结构与领导

- 向董事会解释学校系统的需求。
- 在环境要求董事会采取新政策或检查现有政策的情况下,向其提供政策选择和具体的建议。
- 制定并让董事会明了需要实施政策的管理程序。
- 与董事会合作制定合理的学校/社区关系计划。
- 监督学区日常工作管理。
- 对董事会进行解释:如果有效领导和管理是有效控制和有效管理共同合作的结果,那么董事会便是公立学校有效领导和管理的组成成分。
- 制定和实施一项计划,以便所有专业人员和辅助人员都明了有关的任务、目标、学校系统战略的事项,以及他们在实现上述任务、目标和学校体制战略时所扮演的重要角色。
- 确保学校所有的员工都能获得专业发展的机会。
- 通过国家和州专业协会与其他管理者合作,向州立法人员、国会成员和所有其他相关的州及联邦部门汇报地方的忧虑和问题。
- 确保学校系统为每个学生提供平等的机会。
- 评估人事处协调区政策的工作成绩,并向董事会公布评估结果。
- 在每次董事会会议之前,向所有董事会成员提供每项议程单上有关学校董事会行动的完整的背景信息和建议。
- 制定并实施与新闻媒体共同工作的持久计划。

第六章 成功的学校领导

引子:办学水平不断下降的阿特拉斯·施拉格高中

你在阿特拉斯·施拉格高中(Atlas Shrug High School,以下简称施拉格高中)担任校长已经是第二年了。学校现有1 600名学生和65名全职教师,这是一所老学校,问题多多。你被调入该校任校长。学区的新教育局长对该校表示了极大的关注,他给了你相当大的自主权来改进学校,并提出学校必须更加注重学生的需求,以及要符合学区的新的改革日程。

最近的标准测试表明,该校学生(大多数来自中产阶级家庭)的成绩略低于国家和州的平均成绩。只有52%学生的数学和理科这两门人们特别关注的科目的考试成绩达到或超过等级水平(grade level)。但是教育局长已经注意到,该校超过65%的学生的课业评定得到A和B,90%以上的学生获得C。这是一个很高的比例,与上述考试成绩不相吻合。一位很有声望的教师辩称:考试并没有考出我们通常认为重要的东西。我们已经让学生准备了很长时间,我们了解学生和他们的家长,但不了解考试。总的说来,教师或者社区里的人们似乎对施拉格高中的考试成绩没有什么抱怨。

学校里基本上没有什么革新,教师常常抱怨:在施拉格高中尝试任何新的东西都是非常困难和痛苦的。一大批具有创新精神的教师已经申请调离该校。新教育局长已经责成研究室(Office of Research)协助学区更好地了解本学区学校的办学情况,以便为改革做好准备。研究室使用由费尔曼(Marvin Fairman)博士及其助手(Fairman, et al., 1979;Hardage, 1978;Lucas, 1978;1982;Johnston, 1988)开发的组织健康测量方法(Organizational Health Instrument),开始探究学校健康的一些重要方面。该方法就学校内部改进工作的准备和可能的成功,提出了以下10个方面的问题:

1. 目标重心:要测量人们在多大程度上理解和认同组织的目标。

2. 沟通的适当性:是指信息在组织内部自由地交流的程度,而且无论是横向的交流还是纵向的交流均没有被歪曲。

3. 理想的权力平衡：这与在工作团队内上下级成员的影响力配置有关。
4. 资源利用：测量组织内部的资源利用程度，尤其是人力资源的获得和有效利用。
5. 内聚力：测量组织对其成员的吸引力和成员继续留在组织内的意愿。
6. 士气(morale)：测量工作组成员的幸福、满意和快乐的感受度。
7. 革新性：成员在多大程度上相信本组织是开放的、反应灵敏的、革新的、多样化的以及支持创新和敢于冒险的。
8. 自主性：是指组织在处理外部压力下而又能坚持自己的理想和目标的能力。
9. 适应力：是指组织在处理外部需求和对外部环境做出反应时，承受压力和保持稳定的能力。
10. 问题解决的适当性：是测量组织成员对组织彻底而有效地解决问题能力的感悟。

结果是以百分数的测量方式汇总的，在 0—100％之间，每一项和正常的学校健康测量设定相比较（70％以上为可接受的数值）。施拉格高中的测量结果如下：

测 量 项	百分比(％)
资源利用	88
目标重心	83
问题解决	80
沟通	74
革新	35
内聚力	32
自主	30
士气	27
适应力	25
理想的权力平衡	17

"这是不可能的。"你的助理校长弗兰肯(Guy Francon)说道。他在这所学校里已经工作 7 年多了。研究室主任向弗兰肯保证，这些数据都是精心搜集的，并经过两次验证，而且这些数据也是教师们认可的。弗兰肯说："我并不是说你们的数据是错的，而是教师们错了。我们能应付外部要求，教师的确有影响，他们很清楚学校的期望，并且员工的士气比数据显示的要高得多。教师说他们想参与到学校的活动中去，但他们很被动，又不愿意花时间，他们似乎满足于现状。他们的建议令人难以接受，我们不得

不负起责任：我们已经做出了最佳决策。毕竟学校行政要对学校负责。"研究室主任解释道："教师的反应无所谓对与错，这只是他们对学校的看法而已。重要的是我们提出了学校大体上的概况和有关的其他一些信息。"

其他的一些数据显示，施拉格高中在过去的十年里没有发生过什么变化。测试分数仍然很低，而学校本身的分级考核分数仍然很高，教师评价和教师发展并不令人鼓舞，课程和教学没有什么变化，社区的参与非常有限，虽然没有多少抱怨。士气实在是不怎么样，学校缺乏活力。尽管没人搅起什么风浪，也没有显而易见的问题，但学校似乎缺少动力和激情，并且最糟糕的是不想有所作为，自甘平庸。你禁不住会自问："这所学校到底怎么了？"

- 涉及到一个组织健康的这 10 个方面的问题，我们可能会做出什么解释呢？
- 教师关于他们组织的健康、精神和文化的观点重要吗？为什么重要或为什么不重要？

一、评估领导的特征

管理的成功依赖于一个人整体的领导能力。诺斯豪思（Northhouse,1997）把领导界说为"一个人影响一群人以达到共同目标的一个过程"(p.3)。全国教育管理政策委员会（the National Policy Board for Education Administration）则把教育领导描述为：

> 为个人和团队的过程提供目标和方向；塑造学校文化和确定价值观；促进学校制定战略规划并确定愿景；确立目标并与员工一起规划变革工作；在考虑社区和学区的优先事项及师生员工的需要的前提下确定学校自己的优先事项(Matthews,1994,p.11)。

在很大程度上，一位管理者的领导决定着他的组织在提供合适的服务和赢得社区支持方面的成功程度。

为了更好地理解文献和管理领域，让我们先对行政（administration）、管理（management）和领导（leadership）这三个术语做出区分。虽然这些术语的涵义常被争论，但大家在一定程度上还是同意，就一个组织的责任而言，行政是涵义最广的一个概念，管理主要是指资源的有效利用，领导是指一个组织的方向和目标。领导是做对的事情（doing the right things），管理是把事情做对（doing things right），而行政则包含前两者。行政领导者被期望成为有效的领导者（effective leader）和重效率的管理者（efficient manager）。

领导要聚精会神于愿景,即一个组织应该持有的方向,要吸引他人积极地追求战略目标。管理的重点要放在使组织得以运转的具体细节上,如雇员招聘、资源分配、政策执行和过程实施(Hanson,1991)。诺斯豪思(Northhouse,1997)认为:"管理旨在寻求秩序和稳定,领导旨在寻求适应和建设性的变革。"(p. 8)研究者(Sergiovanni,1991;Lewis & Miles,1990;Cunningham,1982)提出,领导要集中于愿景、任务、目的、方向和员工的激励上;管理要注重计划实施、资源配置、协调等方面,总而言之,是使每一件事情得到落实。你有一个强有力的领导,但他的管理能力可能较差,或者相反。强有力的行政(领导)要在两方面——领导与管理都擅长。

目前,"领导"是行政管理行为中被研究得最多的方面,它之所以特别重要是因为我们已经进入了变革的时代。教育改革是一个满足变动的社会需要的、持续改进的过程。变革时代的领导需要总揽一个变革学校的全局,激发员工的潜能,带领他们走向目标。革新需要毅力、扶持和解决问题。领导必须具有创业精神,还要敢于放权给部下让其去应付新的挑战。

称职(effective)的领导是什么?许多不同的领导概念有什么用处?一个处在领导位置上的人想要如何行使自己的角色,以及实际上他又是如何做的?有关称职领导的研究已经提出了一个更为完整的知识基础。被誉为"科学管理之父"的泰勒(Frederick W. Taylor,1947)制定了一套研究领导的科学方法。自从泰勒时代以来,已经发明了许多领导模式,使得领导模式更具理性,并因此更具有可理解性。在过去的50多年里,对领导的研究纷繁复杂,下面是对一些有影响著作的简介。

> 如果你是施拉格高中的校长,你更像一位领导人还是更像一位管理者?你是根据什么得出这一结论的?

二、领导范式:不断增长的知识基础

领导的个人风格渗透在他在组织内所做的每一件事情上,也是组织活动的一个写照。领导风格影响领导者个人对人、任务和组织的看法,反过来,这些也影响着领导风格。人、任务和组织这三个因素在帮助改进领导风格上已经有了广泛的研究、探讨和表述。

无论你的领域是教育、贸易、卫生、政府机关、法律、高等教育、工程行业还是其他行业,领导的素质(qualities of leadership)要求基本是相同的。泰勒理论是科学的、后实证主义(postpositivist)的经典例证(参见第一章)。这种科学管理方式把人们看做是机器上可互换的部件,研究人们的生理机制和组织结构,如时间和运动、人类工程学、政策、过程、任务、用人、控制以及专长(Taylor,1947;Fayol,1949;Urwich,1937)。这种观点非常重要,虽然也得到了广泛认可,但它们不再是组织领导和生产力关系的合理解释了。

弗莱特(Mary Parker Follett,1942)是比较早地批判这种机械地表述组织涵义的人,她批判忽略人的因素的结构主义方法(见表 6.1)。她特别批评了科学至上的思想,在组织内没有辩论、冲突、模棱两可以及混乱,弗莱特(Follett,1924)认为:"组织内的不协调未必是不需要的。"从社会学的观点看,这是一个"所有有关人员表现他们丰富性的、有价值的差异"(p.300)。她的著作后来影响到批判女权主义和后现代主义的领导理论。

表6.1　用经验实证主义理论来衡量的优点和问题

古典理论	优　点	问　题
人力分配	训练有素	厌倦
统一命令	直接监督	无
权力分层	权力的专业协同	交流不通畅
行动步骤和规则	连续和统一	僵硬和缺乏灵活性
任务标准化	合理性	缺乏士气
非个人的、客观性取向	竞争,并激励生产	冲突,且缺乏团队精神

【资料来源】Hoy, W. & Miskel, C. (1991). *Educational Administration: Theory and Practice*. New York: McGraw-Hill (Reproduced with permission of McGraw-Hill).

弗莱特等人特别关注人际关系和组织行为运动。这场运动的发展可以追溯到马尤(Elton Mayo)和他在芝加哥的西部电气公司霍桑工厂(Hawthorne Plant of the Western Electric Company)完成的研究(Roethliserger & Dicksin, 1939)。也许,这些发现最重要的成就是淡化了对组织结构的重视,给出了古典理论家没有给出的答案。

马尤的学说直接挑战过去把人看做是机器上一个被动的齿轮的观点。有一个系列实验是:变化工人的休息时间和频率,控制其他的条件,将会产生什么变化?古典理论认为,如果员工休息多了,那么他的产出水平就会降低,因为他们花在工作上的时间少了。然而,实验显示,员工的休息时间加长,生产力却上升。这些令人困惑的现象导致了一系列其他的发现。渐渐地,人们意识到组织行为的重要性,行为主义者重视心理的满足、社会交往、动机、工作满足感、氛围、社团精神、团体动力、人际关系、授权和组织文化。

> 就施拉格高中而言,哪些原则最能概括其可观察到的特征?科学管理与科学的、结构主义的理论,组织行为、人际关系与行为主义的理论,价值观、道德与控制,还是广泛领域与后现代主义的原则呢?你是基于什么得出这一结论的呢?

三、领导的工具分析

下面是一些教育行政管理者最常用的领导理论以及一些相关的自我诊断方法。首先完成整个过程,再分析你的结果。然而,值得深入思考的是,基于下列领导模式的分析得出的结论未必是靠得住的,人们往往只记录自己的意图,而忽略了实际的行为(Blake & Mccanse 1991;Argris & Schon,1978)。工具分析(instrument analysis)的目的是为了讨论价值观和态度,是激起人们对行为的反思。

你可以告诉你的同事这些领导方式,要求他们评价你的领导绩效,探讨一下他们的观点和你的观点的差异。探讨应包括能说明你和你的同事的观点的例子,这些例子可以规范行为,可以说明行为的效果。这项技术可以帮助你像其他人看你一样看待你自己,同时也可以表明别人如何看待领导。

(一) 麦克格里格的 X 和 Y 理论

麦克格里格(Douglas McGregor,1960)认为,行政管理者的风格与其对人的基本观念有密切的关系。他设计出两种看待人的行为的相反观点,他称之为 X 和 Y 理论(见框 6.1)[请对框 6.1 中的 X－Y 量表作出反应,以决定你的关于人的 X－Y 观念。(得分参考在本章末尾的附录 6.A)]。框 6.2 给出了 X－Y 观念模式的属性,这个模式是关于专制和民主领导风格的。

专制风格(autocratic style)是基于 X 理论假设的,领导者宣布决策,推销自己的决策,征求别人的意见。在某些情况下,他们甚至要验证自己的观点,以便了解下属作出何种反应,以便做出部下服从的策略计划。这种方法特别依赖于官僚的制度权力,通过精心的控制劳力、分析工作、严格遵守操作规程,强调尊重权威的重要性。对不遵守指令的人给以经济和职业处罚,对服从指令的人给予奖励。领导者有权命令下属。

民主风格(democratic style)是基于 Y 理论假设,领导者授权给下属,允许下属在给定范围内工作,并要求下属承担相应的责任和做出决定。基于 Y 理论的领导者会合理地构建组织,帮助和支持下属,让他们表现自我并进行自我培养,让他们按照组织的最高利益行动。Y 理论领导者重视自我控制和发展,通过鼓励和认可员工成绩来激励员工,要求员工对失败作出快速反应并改正之(Tannenbaum & Schmidt,1958)。组织内的员工自我发展,以一种主人翁的态度随时准备并接受他们的工作。领导者与员工分享权力,提供评价数据,培训员工,期望他们持续进步。

实际上,领导风格可以影响下属的行为,下属的行为又加强了领导的偏爱风格,达成自我实现的预言。如此,领导者对某人的假定和他对此人的态度使此人产生预期的行为——皮革马利翁效应(Pygmalion effect)——而不是相反。专制方式的确促使个体表现出幼稚的行为,而民主方式则使个体走向成熟,不论他们的起点怎么样

(Meyer, Key & French, 1965)。框 6.3 提供了成熟和不成熟行为的列表。专制风格适合于懒惰、冷漠、不合作的 X 类行为的人;民主领导风格可以激励 Y 类型行为的人,因为他更活跃、更负责,能自我定向。

框 6.1

X - Y 量 表

指示:作为管理者(经理、领导人),你会碰到下属各种类型的行为。阅读下列条目,在下面合适的框格里做标记,表明你将做什么。

1=全力以赴去做　　　2=愿意做
3=尽量不做　　　　　4=极力逃避

	1	2	3	4
1. 严格监督我的员工以使他们更努力工作。				
2. 为下属制定目标,并向他们说明我的计划的可行性。				
3. 监控下属确保他们完成工作。				
4. 鼓励下属制定自己的目标。				
5. 确保为下属筹划好工作。				
6. 每天都进行检查,看看他们是否需要帮助。				
7. 一旦报告显示工作不正常就尽快干涉。				
8. 如果必要,督促下属实现预定的计划。				
9. 定期开会以便了解情况。				
10. 允许下属做重要决定。				

分数说明在本章末尾附录 6.A。

框 6.2

麦克格里格的两种重要观念模式

X 理 论	Y 理 论
1. 人们厌恶工作,如果可能,就尽量逃避工作。	1. 人们视工作如玩一样自然,愿意从事它。
2. 人们逃避责任,天生懒惰,缺乏创造,不可靠,因此领导者要强制、指示和威胁才肯工作。	2. 人们能自我定向,自我控制,富有创造力,愿意追求优异,能承诺、认同组织目标。
3. 人们寻求安全感,需要外部指示和硬性分工,抗拒变革,逃避责任,没有雄心壮志。	3. 人们寻求和接受更多的自我定向以及新的挑战,可以委以权力与责任。

【资料来源】McGregor, D. (1960). *The Human Side of Enterprise.* New York: McGraw-Hill (Reprinted with permission of McGray-Hill).

> **框 6.3　　　　　　　　不成熟行为和成熟行为的连续体**
>
> | X 类型 | 不成熟 | 成熟 | Y 理论 |
> |---|---|---|---|
> | | 被动——————— | ———主动 | |
> | | 依赖——————— | ———独立 | |
> | | 技能单一————— | ———技能多样 | |
> | | 兴趣浅、无常——— | ———良好的、强烈的兴趣 | |
> | | 目光短浅————— | ———有长远打算 | |
> | | 没有授权,认为自己是天生的下属— | ———有授权,地位平等 | |
> | | 对自己的潜能缺乏认识——— | ———能认识和调控自我 | |

在施拉格高中,可观察到的行为与哪种理论更接近,X 理论还是 Y 理论?

(二) 俄亥俄州的研究

在最初完成的关于领导的大量研究中,俄亥俄州的研究是其中的一例(Stogdill, 1974, 1981; Fleischman, 1953; Fleischman et al., 1956; Hemphill & Coons, 1950)。这些研究可以帮助我们转换思维,避免单极方式的领导模式(single-axis paradigm),从"要么是民主,要么是专断"的两种极端领导方式走向两种方式的综合,即一种体谅(consideration)和创设结构(initiating structure)。体谅,包括管理者和工作团体之间互相信任、尊重,热情和融洽等行为。这个模式试图强调对组织员工的深层次关心和员工的发展,鼓励独立思考,并让员工了解领导的工作质量。

创设结构是这样一种行为,管理者组织和界定团体的行动,界定他希望员工承担的角色,提前指定任务和计划,确立工作方法,力求生产能力的提高,设定最后期限,鼓励使用工作程序,让员工了解管理者对他们的期望,使员工一直按照所期望的那样工作,并确保其发挥最大的工作效能。这两个范畴各自独立。员工可以从事 4 个象限涵盖的任何一种工作中任何一个工作,并取得好的工作成绩。先前的研究表明,在单一的连续体中,这两种方式是对立的。但是赫尔平(Andrew Halpin)和其他人说明了有效的领导方式是如何让这两种方法互为补充的。

百年多的领导研究检验了这种模式。总的研究结果显示,在组织效率、内聚力和协调性等方面,谅解和创设结构这两种领导方式与其有正相关,以组织所固有的传统价值观而言,在这两种领导方式上都获得高分的领导被认为是更称职的。例如,赫尔平(Halpin, 1956, 1966)完成的一项关于学区教育局长的研究发现,最有效率的领导者是在这两个纬度上都获得高分的,框 6.4 提供了基于这项研究的领导行为工具(leadership behavior instrument,在你阅读得分说明附录 6.B 前先完成这一工具)。根据这些研究人员的观点,最理想的领导方法就是既重视个体的重要性又重视任务的重要性。

> 俄亥俄州研究中的两种领导方式的4个层面中,施拉格高中的管理方式符合哪一种呢?为什么?这种领导风格的好处是什么?存在的问题又是什么?

框 6.4

领导行为调查

说明:在格子里做标记,以表明你在组织活动中的行为得分。分值:

总是=5 经常=4 偶尔=3 很少=2 从不=1

行为	5	4	3	2	1
1. 我向组织表明我的态度。					
2. 我向下属表明我的个人偏好。					
3. 我和组织共同实验我的新观念。					
4. 在快乐地成为一名组织成员方面,我没做多少事情。					
5. 我用铁腕统治。					
6. 我愿意理解别人。					
7. 我用一种不容置疑的态度说话。					
8. 我利用一切可能的时间倾听下属的呼声。					
9. 我批评不到位的工作。					
10. 和下属打成一片而不是自我封闭。					
11. 给下属指定特别的任务。					
12. 注意组织内个人的福利。					
13. 规定工作时间表。					
14. 向下属说明我的行动。					
15. 维持既定的工作标准。					
16. 采取行动之前向下属咨询一下。					
17. 强调最后期限。					
18. 支持下属的工作。					
19. 鼓励使用统一的工作程序。					
20. 和下属平等。					
21. 我确信别人理解我在组织内的角色。					
22. 我愿意做出改变。					
23. 要求我的下属遵守标准、规则和条例。					
24. 我是友好的,容易接近。					
25. 我让下属去理解我对他们的期望。					
26. 当和下属谈话时,让他们放松。					
27. 务必注意下属是否尽力工作。					
28. 我把集体的建议付诸实施。					
29. 注意下属工作时的协作。					
30. 在实施重要行动之前,先得到集体的同意。					
栏目总分					

【资料来源】Halpin, A. *Theory and Research in Administration*. © 1966. Adapted by permission of Prentice Hall, Upper Saddle River, New Jersey.

(三)新的管理模式

这种管理的格(Blake & Mouton,1964,1978;Blake & McCanse,1991)是一种两维模式,很接近于俄亥俄州的研究,是一个普及版本,它包括不同阶段的培训,以帮助领导者在两个维度上的领导更有效。对这些研究人员来说,创设结构是"对产品的关注",而体谅是"对人的关注"。布莱克和麦肯色(Blake & McCanse,1991)提出了7种领导风格,他们相信这些风格包含了领导者的所有重要差异。

1. 控制和主导型(专制型)。 9,1 取向的人表现出对结果的高度关注和对人的忽视。这种注重结果的风格是独裁的。这种风格的领导者像一个压路机,不考虑他的行为对别人的影响,只是扑向最终的结果。对人的关注,如利益、培训、弹性工时和职业发展很少给予优先考虑。人际关系被当做延缓或阻碍取得最后结果的东西。这种风格的领导者并不是故意去攻击人,但他确信,追求结果是做好工作的惟一方式,"除此以外,无论什么都是多余的",这种观点只能妨碍人们去努力工作。

2. 屈从和支持型(随和型)。 1,9 型的人不注重结果,但非常关注别人。这种风格的领导者热情、友好,但缺少目的和达成目的的能力。这种领导者是"保姆型"的,非常看重人们的思想和感受,认为自己的角色应是激起员工的热情和士气,而不重结果。1,9 型和 9,1 型的人完全相反。他们都了解这种差异,但认为他们的风格不会有什么不好。这两种定向都导致了狭隘的、单极的领导模式。1,9 型思维的缺陷是"只要我能使人高兴,好结果自然会有的"。证据显示却恰恰相反,因为糟糕的工作永远不会导致什么好的结果,所以人们的反应就是不去关心个人或集体的工作效率。

3. 平衡和妥协型(维持现状型)。 5,5 型风格的领导者处于两者之间,对结果和人都给予中等水平的关注。如同 9,1 和 1,9 型的人一样,5,5 型的人认为对两极的关注有着固有的冲突,这种冲突只能通过平衡人的需要和结果来解决,通过妥协和让步而不是试图通过追求获得可能圆满的结果,他的目标不是追求卓越,而是尽量弄得安全一点,以找到大家可以接受的办法。他很了解情况,但他的努力常常因为目标的大众化取向而被削弱。搜集信息不是用来挑战标准和寻求创造性的解决方式,而是用来减少或者抑制冲突。

4. 躲避和逃避型(冷漠型)。 1,1 风格为躲避和逃避型,此种类型的领导者既不关心结果,也不关心人。在团队中,这种人很少见。他是一个唯唯诺诺的人,会尽可能地避免参与活动。这种类型的领导者信奉"折中",工作只是走过场,混日子,不愿付出艰辛和努力。在某些分工合作的工作场所,如果交流很少的话,努力工作的成效又不明显。这种人还是存在的,混在人群之中,也不会引起别人的注意。实际上,他常常去寻找可以独立完成的工作,按照自己的步调进行而不受其他人的干扰。

5. 命令和指示型(家长式统治型)。1,9和9,1型或者家长式风格源自两种不同的风格,独特的混合式的风格。搞家长式统治的人对待员工如同父亲对待孩子一样,1,9型的人利用奖赏,9,1型的人利用惩罚来调节人的行为。此种类型的领导者是一个控制欲望很强的人,同时也在寻求别人的赞同意见,希望得到别人的敬仰。家长型的领导者对自己的要求很高,对别人的要求也很高。如果员工按照指令做事,那么他就会得到奖赏,如表扬、好处,这是典型的1,9风格的领导者。对员工的工作要求标准仍然很高,但是员工会一直得到这种风格的领导者的更多支持、指导、鼓励和宽容,总之是"帮助"。如果一名员工没有按照指令去行事,那么他会得到9,1型风格的领导者的惩罚对待,加强对这名员工的监督,"证明你自己是值得我给你支持的"、"这都是为了你好",表明对员工的态度和期望。

6. 利用和操纵型(机会主义型)。机会主义者利用可以利用的任何方式去达到他自己的目的。这种人不关心其他人和其他公司的利益,相反,此种人常被"我会得到什么好处"的问题所驱动。机会主义者利用一切方式来帮助自己。1,9型的人倾心于自己的价值观,9,1型的人也醉心于自己的价值观。利用和欺骗别人得到别人的信任和支持蒙混下去。因为其他人很快就了解了,机会主义者也必须做出点自我牺牲,否则他就很难长期奏效。在短时间的关系交往中,人际关系交往不够充分时,机会主义者常常成功;或者在一个单边权力(unilateral authority)环境中,在这种环境中,别人想什么无关紧要,所以在这种情况下,机会主义者也有用武之地。

7. 奉献和献身型(成熟型)。9,9型领导者表现出对人和结果的高度关注。9,9型领导风格的基础是审视"什么是正确的",而不是"谁是正确的"。这种类型的领导者超越政治,对根据优异的标准持续去评价真正的效益持保留意见。这种领导者利用反馈和批评去促成对目标的共同理解,吸取经验教训,从中找出加强团队工作绩效的办法。鼓励每个成员提出并挑战新观念,而不必担心会带来任何打击报复。这种开放的态度使每个成员都意识到结果与自己的利害关系,因而激起了他们对结果的强烈责任感。9,9型团队表现出的坦诚也建立了高度的互信和互敬,在这种团队中,人们敢于冒险,敢于尝试,敢于去突破和创造极限。

【资料来源】The Grid Style Summaries, Copyright @ 1998 by Scientific Methods, Inc. Reproduced by permission of the owners.

通过对俄亥俄州的研究(Ohio State Studies)和"奉献和献身型"领导风格的研究,布莱克和莫顿(Blake & Mouton)以及布莱克和麦肯色(Blake & McCanse)得出了非常相似的研究结果,即这两种管理风格与生产力、利益率和成功具有正相关。表6.2讨论了这7种领导风格使用的各种方法(框6.5提供了一个测量工具,运用这个工具你可以发现你在实践中最习惯运用这 7 种管理风格中的哪一种。完成这个测量表，使用本章后的附录 6.C 评分标准来给你的回答打分）。研究表示，成为一个团队参与型的领导者（奉献型）是特别重要的。

> 就施拉格高中的规划、组织、激励、指导和控制而言，应该采用布莱克和莫顿以及布莱克和麦肯色所提出的哪种领导风格？为什么？

（四）情境型和应变型的领导

费德勒（Feidler，1967）发现，在既定情境中，领导效率取决于他的风格与任务、权力等级和组织性质之间的适合程度。在不同的情境中，这些组合之间的相互作用会产生不同的结果。其主要条件是下属的成熟水平。不成熟的下属更需要结构型组织，当成熟水平提高后，员工对组织的依赖程度减弱，表现出更多的人际关系定向（human-relation-oriented）行为。在良好的氛围中，当任务被精确界定、领导者有职有权的情况下，领导和下属员工的关系是融洽的。

费德勒和切莫斯（Feidler & Martin Chemers，1974）认为，领导风格是一种个人天性决定的个性特征（personality-based trait），无法通过训练加以改变。他们的领导模式就决定了在某种情境中，他会选择"合适的人（right people）"以适应自己的领导风格。这种"领导者匹配（leader match）"就是所谓的领导应变型理论。在很大程度上，领导（leadership）取决于个性。如权力是由于职位而取得的，并不在于人本身，也不在于领导者与组织内合适的人建立有效关系的个人能力。应变型理论认为，无论权力大还是权力小的控制性职位（control position）均需任务定向（task-oriented）的领导者。中度权力（moderate power）控制性职位需要人际关系定向的领导风格（Feidler & Garcia，1987）。这些研究人员把领导研究扩展到包括领导素质、群体、任务和情境方面。

费德勒和切莫斯主张，一个人很难改变他的风格，但是荷西和布兰查德（Hersey & Blanchard，1977，1982）认为，在工作环境中，领导者要随时修整自己的风格以适应变化。情境型的领导风格是受到群体和下属个人成熟水平影响的，并且下属的个人成熟水平对领导风格的影响又各不相同。情境理论家给予"什么是最优秀的领导"的回答是"视情况而定"。

应变型和情境型领导理论反对这样的一个论调：有一种成为领导的最佳途径。他们认为合适的机遇、特别的任务、能力、员工的成熟、参与程度以及情境变化动力等因素决定采用什么样的领导风格。其他的情境因素包括团队规模、奖励、领导者的地位、任命的方法和技术背景。对于处于不同发展层面的员工，领导者须采用某种特定的领导风格。惟其如此，领导者才能在方法上表现出足够的弹性。

表6.2 领导风格说明表

风　　格	关注的综合水平	领　导　方　式	营造的团队文化是……
控制和主导型（专制型）	对结果的关注：高(9) 对人的关注：低(1)	我期待结果,通过明确宣布行动进程实施控制。我追求支持产品的结果,不允许偏离。	成员有压抑感,畏首畏尾,郁郁寡欢。他们有怨愤和敌对情绪,宁愿维持现状,不愿做事,动机水平低。人际关系紧张,责任感差。
屈从和支持型（随和型）	对结果的关注：低(1) 对人的关注：高(9)	我之所以追求结果,是因为它带来愉快、祥和的人际关系。我通过关注积极和令人愉快的方面来激起员工的热情。	成员有自满情绪,同时也缺乏安全感,焦虑。在没出现问题前,成员之间是友好的,还能相互迁就。
平衡和妥协型（维持现状型）	对结果的关注：中(5) 对人的关注：中(5)	我期待大家都愿意得到的结果,小心避免冒险。我会和其他有关人员验证我的想法,保证持续的可接受性。	成员之间比较容易接近,喜欢交际,但是比较谨慎,出现问题时,防范心理较重。过度依赖章程、程序和科层结构,妨碍了创造性。
躲避和逃避型（冷漠型）	对结果的关注：低(1) 对人的关注：低(1)	逃避责任,不关心结果,以免纠缠于问题之中。实在没办法,我就采取一种消极的态度,间或帮助一下。	成员普遍缺乏兴趣,如有可能宁愿独自工作,与外界隔绝。对结果缺乏责任感,或者根本没有责任感。
命令和指示型（家长型）	对结果的关注：9和1 对人的关注：1和9	通过界定我自己带头或者其他人带头来控制结果。我会给那些支持我的人奖赏,欣赏他们,阻击那些挑战我的想法的人。	由于上司偏爱,成员两极分化,得到偏爱的成员就难以比他人保持相同的高标准,这会引起其他人的怨恨和故意,互相信任和尊敬度低。
利用和操纵型（机会主义型）	对结果的关注：不一定 对人的关注：不一定	我说服他人去获取对我个人有利的结果。如果对他人也有利,那么就更容易得到他人的支持。为保证和他人的合作,我会不择手段的。	成员独立工作,缺乏或者没有相互信任和尊敬。由于担心个人利益受损,人们不愿意共享资源。破坏性竞争度强。
奉献和献身型（成熟型）	对结果的关注：高 对人的关注：高	通过推动团体去达到完美的结果。我会去探求各种因素和观点,以达到共同理解,获得最佳解决方案。	成员之间高度信任和尊敬,创造性得到自然流露。成员对结果的责任感很强。

【资料来源】Grid Style Description table, Copyright 1998 by Scientific Methods, Inc. Reproduced by permission.

第六章 成功的学校领导

框 6.5   测量偏爱的管理风格

领导行为

姓名_____   日期_____

管理风格分类

在完成下列态度测评之前不要去参看附录 6.C 的得分说明。

说明：你可以选择下列每句中适合你的态度和行为的选项(A 或 B)。你要根据你的选项分配全部的 3 分。如果你总是选 A，你记为 A3 和 B0。如果你经常选 A，偶尔选 B，就记为 A2 和 B1。此记分法也适合于总是选 B 或者偶尔选 A。在空白处表明你的选择。记住你对每个问题答案的选择应该凑足 3 分。

1. 当你的员工难以和你取得一致意见时，你应
   ——A. 变换你的方式去维持合作。
   ——B. 警告你的员工按命令去行事。

2. 当你在计划一个行动时，从员工那里得到了一些建议，你认为
   ——A. 他们的建议是可以接受的，记住去感谢建议者的参与。
   ——B. 所有的建议都作了某些修正，无论最初是好的还是不好的。

3. 当员工的新点子与老板的判断冲突时，老板应该
   ——A. 听听员工的建议，但是再把自己的判断弄得更完善点。
   ——B. 让员工知道，老板需要时自然会采纳的。

4. 当送上来的报告相互冲突时，老板应该
   ——A. 放在一边，无非他们期望从成功的结局中获得个人利益，到时再进行必要的干涉。
   ——B. 让他们独自工作。每个人应该为自己负责。

5. 当员工工作陷入困境时，老板应
   ——A. 支持和鼓励他；员工应知道老板是可以信赖的。
   ——B. 和员工一同弄清楚问题所在，避免将来碰到同样的问题。

6. 获得最好结果的主管是那些能够告诉员工他期望达到什么结果的人
   ——A. 相信这一点。
   ——B. 但是认为，既然人之为人，那么就不可能达到全部期望。

7. 为了不超出预算，老板应
   ——A. 在开支和满足职工欲求上尽量保持平衡。
   ——B. 不停地向员工抱怨开支扩大，感谢员工所做出的让步和牺牲。

8. 当推行一项前所未有的计划时，主管应
   ——A. 在决定前先听听其他人的意见，但对于要修改计划的信息保持警觉。
   ——B. 在别人的立场明确后再作决定，然后通过计划，这样就可能得到支持，并且还很好地反映出自己的管理特长。

9. 当主管和下属的意见相左时,主管应
   - ——A. 不到万不得已时不去理会出现的问题。
   - ——B. 把分歧放在桌面上,寻求解决的办法,取得理解和一致。
10. 一位真正理解员工的主管在谋划一项工作时会
    - ——A. 让员工有一个全面的了解,鼓励他们采取他们认为最好的方式去完成任务。
    - ——B. 跟员工个别谈话搜集信息,进行综合,制定计划。
11. 在规划方面,老板应
    - ——A. 制定计划,期望员工能以积极的态度接受。
    - ——B. 请求员工合作制定计划,使员工可以在和谐的氛围中进行下去。
12. 当推行新观点或者规程时,重要的是
    - ——A. 事先争取支持,防止反对意见。
    - ——B. 说服人们接受这些观点,因为那些代表公司利益的负责人仔细考虑过了。
13. 如果员工想尽可能地少做事,主管认为应该
    - ——A. 督促他们,即使带来不满。
    - ——B. 除非你和他厮守在一起,否则拿他没办法。
14. 向老板汇报时能赢得老板尊敬,下属汇报的事情应
    - ——A. 是老板需要进一步了解的,不论事情进展好坏。
    - ——B. 是不能正常进行下去,需要老板干预。
15. 主管以这样的方式行使控制权
    - ——A. 员工或多或少地要依靠他们自己,除非问题到了危急时刻。
    - ——B. 期望得到详细的报告,并有共事者的赞同意见。
16. 当决策受到别人的抵制时,主管应
    - ——A. 和那些受到决策影响的人面谈,了解他们的观点和看法,根据不同的意见,调整实施方案。
    - ——B. 让员工们知道,在这个奉献和索取(give-and-take)的世界上,只有现在支持我的观点,才可以得到后来的报偿。
17. 生产应该
    - ——A. 是追求的最高目标,即使这给员工带来了压力。
    - ——B. 是不惜一切代价使自己摆脱困境。
18. 当员工和老板有分歧时,老板应该听听他们的意见,了解
    - ——A. 相同的和不同的意见,和员工共同制定一个完善的协定,选择奔向目标的最佳途径。
    - ——B. 不同的观点,然后作出解释,说服员工,老板的方法是经过深思熟虑的。
19. 当使用权力时,老板应
    - ——A. 直接但是要亲切地劝说怀疑者,处在较高位置上的人已经深思熟虑过了,知道哪些对组织来说是最好的。
    - ——B. 使得那些对提高工作质量做出贡献的人参与决策。

第六章 成功的学校领导

20. 当总结评价一次行动,而这次行动出现了一些重复出现的问题时,主管应
    ——A. 不能留下任何问题,挖掘问题的根源所在,查明责任,然后说明以后再也不允许出现问题。
    ——B. 谨慎小心,不能冒犯那些给予你关键支持的人,宁可放弃目前的问题,也不要去和他们为敌。

21. 一位老板要避免麻烦,通过
    ——A. 无条件的接受员工给他们自己定下的工作节奏。
    ——B. 要求员工制定自己的工作节奏,培养积极的工作情感。

22. 在可能产生冲突的环境中,对付那些难缠的同事
    ——A. 更努力地工作,以避免正面冲突,或者围绕着他工作。
    ——B. 宁愿退却,也不愿意冒风险去制造敌对情绪。

23. 为了达到最佳的工作效果,重要决策应
    ——A. 由主管和员工组成的团队做出,以保证共同努力。
    ——B. 在主管和员工一对一的基础上决定,突出效率和责任。

24. 一位主管被问到对一件麻烦事情的意见时,他(她)应该
    ——A. 看看先前的案例,提供一个已经证明是正确参照,来调和不同的观点。
    ——B. 避免本能的反应,花些时间评价其他人的立场,当他(主管)处在他的位置上,他们可能会给他什么支持。

25. 当给员工分配一项特殊的任务时,主管应
    ——A. 事先完整地概述这项工作,不能容忍在执行的过程中有任何偏离或者为失败找借口。
    ——B. 分时分段地布置工作,表彰所取得的进步,可以随时纠正出现的错误。

26. 当出现冲突时,主管应
    ——A. 缓和紧张。
    ——B. 尽可能不卷进去。

27. 当要上一个新项目时,主管应
    ——A. 收集有关信息,征询项目从事者的意见。
    ——B. 分析事实,听取员工的意见,然后给员工一套解决办法,表示自己已经郑重考虑了员工的建议并获得员工对任务的承诺。

28. 当与上司一起处理一个高难度问题时
    ——A. 了解他们想要什么,调整自己的行动,做出相应的反应。
    ——B. 应该置身事外,让当事人去做最后的决定。

29. 当评价工作业绩时,主管有必要去
    ——A. 持续观察员工的表现,帮助他们避免重复犯错。
    ——B. 对积极的表现给予表扬,控制导致士气消沉的批评。

30. 一项困难的任务完成后,主管应
    ——A. 对员工的工作表示赞赏,让员工减轻工作带来的紧张。
    ——B. 制定下一个计划,敦促员工如同完成先前的工作那样完成下一个工作。
31. 处理建议的方式是
    ——A. 拖延对其做出反应,不论是积极的还是消极的反应,直到你的上司做出评价,然后把上司的意见传达给你的下属。
    ——B. 积极听取,把那些不可能得到批评的建议报给上司,等待回答。
32. 当批准员工的培训和发展活动时,主管应
    ——A. 允许员工选择他们喜欢的方式,既然那样有可能激励他们。
    ——B. 鼓励员工参加那些有利于实现主管目标的活动。
33. 当和员工沟通时,主管应
    ——A. 意识到官方信息要通过组织渠道传递,非官方信息使用非正式渠道传递。
    ——B. 使用组织渠道传递符合知情人利益的信息,其他的信息使用非正式渠道。
34. 对于老板来说,处理员工错误或过失的有效方式是
    ——A. 通过影响第三方对过失施加压力来纠正过失。
    ——B. 寻找问题的根本原因,和合适的人员一起了解和纠正错误。
35. 当制定计划时,主管应召集有关人员
    ——A. 让他们制订他们自己的计划,既然他们更有可能去实现他们自己的计划。
    ——B. 和他们一同工作,制订出最合理的计划。
36. 质量标准是
    ——A. 老板的价值观的反应,是老板期望团队成员全心全意去执行的东西。
    ——B. 不能当真的东西,言行是可以不一致的。
37. 如果主管与员工在某一项决策上不能达成一致,主管应
    ——A. 说明决策的理由,并且带着歉意地断言这项决定必须执行下去。
    ——B. 告诉员工这项决定应该执行下去。
38. 当主管无法调和与员工在决策上的分歧时,主管应
    ——A. 把分歧搁置起来。
    ——B. 做出决策,让员工知道,领导对他们接受决策表示赞赏。
39. 员工之间的有效合作可以通过
    ——A. 积极促动他们解决工作中的问题。
    ——B. 让他们知道先来后到。
40. 激励员工工作的方法有
    ——A. 鼓励员工之间的竞争,使他们更加努力地工作。
    ——B. 给员工施加压力,促使他们尽最大努力。

> 41. 在评价一名员工的工作业绩时，主管应意识到
>   ——A. 重要的是让员工了解他(她)自己的工作情况。
>   ——B. 既然正式评价易使人发火，使人难堪，那么应注重员工的工作经验，因为经验对改进工作表现是非常有益的。
> 42. 开会时，主管应
>   ——A. 倾听下属的意见，取得他们的支持，保留做出最后决策的权利。
>   ——B. 注意决策是基于双方共同的理解和一致。

【资料来源】An Evaluation of Organization Culture, Copyright 1991 by Scientific Methods, Inc. Reproduced by permission.

伍罗姆和埃顿(Vroom & Yetton, 1973)开发了另外一种比较复杂的模式，以决定在不同的情境中领导者与当事员工的关系。决策是一个连续统一体，是从领导的单边决策走向团体成员参与决策的共同决策模式。诸如素质要求、潜在冲突、接受程度、可用信息和结构等因素，都可以用来决定在特定情境下的方法使用。

伍罗姆和伽哥(Vroom & Jago, 1988)提供了一种决策结构，以帮助在不同的情境中选"最佳"决策方式。乌本和休斯(Ubben & Hughes, 1997)扩大了相关因素，在考虑领导方式时强调时机的重要性。

于克尔(Yukl, 1989)依据对领导者和管理者的不同要求区分了情境方法(situational approach)。一个具有领导身份的人，他需要掌握全部的"技巧"，不同的情境下应用不同的技巧。员工参与对于知识增长、技巧的掌握和共同观点的形成是非常重要的。得到员工的理解，使他们尽职尽责，并鼓励实验是同样重要的。以管理者身份出现的人，应是一个更直接的指导者，传递信息，畅通命令渠道，密切监督工作。下属应服从合法的领导者对组织的管理。于克尔坚持认为，没有一种方式可以适合所有的情况。

制定符合这么多变量的公式可不是简单的事情，近来的研究对其可靠性也没有什么支持。许多人认为，领导的性质并不因情境的改变而改变。情境模式的批评者认为，不可预测的因素引起怀疑、不信任、欺骗和混乱。应变型和情境型的方法所忽视的恰好是皮革马利翁效应——期望、期待对他人行为产生的影响。贝鲁和霍尔(Berlew & Hall, 1988)发现，较高水平的管理者对较低水平的管理者的期待决定了他们的工作表现和成功。戴明(Edward Deming)博士的研究也支持这些方面(这个问题在本章后面予以讨论)。事实上，任务定向、产品推动的风格似乎不能使员工成熟，却使他们处于被动地位，依赖感和从属感强，易迷失自我。注重任务和人之间平衡的方法使员工变得成熟、主动、独立、负责，有毅力，自我意识强，注意力集中。另外一种情况就是领导者可以创造一种适合自己领导风格的环境。如一个领导者在采取比较专制的方

式时,应尽量缩短决策时间。

(五)密歇根大学的研究

另外一个系列的研究是由密歇根大学社会研究中心(Social Research Center)的利克特(Rensis Likert,1967)发起的。他区分了4种不同类型的领导风格。

系统1(剥削专制型)。管理者不信任下属。下属无法自由地和上司讨论事情,上司在解决问题时也不征询他们的意见。工作动机是来自于恐惧、威胁伴以间或的奖赏。信息是自上而下的。目标是上面早已定好传达下来的。

系统2(仁慈专断型)。管理层和雇员之间是一种主仆关系。雇员也有一定的参与度,比在系统1中的雇员获得更多的奖赏,与上层的交流略好一点。这种组织是家长式管理的,不会给雇员太多的自由去"做他们的事情"。

系统3(征询意见型)。管理层控制着一切,但是在问题解决之前和决定做出之前也会征求员工的意见。自上而下的沟通要好些,但是比较谨慎。不肯提供一些不太有利的信息。雇员感觉到,他们在决策制定和政策形成的初始阶段起到了一些作用,但是他们的意见未必总是得到认真的考虑。

系统4(群体参与型)。管理层信任雇员,认为雇员愿意为达成组织的目标而工作。雇员因得到肯定而受到鼓舞,他们参与各种层次的讨论和决策,讨论和决定对他们来说是重要的问题。上下左右的沟通非常到位,目标的制定是由为其工作而达成的人参与的。

利克特认为,系统4(群体参与型)是一种理想的模式,参与型是与更有效的业绩密切相关的,具有一致性。(表6.3提供了测量工具,可以通过此表来决定这4种风格哪一种最适合各自组织的管理)密歇根大学的研究补充了俄亥俄州的研究,对布莱克和莫顿以及布莱克和麦肯色的研究也是一个有益的补充。

> 那么,密歇根大学研究的4种领导风格,哪种最能说明施拉格高中所发生的事情?

表6.3 组织内部最典型领导风格

组织变量	1	2	3	4
你对下属有多少信心,给予下属多少信任?	根本没有	有一些	比较多	很多
下属和上司谈论工作时感觉到有多少自由呢?	不是很自由	有一些	相当自由	非常自由

续 表

组织变量	1	2	3	4
下属的意见经常被征询和得到建设性的利用吗？	很少	有时	经常	次数很多
(1)恐吓,(2)威胁,(3)惩罚,(4)奖励,(5)参与,哪些是主要方法？	1,2,3偶尔用4	4,有时3	4,有时3和5	5,4,用于团队
在达成组织目标的过程中,哪个层次感觉到责任最重？	主要是上层	上层和中层	几乎每个层次	所有层次
团队合作工作的程度如何？	很少	相对少一些	有一些	很大程度上
通常,信息会流向哪里？	向下	几乎是向下	向上和向下	上下左右各个方向
下属以什么态度接受来自上边的信息？	以非常怀疑的态度	有些怀疑	非常谨慎	积极接受
下边上来的信息准确度怎么样？	总是不准确	通常不准确	有时不准确	基本上准确
上司了解员工面临的问题的程度如何？	不太好	还不错	相当好	非常好
下属参与与工作有关的决策吗？	几乎不	偶尔会征询一下他们的意见	经常征询他们的意见	全程参与
决策过程对员工的工作动机有什么影响？	没影响	很少一点	有些	有很大影响
组织目标是如何确定的？	命令式	命令式,偶尔会听听建议或者评价	讨论后,命令下达	集体讨论（除了紧急情况下）
员工对现有目标的抵触情绪如何？	强烈	中度	有些	很少或几乎没有
有非正式组织和正式组织对抗吗？	是	常常	有时会有	没有——和正式组织的目标相同
用于降低成本、提高生产力和推行其他控制过程的手段是什么？	政策惩罚	奖罚	奖励 个人自觉	个人自觉,问题解决

【资料来源】Likert, R. (1967). *The Human Organization: Its Management and Values*. New York: McGraw-Hill. Reproduced with permission of McGray-Hill.

领导与变革过程

富兰(Micheal Fullan)
多伦多大学

处在变革时期,校长的作用之所以如此重要是源自于这样一个论断,即自上而下与自下而上的决策本身都不是有效的,仅当自上而下和自下而上的力量相互作用、调和并且导向欲求的目标时,改进才会产生。校长是这样一个理想的人选:扮演居间调停的角色。

人们总是说,校长是改革的关键,但也只是近来的研究才使人精确理解在实践中校长这个角色的意义。我们在《什么是值得为之奋斗的》(What's Worth Fighting For)三部曲(Fullan, 1997; Fullan & Hargeaves, 1992; Hargeaves & Fullan, 1998)中,提出了校长角色的原理和框架。通过对芝加哥学校的改革评价(Bender, Sebring & Bryk, 1998),我还陈述了校长在实践中的作用。

我们出版《什么是值得为之奋斗的》的意图,在于为校长和教师提供行动指南,使他们能更好地控制一个错综复杂的体系中的变革过程,也正是这个体系使他们处于相互依存的关系之中。在第一本书《什么是值得校长为之奋斗的》(What's Worth Fighting For in the Principalship)(Fullan, 1997),我们力陈改革的起点不是空想或者坐等"系统的变革",而是寻找我们自己能够采取的行动。我们拟出了校长行动的如下一些指南:

- 避免"只要"之类的话语,以及公开指责和其他形式的空想。
- 大胆尝试,敢于冒险。
- 制定与目标和变革过程紧密相关的愿景。

在第二本书《什么是值得你们学校为之奋斗的》(What's Worth Fighting for in Your School)(Fullan & Hargeaves, 1992)中,我们把问题扩大到学校文化中去。我们提出,学校至少有4种文化信条——个性、独立、权力分享和合作,最后一项在学校发展中的作用尤为突出。自从这本书出版后,我们的分析已经得到了纽曼和韦海尔格(Neuman & Wehlage, 1993)的确证。他们在800多所学校仔细地研究了学校重建(school restructuring)问题。所有学校都参与了改革,但在提高学生学习方面,有些学校尤为成功。

成功学校内部三因素是:

(1) 专业学习共同体(无非就是合作文化)的存在;
(2) 教学活动的持续评价和精炼;
(3) 学生进步评价。

这些专业学习共同体（professional learning communities）经常检查学生的学业和成就，并相应地改进自己的教学。纽曼和韦海尔格总结道：就像我们过去总结的一样，校长的作用就是形成和塑造一种合作文化，这种文化关注学生的成绩、专业发展和教学组织，并把数据资料、学校发展计划等作为培育新的学校文化及其类似内容的工具。我们简称为"文化重构"（reculturing）（培育专业学习共同体），这就是校长和教师的主要目标。

在第三本书《什么是值得在学校之外为之奋斗的》（What's Worth Fighting for Out There）（Hargeaves & Fullan, 1998），我们把分析进一步扩展，认为学校生存的社会环境在经历着剧烈的变化，以及学校所在社区——外面（out there）也在变化着，技术、媒体、政策以及一些其他的东西均位于其中。因此，校长（和教师）的作用比过去更为重要。在这样一个全新的环境中，他们不仅要和外部的势力相抗衡，而且还要和外部的势力结成联盟。我们也知道这是一个很危险的举动，但这又是不可避免的。的确，"这个走向危险的"理由还是相当充分的。理由是这种趋势是不可避免的，因为外来的势力对学校的影响是无情的，何况，如果缺乏和外部的合作，一些新的工作就无法完成。我们给校长的指南是：

● 不要期望出现奇迹（不要寻找银弹，但要利用外来的思想创造你自己的变革模式）。
● 尊敬那些你希望他们闭上嘴的人（从抵触中学习新东西）。
● 不要为失败找借口（当失败出现时仍满怀希望）。

近来，芝加哥的学校改革评价证实了我们的分析。本德、塞柏林和布里克（Bender, Sebring & Bryk, 1998）认为："在决定一所学校能否发展方面，以及给学生提供更好的机会方面，校长的领导质量是一个关键因素。"（p.1）更为特别的是，最有效率的校长能做到：(1) 关注学生学习；(2) 利用支持和压力促使别人行动；(3) 利用计划的连续性防止行动的非连续性。另外，有效的校长应注意两个大问题：促进社区和学校员工更加紧密的结合；在员工中更加有效地培育专业学习共同体。

学校领导的重要性会更加突出。在这样一个复杂多变的时代，由于调和和整合上下的力量的需要，领导的作用越发重要。在今后的5—10年内，教师和校长将会有很多矛盾和冲突。对新领导者来说，这将是一个困难的时期，但也是激动人心的时期。这是一次真正的机会，可以使得学生、教师、家长成为卓越之人。

四、新近的领导理论

难以琢磨的领导概念可能是我们永远无法把握的，但是成为一个有效领导者的属性知识已经有了丰厚的积累。那也是一本书所无法承载的，更不用说权威性了。对于这个领域，有太多的理论知识和经验记载。然而，一系列的研究还是用大众化的语言给我们提供了理论发展的概况。很多内容在本章已经呈现给读者了。

根据畅销书的排行榜可以看出,人们对领导这个问题的兴趣越来越浓厚。著名的管理和领导哲学家德鲁克(Peter Drucker,1954,1974,1980,1992,1998)的 26 本著作的成功,证明了这个问题的重要性。德鲁克著作中的一本(1992)是全球领导专家的文章集锦。这本书关注的核心价值是正直、尊敬、坚韧、好奇、好学、标准化、友善、达观和勇气。领导者还要精力充沛,能预见变化,观点独特还要有全局观;还要持续学习和自我提高,并成为别人仿效的榜样。他们必须提高自己的计算机水平。他们的组织必须重视工作业绩、责任和结果,同时还要关注顾客。

(一) 追求卓越

皮特斯和沃特曼(Tom Peters & Robert H. Waterman)的《追求卓越》(*In Search of Excellende*)(1982)一书是根据市场成功来论述领导和管理的书,以 15 种语言出版,销售了 500 万册。他们又出版了后续著作《卓越激情》(*A Passion for Excellence*)(1985)。即使《基于混乱的繁荣》(*Thriving on Chaos*)(1987)、《渴望轰动》(*The Pursuit of Wow*)(1994)和《创新周期》(*Circle of Innovation*)(1997)不像《追求卓越》那么有冲击力,但仍然相当出色。对领导者来说,这些著作的一个基本主题是再熟悉不过的了,他们必须既关注组织的硬件因素,又关注组织的软件因素(任务和人)。框6.6 描述了成功领导所具备的 8 个属性。

框 6.6

来自《追求卓越》的告诫

1. **行动偏爱**。偏爱做事情——任何事情——而不是通过没有休止的分析和委员会报告去发表观点。
2. **密切关注消费者**。了解消费者的爱好,并迎合它们。
3. **自主与企业家精神**。把企业分成小公司,鼓励它们独立、有效地进行思考。
4. **调动所有人员的生产力**。向所有雇员培植这样一种意识,即认识到有必要付出最大的努力,公司成功所赢得的回报中有每个人的一份。
5. **亲自动手,价值驱动**。坚持让主管通晓公司的必要事务,并要促成强有力的企业文化。
6. **坚持联络网**。坚持做公司最熟悉的业务。
7. **简化形式,精简人员**。在高层几乎没有外行的行政人员和多余的人员。
8. **松紧共存的特性**。营造一种致力于实现公司核心价值观的氛围,其中也包括容忍一切来自于接受这一价值观的员工的革新。

【资料来源】Attributes of leadership as specified from *In Search of Excellence* by T. J. Peters and R. H. Waterman, Jr. Copyright © 1982 by J. J. Peters and R. H. Waterman, Jr. Reproduced with permission of Harper Collins.

皮特斯突出了组织对其顾客需要负责的重要性,以及支持实验、创新、为达到目标和满足最广大的顾客而去冒险的重要性。如"预备、瞄准、开枪"等口号,支持的是现在就试着做(try-it-now)、失败、学习、变化、互动和修正的领导方式。"放弃分析(paralysis in analysis)"所说的是,淡化长期规划的重要性,以便使组织能够更加自发地对迅速变化的状况做出反应。研究强调大量的非正式交流、开放论坛、溜达管理(management by walking around,MBWA)、正强化、善于倾听、持续创新以及对顾客和雇员的回应。尽管要尽快确认和改正错误,但要认识到没有错误就不会进步。皮特斯理论的基本内涵是倾听、信任、尊重、创新,以及激励(turn-on)和交流(in-touch)。领导者必须喜欢(而不是抵制)变化,分享令人鼓舞的观点并和其他人交流。

> 使用《追求卓越》里面的 8 条告诫,为施拉格高中描绘一下有效的工作文化。

(二) 高效率人士的 7 种习惯

科维(Stephen R. Covey)所著《高效率人士的 7 种习惯》(1989)一书,所陈述的领导方式与皮特斯的著作理论相同,也深受读者欢迎。此书占据排行榜最畅销书达 14 个月之久,科维所描述的 7 大习惯是:

习惯 1:有活力。 有创意,反应迅速,创造条件开展工作。意识到自己有选择的自由,自我意识强,有知识创新的能力,相信自己的选择。

习惯 2:有预见性。 在大脑中勾勒出可能产生的结果,明确自己走向何处,在哪里,要采取什么措施才能达到目的。领导要先行一步。

习惯 3:先做该做的事情。 持续推行有效的自我管理。纪律是来自内部的,衡量它的尺度是人与人之间的信任。所有真正成功的人士都是立刻做出决策的,这有助于获得预期的结果。安排好你的时间,把目标与你的规则、优先事项和远景规划结合起来。

习惯 4:双赢。 应该有这样的一种想法,让其他人认为他们也能赢,能够达到利益共享。所有的群体都对决策表示赞同,并愿意把计划付诸行动。合作是关键。

习惯 5:先理解他人,然后获得他人的理解。 倾听别人,从他人那里获得参考或者启发。不但用耳朵听,还要用你的眼睛和心去听,然后用别人可以理解的方式逻辑地、清楚地、明确地表达出你的观点。

习惯 6:协作。 找出新的办法。放弃你感到舒服的方式,去面对新的未知的挑战。珍视差异,尊重差异,利用差异去提高组织的力量。抛弃老规则,建立新规则。一个人往往局限于自己有限的想象力。建立团队,致力于和他人合作创造。淡化权威,产生新的、激动人心的选择。

习惯 7:磨刀不误砍柴工 (Sharpen the Saw)。 花一些时间去保护你最重要的财产——你自己。花些时间去顾及你自己的生理的、精神的、社交方面的和情感的需要。一个处在领导位置上的人需要有非凡的精力。努力保持自己的身体健康,学会一些好的自助技巧。说服别人相信他们自身的价值,也应该珍视别人。享受、庆贺所取得的成就。

《高效率人士的7种习惯》(*The Seven Habits of Highly Effective People*)以及这7种习惯的称谓已分别成为Franklin Covey Co.的注册商标。这里的使用获得允许)

根据科维的观点,组织内的卓越源于对共同观点的认可,这种观点是符合逻辑的、系统的理想状态。共同观点是推动生活中其他一切事情的基本动力。它使我们有这样一种感觉,我们可以为我们的组织做出独特的贡献。它赋予我们力量去做应该首先做的事情,走在时间的前头,走在计划的前头(Covey, Merrill & Merrill, 1994, p. 116)。

许多研究人员都在强调核心价值观(core values)、持久的目标和愿景是成功组织的突出特点。这些成功的组织知道这些差异:什么是应该变化的,什么是不会变化的。在论及愿景时,科林斯和波拉斯(Collins & Porras, 1994)宣称:

> 如果你做对了,你只要花很少的时间就可以明确表达你的愿景。你大部分的时间就是把组织组建成一个团队。是的,重要的是不再去考虑愿景。但是更重要的是你必须把组织成员团结在一起,追求共同的核心理想,向想像中的未来前进,而不仅仅是说说而已。应该始终牢记,一个有愿景陈述的组织和成为一个真正实现愿景的组织是有实质性差异的(pp. 238—239)。

成功的组织是向愿景努力并通过实践去争取的,这些都强化了组织的核心理想和价值观。

建立互信和合作,培养人并且团结他们朝向一个共同的愿景,在一种合作的、和谐的氛围中,使他们释放创造能量去取得欲求的结果。沟通是成功领导的核心因素,它通过悉心倾听去理解别人。花些时间去理解别人,远比去替他"打补丁"或者纠正双方之间的误解所花的时间要少得多。除非你完全明白了别人所说的是什么意思,否则就不要提供什么建议。清楚地、明确地、直观地表达自己的观点,最重要的是根据当时的情境去表达自己的观点,这样可以使其他人准确无误地理解你,了解你的追求和你对此事的兴趣之所在,理解你已经考虑了全部的事实和情况。科维建议:"让别人参与问题的解决,使他们沉浸在情境之中,浸润在其中,感觉到这是他们自己的问题,他们是解决问题的重要组成部分。"(p. 280)当人们之间互相学习时,当人们聚焦于方法、机会和目标并去发挥创造性时,协作自然产生了。

> 你如何使用科维的"高效率人士的习惯"来改进施拉格高中的组织健康状况?

(三) 学习型组织

"学习型组织"的概念是圣吉(Peter Senge,1990)提出来的,它指的是一个生成性过程(generative process),意图是提高和扩展一个组织的创造力。积极的应对是一种非常重要的组织行为,但是,真正的效果却是源自于创新。通过持续学习来更清楚地认识现实和培养超越现实的能力,是我们需要理清的重要方面。新知识弥漫于整个组织,使多样化的活动具有一致性和条理性。共同愿景为学习提供了中心和动力,激起义务感(而不是顺从)。对愿景的义务感会使人敢冒风险,勇于实验。这是组织内人员日常工作的中心所在。

愿景的形成产生于这样一些机会,沟通、学习、实验、学会对结果负责,更重要的是形成对未来的理想。虽然这个过程可能是无秩序的,但是常常可以"形成结论或者形成过程"(p.274)。圣吉强调团队进行系统思考所产生的影响的重要性,这个系统可以提供统一原则,有利于综合组织内部各种各样的行动。一个教室里的成功可以影响到整个系统。如同圣吉所强调的"宽恕"和"忘记"错误的重要性一样,知道在多大程度上提供必需的时间允许这些过程的发生也是非常重要的,如理解复杂性、理解愿景规划和学习。

迪普瑞(Max Depree,1998)认为,很明显,虽然领导者从他们的管理中得到了鼓舞和精神享受,但实际上,领导者的大多数力量还是来自于帮助别人更准确地、深刻地、有效地理解现实。根据迪普瑞的观点,成功必须依赖于员工的内在需要、参与、关注、奖励和他们获得的回报。迪普瑞模式尊重人的能力、才华和技能的多样性。人、人际关系、信息和沟通——不是组织结构——提高了组织的运作效率。"信息就是力量,但是你把它囤积起来就是无意义的了。"(p.104)有效率的领导者帮助员工认识系统的力量,这种力量可以塑造变化,并促使它们认清现实。有效率的领导者还给员工以信心。"为了获得我们真正想要的结果,我们完全可以学会任何需要学习的东西。"(Senge,1990,p.399)

> 为把施拉格高中改变为一个学习型组织,应采取什么样的激励措施?

(四) 新领导科学

威特利(Margaret G. Wheatly,1992;Steinberger,1995)提出思维的基本转变,领导者是寻求秩序而不是对组织的控制。秩序是生活中内在的东西,它并不是来自于消灭差异或者阻碍信息流通,或者是抚平骚动,限定人的工作环境,把工作方法标准化,把工作秩序书面化,或者告诉员工做些什么,秩序之所以是内在的东西,是源自于人们去寻求自身生存条件的连续性。在一个系统内,一个小的变化就能扰乱并且威胁到秩序或者平衡,导致混乱。但是如果明确了秩序具体内容并具有可预测性,即便是混乱也有积极的作用,混乱不过头,有一定的限度即是秩序的应有内涵。

不平衡才会进步,在适当的条件下,系统会产生反应,进化到一种更新、更高级的秩序。成功的组织可以调适、变化,以应对骚动,以开放自由的方式改变环境,能应对变化,并且再生一个有活力的、有适应力的、有良好秩序的组织。成功的组织能充分利用机会和各种可能性来更新和提高自己。这种机会需要更长时间的、更进一步的对话,更多的参与,更加具有冒险精神,对错误更具有宽容心,更大范围的信息共享,更能容忍适度的混乱,更加淡化政治,更加努力地弄清楚什么是无效的和什么是有效的。作为领导者,和那些勇于自我更新和持续自我改进的人在一起共同思考时,应该对他们的观点和结论的多样性持一种欢迎的态度。

当一个有生命力的系统在持续提高自己时,是可以度过混乱阶段的。领导者常常对这个阶段的混乱小心谨慎,然后加强控制,开始退却,阻塞了信息渠道,设计一些刚性的结构去平息混乱。有些管理者试图把一切都凑集在一起,抚平政治上的和观念上的争论。不幸的是,这种"围着中心转(circle the wagons)"的思想阻断了成功和卓越所必需的学习和改进过程,因为它消灭了不确定性、辩论、意见不一致、迷茫、冲突和其他混乱因子。做出如此反应的管理者妨碍了组织学习、反应和自我更新,妨碍组织再回到平衡状态。譬如一位校长看到考试分数下降,可能会放弃一个新计划,有回到过去那种比较简单的、基本的、过时的、标准的实践上去,以避免争论、焦虑和混乱。"我们还是回归基础以便从中获得感觉吧。"

这种寻求控制的努力阻碍了学习,妨碍了应对和提高的过程。上面提到的问题实际上还是存在于一些因循守旧的组织战略中,但对于今天的新组织而言就不灵了。除非领导者愿意冒险度过这段可能会产生知识、增长、秩序和创新的混乱阶段,否则一个组织就无法更加适应他们目前生存的环境。领导者有助于系统改革、更新,重塑自身以更好地适应新要求、新环境。长久以来,人们很自然地化解眼前的复杂问题,使其具有连续性,并更容易理解,同时把解决眼前问题的方法用来解决未来的问题。来自州际教育委员会(Education Commission of the States)的布朗博士(Dr. Rexford Brown)喜欢说,教育改革需要新型的领导。我们需要这样的学校领导,善于对话,改变学校内外的话题,能激起询问、疑问、问题解决,关注系统内每一个人的学习,而不仅仅是学生……此类成熟思考的先决条件就是神秘、不确定性、不一致、重要性、问题、模棱两可和好奇。

> 那么,请用威特利(Wheatley)有关不平衡、混乱、秩序和提高的理论来陈述施拉格高中所发生的一切。还需要发生哪些事情才能有助于学校重建?

(五) 全面质量管理

1950年，全面质量管理(Total Quality Management，TQM)的提倡者在日本立足。从此，这种管理哲学不断传播，影响不断扩大。全面质量管理所提倡的是改进质量，服务顾客，满足顾客需要，鼓励员工重新确立愿景，信息自由流动，批评系统(而不是员工)，灌输自豪感和团队工作精神，营造有益于创新和持续提高的氛围。明茨伯格(Henry Mintzberg,1987)说：组织的成功更多的是"自然发生的现象而不是理性的计划"，成功的组织遵从的是"工艺战略(craft strategy)"，他们不断学会改变条件，决定"什么是需要的"和"什么是可能的"。领导者的工作就是创建和改进体系，使得更多的东西成为可能。持续改进的潜力在于员工本身，源于他们的工作。

戴明(Edward Deming,1986,1991,1993)——全面质量管理之父声称："工人只为出现的问题负15%的责任，而系统要负85%的责任。"他认为系统应该对管理负责。戴明改进组织的方法的核心是管理者和员工的团队工作与合作。领导者提供核心价值观、目的、信息支持、培训、综合、共同语言、连续反馈、改进体系、联盟、完整性、时间、信任和资源，雇员负责他们自己的工作和工作的持续性，得到的结果就是持续改进。

个人工作业绩的评价和奖励(这毁灭了士气，迫使员工不得不去拍老板的马屁)被取消，代之以团队业绩评价和奖励。其他全面质量管理原则包括摈弃数字化目标，拆除工作团队之间的隔阂，分享信息，减少或消除微观管理，让工作团队解决效率低下和其他问题。矩阵团队(matrix team)抽调各个部门的人员另外学习什么事情；项目团队(project team)抽调人员从事临时工作；过程团队(process team)反思完成工作的方式；纵向团队(vertical teams)在组织内部取纵向切面，让各不同水平的员工参与指定组织远景规划，扩展能力。不论哪种类型的团队，其成员都是共同工作，互助提高，并由此使得组织得到提升。

教育领域的全面质量管理，包括目标和目的的信奉、共同的愿景、提高组织水平和降低成本的绩效责任与测评、学校的持续改进、发展规划和员工培训。消除恐惧，让员工自由发问，选择立场，提出建议，勇于实验，敢于冒险。领导者必须构建组织文化，支持改革。塞格和巴奈特(Sagor & Barnett,1994)在描述全面质量管理时建议：

> 战略规划永远不会是完美的。根据新成就、新成绩、新目标所取得的资料去更新规划。员工的进步所带来的发展，都会带来新气象和新机遇；每一个结果都必须当做实现下一个目标的坚实基础……首先是形成或强化文化模式——给顾客以特别关注，保持高期望，应用数据资料去决策和评价合作性工作。一旦这些文化的变革得以完成，领导者不要认为工作亦已完成。再者，一旦学校中持续改进的传统和期望成为制度化之后，领导者应注意改变自己的角色作用(p. 146)。

全面质量管理模式对每一个人的工作的关注，是卓越、快速、高质量以及没有瑕疵的服务。波多里奇国家质量奖标准（The Malcolm Baldridge National Quality Award Criteria）是已公开发表的、综合以上观点的指南。该标准强调结果改进、合作、团队工作、效率、生产力以及高参与度、沟通良好和富于激情的员工。戴明提出了很多统计模式和理论来组织和呈现信息，以便改进沟通，并使沟通渠道流畅。

质量改进的工具

行动计划	力量实地分析
图表	图形：柱、线、饼形图
头脑风暴	矩形图
因果分析	面谈
清单	帕累托图
共识	问题选择矩阵
成本核算	问题陈述矩阵
培训	质量指标
消费者需要分析	QIC 检查表
消费者或供应商模式的资料收集	需求解决选择矩阵
鱼刺图	分层
流程图	具体目标（target）和目标（goal）
	团队项目规划工作表

> 用柱形图为施拉格高中组织健康的 10 个方面绘一幅用百分比表示的图。如何利用图表资料？

（六）校本管理

校本（school-based）或现场（site-based）领导方式与全面质量领导（TQL）原则有很多相似之处。授权给员工创造条件以利于改进、创新和专业的持续提高（David，1989）。它给了校长和员工尽可能宽的空间，使他们继续努力以持续提高教学过程的效率，鼓励教师推行教学改革，给予教师实权参与学校预算、人事、课程、教学改革和评价。影响成功的因素是教师专业发展与培训的机会、决策的有效信息、奖励机制、个人参与共同规划和发展的时间（Odden，Wohlstetter，1994；Gaubert，1992）。

校内的各种咨询委员会和分支委员会常常可以使权力分散到一个比较广的范围内，让一些人享有权力。在日常工作和一个持续的改进过程中，参与者可以获得新知识和技能。信息可以在学校和社区广泛传播，参与者可以会面并讨论信息。这种方法强调校长和其他领导者推行有效领导的必要性。当员工引进创新、进行改革时，校长要成为坚定的支持者，持续地、全身心地投入，培养、帮助、支持他们打好基础。当然不论是全面质量管理还是校本管理，在学校管理中是否真正有效还是一个未知数。Murphy(1995)的研究表明答案是否定的，但其他人认为，只有这两种方法得到正确的使用才会有效。

当学校教师有章可循，有时间获得新知识和技能，一起讨论并形成共同观点，实施、评价、改进学习的想法时，成功的概率随之增加(Cunningham & Gresso, 1993)。员工在向着目标和愿景前进时能得到褒奖。奖励包括额外报酬、专业发展资助、材料费、加班费、咨询费等，还有金钱无法代替的，如奖状、聚餐、荣誉奖章、公开表扬、减少工作量以及享受领导待遇等。这些常常需要地方行政部门的特许，要符合州里的规定，还要集体达成协议等。得到州或者地方政策特许的学校常常被称为"特许学校"。学校的特许突出了学校的独特风格，明确了任务、优先事项和标准，最根本的是说明了学校的任务和实践活动。

> 校本管理方法在施拉格高中会奏效吗？为什么？

（七）文化领导

沙因(Schein, 1985)表明，对领导者而言，最主要的事情是创建一个有效的文化。他谈到共同的信仰，这种信仰可以表明组织及环境的基本内涵。他认为，文化"影响成员的观察、思考和对环境的感受。他们会致力于这个环境的稳定，赋予它意义，当他们不知道如何对环境分类并做出反应时，'文化'可以帮助他们减少焦虑"(p.312)。事实上，文化常常被定义为"我们在此做事的方式"。迪尔和肯尼迪(Deal & Kennedy, 1982)认为，文化赋予工作以意义，有助于员工理解组织，从价值观和结果到工作业绩，并到最终实际结果出现的过程。它是组织内部的综合体系。鲍尔曼和迪尔(Lee G. Bolman & Deal, 1991)认为：

> 文化既是产品也是过程。作为产品，它体现了前人的集体智慧；作为过程，它持续更新和创造。新成员学会了已有的方式，并且成为自己的老师。
> 我们的观点是每个组织在一定时间之后都会形成特定的信仰和模式。这些模式和假设都是无意识的、想当然的，他们表现为一些神秘的东西、童话故事、仪式和其他的一些符号模式。一个理解符号魔力的管理者比只关注组织架构的人有更好的机会影响组织(p.231)。

他们继续说："信仰、价值观、实践和行为结果限定了成员的身份和他们的行动方

式。"(p.250)

我们的文化之所以重要是因为它塑造了我们的认知方式和反应方式，使得我们的工作具有特别的意义和目的，把人们团结起来(Deal & Peterson,1998)。根据他们的观点，领导的目的就是把没有适当界定的东西如文化进行加工，对领导者有用，对提高教育的绩效有用。新观点和真正的改进是难以捉摸的，除非我们说明文化是我们学校行动的基础。

无数对最佳学校的研究(Sashkin & Walberg)提供了一些策略，这些策略能够用来培育有助于产生积极的反映学生学习结果的文化。坎宁安和格莱瑟发现，成功的学校似乎有很浓郁的功能性文化，这种文化与追求卓越的愿景相一致。这种文化给人指明了共同的方向，提供了成功的模式，如何取得成功，还成为教师、学生、管理者和其他人学习工作的意义之所在。这种文化是由学校领导和其他全体成员共同培育的。坎宁安和格莱瑟(pp.267—268)发现，最有效的学校文化不是源自"命令和控制"，而是源自"帮助和支持"，它由下列关键因素支撑：

- 关注引起积极影响的学生变革。
- 权力共享、信任、正直，有足够的时间去进行开放和自由的沟通。
- 清晰的、双方认可的、具体的理想学校愿景。
- 一个3—7年的预期改进目标。
- 直接参与。
- 基于价值观、共同利益和个人专业特长的决策。
- 员工发展、个性和技巧作为学校发展的必要因素。
- 家庭、学校和社区的合作。
- 授权给员工，并鼓励他们去实验、创新，分享成功。
- 持续调整，结果反馈。
- 中央行政机构对学校的努力给予支持。

美国社会的每个部分都在竭力追求卓越，而文化因素可以帮助领导者去实现持续的教育卓越(Schein,1991;Sarason,1996;Sashkin & Walberg,1993)。取得优异成绩的学校已经获得了联邦和州的卓越奖[如马格纳奖(Magna Award)、选择杰出学校州长奖(Governor's Choice Outstanding School Award)]。"更需要的是实在的领导——理想、愿景和对人类共有价值的珍视，这些是可以转化成为长远的教育规划和人类制度结构。"愿景给我们提供了改变制度的基础。这种改变需要承诺、计划、勇气、支持和反思。

贝尼斯(Bennis,1983)发现，文化赋予组织变革的力量，以持续改进自己。他声称：

> 总而言之，领导的变革并不是来自精心设计的组织结构、精心制定的管理计划和控制、优美的理性计划模式、熟练表述的领导策略，它是领导者触及

别人心灵的能力，提高人的良知，赋予事物以某种含义，唤起人的热情，这才是力量之源泉。因此，对于有改革能力的领导者而言，首要的是愿景、目的、信仰和其他方面的组织文化(p.70)。

鲍尔曼和迪尔(Bolman & Deal,1995)强调这个问题，当他们把勇气、精神和希望看做领导持久的因素时，希望就是领导的核心。领导者把组织与由组织带来的激情、目的、意义联系在一起。他们发现：

> 今天的管理者要想成为明天的领导者，今天那些乏味的官僚要想成为明天对社会有意义的人，以及我们社会重新找回伦理和精神中心，那么心灵深处的感情、希望和忠诚是不可缺少的。用心灵去领导，需要用心奉献，把精神和激情带到你的生活中去，带到组织中去，寻找活力和意义的源泉。丰富你的生活，给后来人留下一份更好的遗产(p.12)。

> 你怎样描绘施拉格高中的组织文化？一个组织应具备有什么样的个性特征才会产生积极的影响？什么个性特征会产生消极的影响？

（八）转换型领导

波恩斯(Burns,1978)提出"互相影响型(transactional)"和"转换型(transformational)"领导概念。互相影响型领导是基于界定需要，指派明确任务，奖励适当的行为，是一种命令和控制的心理。追随者愿意信任领导，因为他们有问题要解决，因为他们相信领导者能为他们解决问题。转换型领导也培养追随者，帮助他谋划新方向，调动资源，支持员工敢于应对组织的挑战。他们把变化当做必须发生的事情，并致力于它的发生。波恩斯在描述转换型领导时总结道："他和追随者交往，但是从一个较高的道德角度，在被目标和价值观困扰时，领导者和追随者上升到更原则的判断层面……大多数这种类型的领导者都是向员工索取，而不仅仅是答应给他们好处。"(p.455)

转换型领导者给员工提供激励，使他们继续改进自己的行动，改进组织活动。由波恩斯、莱斯伍德(Kenneth Leithwood,1992,1999；Leithwood, Steinbach & Taun,1993)等人提出的转换型领导的观点为我们的理解提供了很多东西，也审视了这种方法给学校改革带来的好处。根据这些研究者的理论，转换型的学校领导在持续地追求三个基本的东西：

1. 帮助员工培育和维持合作的专业学校文化。
2. 鼓励教师发展。
3. 帮助教师一起更有效地解决问题。

转换型领导者提供机制，运用这种机制，通过开发个体和团队潜能把解决方法转换为实践。

转换型领导是一个形成和提升目标和能力的过程，目的是通过共同利益和集体行动取得更大的进步(Bennis & Nanus, 1985)。成功的领导利用非凡的能力达到目标，通过：

愿景——通过形成观点和制定愿景，知道你要追求的结果和取得成功的方式。
沟通——使用各种方式表达你的观点，包括使用符号工具以及都能意会的方式。
信任——预测，负责，毅力，可靠，忠诚。
配置——了解和培养新生力量，补偿弱项，估价与工作要求有关的东西，关注目标而不是问题。

转换型领导极力保证有一个实现合作目标的背景，分享权利，分担责任，注重专业发展，解决分歧，注重团队工作，从事新活动，视野宽阔，有效假设，定期反思，监控进展，并在受阻停顿时进行干预。鼓励教师超越自我，承诺促进学生进步和教学创新。微软总裁盖茨(Bill Gates)说："人都有他的目的，想做点独特的事情，想看看他的工作影响。"有效的领导者鼓励实验、冒险，去应付社会环境带来的挑战。对转换型领导方式的研究还很有限，但是对学校有效领导的方式则很能说明问题。莱斯伍德(1992)、布莱斯(Blase, 1999)、瑟斯通、克利夫特和斯恰切特(Thurston, Clift & Schacht, 1993)支持这种领导方式，认为这是学校领导的一种有效方式。

五、反思型实践者

斯琼(Schon, 1983)和塞尔吉奥万尼(Sergiovanni, 1992a, 1992b; Brandf, 1992)强调了基于发现和原理的实践的重要性，因为这些发现和原理来自于理论和研究。有效的领导善于应用各种知识来修正、指导自己的和员工的行动。这些信息虽然未必能说明该如何实践，但却给讨论、行动和学校成功提供了动力。领导者应密切关注理论、研究和成功的实践经验，提升判断水平，提高决策质量。反思性实践意味着要了解最新的理论，研究你自己的实践，实验新的方法，反思你自己的方法，和别人分享你的见识。相反，非反思型领导者只是忙于关注任务和问题解决，很少顾及到个人发展和组织发展。有效学校必须处理好教师员工了解什么和相信什么，了解他们对卓越的追求、专业感觉和专业自豪感、工作归属感，以及员工从工作中获得的内在满足。

有效的领导应培养和支持员工投身于可以效仿的实践活动中。组织内部的观点是关键，领导者必须通过已成功的和将来可能成功的范例来形成新的观点。校长必须和员工一起制定一套概念，并把它变成学校的理想结构。如此，校长要在教师中培养教学领导能力。教师要承担自己专业发展和成长的责任，承担学校持续进步的责任。他们要关心教室里、学校里和社区发生的事情。这样，教师就要进行研究，学会一起工作，一起辩论目标和目的，协调教学，互相观察和批评工作，分享成功，并且给别人以快乐。反思型实践者的集体努力所取得的成绩远大于单个人所取得的成绩(Johnson, 1990, p. 148)。

作为教学领导者的校长：示范并支持教与学

布莱德逊(Paul V. Bredeson)
威斯康星大学-麦迪逊

校长的每一个工作日都是超负荷的，充满了不确定性，工作琐碎，真是事务缠身，很多时候是高度紧张的交际活动。考虑到学校和专业工作的性质，那些成功的校长在他们的专业活动中学会了选择，在别人的期望、自己的工作重点和教育领导者三者之间取得平衡。这样，有效率的领导要平衡互相冲突的活动和责任。通过自己的工作，校长为师生创造、培育和保持成功的健康的教学环境。校长的主要工作是示范，是支持他人的学习，这是教学领导的精华之所在。

玩球

在边线上，一位垒球教练对场上的运动员大喊："击球啊，不要让球玩你。"换言之，运动员要打球，不应该让球来决定他们该如何移动或如何玩球。这项建议对场上的运动员和学校的校长一样有用。如同运动员在球场上所面临的种种可能性一样，校长每天也是面对无数的事情，有些可以预料到，有些是无法预料到的。重要的是，校长要用他们的专门知识和技能支持实现基本的教学目标。每天，校长必须处理生病的儿童、员工的矛盾、学生的纪律问题、学生家长的突然造访、电话、成堆的文件、突发事件、办公会议、校车和学校食堂以及学生成绩记录等。另外，不要忘了教学、课程、员工发展和学校的发展创新。大量的活动足以吓倒甚至是经验最丰富的校长。

为了有效地处理这些问题，成功校长的头脑中有一个宏观的定夺，培育和支持一种健康和成功的学校氛围，同时还要参与所有的行政管理琐事。校长的所作所为和所信以及如何利用信息，都会对学生的学习结果产生直接或间接的影响。通过教学领导这块透镜审视他们的工作，校长在"玩球"，知道他们做些什么才能在全校产生影响，扩大对教学过程和学生学习的影响，扩大对组织的影响。

行动中的教学领导

对校长而言，关注教学远比技术知识和应用来得重要。校长选择在什么事情上花时间、什么必须踏实地去做、什么只要做做表面文章、该相信些什么，都是完全出于对教学和儿童教育结果的价值判断、主观意向和理解。在学校里，校长关注某些事情，同时忽略其他的事情，才是他采取连续行动的影响因素，不论是实质性的还是表面的行动,他必须清楚地意识到、感觉到并致力于教学这一最重要的事项。寻常事务成为价值观和目的的表现形式。

为了说明校长的行为、价值观和目的是如何联系在一起的,让我们审视一下一种平常的教学领导行为:校长进课堂。对一位教学指导型的校长来说,进课堂多于监督教师工作。这就成为校长明确学校基本使命(教与学)的机会,向其他人(学生、教师、家长)明确这一使命的机会,是激起教学情绪和高期望,处理学生、教师和辅助人员的日常事务的时机,其意义深远。

作为教师和学习者的校长

作为教学指导者,校长除了对教学施加影响,他本人也是教师和学习者。校长没有必要成为一个教育学上无所不晓的典范。他是教练或帮助者,帮助师生员工理解心理运动模式,以及在某具体学校、社区进行教学的基本前提(Hart & Bredeson,1996,p.137)。校长也是学习者。

正如沙因(Edgar Schein,1985)在其领导和组织文化中所提醒我们的那样,如果你想了解在学校里什么是重要的,什么是值得珍视的,去观察校长关注的事情和去做的事情,而不是他口头上说什么是重要的。例如,一位校长执行一项受人欢迎的学习计划,但随后又道歉说无法坚持下去,因为有其他工作要做,这就发出了一个清晰的但是一个否定的信息,不想花时间去学习。在一所学校里,如果学习非常重要,校长就会扮演一个积极的学习者的角色。一位校长阅读广泛,在自己的专业领域里知识渊博,积极参与专业发展,把自己的学习看做是专业工作的一部分,其本身的行动就表明了他的信仰,他支持学校里其他人的学习行动。

教学指导型校长所面临的挑战

在21世纪,作为一名指导型的校长,将要面临很多挑战。这里我特别就三个方面加以描述。第一是澄清和表述指导你成为一名指导型校长的价值观和原则。价值观可以塑造你的思维,价值观贯穿你的思维,同时也是行动指南。理解并致力于这些价值观,用其指导你和同伴的工作,面对新的挑战,如残疾儿童的特殊教育、特许学校竞赛,新的州和全国课程标准、公立学校选择、双语教育,还有一些其他的问题。

对于校长来说,未来的第二个挑战是决定优先工作事项。如前所述,校长的活动和责任都是不可偏废的。总是有一些预料之外的和琐细的事情去做。问题是你作为一位领导,是否让一连串的事情和活动限制你成为教学校长,或者你的教学价值观和信仰决定你的工作调子和内容。最后,作为一位教学校长,也会面临着连续性和变化性这对永久性的矛盾。在你未来的工作中,变化的确定性是最能预测的因素,然而这种确定性又带来了焦虑和模糊。作为教学校长,你要接受挑战,促成变化,同时保留和庆祝现在的成功。

六、领导的品质或领导技能

20世纪80年代后半期盛行的领导个性特征和技能的研究有一个重要转向,即摆脱单纯的理论研究,更加注重实践。驱动力是各种各样的(Murphy,1993),包括实践者、学者、各种委员会委员、专业协会和立法组织。也许,最有影响力的当属格雷菲斯(Daniel E. Griffiths)在1987年美国教育研究协会(American Educational Research Association)所作的"美国学校领导(Leaders for American Schools)"的报告。格雷菲斯提供了学校领导必需的素质(qualities)的综合分析。同时,黑尔塞(Paul Hersey)领导的全国中学校长协会(National Association of Secondary School Principals)也给出了12种技能,这些技能被校长评价中心(Principal Assessment Center)用来选拔和培养校长。美国学校管理者协会(American Association of School Administrators)在1983年出版的《管理者指南》,到1993年成为标准参照。其他专业协会也在研究有效的学校领导技能(NAESP, AACTE, NCEEA, UCFA, ASCD 和 NCATE)。

大学教育管理者委员会(University Council of Education Administrators)执行主任弗尔斯(Patrick Forsyth)于1988年创办全国教育管理政策委员会(National Policy Board of Educational Administration)。在克拉克(David L. Clark)领导下的政策委员会,促成了一个由10个团体组成的联盟,他们都对学校管理非常感兴趣。1993年,政策委员会及其新任执行主任汤姆普森(Scoot Thompson)出版了《变革学校中的校长:知识和技能基础》(*Principals for Our Changing School: Knowledge & Skill Base*),这本书是在豪伊(Wayne K. Hoy)的领导下由一系列的团队合作完成的。

于克尔(Yukl,1989)明确了成功领导的技能——勤奋、创造力、外交力、灵活性、知识、组织、说服力和社交能力。在20世纪90年代初期,有人提出了更为人们所接受的多于15种不同的领导技能,包括每一种专业协会提出的一项技能。1994年,迈色斯(Joseph Matthews)博士与全国教育管理政策委员会一道,完成了教育领导的7种框架分析,把所有的主要方面综合在一起,制定了21条的名录(可以参见附录6.D)。如同在第一章中讨论过的,州际学校领导者证照中心(the Interstate School Leadership License Consortium)在1996年拟订了标准(参见框1.1),这个标准已经被大多数州作为参照标准来制定管理证书和执照要求。

为教育领导提供方向的重要书籍还有《教育管理研究手册》(*Boyan*, 1988; *Murphy* & Lewis, 1999)、《教育领导与变化的家庭、社区和学校环境》(*Mitchell* & *Cunningham*, 1990)和《教育领导认知观》(*Hallinger, Leithwood* & *Murphy*, 1994)。教育管理的基本知识有了充分的发展,在提供对学校管理的复杂性以更好的理解的同时,补充了来自其他学科的理论研究。

七、结论

领导过程的复杂性反倒使人们发掘出自己和组织的全部潜力。21世纪理想学校的产生最终依赖于教师如何想像并为之去努力奋斗。然而,鼓励、培养、协调和评价教师的努力是领导者不可推卸的责任。领导者必须正直、诚实,值得信赖,敢作敢为,有责任感,尊敬他人,对变化持开放态度。麦克帆兰德、塞恩和切尔捷斯(McFanland,Senn & Childress,1993)建议道:

> 能控制局面的人和仅仅梦想的人,他们的差异就在于付诸行动,这种差异是通过找到办法去提高和改善我们的家庭生活、组织、教育制度、经济、城市生活和环境——一个系列的可能,构建健康的21世纪社会(p.334)。

这种对责任的呼唤是有挑战性的:为学生创造更美好的未来,改进过时的体制,消除阻隔,整合文化,拓宽领导视野,建设高效率的学校。未来的十年里,机遇与挑战共存,这要求我们进行一种如富兰(Michael Fullan,1991)所说的"新文化精神的创新"。他说:

> 时间会产生结果。个人创新和制度创新,无论是独立的还是集体的,应成为我们行动的理由。我们要用有目的的行动代替消极主义和空谈。掌握变化世界的知识,投身于行动,我们应该只是接受积极的结果——无论是个人的还是组织的(p.354)。

我们对教师、学生和社区负有这样的责任——创造和使用最新的知识和技能,成为优秀学校的优秀校长。

有效的领导已经拥有从事研究和成功地综合各种思想的长期传统。在实践者理解领导含义方面,很多杰出人物(Griffiths,1959,1989;Halprin,1958;Knezevich,1975;Campbell, Cunningham, Nystrand, & Usdan, 1980;Culbertson, 1981;Iannacconne, Clark, & Hanson, 1979;Campbell, 1987;Hanson, 1991;Hoy & Miskel, 1991;Kimbrough & Nunnery, 1983;Lunenburg & Ornstein, 1991;Razik & Swanson,1995;Owens, 1995)在教育管理领域做出了巨大的贡献。另外,有很多极为出色的著作也对校长和教育局长的作用作了阐述。

采用某种领导方式为所有的活动和互动打下了基础。出于这样的理由,在研究教育管理时,领导风格是非常重要的。有效的领导必须清楚他们打算去实践的理念,以及他们的风格对文化、风气、工作环境的影响。领导风格指导着工作群体的行动和互动,是取得成功的催化剂,同时把不同的人们团结在组织内部,为着共同的利益而工作。

关于领导的研究和著作越来越多,这也促进了人们对教育管理的理解。但是在领

第六章　成功的学校领导

导者的现有工作和人们所广泛认可的领导理念方面,这些著作并不是走马观花,而是穷尽作者一生之力去理解领导的真谛。这一点尤为关键,因为在第一章中讨论过,后现代主义观点警告我们要仔细区别"广泛认可"或"著名"理念,因为与政治环境、权力、特权、回报、放任、认可、排斥、统治、意识形态等有关。

现有的观点正在受到怀疑,这在越来越多的男女有色人种走上领导岗位的今天尤为如此。卡帕(Capper,1998)说道:

> 妇女和其他被边缘化的人刚刚开始被承认是主体或第一位的个体——是有权力的个体,能够在系统内为创造变革而工作。过去,妇女和被边缘化的人更多的是被排除在对话和谈话之外……领导的观点仅仅是某些声音的反映,而现在应该是多元对话的产物,应该不断地得到再评价和受到质疑(pp.370—372)。

本书所呈现的"知识和真理之寻求"决定于那些从事研究和表达观点的人。福斯特(Bill Foster,1998)声称:

> 我认为,后现代主义允许我们承认这样的关注,知识是可以争论的,也常常被争论,有些人赢了,有些人输了。例如,在教育管理中,从其历史来看,也存有一些各种不同的认识方式,但是其中的许多都已被遗弃了。当然,值得我们赞扬的是,很多方式被认可了,但我还是要问:"还有些什么样的其他方式呢?"(p.296)

领导方式从指示和控制转向为了学校的发展而提供指导、帮助、支持和协调。更多的人被认为具有领导潜力,我们的组织是扁平化的,授予更多的人以权力,实行决策分权(Hill & Kagland,1995)。豪伊和米斯克尔(Hoy & Miskel,1991)总结道:

> 领导是具有文化特征的、象征性的,也是工具性的和行为性的。成功的领导者把价值观灌输给组织,因此产生制度性意义和目的,这就大大超越了工作的技术要求。教学领导负责制定组织的愿景,形成其文化,保护并维持其完整性(p.299)。

领导需要准备应付不可避免的社会的、文化的、技术的、官僚的和政治的障碍,因为这些可能阻碍组织改进的努力。

我们处在历史的转折时期。作为一个学校系统,我们如何发挥作用,如何交流思想,如何学习都会影响到我们持续地改进我们的学校。明天的领导将会:
- 鼓励和谋取更广泛的参与和更有力的支持。
- 授权于民,保持方向,做中学,创设结果定向的方法。

- 从战略的角度采取行动,鼓励创新,使所有人的注意力都放在紧迫的事项上,并为之而努力。
- 保持连续性,并对持续的提高提供培训、激励以及社会的和政治的支持。
- 为那些与教育过程有利害关系的人创设一种持久的对话机制。
- 对未来的一代施加影响时,要重视所产生的后果,因为他们的现在掌握在我们的手中。

人们期望领导者有一个领导的框架,可以阐述他们的哲学观、信仰、态度、学和教。此框架需要适合团队工作,关注一般的问题,具有独特性,设定基本准则,有可以达到的目标,可以实施和评价计划,使用现代技术。

最重要的是,新的领导需要开放交流,意识到我们必须一起工作。研究（Little,1986）认为,如果人们能经常在一起谈话、工作、互教,成功的可能性就会更大。

威尔斯（H. G. Wells）说:"文明是一种教育与灾难之间的赛跑。"很多历史学家认同这种观点。维特利（Wheatly,1992）认为,教育领域所需要的改革主要是在广度上,要摈弃过去,学会改变。格雷特斯基（Wayne Gretsky）解释他的冰球比赛的内涵时说:"你总是要滑向冰球所去的方向,而不是冰球原来所在的方向。"这就要求教育工作者要向着整个制度发展的方向去,不是退却到原来的地方。

教育工作者需要讨论和转化优秀学校所需的知识和研究,如规划、研究、讨论等。建筑设计非常重要,但是要有个性,最终还要汲取众人和团队的灵感。转变是需要大众支持的。具体而言,就是奉献、热情、精力、关心、兴趣和非凡的努力。领导者要鼓励这种非凡的努力并支持之。

> 作为施拉格高中的校长,阐述你的领导哲学,声明你的领导哲学是如何激励学校改革的。

档案袋物品

- 主持会议,提供议程、记录等。
- 参与制定年度计划。
- 在学校、周边社区和专业组织内承担领导责任。
- 在学区或社区或者某个大会上对群众做一次正式报告,回答问题。
- 跟踪了解学区内、另一个组织或社区的一位领导。
- 积极参与教育管理或专业的领导协会。
- 为学校编制或修订使命陈述。
- 组织、实施和领导一个由他人参与完成的项目或规划。
- 自愿帮助管理一个暑假学校项目。

- 主持一个委员会的工作,或者为体育、艺术或课外计划做咨询成员。
- 参加学校的部门行政管理会议。

推荐阅读文献

Bennis, W., & Nanus, B. (1997). *Leaders: Strategies for taking charge*. New York: Harper Business Publication.

Cunningham, W. G., & Gresso, D. W. (1993). *Cultural leadership: The culture of excellence in education*. Boston, MA: Allyn and Bacon.

Hanson, E. M. (1996) *Educational administration and organization behavior*. Boston, MA: Allyn & Bacon.

Hoy, W. K. & Miskel, C. G. (1995) *Educational administration: Theory, research, and practice*. New York: McGraw-Hill.

Kouzes, J., & Posner, B. (1995). *The leadership challenge*. San Francisco: Jossey-Bass.

Leithwood, K. A. (1999). *Changing leadership for changing time*. Bristol, PA: Taylor Frances Incorporated.

Murphy, J. & Lewis, K. (Eds.)(1999). *Handbook of research on educational administration*. San Francisco: Jossey-Bass Publishers.

Razik, T. A. & Swanson, A. D. (1995). *Functional concepts of educational leadership and management*. Englewood Cliffs, NJ: Prentice Hall.

附录6.A

框6.1 得分说明

X-Y 量表

在 X-Y 量表上做标记,决定于你在一个特定问题上所持的观点。根据前面的问题选择 X 或 Y。做完 10 个问题后计算你所选 Y 的数量。

	1	2	3	4X/Y
1. 严格监督员工,使他们更好地工作。	X	X	Y	Y
2. 为员工制定目的和目标,把我的计划的长处告诉他们。	X	X	Y	Y
3. 控制员工,确保他们完成工作。	X	X	Y	Y
4. 鼓励员工,确立他们自己的目的和目标。	Y	Y	X	X
5. 确保员工的工作计划到位。	X	X	Y	Y
6. 每天和员工共同省察,了解他们是否需要帮助。	X	X	Y	Y
7. 一旦报告显示员工的工作质量下降就立刻介入。	X	X	Y	Y
8. 如果必要,推动员工实现计划。	X	X	Y	Y
9. 经常聚会,跟踪事情的进展。	Y	Y	X	X
10. 允许员工做出很重要的决策。	Y	Y	X	X

10≥Y≥9　　　　　强烈的 Y 观点
8≥Y≥7　　　　　Y 观点
6≥Y≥5　　　　　中度 X 观点
4≥Y≥3　　　　　X 观点
2≥Y≥0　　　　　强烈的 X 观点

参见框 6.2 的结果说明。

附录 6.B
框 6.4 得分说明

领导行为测量

统计你在框 6.4 领导行为测量表中所选的数字,在下列表格中合适的方格中输入总分。上面表格说明创设结构数值(initiating structure values),下面表格表示体谅数值(consideration values),记录原始结构数值和加权数值。把每个数值乘以权重数值,得出权重因素总数。把权重因素数值加起来得出总数,与领导风格方格图表中的数字对照,决定你的领导风格所在象限。

创设结构数值

	小 计		权重因素总数
总是(5)		×4	
经常(4)		×3	
偶尔(3)		×2	
很少(2)		×1	
从不(1)		×0	
总计			

体谅数值

	小 计		权重因素总数
总是(5)		×4	
经常(4)		×3	
偶尔(3)		×2	
很少(2)		×1	
从不(1)		×0	
总计			

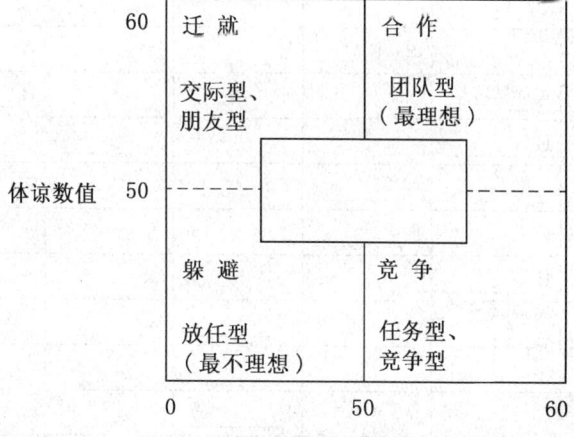

【资料来源】Halprin, A. *Theory and Research in Administration*. © 1966 NJ：Prentice Hall. Adpted by permission of the publisher.

附录6.C
框6.5 得分说明

偏爱管理风格测量

在框6.5《偏爱管理风格》中填数。在两个选项中分配3分。例如，在1行中，如填A3，那么另一格则为B0。你在9.1栏中的B填0，就在1.9栏A上填3，依次类推。要特别注意每一行中每一栏字母排列的顺序。结算每一栏的得分，来决定你所选择的领导风格。把所有的42个答案转换成分数，把7栏的分数计算出来，最高分就代表你最偏好的风格，第二高分就代表你可能偏好的风格。在某些情况下，有些栏的数值很接近，这可能说明某人并不是某种非常典型的领导风格，而是几种风格并存。

领导价值观研究比较

	9,9(7)	9+9(5)	9,1(1)	5,5(3)	OPP(6)	1,9(2)	1,1(4)
1			B			A	
2				A		B	
3		A	B				
4				A			B
5	B					A	
6			A	B			
7		B		A			
8	A				B		
9	B						A
10				B		A	
11		A				B	
12		B			A		
13			A				B
14	A						
15		B					A
16				A	B		
17			B				A
18	A			B			
19	B	A					

续 表

	9,9(7)	9+9(5)	9,1(1)	5,5(3)	OPP(6)	1,9(2)	1,1(4)
20			A____		B____		
21						B____	A____
22					A____	B____	
23	A____		B____				
24				A____	B____		
25		B____	A____				
26						A____	B____
27	A____			B____			
28					A____		B____
29		A____				B____	
30			B____			A____	
31				B____			A____
32					B____	A____	
33		B____		A____			
34	B____				A____		
35	B____						A____
36		A____			B____		
37			B____	A____			A____
38		B____					
39	A____					B____	
40			B____		A____		
41				A____			B____
42	B____	A____					
							=126

每栏总分

【资料来源】 *An Evaluation of Organizational Culture*，Copyright © 1991 Scientific Methods, Inc. Reproduced with permission.

附录 6.D

有效的学校领导的 21 个组合领域

领 域	定 义
1. 领导	指出个人和团队行动的目标和方向;塑造学校文化和价值观;制定学校战略规划和远景;制定目标,计划变革力量,确定学校的优先事项;了解领导理论和组织理论。
2. 问题分析	通过收集和分析数据、事实和现象,以鉴别重要因素和可能的因由;收集另外的信息;设计可能的解决方案,创造性地解决问题;需要时使用冲突管理技术。
3. 决策	根据伦理和道德标准得出符合逻辑的结论;做出高质量的、及时的决策;分析不同的方法;优先考虑重要事项。
4. 规划	规划和安排自己和他人的工作,使得资源能得到合理的利用,满足短期和长期的优先事项和目标。应对变化,确定时间,安排项目。
5. 实施	把项目和变革努力转化为行动;支持合作;支持和调控那些负责项目和计划的人。
6. 授权	分配项目、任务,责权分明;将授权活动坚持下去。
7. 监督和激励他人	规划和鼓励参与;支持团队工作和合作;监督员工,把他们看做是专业中人;提供反馈和指导工作;提供智力刺激;支持革新;提供示范。
8. 人际感受性	了解别人的需要,关心别人;容忍多样性;承认多元文化差异;得体地和别人相处;获得反馈。
9. 口头交流	口头讲话清楚易懂;使用恰当的交流工具;善于倾听;利用有效的咨询技巧为员工、师生和家长服务。
10. 书面交流	书面表达清楚;根据不同的对象合理地表达自己;准备简单明了的备忘录、信函、报告和其他工作专题文件。
11. 教学	确立教学项目,提高教学水平;清楚地了解发展的需要;确保合适的教学方法;容忍不同的学习风格,认可别人的成就。
12. 课程	通晓主要课程设计模式;使用需求分析;课程设计要注意结果;监控社会发展和技术发展,因为这些都影响了课程;根据需要和条件变化调整内容。
13. 学生指导和发展	了解学生的发展,调节学生的发展;提供指导、咨询和辅助;协调和利用社会组织;应对家庭需要;计划学生活动。
14. 员工发展	明确专业发展需要;规划、组织、支持有助于教职员工的项目;安排辅助活动和发展活动;鼓励自我发展。

续表

领　域	定　义
15. 研究、措施和评价	取舍有关师生员工和学校环境的信息，用于评价；推行需求评价；得出推论；向其他人表明措施和评价；设计、推行和评价研究；设计绩效评价机制。
16. 资源分配和管理	获取、分配、控制、说明和评价财政、人力、物资和时间资源；和员工共同规划制定预算步骤；承担所有的财政预算责任。
17. 哲学和文化价值观	理解在民主社会中教育的作用及其公认的标准；承认教育上哲学的影响及哲学价值观；理解学校和社区的价值观，包括与教育有关的、当前的社会和经济问题。
18. 法律政策和政治运用策略	依据联邦和州宪法行动，在当地法律条文、程序和指导性文件规定的范围内工作；区分民事和刑事责任以及故意的民事违法行为的标准；管理合同和财政账目；通过个人或专业组织去检视政策并致力于实现之；提出伦理方面的问题。
19. 公共关系	应对各种新闻媒体；通过合适的渠道来传播消息；注意学校声誉；谋取公众参与和支持；形成合力以推进学校规划。
20. 技术	提倡使用计算机和其他的信息系统，如课程和教学工具，学校管理办公技术化；推动教职员工使用新技术。
21. 个人发展	自我反思，提高领导和管理技巧；参加团队工作和会议等等；阅读流行书；加入专业组织。

【资料来源】Matthews, J. (January 19, 1994) *Analysis of seven frameworks of educational leadership*. Paper-Presented to the National Policy Board for Educational Administration.

第七章 领导的道德与伦理向度

引子：库亚马克高中对价值冲突的处理

由于教师的参与，库亚马克高中（Cuyamaca High School）的行政管理层完全改变了下一年将执行的学校时间安排表。以一天上班一天休息、一天上班一天休息的交替轮流间隔时间制（block schedule）代替了每日 8 小时工作制。在这种制度下，每门课每两天上一次，期间的时间间隔被延长了。此外，这一时间安排表将整个学年划分成三个学期。

在执行时间安排表的第一周时，这些变化便遭到了学生和家长的反对。他们对校长表达了他们的关注，说自己被排除在决策过程之外。在一次接见家长和学生的会议上，校长艾米丽·斯切尔夫人（Emily Schell）解释说，进度表的改动是极小心地进行的。学校人事部访问了其他正在执行相似进度表的学校，并访问了教师和学校领导。她解释说，调查的信息极大地支持了新的进度表，因为它降低了辍学率，营造了一种更好的学校氛围，并扭转了师生的态度。斯切尔夫人说她坚信修改后的学校日程表将改善学生的学习。

由于不满意校长的答复，一群家长在学校董事会会议上公开反对"没有家长和学生参与的单方决定"。一些家长抱怨说，目前没有证据说明一天交替一天休息的间隔日程表会带来更高的学业成就。事实上，有位家长还制作了一个网页谴责新的日程表以及"其他美国学校中强加在儿童身上的时髦事物"。与此同时，斯切尔夫人和她的同事却相信日程表变化所带来的益处会远远超过任何不利方面。

- 这个引子中的问题是什么呢？
- 以公正、关心、批判的伦理观讨论这个引子。

一、领导的目的

在一个名为《21 世纪的领导》（1997）的凯洛格领导项目（Kellogg Leadership Project）报告中，研究小组对领导的目的作了如下定义：

- 创造一种支持人们生存、成长并彼此和平相处的环境。
- 改善与自然的和谐程度,并因此为子孙后代的可持续发展提供帮助。
- 创造相互关心并具有共同责任的团体——在这一团体中每个人都很重要,而且每个人的幸福和尊严都能得到尊重和支持。

理解这些领导的目的,需要对个人价值进行深入的理解与分析。对于教育管理者而言,伦理推理很重要,人们期望管理者能够陈述他们的原则,并根据这些原则做出一些重要决定。为了能够做出负责任和符合伦理规范的行为,所有的领导者都必须仔细反省他们的价值观和信仰。伦理是对以信仰为基础的道德行为实践的研究。

(一) 成为真正的人

斯达拉特(Robert J. Starratt, 1986)认为:"学校促进了人类道德方式的形成"(p. 156),人类的道德方式包括 3 种人的素质:自主、关联和超越。

斯达拉特把自主定义为自我拥有。自主就意味着在我们的文化筛选范围内为自己的行动负责。虽然我们并没有依赖自己的文化而做出道德选择,但是由于文化已内化在我们心中,因而我们所作的选择是被我们的文化所限定的。

斯达拉特定义的第二种人的素质是关联。关联包括各种关系,并且像上面提到的自主一样,是一种形成我们价值观甚至最终形成我们关系网的一种文化。"在各种关系中显示出某些普遍需求……正因如此,我们才被称为人类。例如,每一种文化中都有一些分类来界说'非人地'对待他人。"(p. 157)斯达拉特对关联的理解同克莱基(Robert Craig, 1998)提到过的伦理生活的一些特点相似,这种生活包括关心他人的能力与愿望。

关联的另一含义则是与自然的关系。诺丁斯(Noddings, 1992)宣称,我们的生命与环境是相互依存的,学校教导儿童关心动物、植物和地球是十分必要的。关联不仅包含与人和文化的关系,还包含与自然环境的关系。伊利诺伊州 IMSA 高级中学的校训就是"关心自己,关心他人,关心这片土地",而这是这所高中赖以生存所遵循的惟一准则。

斯达拉特提到的第三种人的素质是超越——引导我们向比自己更优秀的方向发展。超越可以采取多种形式。例如,它可以包含我们对集体问题的参与,像对社会公平问题的讨论等。超越的另一种表现形式也许是努力在各个方面表现优异,包括职业、艺术、社区或加德纳(Gardner)(参考第三、八章)所描述的智力组成的八大区域等方面。斯达拉特坚持认为教师应在学生身上发展这三种根本的素质,使之成为真正的人。

进行人格教育、公民教育和服务性学习(service learning),就要求学校将更多的精力放在一些伦理问题上。教育的目的之一就是帮助年轻人发展和内化一套价值体系，以丰富和延续我们的文化。学校是创建相互关心、同情、有活力的文化氛围的主要机构。

为努力扩展美国教育的关注焦点，40多个居领导地位的教育和社会团体宣布了一项为期10年的计划，即"教育和文明社会的合作革新计划"（Partnering Initiative in Education and Civil Society）。该计划的一个主要关注点，就是鼓励学生探索两个相关的问题：性格发展和负责任地参与到文明社会中。它提供了在教室中将服务性学习、品格教育和公民教育整合为一体的机会。

为使民主真正有意义，我们必须保证人们具有并实践优秀人格的美德。人们性格的形成受到家庭、信仰、朋友、学校和他们生活经历的影响。通过品格教育，学校对学生的道德伦理进行正式的评论，这将提升人的生活。"由于品格教育事关整体发展（包括头脑、心灵和手），因而这门课不仅能够帮助学生了解什么是善的，而且能够激发他们做善的、正确的事情。"（Ryan & Bohlin，1999，p. 114）

品格教育教给孩子们一些人类的基本美德，如诚实、善良、慷慨、勇敢、尊重等。学生了解到他们的决定将影响到其他的人和事。服务性学习要求学生为社区服务。一些学校现在要求学生只有拿到一定数量的社区服务工作的学分才能毕业。

（二）文化的角色

一个关于自主、关联和超越的事例揭示了领导者和组织机构是怎样被文化所限定的。我们每个人都是大量微观文化的一部分，通常也是一个宏观文化（国家或社会的文化）的一部分，我们对世界的看法和信仰都经过了那些文化的过滤。富柯亚玛（Fukuyama，1995）将文化定义为继承下来的伦理习惯。富柯亚玛的观点是，一种伦理习惯由思想或价值观（例如，双语教学是件好事）或社会关系（例如，在你去见学监前，需先与校长讨论一下你的观点）组成。富柯亚玛认为道德美德和习惯是紧密相连的。

在《尼可马亥伦理学》（*The Nicbmacbean Ethics*）中，亚里士多德说，为使人们有美德，他们必须使自己习惯于具有美德的行为，然后它将成为人们引以为自豪的第二人性。一些超越时间的价值观念均是利己的（self-interest）和有世界界限的（world boundaries）。美德是一种人格特性，包括诚实、合作、责任和对他人负有的责任感等。这和斯达拉特的三个真正的人的素质是一致的。

图7.1描述了影响特性形成的文化的多个层面。我们的观点的形成受社会文化、宏观文化以及属于我们特性一部分的多种文化层面的共同影响。每个人的特性都是在他走向成熟的过程中，在这些文化影响下形成的。这些文化的作用好比是过滤器。个体独立地进行选择，但通常是在文化的强烈影响下进行的。

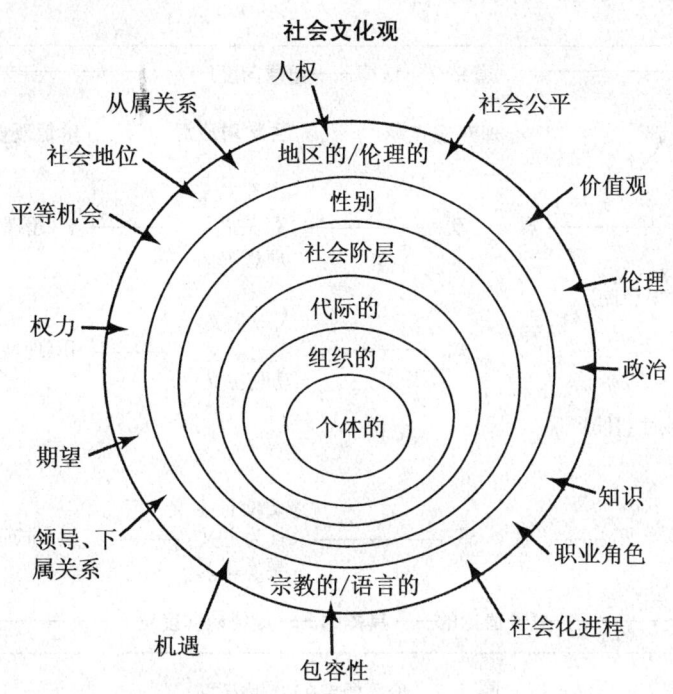

图 7.1　文化层次

【资料来源】Cordeiro, P. (1997) Up Against the Glass Ceiling: Culture and Gender in the Workplace. *School Business Affairs* v. 63 no. 4.

> 那么,在库亚马克高中,哪些价值观和文化属性可能与社区的价值观相抵触呢?

(三) 澄清和解决价值冲突

在《教育的领导:道德艺术》中,郝金森(Christopher Hodgkinson, 1991)认为:"价值观、道德和伦理是领导和管理工作的主要内容。"他提供了一个价值分析模型,将价值观分类并建立了解决价值冲突的基础(图 7.2)。

郝金森把价值观分为两部分: 正确的和好的。"好的"是一种喜好(例如,我喜欢教三年级,不喜欢教一年级);然而"正确的"和道德、责任有关,是"应该怎么做"。"正确"意指我们的集体责任心和道德心。郝金森认为价值观有 4 个基础(事实上有 3 个): 原则、后果、一致和喜好。他把后果和一致看做价值观类型 II 基础上的两个分支。把类型 III 价值观(建立在喜好基础上的)称做"自我感到正确的价值观","因为这些价值观建立在个人情感的基础上并构成了个人喜好的基础"(p.98)。这样,某个事

第七章 领导的道德与伦理向度

物之所以是好的仅仅是因为我喜欢它。

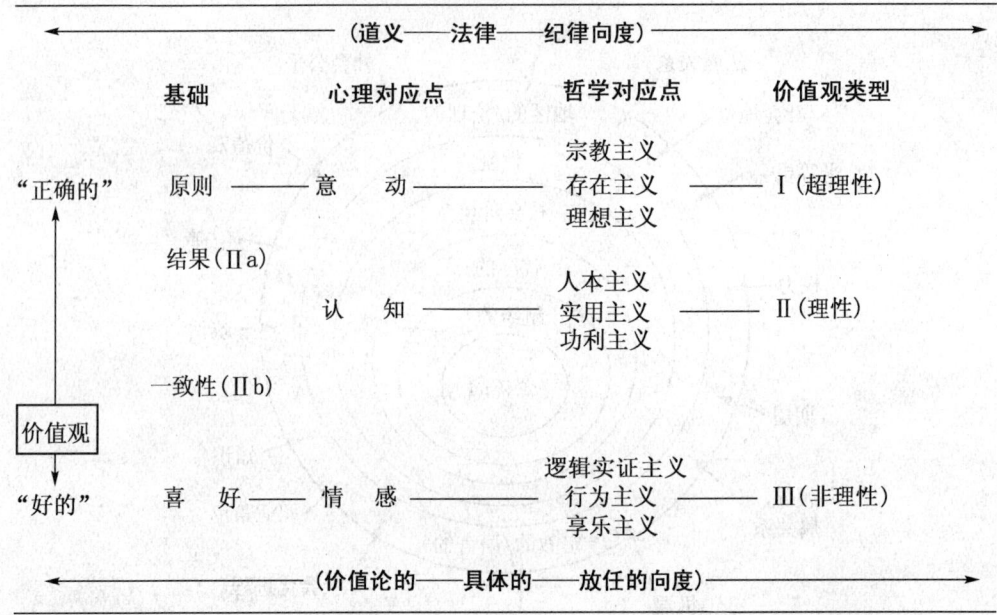

图 7.2 价值概念的分析模型

【资料来源】Reprinted by permission of the State University of New York Press, from Educational Leadership by Christopher Hodgkinson. [c]1991 State University of New York. All right reserved.

类型Ⅱ的价值观之所以是"正确的",是因为它们代表大多数人的愿望;它们代表所有涉及到的人的一致意见。同时,这些价值观将导致事物预期状态的出现。据郝金森说,不论是通过头脑计算达到的一致(像"技术人员"那样),还是通过估计的偶然情况,"类型Ⅱ支持着推理,一种认知能力"(p.98),前者即类型Ⅱa,被称做结果型方法(对这种方法的深入分析,参照 Willower & Licata,1997;Strike,Haller,Soltis,1988)。郝金森进一步阐释说:"就类型Ⅱa把预期的状态投射到将来而论,这些价值观面临着寻找基础的问题,这个基础必定被认为是在类型Ⅰ或类型Ⅱb的基础中,甚至是在类型Ⅲ中集体喜好的基础中。"(pp.98—99)

类型Ⅰ的价值观是形而上的,作为其基础的原则采取的是伦理编码或圣诫的形式。类型Ⅰ的价值观建立在意愿,而非推理的基础上。为了采纳类型Ⅰ的价值观,"必须有一种带着信仰和承诺的行动"(p.99)。

每种价值观的基础都有心理对应点。类型Ⅰ的价值观是意动的,涉及我们的意愿。类型Ⅱ的价值观包含我们的推理,具有推理性、认知性、社会性和集体性。类型Ⅲ的价值观,根植于我们的情绪,是情感的和特殊的,它们的特征被自我、个人利益和自我关注所限定。

每种价值观同样对应着相应的哲学观。类型Ⅲ价值观"适合于逻辑实证主义和行为主义"(p.100)。类型Ⅱ的价值观对应着人本主义、实用主义、功利主义。郝金森说："它们被社会地位、社会风气、道德观念、法律、习俗和特定文化传统支撑着。"(p.100) 类型Ⅰ的价值观通常可以在宗教的和意识形态体系中找到。道德基础延伸到信仰激发的意愿领域,有时会延伸到完美幻想的范围。郝金森的模型暗示出,Ⅰ类型的价值观比Ⅱ、Ⅲ类型的价值观更优异、更正确。他认为,领导者有在最低水平(类型Ⅲ)解决冲突以避免道德争论的本能倾向。

框7.1最初由贝克(Beck,1984)提出,后被莱斯伍德、贝格雷和库森斯(Leithwood, Begley & Cousins, 1994)所修正。根据所描述的框架图,我们可以确定4组价值观:基本的人类价值观、一般的道德价值观、职业价值观和社会与政治价值观。"原则",郝金森对价值观分类中层次最高的那一种,相当于"基本的人类价值观",包括:自我决定、幸福、知识、尊重他人和自我保护。"一般道德价值观"和"职业价值观"是结果的价值观。"社会和政治价值观"相当于一致性价值观,因为它们"认识到人类行为的根本的社会本质,以及个体在与他人关系中定义自己以使生命更有意义的需要"(Leithwood, Begley & Cousins, 1994, p.105)。

> 那么,艾米丽校长是用什么价值观体系来评价日程表的改动的呢?家长和社区用的又是哪种价值观体系呢?

框7.1

价值观的类型

基本的人类价值观	职业价值观
自由	作为教育者的基本责任
幸福	特定角色责任
尊重别人	结果
生存	结果(其他的)
一般的道德价值观	**社会与政治价值观**
关心	参与
公正(对正义而言)	分享
勇气	忠诚、团结和奉献
	帮助别人

【资料来源】Leithwood, Begley & Cousins(1994). *Developing expert leadership for future schools*. Bristol, PA: Falmer Press. P.103. Adapted with permission.

（四）真实的自我

"真实"已成为一个流行的概念，教育者们谈论真实性课程和评价。这样做，是否意味着他们在暗示有些类型是不真实的呢？《美国遗产词典》（*American Heritage Dictionary*）将"真实的"定义为"值得信赖、依靠和信任的"。真实性指"真实的、值得信赖的或真正的状况或特性"（p.88）。

信赖，真实性定义中的一个关键词，是领导的基础。信赖意味着对某人或某物的信任、自信的信念。

一个人怎样才能被别人信赖呢？彼此信赖的关系是怎样建立起来的呢？在真实的情境中，一个人必须用美德去激起别人的信赖。而美德是在实践和行动中明显表现出的崇高道德和责任心。

模范表率（美德的展示）是真实性领导的一个主要信条。如果真实性要求信赖，而信赖又是美德的体现，那么我们的行为和实践将是极为重要的。如果我们和他人的关系是真实的，那我们的行动必须是符合伦理要求的。值得信赖，通常与诚实、善良、开放、正直和公平相联系。

坎宁安（Cunningham，1991）建立了一个模式，将人的发展分为三个阶段：自我放纵、自我确认和自我信赖。在**自我放纵阶段**中，个体关注需要的满足。在个体的道德推理中，个体和与他对照的群体是主要的关注焦点。决定通常建立在内部动机、冲动和本能的基础上。此时的个体对自我有强烈的意识，但对他人和他们生活的这个世界的意识却很有限。"好的"与"坏的"是截然分开的，并且要它们成为一个特定情境中的一部分或感悟到这个情景均是不可能的。

在**自我确认阶段**，个体被取悦他人、顺从愿望、最终归属他人的愿望充斥着。如果说自我放纵者的价值观基础是自我中心，那么自我确认者便是自我束缚，因为他依靠外界来提供道德真实感。个体通过顺从一套共享的价值观体系来寻求赞同，结果产生了一个建立在责任、权威、义务、合法性和社会权力基础上的价值观体系。这样的个体将别人的判断内化为自己的判断。

在**自我信赖阶段**，个体发展了道德感、伦理良知及普遍的价值观。个体经历着解放、持续和自由，通过将内部和外在的价值观合成、巩固而形成一种更加自然、有效、超越的推理方式。当一个人看透幻觉和人工建构时，就使自我真实性得到更可靠的发展。萨特尔（Sartre）认为人性等同于为自己进行明智的选择并行动的能力。

富兰科尔（Victor Frankl，1984）区分了生活中的三个中心价值观：经验的、创造的和态度的。经验的价值观是发生在我们身上的事情，我们从经验中学习，这形成了我们的世界观。创造的价值观是通过我们的规划和想象而生成的。

富兰科尔认为，三个价值观中，层次最高的是态度的价值观。最重要的不是我们所经历和创造的价值观，而是如何应答我们在生命中所经历的价值观。态度的价值观有引导我们达到人生新阶段的潜力。

杜伊格南(Duignan,1997)说真实性包括良好的人际关系、真诚与真实。然而,真实性还包括意识、信赖和优先权。只有当人们实践其信仰时,并且对生活经历做出一定的反应时,对他人来说它才是真实的。

> 艾米丽校长已失去某些家长和社区的信任,她要做些什么才能重新赢得这种信任呢?

扎根于内在学习道德动机的道德教育领导

斯达拉特(Robert J. Starratt)
波士顿学院

对教育领导的道德要求远远超出了对特殊道德选择行为的考虑(如,何时公开或隐瞒一个人对一个学生了解多少的真相;在某些问题上,是向那些想在课程的某些部分强加某种观点的压力群体妥协,还是就此失去饭碗;是否保留一个有政治背景的平庸教师,等等)。有道德感的教育领导的最根本工作就是在学校范围内创造一种学习氛围。不管任务是多么的复杂和艰巨,这种学习氛围均把提升学习的道德整体感(moral integrity)作为对本人和本人周围世界的真理的追求。

每个学习者所处社会都有解释和理解自身及世界的方式,教育就是让学习者适应这些方式。这些知识帮助或阻碍学习者认清他们是谁(是公民,是工人,是有性别和种族的人,或仅仅是人),他们珍视什么,应对什么负责,怎样生存于自然和社会之中,在个人和社会生活中如何自我行动等。由于这些知识被接受为或被呈现为该社会启发式的或表达性的文化产品(McCarthy,1997),因而学校应该帮助学生探讨这些知识是如何生成的、其赖以建立的假设是什么。

学习意味着接触现实的某一方面,尽管这种现实是被解释过的和以文化为基础的。学习者如果不是从破坏事实的完整性或违反本能的道德责任感来了解所遇事实的真相,就不能有意识地否认事实的存在或武断地从反面来理解事实。不论学习的是一个诸如"冰浮于水面"的科学事实,"林肯解放奴隶"的历史论断,还是像《威尼斯商人》中对高利贷者夏洛克的描绘,学习都要求与一个人所学的内容相符合。学习表达了多重意义,其中有的值得尊重(奴隶制是不人道的),一些应被质疑(由于冰山的大部分是在水下的,那怎么能说是浮于水面呢? 钱从哪儿来,又是怎样被积累的呢?),一些应该被否认或者声讨(希特勒关于雅利安人种是优等人种的论断)。

与我们的所学相符合、探讨这些知识的用途和误用、避免知识被扭曲或操纵,是一项既有道德又有智慧性的义务(如果对学者是这样,为什么对青年学习者就不是这样呢?)。学习既是对真理智慧的寻求,又是对道德的寻求,那些真理是关于我们自己的、我们社区的、我们历史的、我们文化的以及客观世界的。当然,真理永远不会是彻底的和穷尽的;相反,它是尝试性的、不彻底的、易出错的、片面的并且是生成性的。但这里终究会涉及到人类对其自身以及意欲创造的那种社区的选择。

这就是设想中的学校。因而,那些想领导学校的教与学朝这一方向发展的人将不可避免地要参与到道德事业的构建中。对道德教育领导的这种理解意味着,在课程、学生表现评价以及教师评价方面,在教育领导者与其他教师和家长之间将有一场不同的对话。它同样暗示着行政人员要有一种特殊的学术准备,在这种学术准备中,需要不断地探讨他们自己学习的道德层面,并从事他们自我身份的不断创造与重构。

二、创造共同体

布莱德逊(Bredeson,1995)把共同体(communities)定义为有目的地选择的群体,该群体体现着价值观、信仰、意识形态、目标和共同理解。格林利夫(Robert Greenleaf,1970)认为,建立一个共同体首要的事情是"建立这样一个人群,其中的人在这个组织的影响下,能够成长得更高大、更健康、更强壮、更加自治"(p.30)。教育者,作为学校共同体的一部分,应对学校所做出的决定负责。由于学校领导者要促进学校共同体的成员成长,他们必须在公正、关心和批评这些伦理原则的基础上做出决定。斯达拉特(Starratt,1995)说:"对于学校改革号召做出的反应不是对权威的盲目遵从(不论这个权威是谁),而是要求学校管理者的道德领导。"(p.106)

建立一所伦理型学校

图7.3是斯达拉特(Starratt,1994)为我们描绘的一所伦理型学校的模式图,包

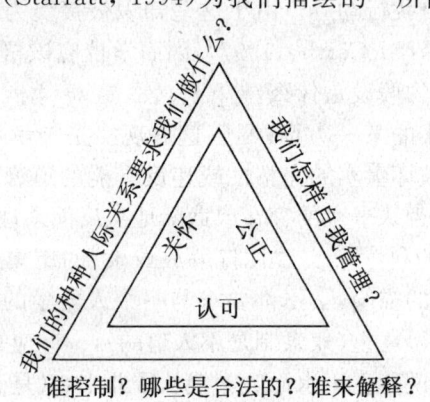

图7.3 多边伦理

【资料来源】Reprinted with permission from Falmer Press from *Building an Ethical School* by R. J. Starratt.

括三项伦理,分别是关怀、公正和批评。这些交叉重叠的伦理观中的每一种都引发出学校领导者需要考虑的不同问题。

关怀的伦理原则。对关怀这一伦理的评述是由格里干(Caral Gilligan,1982)和诺丁斯(Nel Noddings,1992)发起的。诺丁斯(1992)认为,"关怀是一种联系的方式,而不是一套特殊行为。"(p.17)关怀包括表率、对话、行动和认可(confirmation)。表率对教育者来说意味着向学生展示我们是在关心他们,而不仅仅是口头上的说教。对话必须像弗莱雷(Paola Freire,1973)所提倡的那种情形,开放并且真诚。这种对话允许教师通过充分聆听学生的心声来表现自己对学生的关怀。行为涉及到经验。学生进行关怀活动的机遇必定是由那些展现出关怀的人们来提供的。例如,在医院实习的情境中,指导学生实习的医师必须是能关心人的人。诺丁斯所指出的关怀的第四个组成部分是认可,涉及对他人最优秀方面的肯定与鼓励。诺丁斯相信,"当我们认可某人时,我们觉察到一个更好的自我,并促进了它的发展"(p.25)。

关怀这一伦理原则涉及与他人的关系以及伴随这些关系的责任感,包括我们与环境的关系。这一原则赋予学生参与决定的权力。成人们采取以学生为中心的决策行为,在这种行为中,人的尊严和潜力是最重要的方面。在制定决策时,这些学校的领导者会问哪种方法可以使学生受益。学校领导的任务之一就是培养用来维持关怀关系所要的态度与技能。

公正的伦理原则。公正涉及与个人及团体所做选择有关的平等与公平问题。怎样管理一所学校是公正伦理原则中的关键部分。这一原则要求行政人员充当学生的支持者,包括倡导创造最佳的学习条件。第八章讨论了作为对内容和行动标准补充的学习机会(OTL)标准,得到了许多教育者的支持。学习机会标准陈述了教育平等、资源共享、身心安全和健康及社会环境等议题。

公正涉及不偏袒行动的个体和采取公平行动的团体。在公正的伦理道德下,一所学校制定以公正形式履行的公平政策。正像斯达拉特所说:"为在学校中建立起公正的社会秩序,学校团体必须对学校结构特征中的那些反人性的东西进行不断的批评。"(p.194)

在《美国的民主》一书中,托克维勒(Alexis de Tocqueville)用了"心灵的习性"(habits of the heart)一词,来指代影响人们心智习性形成的观念、主张和思想(Bellah,Madsen,Sullivan,Swidler & Tipton,1995)。托克维勒相信,在一个民主社会中,公正的产生需要人们的美德;没有公民的美德就没有民主。学校中必须包含的一个心灵习性是质疑与自我批评的习惯。如果产生的问题来自关怀和公正的伦理原则,那么它们将与批评的伦理原则紧密相连。

批评的伦理原则。这一原则建立在批评理论基础上。按照福斯特(Foster,1986)的说法,批评理论"质疑我们组织我们生活的方式结构或别人为我们组织生活的方式结构"(p.72)。福斯特认为,学校领导者必须是一个批评理论家。通过对话,他必须询问并帮助他人提出挑战社会现状的问题。如果以学生为中心制定政策是核心的话,批评的伦理原则会产生出诸如这样的问题:谁从中受益?谁掌握权力?谁的声音还没被倾听?谁是权力拥有者等?

这一原则促进了组织中人们的交谈和对话。这样一来,它不仅允许而且提倡冲突。对批评的伦理原则而言,礼貌地陈述对立意见是相当重要的。

在创设关怀、公正和批评的伦理原则过程中,教育者必须检验自己的价值观和这些价值观在制定政策、解决冲突中的影响。

三、以伦理为基础的领导

下面是关于领导的诸多概念(Shelton,1997):

- 人民的领导(Bonsignore,1997)。
- 杰出的领导(Manz,1997)。
- 勇敢的领导(Peter,1997)。
- 无限制的领导(Tice,1997)。
- 有远见的领导(Nanus,1992)。
- 战略领导(Hesselbein,1997)。
- 可信赖的领导(Kouzes & Posner,1993)。
- 重质量的领导(Deming,1997)。
- 创造型的领导(Eisner,1997)。
- 情境型的领导(Hersey & Blanchard,1988)。
- 情绪型的领导(Bardwick,1988)。
- 激情型的领导(Bell,1997)。
- 激发式的领导(Suters,1997)。
- 真实性的领导(Shelton,1997)。

领导者还被描绘为艺术家、建筑师或首长(Hughes,1998)、变革大师(Moss Kanter,1983)、学习者(Quigley,1997)、楷模和贤明的顾问(Kaplan,1997)、关怀者(Perot,1997)或实施者(Drucker,1997)。每一种定义和比喻都洞察到了领导所涉及的各个方面,但却又都没有把伦理观作为其基础。最近出现的4种领导概念,重点强调了信任、真实性、权力和服务之类的价值观。

(一)转换型领导

伯恩斯(James MacGregor Burns,1978)在他那篇研究道德型领导的精彩文章中,区分了转换型领导和执行型领导。伯恩斯声称:"大多数领导与下属的关系是执行型的——领导用一双眼睛盯着下属做完一件事后去做另一件。"(p.4)"转换型领导是一种相互激发和提升的关系,它将下属转换成领导者或可能将领导者转化成道德的代理人。"(p.4)据伯恩斯所言,领导的过程是一种道德实施的过程,因为领导者和下属有着共同的动机与目标。

转换型的领导伴随有特定的结果,但伯恩斯对那些结果的意义谈得很少。他说:

> 对道德型领导的最重要的考验是它超越日常生活中众多欲望、需求和期望的能力,对道德发展最高水平做出反应的能力,以及把领导行为——它的角色、选择、风格、承诺——与一套合理的、相对明确的、明白的价值观体系相联系的能力(p.46)。

(二) 公仆型领导

格林利夫(Robert K. Greenleaf,1970)在他的经典著作《领导者即公仆》(*The Servant as Leader*)中,提出了一种极具震撼力的领导概念。领导者应以公仆身份出现。格林利夫的论断是,"明智的选择使一个人立志去领导"(p.7)。对格林利夫来说,关于领导,一个人必须问的最重要的问题包括:那些被服务的人成长为人民了吗?在受到服务时,他们变得更加健康、聪明、自由、自主,并且他们自己也更加可能成为公仆了吗?这些服务对于那些在社会中享受最少利益的人有什么影响呢?他们是否从中受益,或至少将不再被进一步剥削呢?

格林利夫认为,真实性的领导者是由与他一起工作的人们选出的。一个公仆型领导者从事领导的能力,完全依赖于他的如下技能,如取消或行动、聆听与说服、设定可行目标和直觉预测等。其中的关键是目标、成功、学习和帮助。

(三) 以原则为中心的领导

科维(Steven Covey,1989)在他的一本畅销书《高效率人士的7种习惯》(*The Seven Habits of Highly Effective People*)中,提出了一种以原则为中心的领导概念。对科维(1997)来说,"以原则为中心的领导建立在这样一个现实的基础上,即为了避免惩罚,我们不能违背自然法则。"(p.83)他说,我们必须将生命的中心放在"永恒的不变原则上"(p.123),并提出了四个因素,亦即范型的核心,这四个因素分别是安全、指导、智慧和权力。这四个因素相互依存并引发出了"尊贵人格,平稳性格,完美个体的巨大力量"(p.110)。人们追随这样的个体,是因为人们信仰他们及其要努力完成的事业。这里的相互信任、尊重和忠诚都是建立在共同伦理观、价值观基础之上的。

安全来自对我们的身份、自尊及价值感的认同。指导意味着我们的生活方向,以及指引我们行动和决策的标准与原则。智慧是指我们怎样感知生命,并涉及判断、理解和感觉等方面。据科维(1997)所言,"权力意味着行动的能力,获得某物的力量和勇气"(p.86)。他倡导我们的生活应以正确的原则为中心,那样在我们的生活中,我们就会有一种"服务感"(p.86)。

(四) 服务

　　服务(stewardship)涉及对事物的信任。根据布罗克(Peter Block,1993)的观点，服务是"通过向周围的人提供服务，而不是控制来为一个大的组织的福利负责的意愿"(p.xx)。服务在很多方面均与公仆型领导极为相似。事实上，它的"潜在的价值观是加深对服务的承诺"(p.xx)。布罗克断言，当权力均衡并且领导者对庞大的集体有所承诺时，服务就是可信的。另外，奖赏的分配必须均衡合理，而且由集体来共同制定目标。布罗克对责任的重要性做了长篇论述，这种责任建立在他较多的价值观基础上，像正确的缘由或目的，而不是控制或屈从。他的服务观念涉及建立在必须遵守的精神价值观基础上的所有权和责任感。

　　这些领导的观念强调信任、真实性、授权和服务。每一种观念的核心均在于一个人潜在的信仰与伦理观。

用本章讨论过的模式，反思存在于库亚马克高中的集体感。

教育管理者面临的伦理挑战：把握道德领导的复杂性

贝克(Yunn Beck)
亚拉巴马大学

　　最近关于学校暴力事件的报道已激起人们的呼吁，希望此类事件不要再在学校中发生了。许多人因此而谴责"传统"价值观在家庭和学校中的大量消失。他们建议在这些机构中重新提倡道德，将会对限制暴力和其他社会问题起到很大帮助。

　　在这种情况下，教育领导者面临着大量的挑战。当然，其中之一就是找到保证学校安全的方法。另一个就是鼓励学生接受已有的社会和文化观点。然而，这在我看来并不是仅有的一些挑战，的确，它们并不是最重要的。

　　被暴力、吸毒和少女怀孕等问题困扰着的教育管理者，一定不要被对所有这些问题——所有这些问题都具有道德成分——的关注所欺骗，并因而认为，正面打击反社会行为和态度就足以创建一所讲伦理的学校。当然，他们必须提倡可以降低问题发生率的各种价值观，但他们必须意识到，道德建设是一项巨大而复杂的实施工程，需要持续关注我们的组织结构、政策和实践中的道德元素。学校领导者必须有勇气面对并改变那些带来不公正和非人道结果的事情和传统。即使这样，力图建立伦理型学校的领导者也必须既关注外界也关注自身。他们必须关注那些已部分地被称为"灵魂"的东西。

正像前面提到的,近年来出现了大量的课程计划——品格教育、社区服务、多元文化教育、认识毒品危害的活动——其目的均在推进被文化所承认的价值观、公民责任感、利他主义、忍让以及对自我与他人的尊重。这些努力背后的动机是好的,正如他们所倡导的大多数价值观那样。但就他们激发学校道德结构中深远变化的能力而言,这些行动的作用是有限的,并且它们也是充满危险的。

提倡某些价值观、态度和行为的正规课程计划引起了我们的思考:道德就是关于几个关键概念和鼓励或避免某些活动吗?此外,学校中出现的这些课程计划有这样一种倾向,即引导教育者、学生、家长、政策制定者和公众认为,在道德建设方面,他们已做了足够的工作。为自己所做的出色的工作庆贺,我们的确开始不再思考学校中受道德困扰的结构和文化特征。当我们解决棘手的和紧迫的问题时,我们也必须持续地审视我们的实践、规范和政策,看它们是否真的看重诸如公正、尊重和个人尊严之类的价值观。此外,我们必须乐于面对和纠正那些不公正、冷漠和自贬身份的行为。

当我们试图发展学生的道德能力和创建伦理型学校时,我们中的那些领导者又要面对另外一个挑战:关注我们自身的道德发展。从某个方面讲,这个挑战也许看起来很简单,因为它涉及处理那些我们认为应当自己控制的事情——我们的信仰和行为。然而,解决它却很困难,因为它要求我们不仅要积极主动而且要具有反思能力;要求我们有诚实的勇气和进行变革的谦虚;迎接这个挑战同样要求有面对自己和他人的勇气,文雅并满怀爱心地做事的能力;它要求我们有决心、恒心,并且能够认识到,对自我、职业及制度道德的探求是永远也不可能完全达到其目标的。

毫无疑问,那些敢于开始这种探索的人会摔倒,会受到煎熬。但他们也会体验到投身于以下两项有价值的任务所带来的快乐,第一项任务是充分体验作为道德代理人的自我;第二项任务是支持他人的这种体验。

四、伦理行为的基础:良好行为的标准

格林费尔德(Greenfield,1990)认为,教育者的道德责任是充当学生的支持者,学校也必须对学生的需求做出反应。格林费尔德(1990)、诺丁斯(Noddings,1992)、斯达拉特(Starratt,1996)、贝克(Beck,1994)和其他作家有关伦理的著作已经指出了良好行为的标准,这些标准可以作为伦理行为的基础为学校管理者服务。良好行为的标准包括保持清醒(警觉的和消息灵通的)、鼓励对话、做出表率、具有反思力。

一个伦理型的管理者必须清楚目前对有效的教与学的研究。对这方面的了解能够使管理者提出与批评和公正的伦理原则有关的问题。例如,一个清楚良好行为标准的管理者可能会问:当几乎没有证据证明一项计划的有效性时,为什么它还在被执行呢?

鼓励对话是良好行为的另一个标准,它支持的是批评的伦理原则。开放的对话鼓励并允许提出关键性的问题。对话是批评的伦理原则的必要条件。

做出表率,正如前面所讨论的,与关怀的伦理原则和真实性有关联。我们的道德取向要求我们以关怀的方式对待学生。做出表率是一种能展示我们关怀的最主要的方法。

最后,具有反思力是良好行为的另一个标准。如果把促进关怀、公正和批评的伦理原则作为一项有目的、有意识的工作,那么,管理者就必须培养反思自己行为的习惯。反思要求教育者在按决策行动前先考虑决策的效果。

良好行为的每一个标准——意识、对话、表率与反思——是能够学会的。它们成为"心灵习性",从而使管理者能够提供伦理型领导。

五、成为一位伦理型领导者:技能培养的方法

一个人怎样才能获得成为一名伦理型领导者的技能呢? 近年来,研究者描述了培养这些技能的各种方法,教育管理者通过使用这些方法可以帮助自己掌握成为伦理型学校领导的技能(Mertz,1997; Shapiro & Stefkovich,1997; Duck & Grogan,1997; Craig,1999)。这些技能与方法包括:

- 以多种观点观察情境,包括女权主义、后现代主义、自由神学和批判理论。
- 写个人随笔或教育纲要,描述学生赞同的伦理原则和价值观。
- 从连续或非连续的观点来体察两难处境。
- 利用来自价值工具书——如提供人们几个成长领域信息的《个人价值观明细表》和《霍尔-托纳明细表》中的数据。
- 比较、对比各种组织机构的行为道德准则。
- 学习并使用组织动力训练。
- 阅读植根于具体情境变量中的道德两难问题,因为"离开情境的领导是不存在的"(Duke & Grogan,1997,p. 145)。

正像克雷格(Craig,1994)所说,"伦理型的学校管理者有这样一种视野,它囊括了所有包含在学校和社区中人们的相互关系……把别人视做具有自尊和尊严的人"(p. 134)。他相信"美德可以通过大量的身体力行来获得",并且"长期公正而尊重地对待他人将最终塑造一个具有美德的人"(p. 134)。

道德准则

根据沙皮若和斯坦福沃克(Shaopiro & Stefkovich,1997)所言,一个合法的观点强调对州和联邦的道德准则(Codes of Ethics)的解释。这些准则就是具有约束作用的规章制度。框 7.2 描述了美国学校管理者协会(AASA)的道德宣言。相似的标准

也存在于其他许多职业化社团中。

> **框 7.2**
>
> **道德宣言，美国学校管理者协会**
>
> 一个教育管理者的职业行为必须符合道德准则。这项准则必须是理想化的，但同时又要具有可操作性，这样才能合理地适用于所有的教育管理者。
>
> 管理者承认学校属于公众，他们为之服务的目标就是给所有人提供受教育的机会。然而，管理者承担着在学校和社区中提供专业化领导的责任。这项责任要求管理者维护作为模范带头作用的职业行为的标准。必须认识到管理者的行为将受到社区、专业协会和学生的监督和评价。
>
> 为达到上述目的，管理者必须遵守以下的标准陈述。
>
> 教育管理者应该：
> 1. 把学生的幸福作为所有决策和行动的基本价值观。
> 2. 正直、诚实地履行职业职责。
> 3. 支持适当过程原则（the principles of due process），保护所有个体的公民权和人权。
> 4. 遵守本地、本州和国家的法规，不有意加入或支持那些直接或间接倡导推翻政府的组织。
> 5. 实施董事会的教育政策和管理规章制度。
> 6. 采取恰当措施纠正并完善那些与适当的教育目标不和谐的法律、政策和法规。
> 7. 避免利用职务之便通过政治的、社会的、宗教的、经济的或其他的影响来获得个人利益。
> 8. 只从那些经过正规认定的机构获取学术学位或专业证书。
> 9. 维持标准并通过研究和持续的专业发展来提高工作效率。
> 10. 遵守所有合同直到期满，或在各方一致同意的情况下解除合同。

【资料来源】*School Administrator*(1996). Reprinted with permission.

这 10 项标准可以被看做是学校管理者制定个人教育纲要的初始步骤，这些教育纲要包含了他所提倡的原则。正像科维（Covey，1989）所说的："原则并非实践。一项实践是一种特定的行为或行动。一项在一种环境中起作用的实践不一定在另一种环境中也有效……原则是被证明有长久价值的人类行为的指南。"(p. 35)这项美国学校管理者协会的道德章程包含了一些原则，教育管理者在制定个人纲要时，也许会采用这些原则。

> 如果你是库亚马克高中的校长，在近期和长期内，你将如何行动以使该校建立在一个稳定的道德和伦理基础上呢？

六、制定一份教育纲要

对伦理型领导而言,最为关键的是澄清一个人的信仰和教育哲学观的能力。斯金温那和斯达拉特(Sergiovanni & Starratt,1988)把这一过程看做是制定教育纲要的过程(在第一章中已论述过)。纲要的制定是一项渐进的工作,需要周期性的复查与更新。同事、学生和教授应挑战领导者,让他们证明自己的纲要不仅仅是被人拥护的理论。领导者使用的理论在他的行动中必须是可观察到的(Argyris & Schon,1975)。

斯金温那和斯达拉特(1998)已经指出构成一个教育纲要的10个要素:

1. 教育目的。
2. 学生的主要成就。
3. 学习的重要社会意义。
4. 学习者的想象。
5. 课程价值。
6. 教师的想象。
7. 偏好的教育学类型。
8. 学习情境中的主要对话语言(学习的水平和质量)。
9. 偏好的师生关系。
10. 偏好的学校氛围。

定期复查和批判你的教育纲要,这样可以使它成为你的伦理实践的一部分。

七、结论

教育领导涉及价值观、道德感和伦理观。21世纪教育的目标就是要反映变化着的教育组织情境。教育领导者将不得不建立相互关心和彼此负责的团体。只要教育领导者是真实的、真正的人,这种团体就能够被成功地得以创建。

通过关怀、公正和批判的伦理框架来审视学校,将使教育领导者对基本的假设提出挑战并增强对有关议题的理解。这将有助于确保给所有的孩子提供必需的学习机会。

诸如转换型、以原则为中心的服务型和公仆型领导等领导概念提供了多种透镜,透过它们,教育领导者能够审视个人潜在的价值观和信仰。学校领导者能够建立起良好实践的标准,并且可以通过大量活动提高伦理型领导所具有的技能,这些活动包括撰写个人教育纲要、比较和对比不同组织机构的道德准则等。

档案袋物品

● 按斯金温那和斯达拉特建议的10个方面重新审视你的教育纲要。你的纲要是怎样阐述你对于关怀、公正和批评伦理原则的信仰的?

- 重读本篇中伦理型领导的概念和本书陈述的对于领导的其他定义。写一篇描述你的价值观是怎样影响你的领导类型的论文。
- 参与讨论,主题可以是关于医学、法律公正、宗教、商业、生态学和教育等的道德问题。
- 批评最近在一所学校或另一个组织中推行的价值体系。将它同在某一宗教机构中推行的体系进行比较。
- 参加关于角色、服务或价值观教育的活动。这些活动的基本信念是什么?

推荐阅读文献

Block, P. (1993). *Stewardship: Choosing service over self-interest*. San Francisco: Berrett-Koelher.

DeRoche, E. & Williams, M. (1998). *Educating hearts and minds*. Thousand Oaks, CA: Corwin Press.

Greenleaf, R. (1970). *The servant as leader*. Indainapolis, IN: The Robert K. Greenleaf Center.

Katz, M., Nodding, N. & Stike, K. (1999). *Justice and caring*. New York: Teachers College Press.

Nash, R. (1996). *Real world ethics*. New York Teachers College Press.

Starratt, R. J. (1991). Building an ethical school: A theory for practice in educational leadership. *Educational Administration Qiarterly*, 27(2), 185—202.

Stirke, K., Haller, E. & Sottis, J. (1998). *The ethics school administration*. New York: Teachers College Press.

第八章
课程计划的开发、实施与评价

引子：林敦小学课程计划的改进

一位家长就二年级的健康课程问题找到了林敦小学（Linton Elementary School）的校长贝莱尔（Georgia Belaire）。这位家长指出，由学校心理学家任教的这门课程对二年级的学生来说不合适；他说，还有好几位家长都有这种看法。校长倾听了家长的意见，并记录了具体的要点。

尽管今年是贝莱尔在林敦小学做校长的第三年，但是她并不完全熟悉二年级的健康课程。与这位家长会谈后，她马上征询了3位二年级教师的意见。3位教师均表示，这门课值得上，孩子们也学得非常好。在与那位学校心理学家的交谈中，她才了解到这门课程是由前任教师引进的。现在任这门课的心理学家初到林敦小学，是首次执教这门课。这位心理学家说，和那位家长一样，她对这门课程也持相似的保留意见。但是因为她缺乏经验，所以她无法消除家长的忧虑。

贝莱尔校长马上询问负责课程与教学的学区教育局长助理，学校董事会是何时批准这门课程的。局长助理想不起来在她4年的任期中曾批准过这一课程。最后才发现，这门课程从未向学校董事会呈报过或经过董事会的批准。

学校董事会的政策规定，保留或删除课程材料（curriculum materials）与否的决定是根据具体的标准做出的，这包括课程材料是否在一定程度上反映了生活，是否如实地对待周围的环境，及是否具有文学或社会价值。政策要求事实材料应该纳入所有教材汇编中。

- 你如何评价一门课程的"价值"呢？
- 这个学区董事会的政策为课程选择提供了指导。你所在的学区是否也有这样的董事会政策呢？政策是如何规定的？如何把你所在学区的政策与贝莱尔校长所在学区的政策作一比较呢？

一、学业成就观

科尔(Cole,1900)认为,目前存在两种主要的学业成就观。第一种观点称之为基本技能和事实观,产生于20世纪50—60年代,当时行为主义心理学统治着教育者的学习观。第二种成就观涉及高级思维技能概念、问题解决和高级知识。这些成就技能可以被看做是布鲁姆(Bloom,1984)分类学(知识、理解、应用、分析、综合和评价)中所描述的一种演进。

正如科尔(Cole)所指出的:"教育成就观受到多种因素的影响,随着时代的变化而变化,且不同的人有不同的成就观。"(p.2)他发现,上述两种观点均具有片面性,其中任何一种观点都无法指导我们达到对学习的正确理解。教育者应该持另外一种观点,即把上述两种观点整合起来,有明确的教学含义,重视长期教育目标。做选择时要考虑到:什么有价值、什么是可以教的、它是如何组织的、应该分配多少时间、应该牵涉到哪些人、什么能够最有效地表达意图以及所要达到的目标是什么等。这里只是列举一些选择要素(Costa,1997)。

(一) 智力理论

最近几年,有两种智力理论证明对教育者尤为有用:一是斯腾伯格(Robert Sternberg)的三因素智力论;另外一种是加德纳(Howard Gardner)的多元智力(MI)论。

斯腾伯格从智力的基本构成成分来界定智力,认为通过教育可以改变人的智力。他的三因素智力说的三个组成部分分别是综合、分析和应用,每一部分均与创造力有关。

综合部分使思想得以产生,使问题得以重新界定。"综合"与一个人的内向思维密切相连,它由三个过程构成。第一个过程指对某一任务的计划、监控和评价行为。第二个过程直接监控任务执行过程中的行为。斯腾伯格指出,通过学习要重视什么和要忽视什么,一个人会变得更加聪明或更加愚蠢。最后一个过程控制着个体带入新情境中的已有知识。斯腾伯格认为,个体的智力速度以及记忆技能均不如这种个体先前习得的旧知识更为重要。

分析部分的功能有:认识思想、结构和主题;分配资源以及评价思想的质量。这也正是问题解决的基本步骤。

应用部分使思想发挥作用。根据学习者对从他人那里获得的信息的评判,能使思想得以进一步发展和完善。

斯腾伯格理论的一个重要观点是,智力主要取决于个体如何学会应付周围世界的方式。他认为:"IQ测试所测出的学术智力虽与一个人的智力有关系,但是关系不大。"(p.22)斯腾伯格(Sternberg,1996)又强调说,他的成功智力概念是极其重要的,因为很多重要的目标均是根据智力类型制定的,而且在21世纪我们需要这种智力类型。

第八章 课程计划的开发、实施与评价

加德纳在 1983 年出版的一本书《智力结构》(Frames of Mind)中,把人类纷繁复杂的能力划分成 7 种智力,即语言、逻辑—数学、空间、身体—运动知觉、音乐、人际交往和内省。近来,他又提出了第 8 种智力,即自然智力。这种智力使人能够在生物体之间进行识别和辨认(Checkley,1997)。

加德纳的智力理论被称为多元智力理论。他认为,每个人都不同程度地拥有这 8 种智力。而在每种智力内,又包含着许多种智力。各种智力间相互作用,因而学习的环境至关重要。他反对这样一种观点,即认为某些领域(如音乐智力)的知识和能力不如其他一些领域(如逻辑—数学智力)的知识和能力重要。表 8.1 总结了上述 7 种智力的核心要素(Armstrong,1994)。

表 8.1 多元智力理论综合表

智 力	核 心 要 素	象 征 系 统	优 秀 代 表
语言	对字的音、形、义和语言的发音、结构与意义具有灵敏性	语音语言(如英语)	作家、雄辩家(如 Verginia Woolf, Martin Luther King, Jr.)
逻辑—数学	对逻辑或数字形式具有灵敏性,且具有辨别它们的能力;能够处理很长的推理过程	计算机语言(如帕斯卡)	科学家、数学家(如 Marie Curie, Blaise Pascal)
空间	准确感知视觉—空间世界的能力,以及凭借最初的知觉准确进行转换的能力	表意语言(如汉语)	艺术家、建筑师(如 Frida Kahlo, I. M. Pei)
身体—运动知觉	控制身体运动的能力,以及熟练地操作对象的能力	符号语言,盲人用点字法	运动员、舞蹈家、雕刻家(如 Jesse Owens, Martha Graham, Auguste Rodin)
音乐	创作并鉴赏音律、音调和音色的能力,以及欣赏音乐表现形式的能力	音乐符号系统,摩尔斯式(Morse)电码	作曲家、表演家(如 Stevie Wonder, Midori)
人际交往	洞悉他人的心情、气质、动机和愿望,并做出适宜反应的能力	社会线索(如姿势和面部表情)	顾问、政治领袖(如 Carl Rogers, Nelson Mandela)
内省	了解自己的感情生活,以及能够区别自己情感的能力,能够了解自己的优点和缺点	自我象征(如梦中和艺术品中的自我形象)	精神治疗医师、宗教领袖(如 Sigmund Freud, Buddha)

【资料来源】Armstrong, T. (1994) Multiple intelligences in the classroom. Alexadria, VA: Association for Supervision and Curriculum Development. Reprinted with permission.

这种认为智力由多元成分构成且通过教学可以改变的思想，对传统学校课程提出了挑战。因为传统的学校课程只重视语言和逻辑－数学智力。我们只需观察一下分配给每门学科的教学时间，就可以看出哪些学科更有价值。与分配给语言和逻辑－数学智力的教学时间相比，空间、身体－运动知觉、音乐、人际交往以及内省智力的教学时间少得可怜。美国小学几乎所有学习日都是从学习阅读或语言艺术开始的。阿姆斯特朗(Armstrong)指出，如果教学活动、教材和教学策略与所有上述智力活动结合的话，那么，那些在一个领域中相对来说是"低智力"的学生就不会被抛弃在学习圈之外，或使这些学生感到自己很"笨"。有时，我们把教与学风格之间的不适应错误地混淆为教得不好或学生缺乏能力(按可教性对学生进行编组)。

传统的学校课程还认为，智力可以通过一种工具进行测量。使智力具体化的IQ测试在整个20世纪危害了成千上万的学生。如果存在有多种智力的话，那么，我们的目标将是：找出人们在学习某些类型的知识时最有效的方式是什么。

斯腾伯格和加德纳的智力理论对教与学都有重要的意义。如果人们在不同的领域拥有不同程度的智力，且通过教学可以改变学生智力的话，那么，学校课程将对学生学习的效果产生重大影响。

(二) 知识的类型

学习对某个人来说意味着什么呢？某些学习方法的确优于其他方法吗？一个人的学习风格是由学习内容所决定的吗？许多研究者(Leithwood, Begley & Cousins, 1994; Sternberg & Caruso, 1986; Sternberg & Frensch, 1993)均指出，知识有很多种类，如陈述性知识、应用性和程序性知识、策略性知识，以及情境性知识等。陈述性知识是一种事实知识，是关于是什么的知识。斯腾伯格和卡鲁索(Sternberg & Caruso, 1985)把应用性知识界定为"是一种应用于日常生活中的程序性知识"(p.134)。莱特伍德及其同事(Leithwood, 1994)进一步界定了策略性知识的概念。他们认为，应用性知识"是关于如何解决问题的知识，而不是关于问题解决本身的知识"(p.192)。他们把解决问题本身的知识称之为陈述性知识。情境性知识是一种关于情境的知识。例如，某个文本的读者尽管都讲英语，但由于他们所处的情境不同，他们的词汇量、对内容的理解以及说话的速度等有可能不同。

心理学家认为上述三种知识间相互交叉、相互渗透，它们的分离只是人为的。然而，采用这样一种知识分类框架，有助于教育者对获得不同类型知识的比较适合的学习机会和教学策略进行思考。

以第二语言的学习为例。如果一个人在日常生活中不使用第二语言(即程序性知识，也有可能是环境性知识)，那么，教育者就可以把其主要视为陈述性知识进行教学。这样，在课堂环境中通过采用多种教学技巧，学生可以学习陈述性知识，即有关第二语言的动词变化形式和词汇。

但到了当地的一家种族餐馆中,学生必须要用第二语言购买食物,或要模仿课堂中所学的语言。那么,这就是一个程序性知识的例子。若到了另外一个国家,学生就需要运用各种背景知识,这就为他们提供了获得情境性知识的机会。如果学生在课堂上就能获得有关第二语言的各种教与学的机会,像涉及到程序性知识的角色扮演和模仿等,那么就有可能获得较好的学习效果。虽然理论很简单,但学习的迁移却是一个极为复杂的过程。

(三) 学习的迁移

迁移的含义是"一种行为在新情境中重复出现的程度"(Detterman,1993,p.4)。教育者常常感到困惑,为什么有些学生不能把刚刚学过的知识运用到相似的情境中去?例如,在一堂西班牙语课上,一名学生花费了大量的时间学会了动词的过去式,并且在书面和口头考试中均反映出他掌握了这种知识,然而在实际会话中,他总是不能记住正确的动词形式。是不是有这样的机制,它可以增强在一种情境中的学习迁移到另外一种情境中去的可能性?

斯腾伯格和弗伦茨(Sternberg & Frensch,1993)认为,一种情境中的学习迁移到另外一种情境中的程度取决于以下4个机制。第一,编码。迁移的程度依赖于对知识的最初编码。知识的再应用取决于学习者是如何对知识进行编码的。如果,(在课堂上)教师没有教给学生如何运用知识,那么就会降低学生把信息迁移到新情境中去的可能性。例如,多数教育者都很精通青少年发展的知识,但是却不能运用这种知识来培养自己的孩子。

第二个机制是组织,即在人的记忆中,信息最初是如何组织的。斯腾伯格和弗伦茨认为:"先前情境中信息的组织方式有助于也有可能阻碍信息在新情境中的迁移。"(p.26)当我们以某种方法学习知识时(如,记忆动词的变化形式),我们必须对信息进行重组以便应用它。例如,一个学生学习西班牙语时,要学习动词"说"的变化形式,其形式分别为 hablo(英语为 I speak)、hablas(英语为 you speak)和 habla(英语为 he, she or it speaks)。在这位学生刚刚学习西班牙语阶段,让她说出"He speaks"时,她的头脑中肯定会重现动词"说"从 hablo, hablas 到 habla 的形式变化过程,然后才找出"正确"的形式 habla。接着,她还必须把它运用到自己造的句子中去,这时,她必须重新组织最初学过的知识。

第三是辨别,在该机制中信息的取回取决于是否能够提取到或储存有与应用的新情境有关的信息。辨别时常发生,其核心过程是提取。什么使学习者提取到这条信息而不是其他的信息呢?对信息的巩固和复习有助于学习者提取到某些信息。

斯腾伯格和弗伦茨(1993)把第四个机制称之为智力背景(mental set)。一个人是否"能够发现有用的行动方法部分取决于他执行任务时的智力背景"(p.26)。在大多数学校中,各门学术性学科均脱离实际的使用背景而孤立地进行传授。像代数等一些学科总是不说明它在实际生活中的用处。然而,教育者却期望学生能够将所学的代数公式运用到实际中去。许多学生在中学学习了2年代数,除了能为升入大学做准备外,几乎不知道它与实际生活有什么相关性。

在一次航行中,有人打算向一个学习者解释如何绘制航线,并说道:"这就是一个基本的代数知识。"这句话能够使学习者把课堂上所学过的代数知识迁移到实际的情境中。如果学习者具有适当的智力背景的话,那么迁移就很可能发生。

上述每一个机制对教与学都有重要意义。目前教与学领域的研究,迫切需要找出学生学习迁移的途径,也迫切需要理解学生已掌握了哪些知识。

> 应该运用什么标准来评价林敦小学二年级的健康课程及其教学方式?

(四) 建构主义:一种新的学习观

20世纪80年代中期,教育界开始讨论"建构主义"学习方式。建构主义理论明显地不同于行为主义理论,今天我们的许多教育实践仍然是在行为主义理论的指导下进行的。行为主义学习理论包括可测量的行为目标(如学完本单元,学生要掌握……)和序列课程(sequenced curricula)。

例如,在20世纪80年代中期以前的语言课本中,学生按顺序学习语言结构;学完现在时态后接着再学习过去时态。许多语言教师都认为,对人们的学习来说,必定存在着一个最好的、循序渐进的方法。例如,情态动词"can"和"may"的教学总是放在一堂课的中间或是在课文的后半部分才出现。而像"我可以(may)去休息室吗?""我可以借一支钢笔吗?"等句式则要求初学者必须掌握。然而,行为主义的语言学习法对语法和词汇的呈现顺序的严格控制,有碍于初学者对这些请求表达法的掌握。

行为主义学习法把知识和技能分解为一个个小部分,它认为,如果掌握了所有这些小部分,把它们结合起来后,就可以获得复杂的语言技能。这种方法很少关注学生对所学知识或技能的理解和误解。现在,我们都知道,学习一门语言就像思维一样,决不仅仅是部分的总和。即使一个人掌握了所有的语法时态和大量的词汇,他也有可能不会说这种语言。

相反,建构主义认为,学生通过探究和主动学习,才能达到最好的学习效果。个体是在建构知识而不是在被动地接受知识。艾拉逊和沃尔什(Airasian & Walsh, 1997)认为,建构主义是一种关于人们如何学习的理论。"建构主义的基本假设是:人们的知识是在已有知识或信仰与新思想或他们所处情境的交互作用中创造出来的"。(p. 445)

建构主义理论认为,学生是通过积极主动地建构知识来学习的,通过把新信息与以前已经学过的信息相比较，思考其差异并想办法克服这些差异，最终达到新的理解。建构主义的观点对全国课程标准的发展产生了深刻的影响。建构主义提醒我们，信息的加工是在学习者的头脑中进行的。当教师把自己的加工强加给学生的时候，我们就剥夺了学生创造知识和理解自身的机会。

（五）营造一种学习文化

在整个 20 世纪 70 年代，探讨与提高学业成绩密切相关变量的研究可谓是汗牛充栋（Lezotte, Edmonds & Ratner, 1974; Rutter, Maughan, Mortimore, Ouston & Smith, 1979; Sparta, Valdes, McCormick, Meyers & Geppert, 1977; Brochover & Lezotte, 1979; Bossert, Dwyer, Rowan & lee, 1982）。这些研究所提到的因素（即变量）有：

- 一种安全有序的环境。
- 重视基本技能。
- 通过考试和督导密切监控教学。
- 来自校长的很强的教学领导才能。
- 对学生有高期望且目标明确。

不幸的是，这 5 个相互关联的因素很快就在各个学区广为传播。"在职"教师需要内化它们，职前教师必须在考试中默写出它们。然而，20 世纪 70 年代的研究结果把效能（effectiveness）概念看得过于简单，很少关注这些研究所处的背景。在一种背景下成功的实践，到了另外一种背景中则不一定成功。不管最初设计的计划是多么完美，它们通常不能成功地移植到其他背景中去。

在对最近学业成就的许多纵向研究中，又提出了另外一些与成就有关的因素，这些因素呈现一幅较为完整的图像（Lipsita, 1984; Stedman, 1987; Wimpelberg, Teddlie & Stringfield, 1989; Duke, 1987; Cunningham & Gresso, 1993）。这些研究者探讨了一所成功的学校所必须具备的诸多条件。这些条件包括：领导与管理、变革学校课程以及实施富有挑战性的课程与教学。宾克斯基（Binkowski, 1995）的研究指出一所业绩突出的学校具备以下条件：参与型的领导与管理、上级官员与学校员工就学区和学校的目标进行沟通与合作、家长参与及与课程和教学密切相联系的教师发展。

贝克和墨菲（Beck & Murphy, 1996）通过对实行校本管理的学校进行研究，指出所有成功学校必须具备的 4 个条件，包括：

- 一贯对学习极为重视。
- 强有力且有推动型的领导。
- 有着培养一种内部与外部社群感的责任。
- 拥有旨在增强社区内人们的领导、学习和教学能力的资源。

贝克和墨菲发现，在实行校本管理的学校中，教职员继续学习的热情空前高涨。

"我们发现,在这些学校中,不断学习是一项明确的优先事项,并且对许多教师和校长来讲,他们的学习热情空前高涨。"(p.43)他们指出,与对成人教育的关注相比,这些学校更重视学生的学习。此外,他们还发现,某些教学策略在有些学校中尤其有效,因为这些策略能够满足学生的兴趣与需要。

他们还指出,在这些学校中,校长和许许多多的教师都有领导权。另外,家长"通过积极、热情地支持教育者的工作",从而对孩子学业的成功做出了贡献(p.79)。最后,他们发现,校本管理也给家长提供了更多的参与领导的机会。

他们所提出的成功学校的第三个必要条件是社会的作用。校本管理学校还创造了许多与社会中的其他组织和机构进行合作的机会。对孩子的全面关注是学业成功的一个关键因素。

贝克和墨菲所提到的第四个条件是能力建设。他们发现,学校自治"鼓励教师和家长形成一种主人翁感(a sense of agency)"(p.114)。校本管理使教师有更大的自由来安排自己的专业生活。自主权和一定的预算控制权使教师能够更加迅速地做出关于课程、计划革新和专业发展的决定。

对学习的高度重视、充足的资源、强有力且推动型的领导以及来自学校、学区和社会的人力资本,这些均是学习的必要条件。一旦学校具备了所有这些条件,我们就必须关注那些对构成课程的各类知识来说是最为恰当的教和学的方法。

为了保证有效的健康课程得以教授,林敦小学必须具备哪些条件?

二、教与学的方法

使学习达到最优化可以运用多种教与学的方法,威金斯(Wiggins,1989)认为,试图教授所有重要的东西是无用的。牢记他的这一思想十分重要。他说:"学生到毕业时也不可能学完所有重要的东西,但是,我们却可以向他们逐渐灌输终生求知的欲望。"(p.44)

有许多不同的理论可以用来分析和决定学生应该学什么和如何学习。格拉斯尼(Glatthorn,1994)认为:"有些知识和技能对所有学生来说都是十分重要的,它们是所有学生必须掌握的基本的学习。"(p.27)这些知识和技能包括一门学科的主要概念、原理、思想和技能。格拉斯尼也指出应该对学习的结构进行分析,"理解遗传学的原理是高级结构的学习;必须对它进行明确的计划、教学和测试。但是培养科学好奇心,则好像是一种低级结构学习"。他一再强调,一有可能,教师就应培养学生的好奇心,而不仅仅是对所教授的而且"不久就被遗忘了的"事实夸夸其谈(p.27)。课程内容能够产生问题并提供答案,它使学生逐步形成这样一种观点,即从对课程知识的基本掌握到能掌握复杂的系统。

下面，我们将简要描述一下基于建构主义的学习方法、多元智力理论与三因素智力理论中的学与教的模式。

（一）学徒制学习

有关学徒制这一最古老的学习模式，许多著作都做过描述。研究者近来再次看到了这一模式的潜在效力。正如加德纳（1991）所说："学徒制这一教学方法，可能是一种最为有效的以多数青年的学习方式为基础的方法。"（p.124）他指出："学徒制的某些特征与学校和其他机构的某些方面相结合，这为导向理解的教育提供了一个最好的机会。"（p.125）

现在为什么越来越多的研究者（如 Moffett，1994；Gardner，1991；Lave & Wenger，1993）提倡学徒制学习呢？除了这种方法能够置学习于具体的情境中之外，还有一个重要的原因可能就是它提供了交互作用的机会，而这正是心理学家维果茨基（Lev Vygotsky，1978）提出的最近发展区（zone of proximal development）理论的核心部分。所谓"最近发展区"指的是学生独自工作时能够做什么，与他和有经验的成人或同伴一起工作时他又能够做什么之间所存在的差距。学习和掌握产生于积极的共同参与。最近发展区说明了单个学习者的问题解决能力与和学习者发生交互作用的人们一同所展示的整体能力之间所存在的差距。

莫菲特（Moffett，1994）认为，许多自然的学习方法，像观察、适应、模仿、协助、合作、交互作用、实验、传播和调查等，都被涵盖在学徒制的教育实践中。然而，学徒制不是惟一的将交互作用包含在最近发展区中的学习模式。

（二）合作学习

在过去的 20 年中，教育专家已经日益熟悉合作学习的实践活动。在这种学习实践中，不同能力水平的学生组成一个个学习小组，它们共同合作以实现共同的目标。这种学习模式适合于各种班级和不同的学科领域。

一个卓有成效的研究小组在研究报告中说明了合作学习策略的效果（Slavin，1990；Stevens & Slavin，1995）。通过合作，孩子们能够相互学习对方的思想。对彼此来说，他们都是对方的教师。整个合作过程的组织是十分严密的，学生在合作小组中学习，由此获得了一种积极的相互依赖感。

如果一个小组内的成员不超过 5 个，那么合作学习还能够促进问题解决，且这种情况下的合作是最有效的。这种学习方式还能促进人与人之间的合作行为、相互鼓励以及个人的责任心和绩效责任感。已有研究发现，这种学习能够提高学生的成就、小组内成员的关系、学生的自尊心（Slanin，1996）。它是基于问题的学习（problem-based learning）的一个坚实的支撑平台。

(三) 基于问题的学习

基于问题的学习(PBL)在医学教育中被广泛采用,最近几年,各种学科,包括工程、法律、建筑、社会科学和教育行政等,也开始采用这种学习模式(Boud & Feletti, 1998; Bridges & Hallinger, 1995; Clarke et al., 1998)。在 20 世纪 90 年代初,这一模式被引进中小学。

基于问题的学习首先向学生呈现一个在其生活的真实世界中可能会遇到的实际问题。所选择的问题都是为了说明学校课程中的核心概念。围绕着问题而不是学科来组织教学内容。在这种学习模式中,学生在指导自己的学习方面承担相当大的责任并具有很大的自主权。学生多是以合作小组的形式来进行学习。学生必须通过一件作品或表演来证明自己的学习。在基于问题的学习中,教师的角色明显不同于教师作为专家时的角色。教师的角色就是向学生提出挑战,指导学生化难为易、化繁为简,并向学生提出问题。在学习小组中,学生们所研究的基于问题的学习项目均置于一定的学习情境中,学生有很多在最近发展区内学习的机会。

在课堂情境中,学生要努力解决复杂的真实世界中的问题。问题本身应该提供足够的信息以指导调查研究和以学生为导向的探究。学生也要努力解决一些开放式问题,并期望他们能够提出解决问题的办法。他们可以获得自我指导、推理、问题解决和合作方面的经验。教师被称为学习的辅导者,帮助学生理解他们自己的想法,指导他们如何寻求新的信息。在决定如何解决问题之前,学生之间相互交流并获得信息。

学徒制学习、合作学习和基于问题的学习,是建构主义哲学所倡导的 3 种学习方法。学校管理者要理解这些学习方法并考虑如何把它们运用到课程中,这是十分重要的。其他与建构主义有关的学习方法有:主题教学、真实性教学和差异性教学。

主题教学。在主题教学法中,常常是围绕着一个主题、议题、问题、论题或经验来组织各门相关学科。而且最好的情况是,主题或问题来自于学生的经验世界。教师和学生组成一个学习合作小组,共同深入地、多角度地探讨某个具体的领域。围绕着所选择的主题,不同学科领域的教师结成了教学小队,而且从整体的角度来看待信息。这种取向显示了不同学科领域间是如何相联系的,进而断定它们之间的相关性。

真实性教学。学生从实际经验中学习而不是在模拟情境中学习,其效果最好。真实性教学要求教师和学生一起挑选所关注的主题,并一起收集必要的信息。信息收集的过程也许包括如下的方面:与专家接触、与来自异域文化的学生接触、与作者本人接触,还包括从研究者、基金会、政府和其他机构收集数据。在收集、整理、运用和展示信息的过程中经常需要应用到技术。在这种教学中,教师的角色是一名教练,提供学习的结构并积极地支持学生。有些教育家把某些类型的基于问题的学习视为真实性教学的一种形式。

差异性教学。差异性教学是以学生不同的知识准备状态、兴趣以及学习情况为基础的。所有学生都参与到持续的富有挑战性的工作进程中。在这种教学中,时间、空间和分组的使用都是十分灵活的。

研究表明,满足各种不同的学习需要是十分重要的,尽管实践证实了实现这一点绝非易事。这种学习允许学生朝着某一方向(或深入地)探究感兴趣的主题,而这些主题可能不适合或不可能由整个班级的学生去探究。独立于教师指导的学生将不再受到教师持续的监督,那些需要教师帮助的学生,则由教师向其提供进一步的学习结构。差异性教学涉及的策略有:与课程紧密结合、独立学习、兴趣中心或兴趣小组、分层任务、灵活分组、辅导教师制和学徒制、学习合同和抛锚式活动。其他类型的课程和教学方法包括脑基础法、发现法、交叉学科法以及整体语言(whole language)法。

> 对林敦小学的健康教育来说,最优化的教学模式是什么呢?为什么?

三、课程设计与教育计划

在格拉斯尼(Glatthorn,1997)看来,"如果校长具有深入而广泛的课程知识基础,那么他们便能最有效地发挥自己的领导才能"(p.3)。学校管理者需要了解哪些有关课程的知识呢?

(一) 课程的功能

传统的有关课程发展的文本将课程分为4个层面,即州、学区、学校和课堂。框8.1列出了各个层面的课程功能,后一级课程的功能均源自于前一级课程的功能。例如,教师的角色之一是编制学习单元。这些学习单元源自于学校的功能之一,即编制一套学科方案。反过来,这一计划又源自于学区的一项功能,即确定一套共同的学科方案。在州一级,管理者们要编制出包括广泛目标和一般性标准的基准框架。因而,各级课程功能之间是相互联系且一致的。

框 8.1

课程功能一览表

州一级课程功能

  制定州级框架,包括广泛的目标、一般性标准和毕业要求。
  确定必修科目的州级考试和其他的成绩测量措施。
  给本州的学区提供必需的资源。
  评价州级基准框架。

学区一级课程功能

  制定并实施有关课程政策。

确定一种优质课程观。

根据州目标，确定学区的教育目标。

为各级教育制定一套共同的学科方案、课程要求和学科的课时分配。

为每门科目制定核心的或要掌握的课程指导的文件。

选择教学材料。

制定学区课程考试办法和其他的成绩测量措施，以作为州考试的补充。

给学校提供财政的和其他资源，包括技术支持。

评价课程。

学校一级课程功能

根据学区的优质课程观确定学校的优质课程观。

补充学区的教育目标。

制定本校的学科方案。

制定一个以学习为中心的时间表。

确定课程整合的性质和范围。

协调课程。

监控课程实施并为其提供帮助。

课堂一级课程功能

制定年度计划日程表。

编制学习单元。

丰富课程和辅导学习。

评价课程。

【资料来源】Glatthorn, A. (1997). *The principal as curriculum leader*. Thousand Oaps, CA: Corwin Press. Reprinted by permission.

应该在格拉斯尼所指出的四级课程之外再加上第五级课程，即由全国专业组织、全国性和国际性研究小组以及位于首都华盛顿的美国教育部所发挥的作用。这些组织不仅对地方课程产生影响，而且也对课程框架的制定和全国性考试和标准的开发产生重大影响。

校长作为课程领导者

格拉斯尼（Allan A. Glatthorn），教育学教授

东卡罗莱纳大学

第八章 课程计划的开发、实施与评价

当我告诉一位朋友我写了一本名为《校长作为课程领导者》的著作时,她马上反应道:"这是我所听到的一种矛盾的说法。"对于她的反应,我是可以理解的,因为多数校长都不相信自己在课程制定中还能起到什么作用。可是我却认为,他们在这一必不可少的教育环节中发挥着关键作用。

课程的开发和实施是一个统一的过程,州、学区、学校和课堂在促进学习方面都具有合法的地位。州应该制定每门科目的课程标准;学区应该根据这些标准为 K—12 年级编制相关的课程,并确定各年级课程的合适基准(benchmarks)。学校在学区方针的指导下,制定出本校的学科方案。课堂教师在以下方面均要以学区课程方针为指导:制定长期计划、编制学习单元、丰富学区课程以及对学区课程加以适当的调整,以便满足个别学生的需要。

学校领导在课程方面的作用如下:
1. 影响学区的课程指南。
2. 制定学校的学科方案。
3. 制定以学习为中心的时间表。
4. 确定课程整合的性质与范围。
5. 协调(aligning)课程。
6. 监控课程。
7. 帮助教师制定长期计划。
8. 帮助教师编制课程单元。
9. 帮助教师充实课程和提供补救计划。
10. 评价课程。

这并不意味着校长要做上述所有工作。相反,我鼓励校长发挥积极作用,通过团队领导法来确认课堂教师的长处和各种需要。

尽管教育者需要强化各级课程,但我认为最重要的挑战是要发展学校和课堂一级的课程功能。为回应上述挑战,校长应该成为课程改革中的关键成员。

(二) 标准运动

全国教育目标小组(NEGP,现已不复存在)和全国教育标准与考试委员会这两个由联邦政府提供经费的组织,是在 1989 年的首届教育首脑会议(Education Summit)后随即成立的。这两个组织的任务是要促进基于标准的教育(standards-based education)的实施工作。最近几年,全国和州的许多机构以及专业组织都参与到了开发课程标准或框架的工作中(框 8.2)。几乎所有的州都在英语、语言艺术、历史或社会学科、数学、科学和写作领域制定了学习标准。其中,许多课程标准已经影响到地方学校的课程的发展。当然,一名管理者在制定地方学校的课程时,一定要认真思考这些组织所制定的标准。

框 8.2	课程标准文件
科学	全国研究委员会,《全国科学教育标准》,首都华盛顿；National Academy Press, 1996。
外语	全国外语教育标准项目,《外语学习标准：为 21 世纪做准备》。Lawrence, KS: Allen Press, 1996。
英语语言艺术	全国英语教师委员会和国际阅读协会,《英语语言艺术的标准》。Urbana, IL: NCTE, 1996。
历史	全国学校历史学科中心,《全国 K—4 年级的历史标准：拓展学生的时空世界》。Los Angeles, CA.：NCHS, 1994。 ——《美国历史全国标准：探究美国的历程》。Los Angeles, CA：NCHS, 1994。 ——《世界历史全国标准：探究通向现在之路》。Los Angeles, CA：NCHS, 1994。 ——《全国历史标准：基础教育》。Los Angeles, CA：NCHS, 1996。
艺术	全国艺术教育协会,《全国艺术教育标准：每一位美国青年在艺术领域应该了解什么和做什么》。Reston, VA：全国音乐教育者大会, 1994。
健康	全国健康教育标准联合委员会,《全国健康教育标准：实现健康素养》。Reston, VA：健康教育发展协会, 1995。
公民	公民教育中心,《公民和政府全国标准》。Calabasas, CA：CCS, 1994。
经济学	全国经济学教育委员会,《全国经济学的内容标准,K—12 年级》(草案), New York: NCEE, 1996.8。
地理	地理教育标准项目,《生活地理：全国地理标准》。首都华盛顿：全国地理研究和探究协会, 1994。
体育	全国运动和体育协会,《走向未来,全国体育标准：内容和评估指南》。St. Louis: Mosby, 1995。
数学	全国数学教师委员会,《学校数学的课程与评价标准》。Reston, VA：NCTM, 1989。
社会学科	全国社会学科委员会,《期望优异：社会学科的课程标准》。首都华盛顿：NCSS, 1994。

【资料来源】Marzano, R. & Kendall, J. Curriculum Frameworks. NASSP Bulletin 1997 81: 590. Reprinted with permission.

标准是用来控制质量的规范。它告诉我们学生应该知道什么和能够做什么。根据拉维奇(Diane Ravitch, 1995)的观点,目前存在三类标准：内容标准(content standards)、成绩标准(performance standards)和学习机会标准(opportunity-to-learn standards)。内容标准是描述期望学生所应学习的知识和技能。成绩标准指展现知识或技能所应达到的水平或掌握程度。学习机会标准与可供使用的资源有关。学习机会标准的前提是学校、学区和州必须提供必要的计划、师资和其他资源,以满足学生的基本需要。

> 就林敦小学的健康课程而言,该小学的校长和教师分别扮演什么角色?标准对此可能会提供怎样的帮助?

四、课程与教学改革

不管课程是基于全国标准、州标准还是基于地方标准,变革的过程是理解课程实施和计划革新的关键。富兰(Fullan,1993)强调指出:"公共教育中存在的主要问题不是抵制变革,而是出现太多的改革或者毫无批判性地和肤浅地进行革新,这些革新是为达到某一目的而临时进行的,是支离破碎的。这一点大概是接近事实的。"(p.23)成功的课程开发与实施,离不开为鼓励教育者对课程进行批判而营造尽可能多的对话机会。这种对话极可能引起冲突。如果我们将冲突认为是"礼貌的冲突"的话,那么,它不仅是健康的,而且还是课程和计划开发中必不可少的组成部分。

几位研究者曾探讨过学校变革的阶段(如 Kilmann,1989;Fullan,1991;Gorton & Snowden,1997;Cordeiro,1998)。一种课程计划开发的模式,包含有 4 个变革方法,而变革的阶段都暗含在每一方法中,这种模式尤其适合在这里讨论。

图 8.1 显示了这 4 种变革方法:自上而下命令法(如"这个学区将在所有科目中应用电子计算机技术")、模式采纳法[如"我们正在考虑采用加速学校(Accelerated Schools)模式"]、变革代理法(change agent approach)(如"几位教师已试行了'为了每位学生成功'的课程,他们正在建议学校采用这一课程")、事件催化法(如"在这次恐怖的种族事件之后,我们必须在课程中考虑到多元文化取向")。

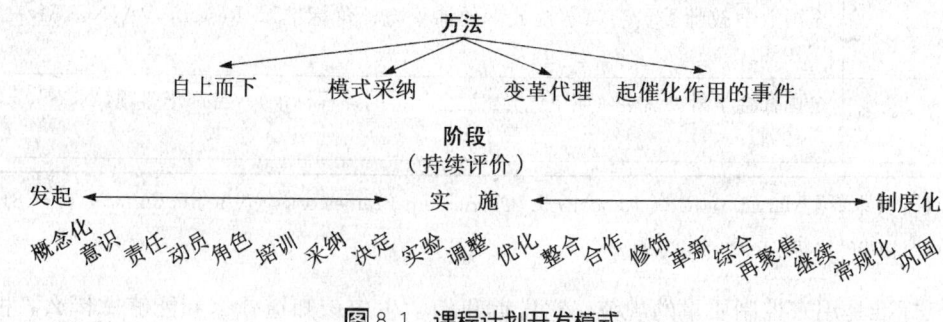

图 8.1 课程计划开发模式

不管采用何种方法,所有变革都要经过一系列的阶段。变革沿着一个连续统一体向前发展。发起阶段也许包括观念、意识和责任。实施阶段也许包括开发、实验、调整和优化。最后,制度化阶段也许包括再聚焦、继续、常规化或者可能是巩固。

框 8.3

变革过程中重要的阶段与步骤

阶段 1：进行需要性评估

　　A. 确定变革的需要。审查现行制度,确定哪些方面需要改进。

　　B. 创立或评价并选择一种新方法或制度,以代替以前的方法。

阶段 2：引导目标群体关注提出的变革

　　A. 引导目标群体(如教师)关注提出的变革,并对其发生兴趣。

　　B. 建立制度,和目标群体一起分析所提出的变革的优缺点。在引进变革之前对新制度进行试点实验和完善。

　　C. 在目标群体的帮助下,确认就附加资源、在职培训计划以及校舍改造方面的责任。

阶段 3：决定是否引进提出的变革

　　A. 确定应该参与决议的人选。

　　B. 确定决议的程序。

　　C. 决定是否继续实施提出的变革。

阶段 4：规划实施方案

　　A. 为参与变革的人员制定并实施在职教育计划。

　　B. 提供为成功地引进变革所必需的资源和设备。

　　C. 预先设想在实施变革中可能会遇到的操作问题,并设法解决之。

阶段 5：实施提出的变革

阶段 6：进行过程评价

　　A. 设计并建立一种能够提供反馈的制度,以反映出提出的变革正在实现其目标的程度。

　　B. 诊断提案本身需要改进的方面,以及实施工作需要改进的地方。

阶段 7：完善革新并使其制度化

　　A. 调整革新方案,如有必要,提供额外的指导、培训、资源、设备等。

　　B. 承认革新(如果是成功的)是学校或学区总的教育计划中一个常规的和永久的部分。

【资料来源】Gorton, R. & Snowdon, P. (1997). *School leadership and administration* (5th Ed.) Madison, WI: WCB Brown & Benchmark.

框 8.3 显示的是戈顿和斯诺登（Gorton & Snowden, 1997）所提出的 7 阶段变革过程。需要牢记的是，这只是一种理想的变革模式，现实中很少有革新完全遵循这种模式。不过，这些有序的步骤可以给管理者提供指导，帮助他们思考一项革新究竟是如何实施的。

当修改现行课程和教育计划的具体方案一提出时，课程和教育计划的修改工作就开始了。课程变革关注所要教授的内容，教学变革关注传授课程的方式。方案来自于教师对目标、标准、研究以及对学生和社区的了解。参与者通过阅读、参观其他学校、试验、讨论和咨询等就可获得这些知识。正式的方案包括变革的理念以及对变革给资源带来的潜在影响所进行的分析。

方案在通过学校系统的评审过程之前，应该呈交给包括教师和家长在内的所有有关人员进行最终审查。有关人员可以选择加入任何一个组织网络，以协助课程开发工作，并提供必要的支持（见第三章）。方案得到同意后的最后一个步骤是要决定如何组织和实施课程。

> 为了发展和完善现行的健康课程，林敦小学的教师应该采取哪些措施？

（一）开发课程与教育计划

在艾斯纳（Elliot Eisner, 1994）看来，每一所学校都传授 3 种课程，分别是显性课程、隐性课程和空白课程（null curriculum）。显性课程是指那些学校教授给学生的实际的课程。这种课程通常采用课程指导的形式，但总是由教科书构成。隐性课程不是正规课程，但学校的确也传授着它。例如，守时和尊敬他人的重要性就是许多学校隐性课程的一部分。艾斯纳认为："一所学校的隐性课程就是指这所学校之所以成为这种学校而传授的内容。"（p.97）他的论文题目就是"学校不教授的内容就像它所教授的内容一样重要"（p.97）。

艾斯纳从两个维度来定义空白课程。第一，教育者需要观照学科或学科内容，它们或许在课程中出现或不出现。教师可能会问一些这样的问题，如我们为什么要教授前代数？我们为什么把英语课分为 5 条途径？为什么没有提供高级课程？为什么上高级数学课的女生如此少？就美国文学而言，期望学生知道些什么？

第二个维度指学校重视或忽略的智力过程。他认为："不是所有的思维都是以词或数为中介的，或遵循规则的。"（p.98）教育者可能会问的批判性问题包括：哪些形式的知识（如视觉的，隐喻的）是缺乏的或空白的？我们采用何种方法来培养学生的想像力？

上述一些问题不仅对课程开发和实施有帮助，而且对评价课程和教育计划也有帮助。很明显，影响课程开发的因素很多。

（二）设计和管理课程

多尔（Doll,1986）认为有 5 种课程设计，它们分别是：
- 学科设计，这种设计强调学科内容；
- 兴趣设计，这种设计的依据是学生的需要和兴趣；
- 过程设计，这种设计强调学会如何学习，还强调思维技能；
- 社会活动设计，这种设计强调社会的和社区的问题；
- 能力设计，用行为描述和目标表示。

有效的教育计划离不开各种政策和因素的影响。不管一种课程是以全国性的、州的或地方的课程框架为依据，课程开发的目标均旨在制定出一个内在一致性的教育计划。不管是哪种课程设计，课程的一致性、整合、顺序和学习机会都是要考虑的重要问题。管理者要营造这样一种学校环境，在这种环境中人们不断提出与以下 4 个领域有关的问题。如下就是一些相关的问题。

课程一致性
- 各年级与各学校间课程的一致性如何？
- 用来判断一个学生是否已掌握了某个概念的标准是什么？
- 什么使学生得以理解对知识所作的解释，以及这种解释是如何用来检查真实性问题的？

课程整合
- 课程有社会相关性吗？
- 学科内容的广度与深度，哪一个更重要？
- 应该给予某门具体科目额外的时间吗？
- 教育计划在基础知识与特殊兴趣的处理上平衡吗？
- 应该确定什么样的要求和标准？

课程顺序
- 某些主题应该置于其他主题之前吗？
- 应该按照时间顺序教授某一主题吗？
- 应该按照一种发展观教授某一主题吗？

学生的学习机会
- 学生可以获得哪些课程计划选择？
- 如何给学生分班和分配教师？
- 有关升级、必修课程的政策以及同类的事宜是如何影响学生的？
- 学科计划对学生的特殊需要是如何安排的？

第八章　课程计划的开发、实施与评价

- 就科目和课程计划选择而言,向学生和家庭提供了哪些信息?
- 如何对学生进行分组或纳入各个科目?
- 科目注册人数中的性别、种族或民族状况如何?

上述问题只是课程一致性、整合、顺序和学习机会等问题中的一小部分。在设计、开发课程和教育计划时,一定要认真研究这些问题和各种关键性因素。关键性因素包括教育计划的性质和范围、社会期望、必要的资源、利益相关群体、时间的利用、社区和学校的人口构成、激励教师的措施、适时的实施,以及教育计划监控等。一旦课程开发工作开始或适合学校的计划或模式的工作一开始,教育计划的改进也就随之开始。这是一个持续的过程。

就林敦小学的健康课程而言,需要提出哪些问题?

视课程为整体:一位真正的教育领导者的功能

坦纳(Laurel N. Tanner),教授
坦普尔大学

毫无疑问,学校管理者的任务涉及整个课程。没有什么地方能比克雷明(Lawrence Cremin)的《美国教育的本质》这本书中对学校管理者提出的任务更美妙的了。"必须有人看到整个课程,并不断提出优先事项和相互关系这样的问题"(1965,p. 58)。克雷明还写道:没有人能够或应该对这个问题单独承担责任,但它绝对是那些视自己为校长、主管或学校委员会主席等人士的主要事务。

专家不关注部分与整体是如何联系的,而校长则必须视野广阔,看到整个课程。因为我们缺少这样一种视野,所以学校正面临着一些本可以避免的、棘手的难题。在20世纪60年代的那场著名的课程运动中,赋予科学、数学和现代外国语以优先地位,因为这些科目被认为是我们的国防所必需的。新课程的开发者是来自大学的高级学科专家,他们对课程整体并不理解。同时,学校管理者的行为也表现出好像这三门学科是最为重要的,从而用支付给夏季学院(summer institutes)教师(经常是学院自己)的联邦基金来推动政策的制定。

正是这种情形激发了克雷明。他于是指出,当进行个别课程改革项目时,我们不应该认为正在进行课程开发。丹尼尔·坦纳(Daniel Tanner)和我发现,由于这次改革,给学校带来了许多问题,而这些问题都是由误导的课程优先项目、课程间的不平衡,以及课程与学习者本质间的不协调所引起的(Tanner & Tanner, 1995)。

纪律和辍学是所面临的最大难题中的两个,这绝对是由于没有看到整个课程而引起

的。例如,有些学区减少了画室的提供,由此引起了工业艺术辍学率的上升(Tanner,1997)。这给个别学生造成了巨大的损失。由于不能在自己最擅长的领域得到发展,所以他们决定退学。这样的资料充斥在"优秀"教育领导者使用的参考资料中。

校长的能力源于他的专业知识以及运用理论原理在解决问题中所获得的经验。这决不是一件随意的事情。以下三部分使得校长有能力把课程看做一个整体。

学校的哲学

首先,哲学和目标的陈述,即学校希望取得什么成就的理论,指导着课程和课程的传授方法。泰勒(Tyler,1949)的课程开发模式被奉为《圣经》。我有理由认为,泰勒提出一个学校要有7—15个宽泛的教育目标是正确的。一所学校如果没有目标陈述,它容易受到特定时期各种时髦计划和个别教师奇思异想的影响。

霍伊和塔特(Hoy & Tarter,1995)举了一个有趣的例子,该例子说的是一位高中校长拒绝一位英语教师希望开设一门拉丁美洲文学选修课的请求。部主任也拒绝了这一请求,因为它与课程计划的方向不一致。该学校制定了有关哲学和目标的要求,所做的决定尽量与其保持一致。

正如克雷明(Cremin)所警告的,"拒绝把课程看做是一个整体,就是将应该使最基本的哲学原理发挥作用的一系列决定降低为学校内的各种政策"(1965,p.58)。优秀的教育领导者要从他与教师合作开发的哲学与目标陈述中获得力量。然而,任何哲学都不应该成为变革的障碍。杜威(Dewey)说:"任何思想开放、对新观念敏锐的人,任何对联结这些观念有着专注精神和责任感的人,在某种程度上说都有一种哲学倾向。"(1916,p.380)

整体课程看起来像什么

使校长有能力把课程看做一个整体的第二个原因是有关整体课程(whole curiculum)看起来像什么的知识。对任何人来说,拥有如此的综合观是一件困难的事情,因为知识的类别有很多。因此,管理者把课程看做是超出其专业领域的专门化的和划分出去的知识,这就毫不奇怪了。但是,根据课程所包括的5个功能,存在着一种宏观课程的合理看法(Tanner & Tanner,1995):

1. 自由社会中负责任的公民所必需的普通教育或共同的理解和能力;
2. 专业教育能使学习者成为一名有生产能力的工作者和终身学习者;
3. 充实教育,一种业余教育,能够丰富每个人的生活;
4. 探索教育,激励个人把自己的领域扩展到未尝试过的王国;
5. 特殊兴趣教育,给个人提供职业和业余追求之外的精深的学习体验。

像手上的5个手指一样,这5个功能是相互依赖的。具有这种综合课程观的管理者能够帮助教师形成一种共同的视野,并将其付诸实践,形成一种连续不断的运作。

一位优秀的领导者经常问一些被克雷明称之为"不断提出优先事项和相互关系的

问题"（Cremin，1965，p.58），因为一所好学校总是要进行课程开发和探索好的教学方法。有趣的是，与美国相比，那些分数名列前茅的国家对自己的科学和数学教学也不满意，它们"正投资巨额款项以求改进"（Atkin & Black，1997，p.28）。20世纪60年代的改革运动与当前的改革运动有很大的不同，其不同之处在于：教师是否参与开发课堂层面的课程。

把观念应用于实践

第三，管理者如何使整体课程观更为和谐？他或她如何将各个专业化形成相互联系？最好的答案就是由泰勒（Ralph Tyler，1949）最先提出的方法。这种方法重视的是，在学校一旦确定自己的目标陈述之后，紧接下来就是要干什么或应该干什么。教师们已经回答了泰勒提出的问题，这个问题就是"学校应该努力达到什么教育目的"（p.v）。泰勒指出，一所高中的英语部可能会运用这些宽泛的目标来回答这一问题，在英语部我们如何既教授文学又帮助学校实现7个或9个或12个教育目标呢？每位教师都有完成学校目标的责任——学术的、社会的、个人的和职业的。关注目标是十分关键的。优秀的领导者不仅运用目标来测试和审查课程方案，而且还用它来整合专业内容。

课程是由学校开发的，而不是州政府或白宫，这一点日益明确。在相当大的程度上管理者掌管着学校改革的未来。

五、计划的改进与评价

评价是改革过程不可分割的一部分。它是一种再思考，总是发生于一项完成的或即将完成的计划之后。真正的计划改进需要把评价从一开始就置于课程或计划之中。计划改进可以由参与计划本身的那些人执行，也可以由外面的组织（如认证机构）执行。不管使用何种方法，评价是学校改进过程中的一个持续不断的环节。

加州大学洛杉矶分校的评价、标准和学生考试研究中心（UCLA Center for Research on Evaluation, Standards, and Student Testing, CRESST）提出了指导评价的6个步骤（见表8.2）。其中有两个涉及主要支持者的参与。古巴和林肯（Guba & Lincoln，1989）在他们的《第四代评价》一书中写道："利益相关群体的要求、关注和问题（应该）成为组织的焦点（即成为决定需要何种信息的基础）。"（p.50）因此，任何评价方法的第一步均涉及利益相关群体的确认。

英格利希（Fenwick English）（Frase，English & Poston，1995）开发了一种课程审核过程，被学区广泛采用，它也成为美国学校管理者协会（American Association of School Administrators，AASA）所资助的审核方法中的一部分。课程审核中的关键概念是目标和具体目标（goals and objectives）、课程内容及考试具有一致性。审核决定着文本课程、教学课程与考试课程一致性的程度。审核通过证实一个学区目前的现状，从而为课程和教学计划提供信息。审核的结果被用来改进课程和提高教学质量，从而最终改进学习的质量。

表8.2 合理评价的原则

步　　骤	合 理 的 行 动
重视评价	涵盖重要的支持者 包括改进和绩效责任 关注长期和短期的改革目标 基于你的行动理论，关注过程和结果之间的关系 寻找未意料到的负效应
确定跟踪策略	使用与学校目标充分一致的策略 使用多项指标 建立推断效度的检验机制
管理工具的开发和数据的收集	根据现有信息制定措施 考虑绩效责任要求 使工具与具体的评价问题相协调
评分与综合数据	必要时将评分用于教师的发展 通过选择适当的分数，确保有效的推断
分析与解释信息	涉及一些主要的资助者 检查一定时期内的进步情况 思考并改进你的行动理论 警惕未意料到的负效应 运用多项指标确认结论
以结论为行动依据，并继续计划的监控	根据你的发现，运用指导主要活动的原则来监控行动

【资料来源】Sensible evaluation. (1997) Los Angeles：Center for Research on Evaluation Standards and Student Testing. Reprinted with permission.

> 如何评价林敦小学的健康课程呢？

六、利用时间

也许学校管理者最为重要的两项工作，就是招聘和雇用教职工以及决定如何分配学年时间。学年、学日和课时的长短以及它们的组织，对师生关系和学生之间的关系有着重要的影响。最近几年，人们又重新点燃了对各种类型的时间安排表的兴趣。此外，环结观念（notion of looping），即教师跟随学生2或3年，正日益流行。

（一）全年制教育

全年制教育（year-round education）在美国或其他一些国家并不是一个新思想。

在美国关于全年制教育的文献首次出现在20世纪70年代,它的出现具有某种程度的规律性。不幸的是,多数讨论均集中在利用校舍的重要性上,而不是像最近那样集中在效率和效益上。全年制教育正在复兴,据估计"目前超过25个州的将近1 500万学生在那些按全年制时间表来运作的小学和中学中学习"(Levine & Ornstein,1993)。

全年制教育包括把校历重新组织成教学时段,假期(或特殊的插入期)分散在全年中,而不是集中于夏季。学习机会需要持续于全年之中。学区可以按照单轨或多轨时间表运作。最普遍的全年制时间表是单轨、45—15天计划。学生在校45天,接下来的15天不上学。这种模式要重复4次。据研究,这种全年制教育有以下几点好处:

- 提高教师和学生的出勤率。
- 降低学生的辍学率,教学具有更大的灵活性,学习具有更长的保持性。
- 教师计划、学生评价和课程开发均具有更大的灵活性。
- 插入期为补习班和提高班提供了额外机会(Doyle & Finn, 1985; Quinlan, George, & Emmett, 1987; Ballinger, 1988; White, 1988; Peltier, 1991; Gee, 1997)。

(二) 模块时段

根据卡纳迪和雷蒂希(Canady & Rettig, 1995)在最近的一本书中的估计,美国50%以上的中学使用模块时段(block scheduling)。模块时段的形式很多。两种被广泛使用的模式是4/4学期计划和隔日或A/B时间表。在一个4/4学期模块时段中,每学期学生每天上4节课,此期间要完成学程。在隔日或A/B时间表中,整个学年学生隔一天上一次课以完成学程。图8.2(p.237)描绘了一个典型的A/B模块时段。

哥白尼计划(Copernican Plan)是模块时段的一个变型(Carroll, 1994)。在该模式中,课堂的时间较长,结果,教师每学期拥有的学生寥寥无几。学生每天上两节85—90分钟的课,在校午餐,还要上1或2节选修课程。课要上满90天,然后再计划其他的课。在该计划中,学生掌握学科目标后被授予学分,学生在完成规定学分数量的学期末毕业。

一些中学正在进行不同于7或8节课时间表的时间分配方面的实验,其原因很多。对以往时间表的批评比比皆是,主要有:时间浪费在通过走廊上;走廊时间增加了纪律问题;学生每天要上7或8个教师的课,他们被搞得筋疲力尽;教师每天要面对120—150个学生,也受不了;形成了一种非人性化的装配线的气氛;过多学科的家庭作业均布置在同一个晚上,等等。

在对820所高中的研究中,格利克曼(Glickman, 1995)发现,活动学习方法更有可能出现在那些课堂时间较长的学校中,这种方法可以取得较高的成绩。此外,课堂变化越少,相应的纪律问题就越少,学校环境的压抑性就越低。研究资料描写了模块时段的如下几点好处：

星期一	星期二 （双周）	星期三 （单周）	星期四 （双周）	星期五 （单周）
第一节 7:27—8:14 第二节 8:20—9:07	模块1 7:27—9:06 时段1	模块2 7:27—9:06 时段2	模块1 7:25—9:04 时段1	模块2 7:25—9:04 时段2
第三节 9:13—10:07 第四节 10:06—10:53	模块3 9:13—10:53 时段3	模块4 9:13—10:53 时段4	模块3 9:11—10:51 时段3	模块4 9:11—10:51 时段4
午餐时间——A 11:00—11:30 5 上课时间——B 11:00—11:49	模块3 11:00—11:30 5 上课时间——B 11:00—11:49	模块3 11:00—11:30 5 上课时间——B 11:00—11:49	模块3 11:00—11:30 5 上课时间——B 11:00—11:49	模块3 11:00—11:30 5 上课时间——B 11:00—11:49
12分钟的交叠				
上课时间——A 11:37—12:26 5 午餐时间——B 11:56—12:26	上课时间——A 11:37—12:26 5 午餐时间——B 11:56—12:26	上课时间——A 11:37—12:26 5 午餐时间——B 11:56—12:26	上课时间——A 11:37—12:26 5 午餐时间——B 11:56—12:26	上课时间——A 11:37—12:26 5 午餐时间——B 11:56—12:26
第六节 12:33—1:20 第七节 1:26—2:12	模块4 12:33—2:12 时段6	模块4 12:33—2:12 时段7	模块4 12:33—2:12 时段6	模块4 12:33—2:12 时段7
放　　学	放　　学	放　　学	放　　学	放　　学

图8.2　模块时段样例

● 纪律问题和停学现象减少(Carroll,1994;Meadows,1995;Reid,1995;Glickman,1995;Einedar & Bishop,1997)。

● 对学校风气具有积极影响(Carroll,1994;Reid,1995;Glickman,1998)。

● 辍学率降低(Hottenstein & Malatesta,1993;Carroll,1994;Reid,1995)。

● 学生的出勤率提高(King et al.,1995;Cameron,1995;Schoenstein,1995)。

● 学生态度的改进(Hottenstein & Malatesta,1993;Carroll,1994;Meadows,1995;Einedar & Bishop,1997)。

● 教师态度的改进（Adam & Seick,1994；Carroll,1994）。

改变学日和学年的结构能给学术带来无数的好处。克雷默（Kramer,1997）根据对模块时段及其对数学教学的影响的一项研究发现，向模块时段过渡有助于取得成绩，能够使教员得到充分的发展，规划时间，调整课程。显然，在向模块时段的过渡期间，学校管理者的主要作用就是给教职工提供充分的支持。

(三) 环结

能让学生与同一位教师有更多的交流时间，并给予小组学习以额外的机会，这或许是最重要的策略之一，可以通过环结（looping）概念得以实现。在学生群体和单个教师之间形成环结或多年的交互关系是许多国家的普遍做法。例如，在西班牙，幼儿园和一二年级的学生在3年内可以不变换教师。自三年级开始，接下来的3年（三—五年级），学生群体由另外一位教师负责。最后，到了六七年级和八年级，这群学生又由另外一名新教师负责。同样，在墨西哥，各种繁杂的学生小组有利于学生对课程的完成。这些分组群体（groupos escolares）要在一起呆3年。正在成立的研究机构支持这样一个观点，即与教师的长期关系以及与同伴的多年关系能够提高学生的学习积极性（Cordeiro,1990；Liu,1997）。

(四) 基于任务的时间分配

斯托林斯（Stallings,1980）认为，对花在一项任务上的时间进行有效分配能够提高学生的成绩。研究文献已指出时间的三个层次：分配的时间、参与的时间和学业学习时间。分配的时间指事实上分派给一堂课的时间量。参与的时间指分配给学生积极参与学习活动的时间量。学业学习时间是指对学生参与时间的精细化，它反映着学习的质量（如高、中和低程度的成功，教学材料的适当性等）。

研究表明，时间的分配，包括检查学年、学日、多年以及课堂时间的模式是提高学习机会的一个重要的方法。

七、评价学生的进步

相当多的讨论和争论中心，都是围绕着什么是评价学生进步的最好方法。最普遍的一些学生评价形式包括标准化成绩考试（常模参照考试）、标准参照考试和表现或另类评价。

标准化考试是根据对学生的成绩表现与常模群体的成绩表现相比较而设计的，这一考试引起了许多争论（Kean,1996；Neill,1996）。包括80个教育和民权组织的全国评价论坛（National Forum on Assessment）得出过这样的结论，即多项选择题测试（如正确或错误，在几个选择项目中选择一个）应该只占各种评价方案的一小部分

(Marzano & Kendall,1997;Popham,1997)。标准参照考试旨在根据一项学习任务来确定学习者的水平。它们被用来检查一个学生是否已经掌握了具体的材料。

表现(Performance)评价是一种相对新的方法,这种评价对于学生的学习来说比做多项选择题提供了更多的适合的指标。表现评价有时又被称做选择性评价,它具有多种形式。赫尔曼、阿斯巴切和文特斯(Herman, Aschbacher & Winters, 1992)把选择性评价界定为有着共同特征的测量手段。这种评价:(a)要求学生进行表现、创造或产出,(b)涉及高级思维和问题解决技能,(c)采用能代表有意义的教学活动的任务,(d)与评分有关,(f)需要教师承担新的教学和评价任务。

一些教育者认为,评价必须是真实的。威金斯(Wiggins,1990)把真实性定义为评价中的考试、表现或产品与真实世界参照物之间相联系的程度。

(一) 档案袋

档案袋是指对每位学生在参与发展过程中学习作品的收集。收集什么内容取决于档案袋的目的——如评价、最好成绩、展示和未来的学习等等。通过反思,学生对自己作为学习者的自我意识日益增强。档案袋倾向于重视学生正在学习的内容、学生学习得如何、他们对学习的展示如何,以及他们对这一学习是如何反思的。

档案袋和其他类型的表现评价是近来教育中(艺术教育除外)的一种比较新的现象。有些教师自己确定装入档案袋的内容,而有些教师则允许学生来挑选装入的内容。这项工作应该向学生、教师和其他人展示学生在某一领域的进步和取得的成绩。它应该显示完成一个项目所进行的各个阶段。例如,档案袋可能装入一篇论文的所有草稿。或者,可能包括一些不同时期的录像带,这些录像带说明了一个舞蹈表演是如何随着学生的练习而得到改进的。

评价学生的成绩

威金斯(Grant Wiggins)
学习评价和学校结构中心主席和主任

评价应该具有教育性,不应仅仅像目前的情形那样总是为了迅速审核成绩。夏季,当学校放假时,学生和教师需要的是及时有用的反馈,而不是进行复杂的问题分析。因而,教育性评价需要一种完全不同于课堂、学区和州考试中所使用的典型的方法和时间表。

评价具有教育性有两个含义,即它应该教育学生(和教师)哪些种类的评价任务和标准最有价值。它应该反映外部世界的情况,如真实的问题、真实的情境、真实的观众

第八章 课程计划的开发、实施与评价

和真实的目的。评价也应该提供及时的、持续的、友好的反馈,从而使人们有可能慢慢但稳定地掌握这些技术[这与一次性(one-shot)测试和评定等级相反]。

使用反馈——即学生的自我调节能力——应该日益成为我们评价内容和评价方法的核心。小联盟、游戏、空手道或烹饪的评价正是这样,评价系统应该通过使用一段时期内进步的标准和测量手段来提供持续的反馈。评价系统也应该提供机会从而把反馈作为评价内容的一部分,即自我调节评价。

从这种教育性评价中派生出如下 4 种改革理念。

1. 评价如果要指导和改进行为,就必须以真实的任务(authentic tasks)为基础。要改进而不仅仅是检查学生的成绩,评价要以成人在生活中的真实行为为基础。尽管测试和测验在了解学生的成绩中仍占有一席之地,但当与较为"真实性"的任务相比,它们必须处于次要地位。

评价是真实的,如果它:

(1) 重复或模仿在真实情境中"测量"一个人知识和能力的方式。

(2) 要求学生机智、有效地运用知识和技能以解决复杂、多步骤的问题(其解决方法不仅仅是照搬常规或俗套,或大量的知识)。

(3) 要求学生"做"科目,即做科学或历史,而不仅仅是背诵或复述所教授的内容,或已知的内容。

(4) 复制成人在工厂和个人生活中被"测试"的情境。这里的"情境"指情况、目的、观众和限制,"肮脏和黑暗"对生活的挑战来说是如此的普遍,然而整洁和干净的学校考试中却明显缺乏这种情境。

(5) 测试学生在运用全部知识和技能解决复杂的、多层面的行为挑战方面的能力。与此相反,多数测试项目均是"插入式(plug-in)"问题,即类似于体育运动中的队列训练(sideline drill)(这与实际的比赛不同,它需要所有技术的综合使用)。当然,尽管训练式考试也是不可或缺的,但表现总是大于训练的总和。

(6) 留有适当的机会用于演练、实践、寻找资源、获得反馈以及对表现和产品进行再加工。

只有保证评价系统是以真正的行为挑战、要求和反馈为模型,学生的成绩和教师的教学才能不断得到提高。这种模式使教学活动更像训练体育运动、艺术和智力方面的行为表现一样。

2. 评价不仅限于考核成绩,还必须能够提高成绩。这一原则揭示出典型的一次性(one-shot)测试的不足。对于关键的学习表现挑战和成人表现,学生、教师和管理者需要得到及时、持续和友好的反馈。正如在体育运动和艺术领域中那样,学生需要一些能够在一段时间内慢慢掌握得清楚而有价值的和重复性的任务。

与此相反,目前所有的测试均是典型的一次性学生成绩"审核"。测试中有少量的"项目"相对简单、间接,能够快速地做出评分。比较直接的表现评价将要检查学生是

否能够以真实世界的方式运用知识，根据已知的任务和标准来判断学生在一段时间内是否能够得到提高。

下面以一个体育运动的例子做类比。假设篮球赛季有一场比赛，时间定在该年的最后一天，其间参赛者不知道要求他们怎样比赛。再假设要他们在数周后才知道自己的进球情况。再假设如果不是打篮球比赛，而是由测量专家组每年发明一系列参赛者和教练不了解的训练形式用于测试，这些训练对测量专家是有效的，但在参赛者和教练头脑中这些均与打篮球毫无联系。最后，假设只有评价者才充分理解评分系统，而参赛者和教练对此是混沌不解的。在这种情况下的比赛谁还会提高呢？州级考试一直提供反馈，但这些反馈很难对不反映真实表现的任务作出解释并运用于其自身，其中考试直到临考那一天才告知人们，而且反馈在学年结束时才提供，这种反馈不能改进学生个人和整体的表现。

3. 如果要进行真正的改革，评价必须是可信和公开的。只有当成人不仅关心结果而且意识到自己对结果的责任时，绩效责任（accountability）才会产生。因此，真正的绩效责任要求可信的评价任务。正像在体育运动和艺术活动中一样，教师总是超时工作以使学生能够达到高标准，产生这种责任感的原因有：（1）标准和任务是可信的、有价值的；（2）评价系统（和产生的结果）是公开的、具有防御性的。没有一个教练抱怨比赛或朗诵"测试"有点不公平或不公开；在一段时期内，总是有不断改进表现的机会。如果我们要避免为成绩低寻找地方借口（local excuses）的话，那么评价系统必须满足地方信度（local credibility）的测试。

评价不能仅仅依赖秘密的测试项目、成绩标准和一次性测试。虽然简单化的测试项目（直到考试的那天才公开）使用起来相对便宜，相对容易测量，但把它们作为标准政策来实施，只会对学生、教师和学校的提高产生反作用。如果对考试内容保密的话，人们如何改进自己的表现呢？

4. 有效的评价计划必须增强地方高水平的评价能力。评价系统应该进行认真的设计，以提高地方考试、标准、评分和报告的质量。

举例说明，比方某个学区或州的目标不应与那些思想狭隘的医生的目标看齐，这些医生的目标就是要求病人进行年度体检，且只对他们做少许简单测试。相反，医生的目标应该是改善病人日常的健康水平。然而，目前的情况是，州"医生"看起来只对检查学校是否"通过体格检查"感兴趣。

目前评价系统产生的出人意料的强大作用，是使学校"病人"的眼睛仅盯在简单的体检任务上，而不是达到日常的健康和匀称的标准上。因而，很少有教师理解如何来测试真正的智力"健康"和"匀称"。而有更少的人认识到，他们自己的考试的不需要效仿州级考试的"形式"。教师不需要为了使学生考试成绩好而"为（简单化）考试而教"。教师越来越（错误地）相信取得优异考试结果的惟一办法就是为考试而教，不断地进行模拟考试，他们忘记了选择题测试是以一个颠倒的逻辑为基础的，即如果你"健康"且每天都能达到高标准，那么你的健康就会在考试中显示出来。

因此，提高地方智力的"匀称性"这一目标，要求一个系统在检查地方的匀称性时采用正确的评价行为模式，以促进地方的评价系统的提高。测试的意图即使仅在于测量，它也告诉教师和学生我们看重的是什么。学区（和州）应该在自己的评价系统中提供"健康"（优秀表现）和"身体匀称标准"（示范测试）的模式。根据设计和使用的明确政策，提供激励措施，以保证地方评价具有较高的质量。

注：在 Wiggins, G. (1998). *Educative assessment*：*Designing assessment to inform and improve student performance*. San Francisco：Jossey-Bass. 中有更为详尽的论述。

（二）报告学生的进步

在诸多用来报告学生进步的格式中，字母等级评分（A、B、C、D、E）最为普遍。在小学有时还使用有数字（百分率）、符号（S＝满意，N＝需要改进，U＝不满意），或者描述语（萌芽、发展和成熟）。

另外一种格式是双元打分制（dual marking system）。学生在一门科目上得到两个分数：一个分数是学生的成绩水平，另一个分数也许是学生相对于个人能力的成绩（学生的提高）。

测试通过、失败或及格、不及格，是另外一种报告学生进步的方式。这种方法的一个好处是，学生如果知道他们将不会取得一个差成绩，那么他们比较可能去探索新的知识领域。一些教育者认为，这种方法的一个不足之处是学生将以最小的努力以获得"及格"，而不会受到激励去做得更好，以取得较高的等级。

有些学校用叙述式报告来汇报学生的成绩。可能使用或不使用字母等级评分制。这种叙述报告描述了学生在某一学科领域的进步，也可能是由与学生进步有关的一系列特征编制而成。计算机程序经常被用来打印选择出来的评论。

（三）向社区展示学生的结果

在评价过程中，谁是利益相关群体？学校管理者在决定哪些评价资料应该共享以及如何使不同的接受者理解这些资料时，自己必须思考一下这个关键的问题。家长、学生、教师、管理者、州的官员和社区成员都是利益相关群体，他们可能对计划和学生评价有不同的期望。

管理者也必须思考各种利益相关群体分别需要何种信息，以及将如何使用这些信息。找到这些问题的答案能帮助管理者与各利益相关群体进行更为有效和有益的交流。

斯蒂金斯（Stiggins）在《学生中心的课堂评价》（*Student-Centered Classroom Assessment*）(1994)一书中提供了一种有帮助意义的评价方法，以评价评价结果的使用者及其使用情况（见表8.3）。斯蒂金斯还列出了各种利益相关群体、需要回答的关键问题以及回答这些问题所需的信息。教职工应该首先通晓和关注测试计划的结果，然后再通过合适的方法通知社区。应该举行特别会议对考试结果进行讨论和解释。

表 8.3 评价结果的使用者和使用

使 用 者	要回答的关键问题	所需要的信息
课堂层面 学生	我正在满足教师的标准吗？ 要取得成功，我需要什么帮助？ 结果与我投入的精力相称吗？	有关每位学生达到具体教学要求情况的持续信息
教师	不同的学生需要哪些不同的帮助？ 在我的学生中哪些人应该共同工作？ 在学生报告卡中应该显示什么等级？ 我的教学策略有效吗？ 我怎样才能成为一名更加优秀的教师？	有关每位学生达到具体教学要求情况的持续信息 持续的群体表现评价
家长	我的孩子在学校成功吗？ 为了取得成功，我的孩子需要什么？ 孩子的教师正在为此而工作吗？ 该学区正在为此而工作吗？	对每个学生在规定材料掌握情况方面进行持续的反馈
教学支持层面 校长、副校长	某些领域的教学正在产生结果吗？ 该教师的工作有效吗？ 怎样的专业发展是有帮助的？ 我们将如何有效地使用学校建设资源？	群体成绩的阶段性评价
指导教师（辅导员、辅助教师和系主任）	完成这项工作该教师需要什么？	群体成绩的阶段性评价
顾问、心理学家	谁需要（能有机会）特殊的支持服务，如补习计划？ 什么学生应该分配给什么教师，才能达到结果最优化？	个人成绩的阶段性评价
课程组长	我们的教学计划有效吗？	群体成绩的阶段性评价
政策层面 学区教育局长	计划正在促进学生的学习吗？ 校长正在产生作用吗？ 哪些项目值得投入更多的资源？	对学区课程的群体成绩的阶段性评价
校董事会	学区的学生正在学习吗？ 学区教育局长正在产生作用吗？	群体成绩的阶段性评价
州教育部	全州的计划正在产生作用吗？	州课程的群体成绩的阶段性评价
公民、法官（州或国家）	学校的学生正在获得使自己成为有用公民的手段吗？	对重要成就目标的群体成绩的阶段性评价

第八章 课程计划的开发、实施与评价

【资料来源】Richard J. Stiggins 的 *Student-Centered Classroom Assessment*（Columbus, Ohio: Merrill, 1994）一书，是评估培训研究所（Assessment Training Institute. 50 SW Second Ave. Suite 300. Portland, OR 97024）分送的一本教师手册。

在全国已经逐渐形成高风险（high-stakes）的学生评价的趋势，将真实的成绩与低表现相联系。那些在评价考试中成绩不好的学生要求上夏季学校、留级或获得低于正规中学文凭的证书。还没有研究证明这些结果能否改进学生的表现。因此，许多学区正在探索小班化，以丰富和完善课程，重视弱项和充实计划。有些州想通过把校长、教师的考评和薪水与学生进步的评估挂钩，来督促他们对学生的进步负责。

有些人反对高风险评价，认为只有当这种评价成为教学的核心部分时才最为有效，它影响着我们思考课程、教和学的方法。评价不仅仅是审核成绩，它要显示"教育和改进"的成绩表现。评价在州和学区的标准与地方对学生取得结果的测试和评分之间建立起明确的联系。威金斯（Wiggins，1998）告诉我们，评价是教学的核心；真实性任务是评价的支撑点，评价是教学的支撑点；表现的改进是在地方实现的。

威金斯（Wiggins，1988，pp. 327—329）列出的一部分未来策略，包括：
- 把测试转化成提示，把提示转化成表现任务。
- 改变测试期间对可用资源的典型的情境限制。
- 重新对及格进行界定，以确保等级是以标准为基础的。
- 使同事"承认"质量的问题。
- 保持评分的一致性。
- 建立一套研究和开发的任务要素。
- 使自我评价和自我调整更加成为工作的核心。
- 提供机会、激励措施和标准，让每位教师对有效评价的构成进行更加认真的研究。

学区应该设计一个计划来指导评价，向所有的利益相关群体提供有关学生成绩的易懂的、准确的信息。

八、结论

当管理者、教师、家长和社区成员为改进课程、教学和最终提高学生的学习而继续努力时，学生评价是一个十分重要的主题。

课程陈述了学生在校期间期望他们获得的知识、技能和道德原则。计划的开发和实施"是一个做出决策的过程，即要不断地使传授的内容与学生、社会不断变化的新需要保持平衡。随着研究对知识基础的增加，随着政治制度的变革、社会变化的趋势、技术的进步、我们对学习的日益了解，以及我们对人脑功能的更为深刻的认识，课程也必须进行改革"(Costas,1997,p. 49)。

我们要认识到,某人的观点将决定着我们如何看待计划和学生评价的结果,这一点是十分重要的。斯普林(Spring,1998)说道:

> 一份报纸的标题赫然写着"城市学校的考试分数较低"。一个宗教右倾组织可能由此得出"较低的分数,以事实说明传统道德价值教学的缺乏"。另外一个组织的解释是"较低的分数是由低学业标准造成的"。另一个感兴趣的团体的解释是"低劣的教学使得考试分数下降了"。一个教师工会的发言人解释说:"教师薪水不高难以使优秀教师留在教师队伍中,从而导致了考试分数的下滑。"而某个工会的发言人批评道:"学校基金的不足导致了考试分数的下降。"一个代表少数民族群体文化的发言人的解释是"课程中的文化偏见导致了考试分数的下降"。这意味着,通过找出有关分数的原因以及对课程和教学的变革将要采取行动的情况,学校发挥着控制作用,这一点十分重要。否则,它们将要引起观念上的斗争,从而限制了学生成绩的提高(p. 24)。

档案袋物品

- 教育纲要对教与学、课程开发、校内时间的分配、评价发展等方面的陈述分别是什么?
- 分析并评论各种不同的中学课程表。各个课程表的优缺点分别是什么?各个课程表对教师而言分别具有什么含义?
- 与校内的同事合作,运用计算机程序设计一个课程表。
- 参加一个州级的或地方一级的课程开发团队或审计团队。
- 为特定年级或特定层次的科目编制课程。
- 为一所学校分析考试数据。运用诸如年级层次、性别、母语等不同变量。
- 在贵校实施一项课程改革,这项改革要影响到不止一个班级的孩子。
- 为一项新的革新计划申请拨款。
- 参与一个课程团队,密切关注考试分数的提高。

推荐阅读文献

Beck, L. & Murphy, J. (1996). *The four imperatives of a successful school*. Thousand Oaks, CA: Corwin Press.

Early, M. & Rehage, K. (1999). (Eds.). *Lssues in curriculum*. Chicago: University of Chicago Press.

Frase, L., English, F. & Poston, W. (1995). *The curriculum management audit: Improving school quality*. Arlington, VA: AASA.

第八章 课程计划的开发、实施与评价

Glatthorn, A. (1997). *The principal as curriculum leader: Shaping what is taught and tested*. Thousand Oaks, CA: Corwin Press.

Ornstein, A. & Behar-Hornestein, L. (1999). (Eds.). *Contemporary issues/in curriculum*. Boston: Allyn & Bacon.

第九章 学生人事服务

引子：来自色布尔中学的挑战

约翰尼·布录贝尔（Johnny Bluebell）是色布尔中学（Thurber Middle School）诸多 13 岁学生中的一个典型代表。他的出勤记录一塌糊涂、成绩差、不讲卫生，还有严重的违纪行为。他的智商也相当高，他应该比他实际在校的表现好得多。他的单亲母亲上夜班，从午夜工作到凌晨 8 点，不能参加家长会。最近，约翰尼因入店行窃而惹上法律麻烦，因为"他的家庭一贫如洗"。他曾与他的指导顾问巴罗斯夫人（Mrs. Ulgine Barrows）谈过这些问题。

巴罗斯夫人非常关心像约翰尼这样的学生。她对该校的问题学生和适度残疾学生的"袒护"，尽管得到了一些人的支持，但是许多社区成员、教师和管理者都对此不满。巴罗斯夫人富有学识、具有献身精神，且口才突出。不过，反对她的那些人指出，她是一位有个 3 岁孩子的未婚妈妈，是与一名工厂工人未婚同居而生。巴罗斯夫人给学区教育局长发了如下一封信，并分别抄送给负责人力资源的局长助理、学生人事服务部主任和校长。

亲爱的马丁（Martin）博士：

在我们中学有许多学生，他们的生活已经达到令人绝望的地步。在太多的孩子身上，都显示出得不到关心的迹象，如牙齿严重腐烂、不讲卫生、长期处于焦虑状态等。许多孩子不受重视，生活在极其拥挤、肮脏甚至是吸毒的环境中。由贫穷、健康不良、吸毒、暴力、犯罪和发展的紊乱所造成的伤害，减少了他们在学校和生活中获得成功的机会。事实上，他们中的很多人学业成绩落后，有严重的行为问题，甚至有犯罪的危险。如果学校再不对这些被忽视的学生和具有问题行为的学生的利益负责的话，我们的学校和社区的生活质量将继续下降。

我请求在每所中学设立一个新的职位，聘用一位全日制的社会工作者，让其与家长、社区和服务提供机构协同工作，以更好地满足为那些中学生服务的需要。学校护士一到校就忙个不停直到离校，她们忙于照料那些被饥饿、疾病、不安或

第九章　学生人事服务

筋疲力尽所困扰着的学生,还要回答家长的问题。有些年轻母亲对如何为人母漠然无知,还有些母亲是文盲。教师被这些学业成绩差、对学习不感兴趣、麻烦不断且具有行为问题的学生搞得一筹莫展。他们正在寻找新的、更为成功的帮助这些学生的策略,尽管这些策略目前尚不存在。实质上,他们目前缺乏必要的培训和技能,来致力于解决这些问题。学校护士的补缺率(turnover rate)很高,中学教师的补缺率也正在上升。

如果我们希望达到州所通过的更高的新标准,那么我们就需要全日制的学校社会工作者、较小的班级规模、准备充分的学生辅导员和教师、革新的教学计划并推动教师发展。这决不是一个学校的问题,但是学校往往成为如下结果的谴责对象,如成绩低下、主要的行为问题、旷课、逃学、高辍学率、早孕、暴力和犯罪等。

敬请您对我的这一请求给予认真的思考,并采取它应得到的紧急措施对待之。我将对您提供的任何帮助表示衷心的感谢。

真诚的朋友　巴罗斯夫人
色布尔中学　指导顾问

抄送:哈特博士(Dr. Joey Hart),人力资源局长助理
　　　芒森先生(Mr. Bob Munson),学生人事服务部主任
　　　费特维勒先生(Mr. Peter Fitweiler),校长

　　负责人力资源开发的局长助理哈特博士接到了色布尔中学的校长费特维勒先生的电话,校长生气地说:"哈特博士,本周结束后我要解雇巴罗斯夫人,她过去曾多次向我谈过她的那些轻率的想法,我已经告诉她那些想法不会得到中心管理层的支持。她越级上告,使我们与教育局长的关系尴尬不堪。她甚至说服一些教师和社区成员支持她的建议。那个担任城市社会服务部主管的放纵的傻瓜甚至同意了她的建议,还有那个学区助理律师也同意了,那个律师对那些年轻罪犯采取的软手段正引起许多问题。

"我不能容忍她的行为,我要解雇她,惩一儆百。无论如何都没有人喜欢她或赞成她的生活方式。我已经给芒森先生通过电话,告诉他不要在乎这封信,并告诉了他我将要采取的行动。"

哈特博士劝费特维勒先生平静下来之后,建议两人花些时间考虑这个问题。他同意在与学生人事服务部主任芒森先生、费特维勒先生以及其他几位中学校长碰面商议之后,再决定怎么办。然后,哈特博士打电话给学区教育局长马丁(Martin)女士,让她了解他们正在处理这封信,处理结果将在下周一汇报给她。

哈特博士重新坐回到沙发上。他知道,许多课堂教师、指导顾问、特殊教育教师,以及最近聘用的其他一些人对分配给他们的许多学生都了解甚少,甚至一无所知。中学里的道德水准下降,人们普遍担忧这些中学可能不会达到新的州考试

标准。许多有影响的组织和委员会成员都表示了对某些学生群体的行为和表现的忧虑。

哈特博士陷入沉思之中，也许我们应该改变中学的招聘、雇佣和发展等做法。也许应该设立一个新的职位，以帮助学生、教师和家长，以确保学生正在接受所需要的服务。也许整个问题需要一种新的、更加综合的方法来满足那些面临危险的儿童们的需要。教育局长将需要有关对什么是看起来不断升级的问题的建议。他的思绪被芒森先生的电话打断了。

> ● 哪些学生人事服务可能参与解决由指导顾问巴罗斯夫人所提出的问题？
> ● 如何解决校长费特维勒先生和指导顾问巴罗斯夫人之间的不同观点？什么是最迫切需要解决的问题？

一、关心学生

埃里克森(Erik Erickson, 1998)认为，发展是一个持续的生长过程，它不断向个体提出挑战，要个体解决潜在的需要和面临的冲突。埃里克森提出了 8 个发展阶段，分别是：婴儿期、初学走路期、童年早期、入学年龄期、青少年时期、青年期、中年期和老年期。生命历程的不同阶段具有不同的挑战。任何一个发展阶段处理不当都会危害到个体的将来，影响其成为一名有贡献的、调整良好的个体。

发展论者们已经描述了各种以等级制－交互式－相互联系方式递进着的发展阶段。这些阶段被描述为不同的自我需要(如 Abraham Maslow 的调查)、不同的自我认同(如 Jane Lovinger 的调查)和不同的道德反应规范(如 Lawrence Kohlberg 的调查)。不管何种模式，它们对个体的挑战是：要完成每个过渡阶段(见表 9.1)，以便具有生产力，并向下一个发展阶段前进。

学生人事服务的职责，是要帮助学生成功地度过每个过渡性发展阶段。学生专家也要帮助那些具有发展问题的学生。对反常、异常或缺陷行为的界定是：严重偏离在学校中所见到的正常行为或严重偏离某人自己以前的行为，这些行为不能被划为正常的行为。

学生人事服务是学校满足青年人发展需要的重要部分。虽然对学生的要求在不断提高，但是家庭和社区帮助学生在校取得成功的能力似乎正在减弱。学生人事人员的作用是，不管学生的生活状况如何，都要帮助他们获得充分发展，提高他们取得成功的能力。

对于在 1996—1997 学年中大约 14% 被归为"异常"的孩子来说，这些问题极富挑战性。自该学年起，注意力不集中或过度活跃成为增长最快的类别之一后，具有异常

第九章 学生人事服务

行为的学生和学前儿童的确认率已经上升了。当异常行为降低了学生获得成功的机会而又是由环境所引起的时候,这类学生被称作"危险"学生。当异常是由天生的器官引起时,这类学生被称做缺陷或残疾学生。

表9.1 人类发展的过渡阶段

需要发展	自我发展	道德发展
● 生理的 ● 安全	● 前社会的 ● 共生的 ● 早期冲动 ● 自我保护	● 幻想 ● 惩罚或服从 ● 本能的享乐主义
● 社会归属 ● 自尊	● 顺从者 ● 审慎的顺从 ● 审慎的	● 认同他人的观点 ● 法律和秩序
● 自主 ● 自我实现 ● 自我超越	● 个人主义的 ● 自主的 ● 整合的	● 个人的权力 ● 个人的原则 ● 良心 ● 普遍的精神
马斯洛(Abraham Maslow)	洛文基(Jane Lovinger)	科尔伯格(Lawrence Kohlberg)

二、学生人事—学生服务小组

学生人事服务是有效的、现代的学校系统的必要组成部分。人们都承认,孩子情感的、社会的、身体的和智力的状况及校外的经验对他们在校内的表现有很大的影响(The Center for the Future of Children,1992)。现在,大多数人都认为学校应该找出青年学生残疾和特殊需要的根本原因。这种服务主要是收集学生信息,评价学生的需要,及对全面管理体制进行计划和开发,以保证所有学生都能得到所需的服务。人口的变化、贫穷的加剧、有多种问题的人数的增加、学习缺陷、健康受损、社会的和家庭的崩溃以及高技术社会中对能力要求的提高,使得学生人事服务的重要性日益提升。特雅克(David Tyack)认为(The Center for the Future of Children,1992):

> 教育改革和社会病变又一次成为头版新闻。如果美国人不帮助、不救助危险儿童(children-at-risk),那么国家的社会结构就会像目前的状况一样一直处于危险之中……(p.30)

研究指出,有害的环境影响着富人和穷人的孩子——如果不在早期对这种环境采取对策,它将阻碍孩子的发展(National Commission on Children,1991;Children's Defense Fund,1991)。

学生人事服务小组由专门促进所有学生的职业、教育、社会、情感和智力得以健康发展的专家组成。专家充当顾问和指导员,提供心理服务、特殊教育和补救教学(remedial instruction)。他们关心孩子的记录和学校安全、校园健康、言语和听力治疗、学生评定、考试和诊断法,以及学校与法院的联络。他们也以社会工作者和访问教师的身份来发挥作用。上述各个领域的专家经常以小组的形式对孩子提供帮助,但是每个人对学生的教育都有其独到的贡献。

> 不管服务和机会是如何协调和给予的,重要的是它们依然确实存在。如果这意味着被称作学生帮助小组或学生服务小组的组织,需要由学校管理者来组建和协调的话,那么就这样做好了。这些小组如何协调和合作取决于当地的学校或学区是如何看待这些特殊的项目的。加深对每个特殊项目的理解,是在向学生提供服务和机会中有效采纳这些项目的必要前提(Zepeda & Langenback,1999,p.215)。

图9.1列出了学生人事部分的一些基本服务项目。

也许有些人对其中包括的一项或几项职能存有异议,但是几乎没有人对它们的重要性表示质疑。教师(尽管家长和学生可能要求服务)一般要向专家咨询是否需要干预,然后安排与家长讨论治疗问题并填写治疗表格(referral forms)。这种治疗通常由儿童研究小组将某个孩子全面扫视一遍,然后作出正式评价。一旦某个孩子被确定符合特殊教育服务的条件,一份个别化教育计划(individualized educational plan,IEP)就要大致列出该学生将要接受的具体的特殊服务。《公共法第94—142》(Public Law 94—142)、《1975年全体残疾儿童教育法》(Education for All Handicapped Children Act of 1975),以及现在称为《残疾人教育法》(IDEA),都规定残疾儿童享有免费的、适当的公共教育、个别化教育计划、特殊教育服务、适当的教育程序以及最少限制的学习环境等权利。

1997年的《残疾人教育法》修正案专门提到了残疾学生的纪律问题。如果一个残疾儿童的行为妨碍了自己或他人的学习,那么个别化教育计划小组要考虑相关的策略和支持方法来解决这种行为。对于这些学生,个别化教育计划中必须包括一个详细说明干预和支持的行为干预计划(BIP)。就纪律行为而言,还必须制定其他新的法律条款。例如,关于一个孩子的行为能否表明其残疾,我们必须对此做出决定。即使行为与残疾无关,个别化教育计划小组也仍须重新考虑给学生提供适当的服务。

第九章 学生人事服务

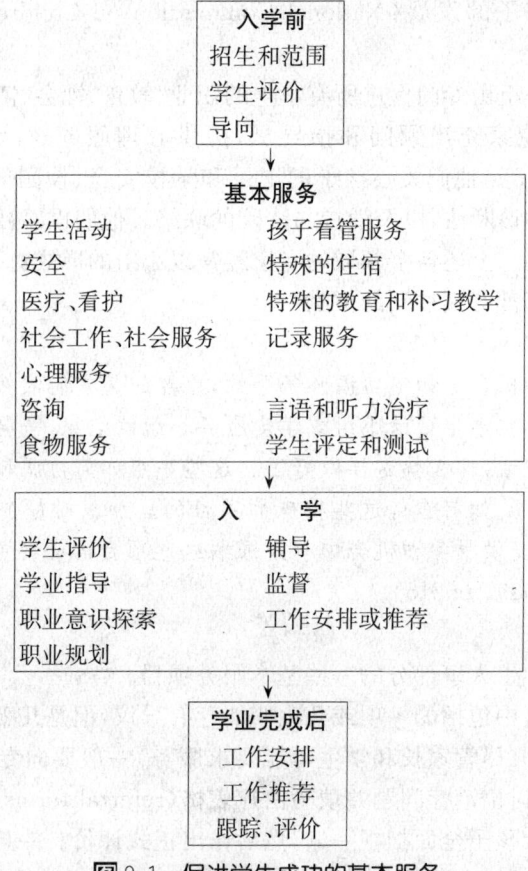

图9.1 促进学生成功的基本服务

入学注册的3个阶段：

入学前——指一个人准备上某所学校的那段时期。

入学——指招收某个学生的时期。

学业完成后——指不管学生是否已经升入高一级学校或退学，他已离开项目的时期。

【资料来源】Maddy-Berstein, C. & Cunanan, E. S. (1995). Improving student services in secondary schools. *Office of Student Services Briefs*. 7(2), 3—6. Adapted with permission.

约翰斯(Beverly Johns, 1998)强调，如果学校在行为干预的选择上要进行改变的话，团队合作十分重要。学校建立特殊项目和服务的第一步，是全体教职员对这一过程的责任感。这种责任感也许要求学校人员和管理者对各种学生人事服务的责任项目进行重新评价，以创立最优化的团队来满足各类学生的广泛需要。

> 就约翰尼和色布尔中学的其他危险学生们而言，巴罗斯夫人、哈特博士、芒森先生、费特维勒先生和马丁博士的责任分别是什么？

三、咨询、指导、心理服务

咨询和心理服务的主要作用是帮助学生做出明智的选择，促进学生积极调整、心理保健、学习能力和发展。社会的复杂性使咨询服务在学生及其家庭的生活中日益发挥着重要作用。学生个人的、社会的、教育的和职业的需要，是指导顾问和学校心理学家的工作重心。这些专家在定向、提供信息、分析和解释结果、提供可能性并创造新的可能性、帮助做出决定和承担义务、消除障碍以及确认情感问题和学习障碍（包括阅读问题）等方面为学生提供帮助。不过，他们在解决严重的反常问题方面的作用十分有限。这一问题需要交给一位擅长治疗人类行为问题的校外专家来负责。

学校顾问和心理学家以个人或小组的方式与学生交往，并向家长、教师和各种社会服务组织者提供咨询。他们对课程、教学和班级管理提出建议以满足孩子的需要。他们还对家长与学校合作来帮助学生的方式提出建议。他们还给家长、孩子、教师和管理者提供各种形式的教育计划。学校心理学家和顾问经常帮助汇编重要的信息，这成为学生综合记录的一部分。准管理职责（quasi-administrative duties）如汇编学生记录、计算学分、记录出勤、考试计划等，常常被归入对教师、学生和家长有帮助作用的责任行为。

尽管各州对顾问和心理学家所持证书的要求不同，但各州都要求他们持有证书。美国学校咨询师协会（American School Counselors Association，ASCA）是学校咨询的专业组织，它是美国咨询师协会的分会。而学校心理学家的专业组织是全国学校心理学家协会（National Association of School Psychologists，NASP）（Neukrug，1998）。

学校心理学家的主要职能是给特殊教育学生提供测试和咨询。因为学校心理学培训常常集中在测试、人的发展和体制改革上，所以各州通常不许可学校心理学家进行咨询或心理治疗。他们是确认学习障碍、发展性紊乱、身体损伤或其他包括天才学生在内的特殊需要等方面的专家。许多特殊需要学生符合接受《残疾人教育法》规定的服务。（该法令没有包括文化不利群体，而且服务很少涉及环境问题、社会接触或文化障碍。）

学校心理学家与一个小组合作设计服务计划。该计划将最好的教学方法和给孩子提供的最有益的学习环境，整合在课堂内实施的补救计划中。学校心理学家把多数时间都花费在孩子的学习活动上。此外，他们还要参与咨询、个人和小组的协商、研究和计划的发展。他们在家长会上分享结果并解释结果，与儿童研究小组合作并撰写最后的报告。他们也跟踪学生的进步，与他人合作共同为学生做出必要的调整。

学校咨询包括通过新闻简讯（newsletter）、地方媒体和学校社区的展示等方式，为教职员和社区开发一个积极的公共关系计划（Sears & Coy，1991）。学校顾问的主要作用是接触具有特殊需要的学生和问题学生。他们提供各种不同的服务以帮助这些学生。服务包括指导他们在学业、社会、情感和行为等方面的问题。他们要解决诸如科目选择、职业安排、高校选择、父母离异、约会、孤独、学习习惯、控制侵犯、暴力、压抑以及其他许多有关发展的问题。尽管危机和补救咨询将一直占首要地位,但全部孩子的发展需要和综合的预防性咨询在20世纪90年代开始受到更多的关注。这种比较全面的方法使咨询计划有助于所有学生的发展,而不仅仅是与一些"特殊"学生有关。

顾问们需要把大量的注意力倾注在威廉姆·格兰特基金会(William T. Grant Foundation,1988)所说的"被遗忘的一半人"身上。大约有2 000万学生在离开高中结束他们的正规教育时获得毕业文凭或没有获得文凭。现在,不需要高级培训的稳定的高薪工作正在迅速消失。随着贸易壁垒的拆除,我们的孩子将发现自己会更直接地与其他国家中那些为低工资而工作的公民竞争。学生是否将为拥有高薪、高技能的工作做准备或者他们被迫与发展中国家的工人竞争?今日的教育决定将对此发挥重要作用。潜藏着的收入和财富的不平等,可能对我国长期享有的政治稳定产生威胁(President's Committee of Advisors on Science and Technology,1997)。

因此,那些没上过大学的青年人在学校到工作的过渡中需要更多的帮助。生计和指导计划比较适合高校的范围,但以往不能够提供这些必需的服务。有必要缩小学生学习的内容与今天的工作要求之间逐渐增大的差距,这样才能够提高雇员队伍的素质。顾问们必须帮助消除教育和职业界之间的障碍,给青年人提供并支持那些使他们能为工作机会和职业选择做好准备的计划。

许多州(如加利福尼亚、佛罗里达)都在努力将学校计划与以社区为主的干预整合起来。为构建一个综合的、协调的服务供应体系,一个整合计划强调在那些提供干预和治疗计划的机构、职业培训和安置机构以及学校顾问和心理学家之间建立一种合作关系。学生所面临的问题超出了单一情境的范围,因为这些问题产生于家庭、社区、商业、贫穷、健康和吸毒,因而必须在多种层次上加以解决。个人、家庭、社区或州级层面上的干预也许比较合适。顾问们的新作用之一就是促进一个综合的系统来发现和帮助解决孩子们及其家庭的问题。

> 巴罗斯夫人写给马丁局长的这封信已经超出她作为一位顾问的权限吗?在做出这一请求时她可能会牵涉到谁?为什么?

四、特殊教育和补救教学

需要特殊课堂帮助的那些学生如果要发挥出最大的潜能,特殊教育对他们来说极为有益。这些孩子经常被划为异常类学生。异常类学生包括天才儿童、学习障碍儿童、情感和行为紊乱儿童以及智力滞后、孤独症、健康受损、身体残疾、言语和语言缺陷、听力丧失、失明和弱视、创伤性大脑损伤、严重且多种残疾等儿童。许多特殊教育人员根据巡回制(an itinerant basis)来对待异常儿童。他们的大部分时间一般在正常的班级内度过,也可能短期离开教室去接受特殊服务。《残疾人教育法》保证了学生能够享受到免费、适当的公共教育。

《残疾人教育法》把"特殊教育"界定为满足残疾学生的独特需要而专门设计的服务与教学,并确立了 6 条特殊教育管理原则。特恩布尔夫妇、尚克和莱亚尔(Turnbull,Turnbull,Shank & Leal,1995,p. 53)列出了教育者实施该法的 5 条原则。

原　　则	对教育者的要求
零拒绝(不歧视评价)	招收学生。确定学生是否有能力缺陷,如果有,学生是否需要特殊教育和相关服务
适当的教育	提供有益的特殊教育和相关的服务
最少限制的环境	让学生和那些健全的儿童在一起
合适的程序过程	检查确定学校和家长是否正在执行《残疾人教育法》
家长参与	与家长合作

从提供的最少限制的服务到最多限制的服务连续体是:正规的教室、资料室、特殊班、特殊的学校设施、居住设施和回家或就医。1992 年,全国州教育委员会协会(National Association of State Boards of Education,NASBE)出版了一份题为《全部赢者:呼吁全纳学校》(NASBE,1992)的报告,支持美国的大规模但颇有争议的全纳学校(inclusive schools)运动。全纳学校把那些具有异常特征的学生放置在普通的教室中,特殊教育资源教师和普通的课堂教师以小组教学的模式在一起工作。全纳教室中的学生能够对合作学习、课程调整、课堂辅助、环境便利、正规教育教师和特殊教育教师间的合作、前摄行为(proactive behavior)计划和同伴指导等进行利用。这样一来,当异常学生在普通教育的情境中收到了必要的支持和服务时,所有学生的普通教育也就得到了提高(Turnbull et al.,1995;Goodlad & Lovitt,1993)。1997 年的《残疾人教育法》修正案要求在最少限制的环境中对缺陷学生进行教育,具体要求如下:

> 残疾儿童,包括不论在公立机构还是私立机构或其他养护机构中的儿童,都要最大限度地让他们与正常儿童一起接受教育。只有当某孩子的残疾的性质和严重性使有着特殊辅助的正常班的教育和服务不能令人满意地实现时,特殊班、特殊学校或其他让残疾儿童离开常规的教育环境才能出现[sec. 612.(a)(5)]。

第九章 学生人事服务

这种赞成纳入普通课程和与普通课程同步的假设一直是《残疾人教育法》的内容之一；不过，1997年的修正案，通过将不歧视评价、个别化教育计划和其他适当的教育规定与学生跟着普通课程学习的机会联系起来，以及通过使学生有机会进入普通课程的学习所作出的必需的便利条件和调整，从而赋予该制度以新的重心。初步的研究表明，这些计划对普通教育和特殊教育的学生都没有产生负面影响，也许对这两类学生来说，这些计划实际上是一种积极的经验（Salisbury et al., 1993; Baler, Wang & Walberg, 1995; Walsh & Synder, 1994）。

当出现异常特征时，心理学家要对学生进行全面诊断，以准确指出学生的长处和不足，进而制定一个全面的个别化教育计划。对孩子的诊断和分类依据的是一套综合的评价，涉及到行为、成绩和功能性档案袋，其测量手段有：面谈、考试记录、观察、一系列教育心理评价工具和智商分数。一旦学校心理学家诊断出学生的某种反常特征，他或她就要召开一个包括所有利益团体在内的协调会议，来最终完成个别化教育计划。该学生的教师、学校心理学家、特殊教育教师、其家长以及对该生进行评价的人员一般都要出席会议。帮助中度和严重残疾学生的起点，是为该孩子展望理想的生活。功能性评价将区分能力、成就、条件、潜力和所有的挑战性行为。其结果被用来制定补充策略，为学生的成功提供最大的可能性。

个别化教育计划须说明评价的信息、课程计划、适当的特殊教育安排以及有关的服务。在决定了学生的教育计划、安排和有关服务需要之后，小组要为那些安置在普通教育中的残疾学生确定长期和短期目标以及具体的支持计划。这些计划在保持与非残疾同学课业学习一致的同时要适合个别学生的需要（Giangreco et al., 1993）。要定期对学生的进步情况进行再评价，专家要与课堂教师合作以取得最大的成功。课堂教师是整个过程取得成功的关键。

詹格瑞克、克罗宁格和艾弗森（Giangreco, Cloninger & Iverson, 1993）提供了一个参与计划过程的模式。其中的一些步骤是：

- 选择1—3个有价值的生活方式。
- 选择相应的课程领域。
- 选择今年需要开展的活动。
- 排列出前8位的综合优先事项。
- 确定情境。
- 选择课程领域和学习结果。
- 选择普通的支持需要。
- 归纳教育计划的组成部分。
- 确定小组成员、分配责任和明确的任务。
- 制定时间表。
- 选择具体的课程调整方案。

- 评价计划的有效性和质量。

他们强调技能和关心对于学生成功是多么的重要。"对你而言这些关心和技能将意味着,根据你的小组所做出的决定给学生和家庭的生活所带来的影响,你必须经常思考你正在做什么,如何对你所处的情境实施个别化策略,提高你自己的技能,并对自己的成功进行判断。"(p. 80)

学生们也许需要许多不同的相关服务。服务提供者也许被分派到学校或巡游许多学校去看望异常儿童和他们的课堂教师。正如前面所指出的,学校心理学家要完成学生的评价,帮助制定满足个人学习要求的计划,与教师和家长合作以解决学生的特殊需要。学校-社区工作者、访问教师或学校社会工作者在学校、家庭和社会之间建立联系,从事解释、支持、帮助、协调、赞扬和调查等服务。他们也对与青少年有关的所有法律的适当执行给予支持。言语、听力和学习专家要解决诸如感觉丧失、言语和语言滞后、学业成绩落后、写作困难以及其他交际紊乱等问题。这些专家提供治疗和补救,他们在各自的领域均应是合格的(持有证书的)专家。

特殊教育教师帮助确认什么是基本的残疾和障碍,并要进行教学、制定上课计划、编订材料和测试。他们也要对这些方法进行检测,以决定其是否成功,还要把这个程序和材料转交给正规课堂教师。其主要功能是调整课程材料,如作业、考试、工作表、读本和考试以适应每个学生。有时,特殊教育教师以一个合作教师(co-teacher)的身份与正规课堂教师一起共同计划,并组成教学小组进行授课。有时特殊教育教师与正规班级中的一些小组或个别有着特殊需要的孩子一起合作,并向他们提供指导性或补救性帮助。

特殊需要学生以各种各样的方式参与课堂活动。这些课堂活动也许包括相同学习结果、多级课程和教学以及课程交叉。特殊教育教师可以把学生从正规的班级中分出来,以对他们进行集中的个人和小组教学。那些严重残疾的学生经常和一名特殊教育教师单独安排在一个教室中,有时他们也会被安排在大多数学生中间。特殊教育教师也向正规课堂教师在选择性评价、教学以及纪律策略等方面提供咨询和培训。

上述所有专家的主要目标是:(1)通过咨询、协商、教育规划、计划实施和评价等,促进学生的学习和调整;(2)发展适合学生特殊需要的、调整的、适应的学习情境。虽然还有许多可能的残疾和障碍,但是被确认为障碍儿童中的90%以上的人,一般都有特殊的学习障碍、言语或语言损伤、智力滞后或情绪不安的特征。特殊教育的学生能够从这些额外的服务中受益:听觉学、医疗和保健服务、职业疗法、物理疗法、娱乐、交通和技术帮助等。孩子的充分发展需要教育的调整。管理者必须倡导所有的孩子有权利享受所需的服务并促进全纳学校教育的实践。

在解决巴罗斯女士的信中所提出的担忧时,特殊教育和补救教育可能发挥着什么作用?你认为这些学生的问题得不到解决的原因是什么?

第九章 学生人事服务

特殊服务的领导原则

伯勒拉（Leonard Burrello）
印第安纳大学

一位校长大约40％的工作时间是与声称需要特殊关照和便利设施的学生及其家长、教师有关。40％的学校诉讼案件与对特殊服务的抱怨有关，这些诉讼通常抱怨适当的过程、服务的合法性，当然还有学校系统所提供服务的适切性。萨拉森（Sarason，1991）认为在过去的50年中，学校改革的两个最重要发展是：教师对残疾学生的教育的专业决定有商议权，家长有权否决关于残疾学生教育的专业决定。

特殊或学生人事服务的基本目的是：帮助和支持所有因为某种残疾（即无法以某种方式来操作或没有执行常规任务的能力）或缺陷（引起个体的表现低于期望水准的一系列环境）而无法尽可能地参与美国的实验或不敢说出自己美国之梦的学生。以下5个原则是理解和对待那些在学习、情感或身体方面具有特殊需要的学生以及他们的看护者和家长的关键。

1. 像对待和尊重正常学生那样对待和尊重所有学生。要一直采用相同的而不是不同的方式对待每一位学生。我的一位印第安纳大学的同事向我征求意见，问我对他那严重残疾的孩子来说，他应该向当地的学校系统提出什么要求。我告诉他："保证你儿子所在的系统和所上的每所学校把他看做是一个孩子，一个与其他人更为相同而不是不同的人。"他告诉我，这是他在处理这个问题上得到的最好的忠告。自"布朗诉教育委员会（Brown v. Board of Education）"案例和20世纪60年代的民权运动以来，对残疾学生和代表少数民族或种族文化的学生的吸纳，以他们在公立学校中所处的位置开始向公立学校提出挑战，要求公立学校把他们纳入到美国的实验中。对第一个原则的有效实施的方式牵涉到第二个原则。

2. 吸纳所有学生与学生自己离校。如果学生没有受到什么要求或者不需要特殊服务，那么他们就都属于当地教育系统，并且由他们正常所上的地方学校负责。地方学校人员的责任是保证他们有机会学习普通教育课程，接受全州的评估。如果地方学校能够证实，即使向学生提供特殊或支持性的服务，学生仍不能够参与普通教育课程，那么他或她就可以在一种限制性较大的环境中接受服务。

对学生资格的决定以及所需服务的种类的决定，必须由案例会议委员会根据多学科的评价并在家长的完全同意和参与的情况下，运用任何与做出该决定有关的信息而做出。学生因为逃学、破坏性、无法控制甚或有犯罪行为而自己造成了离开某些学校的理由，尽管如此，教育系统有责任保证向他们提供教育服务。重要的是，不要让这样的学生伤害自己或其他任何人。

3. 特殊服务是必要的,但是它们不能替代或承担学校对各类学生进行教育的责任。这些服务不是一个孩子在公立学校应该接受的核心和实质。特殊的或学生人事服务的根本目的,应该是了解学生以及研究如何才能使他们从学校计划中受益。一旦提供特殊服务的人员知道了支持学习者取得成功需要什么的话,他们就应该尽力帮助那些从事普通教育的同事们在特殊课堂环境下给这类学生以日常的支持。例如,一位言语和语言专家可能对学生进行一段时间的观察,以评价其言语和语言水平,但是他们还应该立即尝试着教给那些每天与学生进行交流的教师如何使课堂中具体的技能训练普遍化。

4. 这些服务需要专家们本着相互尊重和提高学生在校表现与成功的共同期望,在相互之间建立起一种合作关系。长期以来,有着特殊需要的学生一经提名,就迅速变成专家的责任。学生一旦接受特殊化的服务,他马上就贴上了"异常"的标签。就适当的教育服务而言,他成为其他人的责任。我们的研究明显发现,校长们向中心管理层为特殊教育寻求帮助,如教育系统的方向、政策、管理学生及家长权力的程序(Van Horn, Burrello & DeClue, 1992)。研究还表明,那些接受了对所有学生进行教育这一责任的校长们,为教职工创造条件使之合作共同完成这一任务。

5. 我们不再认为,向有着特殊学习需要的学生提供的服务是充分的。我们必须说明所有的学生都取得了有价值的成果。以《残疾人教育法》为依据的从确保程序的安全向个别学生的特殊教育服务计划的转换已不能充分满足现实的需要。作为教育者,我们必须保证学生取得进步和成功,而测量这些进步和成功的那套标准适合于最不需要特殊服务的学生到具有严重残疾的学生。

对有特殊需要的学生提供成功服务的最好的预报器,就是校长对这些学生、家长和学校看护者的态度和倾向。学校领导者必须慎思他们是如何看待这些学生的,这些学生是如何影响他们看待美国实验的。公立教育一直是许多特殊学生及其家庭有机会与其他具有个人和文化重大差异的学生产生联系的第一个,也是惟一的地方。在这里,我们一定要学会如何成为一个充满爱心的社区的组织成员。

五、学校的保健服务

学校护士一般是学生人事服务与学生及其家长联系的首要代表。在儿童进入幼儿园之前,护士要举行一个儿童及其家长的特殊会议。此时,家长可以告诉学校可能对学生的教育发展有影响作用的任何独特的医疗问题、学习障碍或情感问题。

此外,学校护士还要从事大量的其他服务,如检查儿童是否患有听力与视觉问题、头虱、肺结核和心脏病,检查牙齿和咽喉,分单元教授人类发展与个人卫生,提供紧急救助,与教师、学生商讨保健问题,帮助家庭教育、帮助将孩子送交医生和社会工作者。医生定期到校进行医疗检查、接种疫苗、诊断与提名、保健教育,以及担任校运动队的医疗顾问。

近来，人们普遍认为，目前的健康看护实施制度不能够满足孩子和家长的需要（National Commission on Child Welfare and Family Preservation，1990）。人们期望学校管理层来决定校内提供的保健服务是否能够满足学生的需要。这意味着，通过和学校护士一起检查接受服务的学生和教师的数量、提供服务的种类以及所需的各种服务的方式，定期对学校的保健服务状况进行评估。"通过研究，我们认为更多的学校将继续增加健康诊所，以此来满足学生，在一些情况下，这是学生家庭的不断增长的需要。"(Zepeda & Langenback，1999，p.157)因此，一些学区已请学校保健专家出面来协调附近学校所需大量的保健和人力服务的关系。

> 为了减轻学校护士的重担，且更好地满足学生及其家庭的保健需要，我们应该做些什么？

六、学生记录与学校安全

学校就每个学生收集和保存了大量的资料，其中包括姓名、地址的信息、人口统计资料、出勤、参加的课程、分数、课外活动、个人教育计划、举止、纪律行为、健康和赞誉等。《家庭教育隐私权法》[即巴克莱(Buckley)修正案]限制了获得学生记录的途径，且为消除不准确资料提供了法律依据。除了通讯信息外，如果没有得到家长或学生（18岁而且正常）的许可，校长们只允许只有在明确规定的情况下才能公布学生记录。家长无权检查顾问、心理学家和教师记录，除非这些记录是学生总记录中的一部分。许多相关的活动，如强制性出勤、课程表、跟踪服务、学校报告、学生资格，以及防止辍学等均取决于准确的学生资料。

有例子表明，用出勤记录来保证儿童有权接受一定年限的免费公共教育的做法正在得到实施。学校出勤和其他的学生权利一般在每个家庭所收到的《学生权利、责任和纪律规章》小册子中都讲得很清楚，它们必须服从学校系统的政策和程序。应该从早培养孩子良好的出勤习惯，这样有关学业、行为举止、辍学和晚就业的问题就不会出现。不按时出勤、经常迟到和成绩差是一个孩子从中学退学，然后产生社会和经济问题的灵敏的预警器(Achilles & Smith，1994)。我国的一个目标是：到2000年将高中的毕业率提高到90%。整个20世纪90年代，具有高中证书的18—24岁青年的百分比一直保持在86%左右。人们担忧，如果将高中毕业与通过州评价考试挂钩，那么这个百分比一定会下降。分管学生出勤的职员提供监控和交流，并制定有关出勤问题的干预策略。

研究表明，负面的学业经历影响学生的自我认识，导致消极的态度和行为、缺乏动机以及与其他问题学生的交往。所有这些，造成了学生的逃学和辍学(Kaplan et al.，1997)。这类学生也是造成学校大量的纪律问题和社会犯罪问题的原因。到八年级，学校需要查明潜在的辍学学生，并将之纳入有助于提高他们的学业成绩，且能使他们留在学校的计划中。这些干预措施的目的，是鼓励学生且使学生有能力成为成功的学习者，培养他们对学业表现和成绩的积极态度。建立鼓励按时出勤、确认并处理有关旷课问题的程序措施是至关重要的。

学校教职员不常使用干预措施(Schwartz, 1995)。最为常用的干预措施有：协商、补救教育、同伴指导、成人-学生的指导、培训、特殊安排、学生指导、安全且严格的学校计划、家庭伙伴关系以及全面的支持系统。这些计划在早期预防纪律问题和阻止犯罪方面证明是成功的。事实上，目前的研究已经确认早期干预(即四年级以前的干预)对成功地遏制纪律问题的重要性。

学生纪律

绝大多数学校都有学生行为准则，教师、管理者和学生人事工作者负责这些行为准则的执行。管理者负责强化教师的纪律行为，还负责比较困难或不同寻常的行为问题。纪律与安全已经与学生的成绩和出勤相联系。纠正学生行为的传统方法(Kimbrough & Burker, 1990, p. 277)包括：(1) 体罚，(2) 训斥，(3) 禁闭，(4) 被迫的任务，(5) 暂时停学，(6) 校内停学处分(in-school suspension)，(7) 开除。遵守纪律者必须要持之以恒、坚定、谨慎、公平、公正、富有同情心等。青年尤其是内城区(inner city)的青年喜欢这种由明确的行为规章和稳定、清楚而又严格的纪律所带来的安全感和可预测性。只要内城区的青年将纪律视为明快、确定而且公平的话，他们就会寻求由严格的纪律所带来的关注和安全感(McLaughlin, Irby & Longman, 1994)。在本章以及其他章节中所探讨的一些观点指出，有些计划已经在内城区学生的学业和行为发展中得到证明是成功的。学生必须对他们的行为和缺少某些行为负责。

在教师观察到并列举出的频繁出现的学校问题序列中，过去10年的学校问题有：
- 学生间的身体冲突。
- 与教师和其他教职员发生冲突和辱骂。
- 学生喝酒。
- 学生服用非法药物。
- 故意破坏学校财物。
- 抢掠和偷窃。
- 学生拥有和偶尔使用武器。

教师们还指出，现在上述每个问题的实质都比过去严重。中学的所有这些问题要比小学严重得多。Shen(1997)指出："当我们讨论学校暴力时，学生往往成为关注的中心，但如果教师的谩骂行为不断发生的话，教育者也将成为我们关注的对象。"(p. 20)

1997年《残疾人教育法》修正案的612(a)(1)部分写道，所有3—21岁的残疾人，

第九章 学生人事服务

包括已经停学或被开除的残疾人,将拥有接受免费、适当的公共教育(FAPE)的机会。法律中有许多条款除了使用武器或非法药物的情况以外,基本上将停学限制到10个学日并将暂时选用其他教育环境的天数(IAES)限制到10天。使用武器或非法药物的停学时间一般不超过45天。

开除和纪律条例需要举行听证会,以决定是否有证据(由残疾引起这样的行为)。证据听证会针对以下情况举行:(a)武器,(b)药物,(c)危险行为,(d)任何超过10天的纪律问题。如果学校在处分学生之前没有进行功能性行为评价和实施行为干预计划,那么这必须由个别化教育计划小组来完成。但是,如果学校进行了功能性行为评价,并制定有行为干预计划的话,那么个别化教育小组就必须对这个计划进行审查和调整,"有必要去纠正这个行为"。

1999年出台的《残疾人教育法》规定:赋予校长在解释法律方面有更大的灵活性。该规定允许学生在出现异常行为时,一次可以停学10天,第一个10天停学不要求任何教育服务,而只对引起安排和服务变化的停学处分才要求与残疾有关的行为研究,停学只以达到个别化教育计划的目标的必要程度为准。学校管理者和特殊教育教师将决定所需的服务。同时,正规课堂教师不必参与所有个别化教育计划小组的决定。如果一位学生毕业时获得的证书低于正规证书,那么该生直到满21岁仍有权接受教育服务。教育管理在实施一个有效的行为干预制度方面面临着许多挑战。约翰斯(Johns,1998)认为,答案存于学校管理者应采取的一系列行动步骤之中。

确立全体教职工对过程的责任是第一步。必须建立学校的纪律政策和程序,并有所有各方的投入。制定的计划应该尊重学生,让学生具有责任感,鼓励合适的选择和教授社会技能。学校人员需要有进一步的培训,有实践行为管理的机会,并能在这些应用中获得技术上的支持。学生必须清楚各种学校环境中人们对他们的期望是什么。教职员必须知道哪些是遵守规章的学生,并为那些不遵守规章的学生建立符合逻辑的因果关系。例如,对那些破坏财物的学生仅以停学作为处分是不合逻辑的,符合逻辑的结果应该是让该生赔偿或修理财物。这样一来,学生了解到了财物的价钱或与修理财物有关的一切事情。学校还要制定危机计划。关键性问题是:如果学生带武器入校要采取什么措施?如果学生身体攻击性强该怎么办?

在对待具有挑战性行为的学生方面,有效的做法是解决冲突和同伴调解、校风委员会、校内停学或教授社会技能的留堂、校内青少年法庭等。布洛克和加布尔(Bullock & Gable,1988)说道:

> 目前由于看到学生的行为问题不断增加,所以1997年修正案要求学校本位的个别化教育计划小组来处理学生行为和课堂学习之间的关系。当前的法律要求个别化教育计划小组来处理那些有碍于学生本人或同学学习的学生行为,或要求纪律处分(p.v)。

很多学校本位的纪律计划均是成功的。例如,由全国公正研究所(National Institute of Justice,NIJ)开发的一个纪律计划,名叫"学校管理和资源小组"(School Management and Resource Teams,SMART)。SMART是一个过程。过程设计的目的在于通过资料的收集、评价、计划和积极监控的方法使当地的学校和学区能够解决违法和违纪行为。它通过给学校管理者传授解决学校中的违法和违纪行为的具体措施、方法、技巧和途径,从而减少犯罪问题。

每所学校都应有一个安全可靠的学校计划,以处理这类危险的因素。学校-法庭联络官员的服务使学校和青少年法庭能够共同努力解决社会中的青年问题。联络官员对破坏性学生行为和学校低出勤的案件进行调查。有时,他们给学校提供金属检测器和安全防范。他们帮助学校人员恰当地使用有关青少年的所有法律条文。他们也帮助试用期的官员去调查并对青少年犯罪者做出适当的教育安排。

与学校成为孩子安全、教育的地方有关的第二个问题是校内安全。学生和教职员在自己的学校内有时需要受到保护,以防那些经常发生在其周围的暴力和疾病的袭击。教师报告说学生在校面临的所有问题几乎都在增加,尤其是故意破坏艺术的行为、辱骂和身体冲突(Shen,1997)。大多数人都同意,这种趋势必须得到扭转,学校必须制定安全可靠的学校计划。这些计划不仅要包括解决问题的政策和程序,还要包括避免这些问题产生的方案。这些计划有助于学校避免危机的发生,有助于学校为快速、富有同情心地解决任何问题做好准备。学校必须准备好处理犯罪者,同时劝告那些受到影响的学生。如果有效的纪律得不到维持,那么学校将不会取得成功。(为获得更多信息,请查:www.ed.gov/offices/OSERS/IDEA)

> 为色布尔中学制定一份安全可靠的学校计划。

七、学生评定、考试和诊断

在学校或系统范围内经常组织考试和诊断性计划以推行标准化考试。这些计划是教师为某个班或某校而自己准备的大量测试的补充。这些计划所提供的信息被用来决定学生的表现(即成绩)或帮助课时计划的制定过程。

毋庸置疑,资料收集是任何评价过程中必不可少的一步,不管评价发生在哪一层次。考试被用来诊断困难,确定性向和差异,评价成就和能力,决定学生分组,确定需要等。它们也通报给公众。成就考试是大多数的考试和诊断性计划的主要部分。标准化常模参照考试是一种常用的方法。其他类型的考试有:标准参照考试、目标参照考试、领域参照考试、智力测试、最低能力测试和表现评价。

考试有助于学校的教职员、学生和家长来评价学习和规划教育计划,有助于学生做出在教育和生活方面的选择和规划。考试也可用于学校和学区间的比较、计划课

第九章 学生人事服务

程、评价效益、激发改革和提供识别力。对更大的绩效责任和更高标准的要求，使得评价的重要性日益提高。同时，人们对传统的评价方法越来越不满意（Hymes et al.，1991，p.32）。这种情况向在大多数学区工作的考试和研究人员提出了挑战，他们要收集有意义的信息，并尽可能做出最有用的诊断。

大多数州都有固定的或定期的学生考试。纽约州是第一个要求成功完成高中毕业能力考试的州。现在，大多数州都举行如此的能力考试或正在向这一方向努力。1993—1994年，密歇根州采纳了一个双轨中学文凭，即如果学生仅达到最低标准，他们就获得"批准"文凭，如果他们的考试得分大约为75%或高于75%，他们就获得"标准"文凭。在密歇根州，如果学校中有66%的学生达不到或不超过阅读、数学和科学"标准"，那么该校就得不到鉴定。没有通过鉴定的学校可能就会被关闭或被州接管。至少，家长会收到教育券以把孩子送到别的地方去。

许多州的能力考试已经证实了"美国学生成就的当前状况令人担忧"的报道，这是由全国教育进步评估（National Assessment of Educational Progress，NAEP）机构所做的20多年评估的一部分。事实上，佐治亚州评估计划（Georgia State Assessment Program）已经将NAEP的一些项目"嵌入"自己的评价计划之中。NAEP的调查结果在第三届国际数学和科学研究（TIMSS）中进一步得到了证实。相比较而言，美国学生随着升入高一级的学校，其表现越来越差，这使人们对当前的毕业标准和评价提出了质疑。

人们越来越关注考试是否真的能够检测学生在21世纪获得成功需要做些什么。许多人认为，表现行为评价和展示，更适合于检测学生在一个正经历着重大转型的社会取得成功所需要的技术和能力。这种情况下的评价和分析，采取的形式有：学生表现录像带、计算机程序、书面文本、展示以及档案袋。它是根据学生对知识、技能和对现实世界情境的理解的应用能力来对学生进行检测的。鉴于上述争论，考试和研究专家必须确定考试在自己学区内的地位。也许要对此和其他相关的复杂问题获得更深理解，惟一的最好资料来源就是美国教育研究协会（American Educational Research Association，AERA）。（为获得更多信息，请查：aera@gmu.edu）

归根结底，每所学校系统都承担着设计和实施自己的考试计划，以及报告考试结果的责任。很明显，考试分数以及如何提高分数在今后管理者的工作中将占用更多的时间。这包括：选择评价方式，决定如何解释评价，实施激励和惩罚措施以促进提高，制定使学生在评价中能够成功的计划。课程、标准和评价必须统一起来。所有终结性报告的一般目的是对考试结果进行总结、组织和解释，从而绘制出由学校或个人的成就构成的一幅充满意义的画面。（为获得更多信息，请到：www.edweek.org）

> 就色布尔中学的状况而言，芒森先生为了能够做出最好的决定，应该掌握哪些类型的资料？

八、课外活动

体育运动常常在所有课外活动中最为突出。通过体育运动,学生制定个人的目标,学会了负责任,发展了自律,学会了与别人合作,适应许多个性不同的人和出现的情况,并培养了终身使身体健康的习惯。研究表明:参加运动有助于提高学业成绩,使更多的学生不辍学,激发更多的参与和领袖才能的表现(Reith,1989;Holland & Andre,1991)。

运动不是学校内仅有的课外活动。与学生某些兴趣有关的还有许多不同的义务性活动、服务、有关科目和特殊兴趣俱乐部。所有这些活动的主要目的是:在营造积极的学校风气、学校精神和伙伴关系(这些加起来就是学校的整体士气)的同时,提供独特的学习经验。

伯利纳和比德尔(Berliner & Biddle,1995)指出:

> 例如,这些活动也许包括:各种社会服务、业余爱好、运动、音乐、欣赏和参与艺术、阅读哲学或历史、旅游、对宗教进行比较研究等等。因而,美国人需要面对这样的事实,即他们将生命中越来越多的时间用在闲暇中的各种追求上,学校承担着教育学生的责任,所以学校要用有偿的和对社会有用的活动来充实学生们的闲暇时光(p. 316)。

格伯(Susan Gerber,1996)发现,参加课外活动的总量也与学业成就有着积极的联系。

这些课外活动计划依赖于学校教职员的承诺,即提供全面、广泛的学生活动,以满足每位学生的需要和兴趣。根据州教育委员会、学校董事会和教育局长的政策,学校赞助者和各个组织的财务人员参与经费的管理。学校簿记员记录每天的项目收据和开支。在许多学校,学生合作协会(SCA)负责监督和发布关于学校活动的信息。课外活动也收到了来自学生服务、家长-教师协会和一些社区赞助者的支持。

提供广泛的课外活动以满足尽可能多的学生的需要和兴趣,这是学校的目标。参与这些课外活动的学生发现了自己闪光的机会,他们不太可能离开学校。一项盖洛普调查(Gallup survey)显示,参与辅助课程活动与中学和中学后的学业成就以及毕业后的职业状况呈现正相关关系。

因为多数课外活动都是在放学后进行的,所以交通就有点成问题。通常每个学校都指派一人来协调课外活动。有时学生必须满足一定的标准才能参加课外活动。有时,开展的主题围绕着成人干涉、规则的打破、过度竞争、过度重视、对学业的干扰、不相关、财政问题、教师监督、平等对待、交通和偏见等。

有些州已确立政策,禁止低于平均成绩点的学生参加与学校有关的俱乐部,但这依然是一个备受争议的政策。许多人认为,课外活动给学生提供了表达、获得相关经验的机会，有时给学生提供了继续留校学习的动机。格伯指出："的确，尤其对那些学业差的学生和有退学危险的学生来说，课外活动也许是他们对学校产生归属感的一个重要源泉。取消这种参与机会也许会断送一些学生具有学校归属感的最后机会。"(p.50)学术活动和课外活动经常被认为是成绩卓越和高标准所需要的。

> 就学生参与课外活动而言，色布尔中学应该制定什么政策、开展什么支持性活动？

九、整合向学生和家庭提供的服务

教育者很早就知道，如果儿童饱受饥饿、谩骂、不受重视、被忽略、疾病、恐惧或任何形式的压抑，那他们就不会拥有公平的学习机会。有关目前儿童状况的一些研究（National Commission on Children, 1991; Children's Defense Fund, 1991）表明，社会没有对儿童的福利投资，没有在抚养孩子这个重要且困难的任务方面给家庭以支持和鼓励。在经济萧条和二战期间，适逢成年的一代美国人比其后的任何一代美国人在其社会和孩子生活方面的投入要多得多（Putman, 1996）。在过去的20到30年，对大多数的志愿组织，包括帮助儿童的组织的参与度下降了25%到50%。社会信任度（对社会机构的信任）也同样下降了大约30%。与此同时，传统的家庭结构也逐渐衰弱——妈妈、爸爸、亲属和孩子（今天只有29%的家庭适合传统的家庭结构）。

在20世纪50年代，如果家里没有一位家长在家等着孩子放学归来是不可想像的，现在这却是一个相当普遍的现象。1991年，大约有74%带着不满14岁孩子的妇女正在工作或正在找工作。1/2的婚姻以离婚而告终。同居是发展最快的生活方式之一。家长-教师组织的参与人数下降惊人，从1964年的1 200多万到1982年的500万。科尔曼和霍弗勒（Coleman & Hoffler, 1987）认为：

> 成年人有教养且有能力，但是由于各种各样的原因，如离婚、与那些同代的其他成年人交往、只关注自我发展等，使得成年人这个资源不能用来帮助孩子们获得心理健康以及社会的和教育的发展(p.225)。

给孩子提供的安全空间在不断缩小的同时，给成人提供的安全空间则在不断扩大，如餐馆、健康俱乐部、网球俱乐部、高尔夫球场、运动与娱乐联合部、度假胜地。有些人指出，技术和电视促进了个人生活的封闭性，使孩子们得不到迫切需要的必要的人与人之间的交往。

满足儿童需要卡耐基任务小组（Carnegic Task Force on Meeting the Needs of Young Children, 1994）把这种情况描述为"平静的危机"。尽管他们的报告关注的是最小的儿童,但是许多调查结果表明所有的儿童都是如此。该任务小组认为,这种"平静的危机"不仅威胁着孩子们的健康发展,而且也威胁到国家的健康。主要危险被确定为:不充分的家长看护、孤僻的家长、不合格的儿童看护、贫穷以及关注不够。该任务小组的结论是,这种"平静的危机"需要采取即时的和深远的行动。由于深信稳固的家庭和社会对我们的幼儿健康发展至关重要,所以任务小组呼吁在以下4个关键领域采取行动。这4个关键领域分别是:鼓励负责任的父母,保证高质量的孩子看护的选择,确保良好的健康保护,动员社会支持孩子及其家庭。通过研究这些问题,政策制定者和实践者越来越意识到,学校和人力服务系统的服务对象是相同的顾客,如果不同的系统能够合作的话,这些顾客就能够受到更好的教育,能更好地适应社会,并得到更好的医治(Franklin & Allen,1997)。

鉴于家庭和社会的巨大变化,学校、健康保健和其他社会服务,正被要求承担更大的填补孩子看护方面日益增加的需求的责任,这一点毫不令人惊奇。挑战就是要用一种有效的、协调的方式向孩子和家庭提供他们可能需要的服务。当与各种政府机构、私人组织以及提供服务的特殊计划组织合作时,缺乏彼此之间的协调,对孩子特殊需要资格的要求比较复杂,绝对的限制等情况,排斥着服务,而且重复的代价是昂贵的。没有人关心孩子的整体需要。

大家都熟悉盲人摸象这个印度故事。在向朋友描述大象时,每个人都根据自己摸到的局部来描述整体。每个人的理解来自于他自己的经验,谁也没有意识到别人的观点或客观存在。教育、健康、社区、社会的、犯罪的和娱乐服务中的人员就像那些盲人。不同的专业也许有联系,也许没有联系。他们提供的处方都是基于各自的学科、经验、培训和参照群。司法系统想要处理盗窃罪。学校想要学生上课集中注意力、提高阅读技能。心理健康部关心与性和身体虐待有关的情感问题。人力服务系统想通过家庭保护、家长培训和药物滥用指导等防止孩子吸毒。劳动管理系统关心工作培训和就业帮助。福利系统关心的是孩子离家出走。健康部关心诸如营养缺乏、健康看护和早孕此类的问题。各个方面的专家很少向别人交流自己的知识和期望,或很少承认别人的专长和贡献。一个孩子的所有问题很少得到完全的解决,因为没有人关心一个孩子的整体需要。具有讽刺意义的是没有人能够成功地单独行动。

每个与青少年及其家庭有关的服务系统都发挥着独特、重要的作用。在一个资源正在减少的环境中,一个有成本效益的、有效率的和全面的服务系统常常是最合理的解决办法。由于孩子多数时间都在学校度过,所以学校本身是一个很好的透镜(lens),通过这能够聚焦孩子的整体需要。通过一个扩大的个别化教育计划过程,教育也许能够协调给孩子提供的所有服务。一个全面而综合的系统,需要在所有机构和解决孩子需要的代理之间建立起工作伙伴关系。付出必要努力的依据是这样一种信念,即包括教育者在内的所有这些专家,如果不解决孩子作为一个整体的需要,那么每个人都不能够取得他所期望的结果。布赖恩和劳森(Katherine Hooper-Brian & Hal

第九章　学生人事服务

Lawson,1994)得出结论说:"不是任何人或任何一个专业能够完成这一工作的,专业内的合作与服务整合要求我们把对儿童、青年人和家庭的服务联合起来。在一个新的世纪即将到来之时,以孩子中心、家庭中心、社会发展导向的观点开辟了成功的新途径。"(p.53)

在一个全面、综合的系统中,各种不同的服务被共同的顾客吸引、资格确定、个体的家庭服务和教育计划联结在一起,从而使每个家庭的各种需要得以满足。系统的目标是在社区本位和学校本位的计划中迅速增加为孩子及其家庭提供的健康、教育和社会服务的数量和机会。德赖富斯(Dryfoos,1994)是这样描述完全服务学校这一概念的,即在学校中给孩子及其家庭提供全面的服务。这些学校在自己的学校中满足学生社会的、情感的、身体的和心理的以及学业的需要。这就需要学校与校外机构合作来共同规划和促进学生服务。整合并不意味着融合各种服务系统,而是要提高各种服务系统之间的合作以形成伙伴关系,在这种伙伴关系中,与教育相联系的许多服务机构制定一系列共同的目标,并为实现这些目标而工作。学校尤其要成为计划和管理这种合作努力和服务的中心参与者。服务由学校或邻近学校的人员出面协调(或提供)。

这些观念在1991年1月引起了国家的注意,当时加利福尼亚州威尔逊(Pete Wilson)州长创设了儿童发展与教育的州级部长职位,负责整合学校中社会的、健康的、心理健康和支持的种种服务。佛罗里达州奇利斯(Lawton Chiles)州长也赞成使学校成为向儿童及其家庭提供服务的中心。迈阿密的中小学提供与学校相联系的全方位服务项目。其他还有:在波士顿的公立学校系统中每所中学都有支持服务的协调人;在圣保罗,明尼苏达的公立学校中所有初中和高中都有学校社会工作者。路易斯威尔的中学都有青年服务中心。圣路易斯、马里兰州的乔治王子县、加利福尼亚州的莫代斯托市以及宾夕法尼亚州的费城都有类似的情况。第三章讨论到的卡-希(Comer-Ziegler)模式提供了改进的与学校相联系的服务。

在整个20世纪90年代,副总统戈尔(Al Gore)一直是这一理念的支持者。他参观了许多这样的学校,并同意建立更多的社区取向的学校。他被称作为社区中心学校拨款的坚定支持者。《美国学校法》(The America's Schools Act)是对《初等和中等教育法》的修订,它批准在学校机构内建立更加广泛的社区本位计划的网络。人们对标准、学术和考试的关注似乎忽视了这些计划,这些计划的势头也许正在消失。然而,这一前景要求学校开放,接受地方和广泛的社区参与,学校要有责任努力满足学生和家庭的需要。

即使服务不在现场提供,学校人员与其他所有服务之间也建立有稳固的联系。校外机构的代表到学校来提供信息,确保学校清楚地了解可获得的服务和提名的程序。如果要把所有的服务整合进学校,那么也许就需要对这些服务采取中心化管理。最重要的,可能就是需要具有跨系统的责任和权力、专职负责将各方的努力进行协调的人。

其他的关键要素包括:教职员的特征与培训、社区和邻居的支持、服务定位、服务类型、管理、合作、评价、信息共享、人员选择以及高质量服务的提供(Center for the Future of Children,1992)。所有有关人士必须对为取得成功孩子和家庭的需要有一个全面的认识。富兰克林和斯特里特(Franklin & Streeter,1995)指出:"当综合服务系统在对孩子和家庭服务上的分歧减少和圆满完成全面学校计划时,才能使利益达到最大化。"(p.779)

> 由派到每所中学的社会工作者出面协调的学校联系的人力服务供应系统,在发展过程中可能带来什么益处?

十、结论

需要有许多计划来解决学生社会的、情绪的和情感方面的需要,使它们与学生的教育需要保持平衡。如果不制定这些计划,学校内的高辍学率、失败和开除率将继续存在。这些失败会导致将来利用社会资源来救治社会问题,这样的话,代价将是巨大的。

然而,如果学校对这些领域的重视是以牺牲学术为代价,那么这些学校就不能使下一代在学术上做好准备。较少接受服务的学生知识极少,没有市场技能,不能使自己的潜力得到充分发展,他们最终会在社会中落伍。在学习条件不充分的情境下,学生社会的和情感的成功调整就显得几乎没有意义。因此,对教育者的挑战是要在学术和成功的人力发展之间求得不易的但有时是转换式的平衡,这样才能培养出有生产力的公民。

学生人事服务帮助学校处理那些阻碍学生取得学术成功的种种难题。要鼓励校内的所有专家运用自己独特的知识和技能为造就有竞争力的、有良好教养的和适应力强的学生这一目标做出贡献。人力服务专家在取得成功的学生教育结果和帮助学生成为自立的成人方面正在投入更多的精力。

在公共政策的支持下,越来越多的有特殊需要的学生正在接受帮助,被安排在正规的班级中。纳入家庭部分的计划作为课堂活动的补充,已证明是学生成功所绝对不可少的。计划和课程规划的构成部分、目的和目标以及在给定时间范围内所期望的结果必须是清楚的。整体计划是一个长期的持续过程,其间有许多重要的里程碑。

学生人事服务的重心是要帮助治疗学生成长过程中的发展性问题,使学生的潜力能够得到充分发展。当学生人事服务得到很好地组织,且被融合进学校和社区的文化中时,它们能够对学生的成就做出巨大贡献,主要是因为它们能使学生为参加学业学习而做了更好的准备和改善了学生的生活。提供这些服务的专家不可推卸地承担着坚持最高的专业和道德标准的责任。纪律条文的变化、司法决定、社会变化、儿童发展研究、妇女与民权运动、教育改革、技术和其他进步、社会和政治变革以及其他许多方面,将继续对学生人事实践和普通教育产生巨大的影响。与未来几十年的趋势和主题保持同步,将是一个令人兴奋的、具有挑战性的且有时也是令人受挫的,但又总是值得

第九章 学生人事服务

我们为之付出努力的事情。

档案袋物品

- 领导一个儿童学习团队,并为一个学生制定一份个人化的教育计划(IEP)。
- 拜访一位学校社会工作者的家庭,并就你的经验写份报告。
- 与一位学校心理学家合作,共同管理与解释考试。
- 自愿参与一个面向具有学习障碍青壮年的团体协会、罗纳德·麦克唐纳之家(Ronald McDonald House),或其他服务青年人及其家庭特殊需要的中心。
- 为贵校制定一份安全、可靠的学校计划。
- 与以下人员共度一天,如社会工作者、青少年法庭法官、儿科医师、外科医生、法律执行官员、心理健康工作者、保健部门的工作者或公园、娱乐场所的工作者(上保险并保护自己的安全)。
- 跟踪学生人事部门主管。
- 规定学生人事政策。
- 担任一项课外活动的教师发起人。

推荐阅读文献

Bullock, L. M. & Gable, R. A. (February 21, 1998). *Implementing the 1997 IDEA: New challenges and opportunities for serving students with emotional/behavior disorders*. Reston, VA: The Council for Exceptional Children.

Center for Effective Collaboration and Practice. (January 16, 1998). *Addressing student problem behavior*. Washington, DC: American Institutes for Research.

Dryfoos, G. (1994). *Full-Service schools*. San Francisco: Jossey-Bass.

Dryfoos, G. (1998). *Safe passage: Making it through adolescence in a risky society*. New York: Oxford University Press.

Hughes, F. P. & Noppe, L. D. (1991). *Human development: Across the life span*. New York: MacMillan Publishing Company.

Kohn, A. (1996). *Beyond discipline: From compliance to community*. Alexandria, VA: Association for Supervision and Curriculum Development.

Newkrug, E. (1999). *The world of the counselor*. Pacific Grove, CA: Brooks/Cole.

Turnbull, A. P., Turnbull, R. H., Shank, M. & Leal, D. (1995). *Exceptional Lives: Special education in today's schools*. Englewood Cliffs, NJ: Prentice Hall.

Turnbull, R. & Cilley, M. (1999). *Explanation and implementations of the 1997 amendments to IDEA*. Upper Saddle River, NY: Merrill.

Zepeda, S. J. & Langenbach, M. (1999). *Special programs in regular schools*. Boston: Allyn & Bacon.

第十章 人力资源管理

引子：林肯小学的师资问题

你刚刚被任命为林肯小学（Lincoln Elementary School）的校长。亨利（Fred Henry）博士负责学校的人力资源发展，他和你有着不错的工作关系。亨利博士的管理风格和你的管理风格完全吻合，并对你这位新任校长充满了信心。在人力资源发展方面，你们两位有共同的意见。

两周前，你们学区公布了乘校车到林肯小学读书的学生名单，但林肯小学的入学学生比较少。在你们学区，这并不是前所未有的事件。一周前，学区举行公开听证会讨论这项决定。三天前，学校董事会确认了这项决定。你非常清楚，很多家长、教师和学生都非常关心此事，有些人担心，有些人愤怒。下一个学年，林肯小学的校车就要开起来了。已经是一月份了，师资安排和学生分配必须在随后的三个月内完成。这项新计划被描述为容量调整计划（capacity adjustment program，CAP）。

昨天，你接到学校咨询会主席布里克曼（Brad Brakeman）和校舍建设代表（building representative）洛佩兹（Elena Lopez）（由全校的教师推选出来的代表）的电话，他们要求见面，研究这件事情，并就校车事件请你向关心此事的家长、教师和孩子作一个解释，讨论你的中短期实施计划。

你清楚，你和学校的其他人必须向家长、教师和学生说明此事，获得他们对你的计划的支持，让那些在此项决定中受到影响的群体感觉到，这种变化对他们来说是积极的。你也很清楚，咨询会主席、校舍建设代表和学生家长一样关心此事。你当然也很清楚，作为一名新校长，获得这些人的支持，让他们对你充满信心是至关重要的。

接收学校：林肯小学

林肯小学坐落在一个富裕的、治安良好的城市社区。在过去的4年里，学生的入学人数不断下降，因为住在这个社区的中产阶级居民的年龄都大了。学校可以容纳1 200名学生，但目前只有875名孩子在读。林肯小学为其优异的学业成就和学校精神感到无比的骄傲。它有非常活跃的家长群体和一大批家长志愿人员。它曾荣获过"校园美化奖"(Beautification Awards)和"初级成就奖"(Junior Achievement Awards),很多学生毕业后都考上了大学。

林肯小学有一个非常吸引人的数学项目。大约有200名来自附近学校数学成绩不错的学生参加了这个项目。这个项目引起了一些争议,因为学生家长担心孩子们的安全问题,以及孩子在林肯小学能不能被接受,毕竟孩子们的家庭背景和社会地位不同。这个数学项目的教师要求更高的待遇,因为那些在商业和工业系统工作的、和他们的数学水平相同的人所获得的待遇比做一名教师要好得多。

这个数学项目吸引的少数民族学生的比例也略微高一些,略高于学区里正常入学的少数民族学生。学生人数比例是1%的亚裔儿童,18%的黑人儿童,21%的西班牙裔儿童,白人孩子占了60%。在标准测试(standardized tests)方面,林肯小学的学生通过率为:阅读75%,口语72%,数学82%。

输出学校:华盛顿小学

定下来转送到林肯小学就读的学生来自华盛顿小学(Washington Elementary School),这是一所严重超员的学校。学校的礼堂、图书馆和教师的工作室都被挪用作教室。因为学校过度拥挤,又因为是小学,与林肯小学一样,所以就选择其为输出学校。华盛顿小学附近的社区和林肯小学附近的社区相比,被称为"社会的阴暗面",是一个很穷的社区,流浪汉出没频繁,学校中单亲家庭的孩子和蓝领工人家庭的孩子比较多。青少年犯罪率高,虐待儿童的现象和童妓现象比较普遍。大家认为华盛顿小学不是一所好学校。那些有钱的人家都把孩子送私立学校去了。

华盛顿小学有55%的阿拉伯裔学生,12%的黑人学生,25%的西班牙裔学生,只有8%的白人学生。大多数阿拉伯裔儿童的英语都不好。因为大多数学生的父母最近刚刚从黎巴嫩、伊朗、沙特、科威特和约旦等国家移民过来。阿拉伯裔儿童基本上都是来自最贫穷的家庭。这些学生之间的敌意很强,这在初中和高中尤为突出。林肯学校区域和华盛顿学校区域的学生常常会发生团伙冲突。

华盛顿小学的标准测试通过率为:阅读25%,口语27%,数学15%。

列表提供了两校的容量、师资结构和学生的入学情况,为了简化描述,师生还是各归各算,并设定所有的学生全部升级。如表所列,华盛顿小学学生的入学数量将增加210人,林肯小学将增加65人。这些数据都是在学校容量调整之前的。尽管学生总数保持不变,但是你必须重新计算两校的师生数量,以满足学区教育局长和学校董事会的要求,把华盛顿小学的学生转移到林肯小学去。

两年两校学校容量、师资结构、学生入学情况

	华盛顿小学	林肯小学
容量	960 人	1 200 人
在校人数	1 160 人	875 人
教室数量	37 间	50 间
生师比	29/1	24.3/1
今后 3 年目标	25/1	25/1

师资对比

	华盛顿小学				林肯小学			
年级	教师	辅助教师	今年学生入学数	明年计划增加	教师	辅助教师	今年学生入学数	明年计划增加
6	6	3	146	+40	8	8	200	+25
5	6	3	146	+30	7	7	179	+10
4	6	3	174	+25	7	7	174	+10
3	5	3	145	+25	5	5	118	+10
2	5	3	145	+25	4	4	91	+5
1	6	3	202	+35	3	3	68	+0
K	6	6	202	+30	2	2	45	+5
	40	24	1 160	210	36	36	875	65

校长	1 人		校长	1 人
校长助理	1 人		校长助理	1 人
学校发展协调员	1 人		天才项目协调人	1 人
特殊教育协调员	2 人		双语教育协调员	1 人
项目—协调员	1 人		资源专家	1 人
咨询人员	2 人		咨询人员	1 人
秘书	2 人		秘书	2 人
护士	2 人		护士	1 人

抱怨和关注

下面开列的是家长、家长团体和教师关注的内容,这些都是由布里克曼和洛佩兹带来的:

1. 林肯小学有一个很好的校园氛围,转过来的学生将会降低学校的水准。—

个华盛顿小学三年级学生的水平根本无法和林肯小学三年级学生的水平等量齐观。他们使用不同的教材。华盛顿小学很穷,好一点的学生都去私立学校就读了。华盛顿小学的学生转过来将会使得林肯小学的良好声誉荡然无存。

2. 学生运送的量很大。为什么要破坏这么多孩子的生活秩序呢?社区学校的价值何在?

3. 林肯小学的数学教学很有特色,但是今后教师无法有效施教了,孩子的能力差异很大,大家都会很受罪的。

4. 输出学生的社区和接收学生的社区完全不同,两个社区的居民互不喜欢,来自两个社区的孩子的家庭背景完全不同。教师无法把教学目标与两种全然不同的生活体验结合起来。

5. 校车计划需要给说阿拉伯语的孩子进行双语教育,但林肯小学的教师无人可以做到这一点。这些阿拉伯裔儿童又操着不同的方言,连他们都很难互相交流。而针对西班牙裔儿童的双语教学也是推行了好几年之后才初见成效。只有华盛顿小学有合适的阿拉伯语、英语的双语教学师资,情况才能好一点。

6. 这个地区是在拿教育目标和孩子的人身安全为代价来换取社会的改变。

员工沟通

非常有必要让双方教师完全理解容量调整计划的背景、目标和目的。应该告知他们现有员工的变化、学生分配和学校的计划,他们应该有机会提出问题。应该告诉他们在这场师生和家庭的改变中可以获得哪些帮助。

额外资助

接收学校会得到一笔资助,以满足增加学生的开支需求。处于这个原因,学校要确定上报接收的学生数量。

容量调整资助要超过正常拨付经费,但只能用于转学的学生身上。资助预算可以包括下列项目,但并不仅限于以下项目:

- 转学学生的教材。
- 教学辅助设备。
- 家庭不在本区内学生的协调费用。
- 非本区学生学前咨询费和计划费用。
- 其他非本区学生的咨询费用。
- 员工救济和超工作量补贴。

教材也包括满足转校而来的英语水平有限(limited english proficient,LEP)学生的教育需要。

容量调整计划

计划应使两校的容量达到饱和或者略微超员。因为下一年将有2 310名学生入学,但两校的合计容量为2 160人,所以某所学校或者两所学校都要有些超员。你可以自行配置两校师生,以尽量避免在教师和学生家庭中引起焦虑。两校的距离比较近,两个居住区域的学生可以比较方便地去任何一所学校就读。你的计划应该说明哪些学生到哪所学校去就读,教师调动的依据是什么? 你无须考虑校车的问题,只要你分配好了两校的师生,会有人根据要求提供校车。

你还必须尽可能地鼓励受到这次调整影响的学生家长积极参与到学校事务中来。你要制定一个计划以帮助学生、家长和教师适应这次改变,在第一年这个尤为重要的年头里,为他们提供有效的支持,你应该考虑教师的培训和发展需要,提供建议帮助他们成功地度过这次转变。

平衡

为使学校政策的贯彻、资源利用和计划实施保持一致,班级编排应能:(1)根据学生人数,保持各班级学生种族均衡;(2)转学过来的学生要分配到各班,以避免他们有被隔离的感觉。

- 起草两份政策声明:一份是自愿转学的政策文件,一份是行政命令转学的政策文件。
- 就学生就读哪所学校说明政策依据。
- 解释如何沟通这些决定。

【资料来源】Development Dimensions International. (1985) *Assistant principal elementary school policy simulation*. 修改得到允许。国际发展方面有限公司是一个在提供人力资源培训计划和服务方面的世界公司。为获得更多信息,请通过电子邮件info@ddiworld.com联系/或查公司网页www.ddiworld.com。

一、关心学校员工

在创造和保持一个富有激情的、高质量的工作队伍方面,人力资源管理的工作负有重要责任。中心点在于创建一个能完成自己的目标又能满足体系内员工个人发展需要的组织。人力资源管理要面向整个组织,从上到下,摈弃任何最终可能降低个人成功机会的任何层次的科层陋习。然而,新进员工的需要完全不同于老员工的需要。无疑,各个层面的中心点应是学校的成就目标,目标达成的方式是通过帮助员工个人,使得他们自己达成最高的事业和成就。

组织内的人力资本的投资是头等重要的。人力资源管理的功能是支持组织内的员工,把他们的任务与组织的任务和管理哲学联系起来。韦伯和诺顿(Webb & Norton,1999)建议说:

第十章 人力资源管理

在很大程度上,教育项目的质量维系在以下方面:(1) 系统人力资源的质量;(2) 富有成效的人际关系的实现程度;(3) 现有人力资源的开发、激励和使用。鉴于一个积极的组织氛围受到许多因素的影响,通过把系统目标与人力资源的优化结合起来的方式,人力资源管理的功能应该给学校系统内的个体提供高质量的工作和生活(p.70)。

在古老的行政管理功能中,人力资源管理在现代社会中焕发出新的生机。人事办公室曾经与教育局长相差两三个等级,而今天的大多数学校部门都有负责人力资源的局长助理,直接向局长汇报情况,并管辖一个相当大的人力资源队伍。同时,学校部门的雇员也认识到合理使用人力资源对学校成功的重要性。创建于1940年的美国学校人事管理者协会(American Association of School Personnel Administrators)是美国和加拿大的人力资源专业人员的全国性专业协会(为获得更多信息,请查:www.aaspa.org)。

罗沃雷(Robore,1998)说:"在所有的学校体系内,人事功能的目标基本上是相同的——聘用、培养和激励,以达到学区的目标,帮助员工个人取得最大成就,使个人的发展达到最大效能。"人力资源管理主要分为三种功能,如图10.1所示:

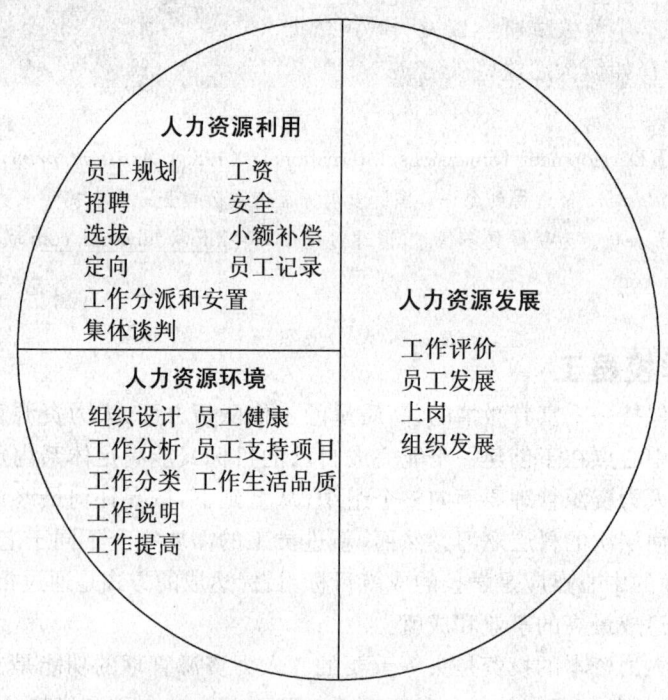

图10.1 人力资源管理的功能

今天，卡斯泰特（Castetter,1996）说：

> 人力资源功能模式不断地进化和扩展，超越了传统的记录、社会工作和集体讨价（collective bargaining）。今天的组织设计认为，人力资源的功能在任何组织实体中都是无比重要的。有组织而统一的系统各个部分通过人的行为而相互作用，以建立一种有生产力的公共机制。

> 各种人力资源开发功能中的哪一项可以帮助教师和学生尽可能成功地实现这个转换？解释人力资源的功能如何才能有益于这种状况。

二、工作分析、分类和员工规划

人力资源管理（human resource management, HRM）的各种功能可以被看做是从工作分析到工作分类和员工规划，再到员工工作记录结束的一系列过程。这种人事功能（personnel functions）的线性流动有助于组织考虑人力资源管理功能，因为实际上这种有秩序的线性流程很少存在，功能也不是单一的，而是一种系统过程各部分的整合。人力资源管理的过程始于达成共识的教育计划。实施一种新的教育计划，常常需要重新考虑政策和工作职责分配方面的变化，还要考虑组织机构方面的问题（Sredl & Rothwell, 1987）。

政策是为可接受的实际行动提供指南的。政策建议可以来自任何部门，但关于雇员的政策则主要由人力资源部门考虑并向局长办公室提出建议。最后，政策将提交给学校董事会，一旦通过就可以指导所有的未来行动。政策必须完整、简洁、清晰，有变通性，并具独特性（Clemmer, 1991, p.107）。政策必须给予持续的公正且平等的对待。虽然从法律上讲，政策是针对本学区的人事，但在与教师协会和其他组织的谈判过程中，政策又常常成为一个问题。下面是两例典型的政策陈述：

- 所有教师调动的最终决定将由教育局长做出。
- 如果必须在那些已获终身职务的教师中进行减员的话，这种减员应该以年资为基础，而这将取决于与学区所签合同中的全部年限。

工作分析和分类制度的用意就在于分解工作和活动，界定每个职位的责任，明确工作要求，并进行职位等级评定。组织结构图常常被用来了解组织的全貌，包括组织的主要功能、职位关系、权力和沟通渠道、监督和其他的组织管理形式。框10.1提供了组织结构形成的经典原则和责任分配。人力资源管理的一项重要功能就是规定组织内与每个职位有关的责任、权限和职责。工作分析和工作描述的完成，成为人事活动的一个必要组成部分（Webb & Norton, 1994）。

第十章 人力资源管理

> **框 10.1**
>
> **经典的组织结构的定义**
>
> 组织渠道——与正规组织内传递的信息渠道有关的监督和沟通渠道。
>
> 直线权力——组织内从上到下的主要的权力范围；线形职位上的雇员就组织的实际运行做出日常的决定。
>
> 员工权力——那些向一线管理者提供咨询和专门化服务的人员；员工责任包括表达、推荐、讨论、解释、评价和促进，但不是做出一线的决定。
>
> 指令统一——组织内每一个个体只向一个主管进行汇报并接受指令。
>
> 授　　权——应该给予最低层人员授权，因为他们需要信息、知识来做出决策，他们有能力做出决策。
>
> 控制范围——一名主管可以有效控制的、影响个体的因素：时间、智力、复杂性、责任、稳定性、能力、领导风格。
>
> 权责平衡——对于特定的任务，决策权力与实施责任应是平衡的。如果不平衡，责任就可能强化或者削弱权力，如此，会使当事人或其下属感到沮丧。
>
> 固定责任——应坚定地让员工承担成功完成任务的责任，使他们得到发展，自己完成工作，避免推卸责任。

重视组织、工作说明和分类、员工规划或者招聘和选择，但如果不恰当，就会削弱员工的能力，由此会减少组织获得长远成功的可能性。人力资源管理的功能是系统不可缺少的部分，任何因素的变化无疑都会影响到其他方面。图10.2表明了各种因素的相互作用。这些主要功能的发挥需要有关组织和劳力方面广泛的知识。

（一）工作分析

工作分析是收集和分析信息的过程，这些信息又是校长从事各种活动必不可少的。制定和更新所有职位的工作说明是第一步。人们必须知道他们要做些什么，必须具备什么资格，他们做出应聘决定想得到的工资待遇是多少。把职位按工作性质分类，把工作按大类（families）分类，确定工资和薪水比例，说明选拔、评价和培训的标准。根据工作分析所得的信息培训员工，公平雇佣机会法也要求雇员自己决定残疾人能否适合某项工作。

可以用不同的方式去完成工作分析，包括观察、工作抽样、面谈、问卷或诸如角色分析技巧和功能性工作分析的结构性方法，或者用经济学的方法，如共同测量问卷法（Common-Metric Questionnaire）等。对现有文献以及外部资源如《职业称谓词典》（*Dictionary of Occupational Titles*）的综合评价也有帮助。制定工作说明的意图是使类似的工作有章可循。工作分类最终以说明或规范（最低资格要求）的形式表现（如头衔、地位、关系、工作性质、责任、任务）。

> 找一份双语项目协调人、特殊教育协调人和校长的工作说明书,看看它们是怎么制定的,是否适合华盛顿小学和林肯小学。

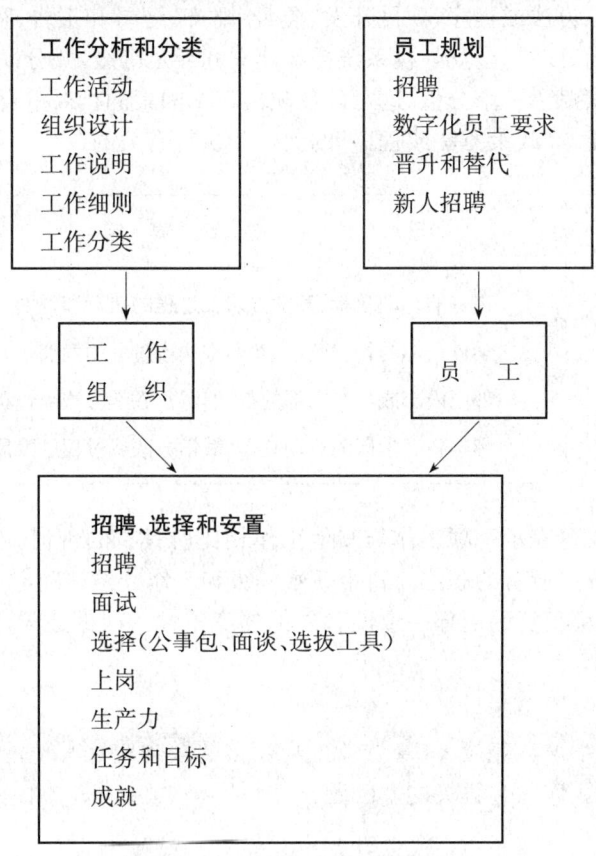

图 10.2 创建和界定需要的组织

(二) 工作分类

一旦工作被分析过后,也就可以根据相同的工作要求进行归类,转换成一般分类或薪水等级。尽管缺乏共性,但是亨德森(Henderson, 1985)还是根据关键因素相似对工作进行薪水等级分类。薪水等级是用来决定每个职位合理的薪水水平,不管这个职位目前是谁在干。用这种方法,工作分类制度可以评价某个职位与其他职位相比的相对价值。相比较而言,绩效评估是评估某个人在他的岗位上相对于其他人在此岗位上的工作业绩。如果一名员工对其薪水提出异议,那就需要有成熟的、理性的缘由来说明工资水平,这可以保持员工的士气和工作积极性。例如,如果你决定给一位中学校长比另一位校长更高的薪水,你需要有正当理由来避免有害的冲突。

大多数人力资源管理部门使用一项所谓的"因素点制度"(factor-point system)的工作分类技术。学校系统必须首先解决单个因素(factor)。据信,因素在决定组织内所有位置的相对价值时是非常重要的。弗吉尼亚州海滩公立学校系统选择的因素是"教育、经验、政策、方法或程序、项目开发、监督、财产、记录和报告、社区联系、学生和员工福利、工作紧张度"。公立学校系统需要建立和界定等级,并分配每个因素点。根据等级给每个因素赋予一个分值,这可以反映出每个因素的相对重要性。下面的等级和点数值的界定是与"政策方法或程序"的责任和执行有关的。

分　值	等　级　界　定
5	现有的行动政策、教学方法及过程的执行和说明。
10	学校内部的行动政策、教学方法或过程的发展。
15	部门内部或学校内部的行动政策、教学方法或过程的发展。
20	影响整个学区的行动政策、教学方法或过程的发展。

各个因素的总分表示一项工作与其他工作相比所具有的价值。一个委员会负责考评各个因素并评定所有的职位。每个薪水等级和工作分类都确定一个薪水范围,使用内外对比法,保证工资的内部一致性和外部的竞争性。根据建议,对工作进行的分类应每10年进行一次。

> 考虑一下这个建议,从事数学提高项目的教师应比其他的教师得到更多的报酬。你怎么解决这个问题?

(三)员工规划

任何招聘和选择员工的先决条件是对组织所需的员工进行评价。员工规划就是一个组织在一定时间内对员工需求数量和种类的预测。下面是必须回答的问题:

- 要给多少学生提供服务?
- 需要给学生提供什么样的教育服务项目?
- 把学生安排在哪里?现有的员工中哪些人适合教学?
- 为学生服务和开展教育服务项目需要什么支持?
- 财政资助应达到什么水平?
- 要招聘什么类型的人才?招聘多少?

一旦决定了教育计划,就要准备招聘计划。招聘计划的失误将会导致成本增大,导致人员过剩或短缺。有很多预测模式可以选择。大多数配置是根据每所学校预测的注册学生数来决定的。一旦学生数目确定下来,就可以用人员比(personnel ratio)或者数量化的员工需求比来决定人力资源的需求。麦凯南(McKenna,1965)建议,专业人员需求标准是67个教师比1 000名学生,他提出了如下的细目分类:

职　　位	1 000名学生所需员工
教师	45(22.2/1)
图书管理员	2
指导咨询员	2
阅读或讲话治疗教师	1
心理辅导员	1
保健专业人员	2
办公室文员	9
行政管理人员	3
教学指导专家	2
总　　计	67

最低的生师比率常常是有争议的,似乎由州教育委员会确定。例如,在一个有注册学生2万人的学校系统中,共有1 610名三年级的学生,如果生师比为23∶1,则整个三年级需要70名教师(1 610/23)。员工需求可以在所有年级阶段上计算,也可以以所有学校和学区为单位计算。最后招聘的人数应由学区人力资源需求和现在已经被招聘在职的人员数量比较而得出。退休、辞职、公休、解雇以及死亡都涉及人员数量。总数量有助于查明需求数量,凸现超员工作区(需大规模减员),明确员工的系统内流动(晋升、转岗、降级等),最终招聘的人数和人才类型可以满足未来之需要。

> 为华盛顿和林肯小学制定一份学生配置建议书。一旦你知道去每所学校的学生数量,那么你就可以决定每所学校、每个年级所需的师资和教辅人员的数量。然后可以决定两校的校长助理、双语项目教师、特殊教育协调员、资源管理员、咨询员的数量。根据年级和工作种类,应该需要招聘多少人员?怎么决定教师转岗的问题?

三、招聘

保证有合格技能的人选在恰当的时机去实施教育计划是至关重要的。能有效地调整人力资源的供应与需求是一名教育领导所要做的最重要工作之一。这个过程应首先设计吸引合格人员申请学区内的公开职位的招聘方法。职位空缺公示、广告、招聘组织、造访大学和专业组织、招聘介绍、工作招聘会、激励计划和其他学校制度等，都是一些可以利用的潜在资源。也许，在吸引合格人才方面，最重要的因素是学校和社区的声望和形象。其他影响招聘计划的因素是正面的积极行动和上岗机会、专业方面的谈判、薪水和附加待遇、学校政策、就业的连续性、雇佣关系、员工发展、机会的合理性以及工作本身的性质。

经常关注有多少人想成为教育工作者，他们的素质如何（Reagan，1981；Kean，1986；Task Force on Teaching，1986）。随着少数民族居民和妇女在商业、医药、法律和工程领域里就业机会的增加，在教育领域里就业的人数在减少。一些招聘单位预测，应聘人员的质量在下降，故着手制定鼓励高中学生做教师的计划，在地域上扩大招聘范围，并和州教育部联手制定其他的资格认定项目。他们还致力于研究导致优秀学生不愿意成为教师的因素。有一些体制外的主要因素如更高的薪水、持股权和其他经济上的回报可能会影响师资来源，其他的因素如教师得不到社会的尊敬也不容忽视。显然，储备库的质量就是选择从事教育事业的人员的质量。

成功的招聘需要有长远的眼光。对于受聘的每个人而言，成功的招聘也是一个持续的过程。此过程包括公示和收集申请材料，以做出初步的筛选决定。虽然可以集中招聘和筛选，但最好是把筛选工作下放到人选要去工作的单位进行。让他们从较大范围的面试人员中选择3—5位候选人，提供附带职位候选人信息的等级分类表，由某个人具体负责面试并做出聘用决定。应不失时机地、特别地签下那些可能被其他单位录用的、条件优越的候选人。如果没有找到合适的人选，最好——但常常并不总是可能的，保留此空缺，而不要去招聘不合适的人员。

> 对于这两所学校来说，应招聘具有什么素质的新教师将会特别有帮助？要具备你所要求的素质，一位教师应有的最佳条件是什么？你如何招聘他们？

四、选择

选择过程包括应聘者的资格与选择标准、工作说明、细则和工作组（work unit）的匹配。决定录用要和技能（他们是否做得了这份工作）、动机（他们是否愿意做这份工作）挂起钩来。参与面试的人员应该接受过培训并熟悉所有的规范，通晓员工录用的法律条文。无论是一个人还是一群人联合起来从事面试工作，步骤基本上是系统的。面试过程的6个经典步骤（Arons，1998）是：

（1）介绍和欢迎；

（2）取得应聘者的信息；

（3）给应聘者提供信息；
（4）回答提出的问题；
（5）面试总结；
（6）评价候选人。

介绍和欢迎阶段是先布置好面试环境与日程安排。环境安排应有助于建立和保持(自信心)亲密关系，使应聘者感到舒适安逸，增进信任，自由发言。给应聘者充分的时间展示自己，不应该打断他们的陈述。负责人在收集所需的信息时应创设一种积极的关系，还要控制场面。在面试前先研究应聘材料，查阅一下应聘者的经历及其学习工作过程，以及他的素质、态度、风格，还有材料的编排风格和支持性文件的有效性，逐条做好笔记以备面试使用。背景调查非常重要，但是要符合法律要求。面试应先让应聘者感到安心，说明时间限制，要面试何人。使用笔记本或者录音设备，还要规定应聘者回答问题的时间等。

获取信息是面试的中心内容，这要看负责面试的人提出问题的技巧。好的面试是能获取有关应聘者的完整且适合工作职位的信息。一个主要目标是，在讨论中让应聘人诚实坦率地表达思想。那么，最好在面试前先设计好问题。问题要具体，能识别应聘人承担具体职位责任的能力，评价欲求的具体特点。问题应是开放式的，给应聘人以机会来表达足够量的信息。

招聘人不应用任何形式的指导性信息和观点去引导应聘人。如，"我们学校正在推行合作教育，你认为这种方法有效吗？"这是一个无效问题，因为这既是一个导向性的问题，也是封闭式的问题。有一些问题不符合联邦法律和州的人权法律。最好直接问与工作有关的问题。在面试过程中，有效的倾听也是非常重要的。为提高倾听的技巧，提出一些一般性建议：

● 让答辩人清晰陈述、详细描述、反思（如告诉我更多信息；把一个陈述变成问题；沉默）。

● 总结或者再陈述主要观点（如总结过渡）。

● 把握主要观点，并且检验是否理解（如解释）。

● 控制你的情绪，在头脑中多思考一下。

● 避免做出假设。

● 承认你自己的偏见。

● 少说话。

● 学会接受没有错误的答案。

● 注意体态语言。

最好做一个简介，这有助于记住谈话，然后在面试之后立刻记下你的观察。

在提供信息阶段，应聘人需要了解工作职位性质，有关社区和学校系统的情况。薪水待遇、工作条件、政策和程序、同事、汇报关系（reporting relationship）、机会、员工发展和社区支持等，是人们关心的问题。小册子、手册、讲义材料、推广宣传材料可以给候选人提供必要的信息。这些信息可以使得候选人作出自己是否适合这个组织的更好的决定。由于这种原因，重要的是要营造一种积极的环境，把组织最好的一面展现出来，不带误导和过分吹嘘的信息，否则会导致愤怒、失误、混乱和损失。应给应聘人以时间来提出问题，并对提出的问题做好笔记。回答问题要简洁，面试场面要控制。

总结面试时应给候选人提供信息：下一步可能发生的事情，做出决定的时间期限，通知候选人的时间和方式等。无论他们能不能得到工作，所有被面试的人都应收到一封感谢信或电话，告知已经做出的决定。在送应聘人出场前应成功地结束面试。

评价候选人是对候选人的主要属性进行记录分类，以助最后的选择。最好有面试负责人分类评价表格，以便于比较不同应聘者的各项记录事项。许多面试负责人发现矩阵图表很有用，可以用来比较不同的应聘者对有关问题的反应。选聘员工是所有行政主管人最重要的决策，因为没有员工也就没有组织。记录信息有助于作出合理的决策。如果作出的决定可能收到种族歧视、偏见或者偏好的指控，记录信息可以提供清晰的听证证据。

> 你要根据什么标准为学校去选择教师和支持员工？招聘新人还是调动员工？你如何确定教师是否符合这些标准？

五、各种挑选方法

（一）观察者学院

包裹式的（packaged）、计划好的面试可以就某个职位向应聘人提出一系列问题，就他们对问题的应答打分。比较常见的例子是仿效盖洛普公司（Gallup, Inc）的教师和校长观察者系统（perceiver systems）。训练面试负责人"留神（listen for）"每个具体问题的陈诉。如果负责人听到"留神的内容"（即面试者要听到的内容），应聘人则得到"1"分，否则得"0"分。研究表明，得高分的候选人在工作中通常是效率比较高的人。许多使用这种系统的学校认为，这种方式提高了他们员工的素质。

例如，观察者系统可以就12个方面提出5个问题。对教师来说，这12个方面可以是任务、感受力、和谐动力（rapport drive）、个人洞察力、倾听、付出、工作动力（input drive）、格式塔（gestalt）、客观性和重心（focus）。面试者可以问："你的任务是什么？""你如何看待教育的意义？"留神的内容是"教育是学生发展、文明延续和民主赖以生存的根本"。一些学校已经为"留神"的问题和回答设计了标准答案。

（二）评价中心

评价中心原来是适合于管理职位评价的，现在更多的是为晋升决策服务。然而，这种方法却为选拔和员工发展的决策提供了一种模式。它本是模拟一个管理人员将要面临的情景，对管理职位候选人进行观察。当候选人参与各种活动时，一队受过训练的评价人对他们进行观察和分类，就一系列相关方面和技能对候选人作出评价，根据收集的证据去鉴别和衡量他们的管理才能。研究也倾向于说明，高参与率的人和低参与率的人相比，在随后的几年里能得到2—3倍的升迁机会。当他们得到升迁之后，又很有可能被描述为一个强有力的管理者(Bynham，1971；Bynham，1978；Schmitl et al.，1983；Richardson，1988)。

全国中学校长协会评价中心(NASSP Assessment Centre)的模式典型地生成了与关键技能相关的、如表10.1所示的行为数据(Hersey，1994；NASSP，1988)。

表 10.1

	校　　长		学区教育局长	
技　能	纬　度	纬　度		技　能
行政管理	问题分析	鼓励创新		教育创新
	判断	战略变革		
	组织能力	服务于多样性		
	决断力	支持者		
人际关系	领导	解释信息		分析和解决问题
	感受力	判断		
	压力忍受力	复杂问题分析		
沟通技巧	口头沟通	沟通		团队建设
	书面沟通	授权他人		
		平衡需要		
其他	兴趣范围	了解力量		扩展学习
	个人动机	获得知识		
	教育价值			

法院也支持基于评价中心的选拔或晋升决策(Berry，Stokes & Lant V.，*City of Omaha*)。每一位候选人的总结报告说明了他们的优缺点、需要改进的技能、职业发展建议以及不同候选人之间的对比。

其他可供使用的选拔方法有录像、文件包,也可以用其他形式的评价资料。

> 对于一个双语项目协调人的职位,你在面试时会问候选人一些什么问题?如果要为一个工作职位招聘合适的人选,对你的评价和最后决策影响最大的是什么标准?

六、工作评价

教育领域中的工作评价是一件非常困难的工作,但也是非常重要的。工作评价的重要目的是提高员工的专业水平和改进教学过程。它有两个目的:第一,形成性评价可以区分改进领域,设计发展计划;第二,总结性评价是对员工工作改进的整体质量和程度做出记录和积累,有助于就个体的续聘、薪水和晋升作出决策或支持这个决策。如此,评价就是一个持续的、贯穿于整个人生的发展过程。

人力资源管理更多涉及的,是评价过程的设计、改进和维持,负责员工评价、发展和监督的行业主管要使用这种管理方式。工作评价过程(图 10.3)强调三个阶段(选自 Ellena & Redfern,1972,经过修改)。

推行公正、客观和有意义的评价制度是教育管理人员的责任。

第一阶段 规划评价	第二阶段 收集信息
确立评价项目,制定评价的基准和标准,依据法律程序确定评价步骤	选择使用的评价技术,培训如何应用评价步骤,协调和监控对员工的评价

第三阶段 利用信息
举行有效的员工业绩讨论会,制定发展计划或帮助计划,做出个人工作和晋升决策

沟 通

图 10.3 工作评价过程的三阶段

(一)规划评价

如果员工知道或明确工作改进要求,那么他们就会做出必要的调整。如果缺乏这方面的反馈,那么就会导致他们在工作上犯更多、更大和时间更长的错误。因此,评价过程的目的就必须与员工的工作持续改进相关联。中心点是雇主和雇员对什么是高质量的工作达成共识。评价包括员工进步反馈制度,工作和发展的有效沟通方式也是制度的重要组成部分。如果员工相信并且依照评价结果行动,那么这种制度必须是可信的(Joint Committee on Standards for Education Evaluation,1988)。除非能被熟练使用,否则这种评价往往导致双方感觉不好,甚至产生误解,结果弊大于利。

工作评价的规划包含如下方面的内容,如评价哲学、目的、标准、目标、方法和技巧。促使进行评价的一些至关重要的理由是:
- 帮助员工评价和改进工作。
- 激励员工掌握知识,改进技术和方法。
- 让员工对自己的工作期望负责。
- 认可和奖励优异的工作。
- 确定和改进低效工作。
- 终止无能员工的工作。
- 规划专业发展和培训。
- 支持组织的可信度。

评价给员工提供了讨论其专业成长的机会,提供给他们及其组织可能改进课程、教学和学生学习的方法。

就本质而言,关于个人工作表现的沟通,对于组织和个人的专业生涯来说都是非常重要的,不应该草率地对待它。精确地、诚实地、建设性地、开诚布公地探讨员工的表现也是很重要的。在提供评价反馈时,评价人需要清楚他们的目标是什么,计划推行评价时也要明确目标。工作评价应由熟悉此项工作的人负责。评价过程必须充分考虑到所有的员工。

(二) 收集信息

谈到评价和评价人的可信度问题,这是有一定风险的。未来的关系及人和人之间的影响力,依赖于工作信息的精确度和质量,虽然可以使用多种评价方法,但大多数学校还是使用一种具体的评价表格,此表格是评价人在观察员工工作的前提下完成的。评价人和被评价人都要承担收集和交换各种工作资料的责任。最常见的方式是列表和分类,但近来文字描述法(essay approaches)逐渐流行。这种方法常常详细解释评价标准作为评价线索,使得评价人可以书面描述员工的工作表现,描述员工表现等级。

通常是由监督人(supervisors)来完成这一评价,但这是一种全方位的制度,监督人、同事和下属使用这种方法对个体进行评价。现已证明这种方法可以提高信息质量(Lepsinger & Yukl,1995;Church & Bracken,1997;Edwards & Ever,1996)。传统的从上到下的评价模式似乎与领导、观念和实践的现实发展不相吻合。全方位反馈的信息可以给我们提供关于工作属性的有用资料。员工对自己的优缺点有了更进一步的了解。这种制度有时候可以包括使用输入评价资料技术,并可以根据其他员工的评价模式得出比较性的报告。

韦勒、巴特雷和布兰德(Weller,Buttery & Bland,1994)发现,教师、校长和教育局长都认为教师可以对校长的领导素质和学校环境提供有效的评价和综合的、符合现实的观点。总的说来，全方位评价提供了关于员工发展指标的整体方法（holistic approach），但并非每个人都支持这种方法，甚至有些人认为这可能使员工控制了上司。

其他的技术与文件包、自评、认知辅导、家长和学生评价、刻意模仿（structured simulations）、录像、测试分数、成绩报告单、互动分析和行动研究都可以提供信息。关键是养成诊断性习惯，对工作过程和中长期发展、自我发展进行思考和反思。

新的教育方法——如建构主义，真实性学习等，是需要收集更多的各种资料以得到对工作的精确评价（Millman & Darling-Hammond, 1990, 1997; Wiggins, 1998）。评价教师的内容包括对学生的学习抽样、教学计划、教学活动、教师对学生学习的评价反馈、学生需要、学生进步分析。评价的重心要放在学生如何借助教学活动和决策来生成学习的，强调高水平知识和技能的评价（Darling-Hammond, 1998）。技术还可以生成更复杂的评价，生成更复杂的技能报告，可以更容易地完成评价。

（三）利用信息

在信息利用阶段，评价人和被评价人联合诊断、分析和讨论评价资料，进行计划并就随后的行动达成一致意见。如果员工的工作达到最低标准，需要对员工的工作构建一个"发展计划（development plan）"。如果员工的工作表现低于标准，给他（她）制定一个"帮助计划（plan of assistance）"，帮助他（她）提高工作水平，使之继续留在组织内工作。在评价制度中，工作评价会是非常重要的一步，因为这是一个提供反馈、反思、解决问题和生成未来发展计划的机会。只有完成这一步，工作评价才会产生。

讨论评价信息的第一步是鉴别工作水平的提升点。这一步需要营造一种支持性的、公开的氛围，所有人都可以自由表达他们的意见、观点和感受。讨论始于良好的沟通，就事情的发展进行交流，并贯穿于事情的良好进展，从更大的进步中获益。预见分歧，通过双方的讨论和问题解决来消除分歧。双方要了解进一步的发展涉及更广大领域的更多知识。工作水平的提升要求政策的变化，还要求改变工作期望，改变资源的利用方式，改变工作技能，或者要求员工本身提高工作水平。而提高始于咨询过程。

参与评价的人应积极倾听、透彻地讨论对方的观点，双方就具体行动达成一致意见后，确定后续行动的日期。双方都要学习，因为经验、知识、技能和观点可以积累起来，刺激新思想的产生，推动进步。反馈要放在具体的情景下，放在探索提高未来工作水平的方法上，积极开发潜能。最后的规划应：

- 维护员工的自豪感。
- 表明评价和发展规划是可信的。
- 考虑到与发展有关的优先事项。
- 考虑到规划的可行性和可管理性。
- 考虑到有效期。

● 考虑到规划涉及的成本开支。

所有评价、工作提高和发展计划、支持性文件和有效资料以及评价、推荐意见和各方面的反证(rebuttals)，都要放到员工的个人档案中。评价可以用于推荐、员工发展、委员会任命、晋升、职位调配、解雇等。各种表格和程序必须遵守应有的程序，要求对恶毒行为进行公开合理的规范过程，这样可以对违规行为进行客观的调查。合理的过程要求大量的书面文件和诚信判断，确定帮助计划，以及一致的、合理的、守纪律的行动。听证会和恳谈过程是必须有的，要依法行事。

推行工作评价制度最基本的理由是提升个人和组织结构的工作绩效，以便为学生和社会提供更有效的服务。这正如斯特朗格(James Stronge，1997)所指出的：

> 教师评价在形式上无非是这样一个过程，在一个既定的环境中决定个体行动、项目执行和学校运作过程。如果一种评价被看做是一种超越这些过程（如评价本身成了结果）的东西，那么它就会阻碍进步，成了不相干的东西了。如果低估了评价应有的价值（如表面看来，很少有或没有资源的配置，不合理的评价制度，残缺不全的实施计划），那么在很大程度上，学校、员工和公众就被剥夺了提高的机会，失去了从这种责任中获益的机会。无论我们和教育企业(educational enterprise)是什么关系，我们所有人都应该获得高质量的评价。教师评价体系的建立是立足于个体和组织的提高，并承诺去满足这种提高，更好地服务于我们的学生和社区。

如何利用工作评价制度，增加华盛顿小学和林肯小学学生获得成功体验的可能性？

七、员工发展

莎士比亚的著名诗句告诉我们："我们知道我们是什么，但不知道我们可能成为什么。"员工发展是这样一些活动和过程——提高技能，改变态度，增加理解，或者提高工作质量(Fullan，1990)。教育工作者承认，在帮助学校达到我们期望的高标准方面，培训是非常关键的。在组织内部，培训应发挥改造作用。作为文化变革、过程提高、个人成长、工作设计和持续提高的驱动力，培训发挥着关键的、综合的作用。发展应该致力于个体的学习和组织的提高。卡耐基教学促进基金会的已故主席博耶(Ernest Boyer)认为(引自 Cunningham & Gresso，1993)：

> 从我们现在所在的地方到我们要去的地方，惟一的方式就是员工培训……当你谈论学校改进时，你是在谈论人的素质的提高……学校就是人，所

第十章 人力资源管理

以谈到优异或者提高或者进步时,我们的确是关注构建这一切的人(p.173)。

成功的组织能促进一个人贯穿其职业生涯的持续的专业发展。

成功的员工发展模式与社区、学校和员工发展规划有着内在的联系。在一个清晰连续的计划中,每一方的提高都会促进另一方的提高。个体发展和改进工作的责任必须取决于个体自己。人力资源管理部门的作用是咨询,和从事员工发展的人一道制定计划。发展活动可以清除差异,推广新项目,引进新员工,帮助新员工,促进持续改进,提高能力,改进学校,扩展兴趣,为工作变动做好准备。当然还有其他好处。董事会成员、管理者、教师、未获得证书的人员,都可以努力发展,他们是教育过程的一个组成部分。

这个过程从制定发展规划开始。规划可以平衡短期和长期的需要。领导的作用是协助者、教练、顾问和建议者。培训必须有预见性,并且与学校的价值观、优先事项、目标和战略紧密相关,这是非常重要的。培训必须与工作紧密结合,必须支持发展,支持实施新的、被认可的教育方法。如此,培训的重心就在改进的过程和结果上。框10.2提供了与员工发展活动有关的非常有用的清单。有清晰的愿景、规划和同事的支持,员工发展就能成为学校持续改进的有力中介。

框 10.2

规划团队员工发展活动的清单

A. 在规划"在职计划"之前,一定要:

1. 明确在计划结束时,参加者可能做些什么(预期的结果)。
2. 考虑各种推行服务项目的方法(如,工作场所,独立学习,大学课程,电视电话会议,网络)。
3. 判断在职计划的预期结果是否适合所有未来的参加者。
4. 收集未来的参加者的信息资料用于项目规划,确定你认为他们需要知道什么,他们认为他们应该知道什么,他们已经知道了什么。

B. 在规划"在职计划"时,一定要:

1. 明确规划的团队要包括咨询人员和适当的校内代表。
2. 确保在同一背景中具有良好记录的人来领导这个在职计划。
3. 总结从教师、项目评价和工作评估等处收集的信息,并使规划小组利用这类总结。
4. 通过研究、咨询专业协会、上网查询,求助于州和联邦教育部门以及商业机构,还可以从大学获得信息,或吸取示范项目的优点,把这些作为规划的基础。
5. 考虑提供各种活动——演讲、团队工作、角色扮演、能力本位培训、多媒体、展示会、模仿、远程学习、网络交流。
6. 考虑个人差异和选择的多样性。

> 7. 及时为成员提供有利的条件。
> 8. 在项目实施之前,和未来的参与者交流目标,表示出对他们的期望。
> 9. 选择合适的项目实验场所,方便参与者,安排合适的设备和其他的物品。
> **C. 在实施"在职计划"时,一定要:**
> 1. 允许参加者转换角色,从实施者变成学习者。
> 2. 让在场的人知道,在这儿为什么有那些资源可以利用。
> 3. 在项目实施的过程中,检查参加者的态度、情感和知识。
> 4. 为了满足参加者的需要,允许偏离计划。
> 5. 安排参加者与各种人一起工作,可以利用各种资源。
> 6. 使参加者能把项目结果与自己的工作背景联系起来。

全国教学和美国未来委员会(National Commission on Teaching & America's Future,1996)发现,"教师一致认为,当他们参加新的专业发展项目时,他们都经历了很多有影响的学习过程。这些项目有:教师的网络培训,学术研讨,参加提高专业发展的学校和国家证书委员会举办的培训,以及参加教学团队,行动研究计划和校内学习团队等。"电子技术传递了信息,有助于知识和技能的发展,使员工的发展活动有了革命性的变化。如电视电话会议又打破了时空的限制,使发展活动手段多样化。因特网作为一种即时的多媒体培训手段又提供了24小时服务。基于计算机的培训和CD-ROM已经是,而且将继续是发展活动所选择的方法。与时代变化保持同步将是一个最大的挑战。

草拟一些具体的员工发展活动,促进两校师生的转变,或者提高员工的能力,使他们在容量调整计划实施后能取得成功。

(一) 员工支持

在所有的学校系统,员工的健康和个人问题都会从反面影响他们的工作、生产力和工作满意度。现在,雇主给员工提供支持,以取代不良的工作评价、支持计划和工作终止。之所以重视员工支持,是因为组织认识到,帮助员工发展所需的成本更低,而且比找人取代他们更能激励人。有些员工表现出过度的心不在焉或反应迟钝,工作质量下降,行为反常,兴趣淡漠,教学事故频出,情绪压抑,身体健康状况欠佳,脾气暴躁或浪费财物,这些或许是仅靠纪律约束而无法解决的个人问题,但可通过员工支持计划(employee assistance program,EAP)给予正当的干预。

员工支持计划是一种免费的、保密的、自愿参加的项目,它拥有一种有助于员工获得健康和个人问题方面的咨询和医疗服务的正规结构。员工支持计划是根据个人的工作能力提供问题解决的办法。计划的重要部分就是选择有效率的社区服务者,并和他们保持联系。这个项目允许自我治疗、同伴治疗或上司治疗，但由员工自己决定他们是否参加这个项目。指导性治疗常常被当做是一种管理方法，在改进不为大家所接受的工作行为方面为管理者和员工提供帮助，而这类工作行为又可能源于个人的问题。

这种治疗情况可以是持续的，一直到员工不再需要接受这种服务，或者是通过纪律行动而使员工受到约束和终止。自我治疗完全由员工自己决定；员工和服务提供人决定服务终止的时间。超过12％的劳动者得到过某种类型的员工服务。它覆盖了各类员工，包括很多老资格的员工。根据学区的统计，参加者说无论在工作场所还是不在工作场所，他们的表现有了极大的好转，而他们的"老板"也说员工的工作表现有了很快的提高。超过90％的参加者声称，他们愿意推荐这个项目。

（二）健康项目

保健费用和聘用候补教师的费用在过去几十年里增长很快，这使得很多学校系统重视健康项目。统计数据显示，实施健康项目以后，医疗保健费用大幅下降，员工因健康原因不来上班的情况大大减少（Health Insurance Association of America，1986）。健康项目的本意就是倡导有助健康的行为，如不吸烟、不酗酒、不滥用毒品，注意营养，加强体育锻炼，注意安全，减轻压力，提高对环境的感受性。大量的健康项目都强调对健康的生活方式负责，养成预防性的健康习惯，教育员工控制危害性因素。

> 在这两所学校中，哪些支持项目和健康项目可能对员工特别有帮助？

第三个千年的人力资源管理

雷沃勒（Ronald Rebore）
圣·路易斯大学

因为学区是人力资源的服务机构，所以人力资源管理成为它们最主要的管理责任，在整个学区发挥着重要功能。因此，负责人力资源管理的管理者必须持续评价这项功能，不断变化，满足需要。在公共学区，人力资源管理必须面对未来的挑战。学区更富人性化、技术制度化、功能分散化、下属决定原则（授权）的日益使用等，都是可能的例证。

人性化的学区已经成为必需，考虑到以下现象：工作压力不断增加的教师员工、挥之不去的不平等、员工组成的多样化、家长和纳税人的不现实要求、学生的不良行为，等等。环境变化的不确定性要求教师、行政管理人员和学校的其他员工承担着原本不是他们的责任。此外，令教师员工感到苦恼的事实是，个人能力不能和他们承担的责任相匹配。要么人们的能力没有受到挑战，要么受到过度挑战，结果就产生了压力。

有些人因为年龄、能力缺失、种族或性别等问题，学区未能充分代表他们或无法发挥他们的作用，因而他们的工作表现不好，还可能招致法律的制裁。人力资源管理者必须关注这些与工作压力有关的症状。他们可以在员工支持项目中找到方法，去治疗那些正经历这些压力的教师。对管理实践的进一步评价，可以找出同样成为压力之源的系统的问题。

技术的制度化给管理者提供了发挥人力资源功能的多种选择。微机管理可以减少混乱，更有效地发挥员工的作用。合适的软件可以使一个人能及时有效地处理几百份申请书。电脑可以轻松地完成现有员工和申请人的技能目录清单，可以开列出新位置的可能候选人和晋升方面人员的名单。

同在一个地域的学区可以采取合作，这是一种人力资源规划和人员聘用的有效方法。申请人员只需填一份表格就可以利用互联网发送给多个学区。员工也可以把自己的简历上网，应聘资料可以通过网络发送给多个学区。用人单位可以通过网络浏览，发现可能的职位人选。面试也可以利用远距离沟通技术。这样，人力资源的计划和预测就与招聘和选拔过程结合起来，可以更及时地聘用候选人。

在选拔过程中，申请人提交自己的录像，提供信息，以加强未来面试的效果。当然，安全是主要的问题，这不仅要考虑到未经授权的观看录像和获取信息是非法的，而且还要考虑到信息的可靠性，只有可靠的信息才可以输入电脑。

以上所述的技术制度化不可避免地分散了人力资源功能的某些方面。它不再是专为校长而设，教师员工可以到信息中心浏览所需信息和支持性文件。选拔标准可以通过传真或打印机输出。如前所述，这种方式可以发挥人力资源管理的更大作用，降低成本，分散功能因素，甚至可以减轻被选拔者的压力。

最后，人力资源功能的改变和修正所产生的结果应该可以有助于下属决定原则（参见框 10.1 的"授权"）的实施。基本而言，这个原则所表达的是，在组织内，决定的做出和任务的实施应该落实到最接近这一任务的层面。电脑的应用及其带来的功能分散，可以让各个层次上的人去完成人力资源管理任务，而这些任务原来都是集权制管理和行使的。

当然，这儿所描述的变革必须要求员工自身的发展，但是实施水平是可以通过技术手段而加以提高的。安装有摄像机的电子教室可以使人们进行远距离的互动，可以使人们对人力资源功能不断变化的作用和承担的责任有更多的认识和了解。

八、组织发展

组织发展（organizational development）是导向建立和维护组织健康的一个计划过程，是通过应用行为科学技术、研究和理论改变组织文化的过程。莱温（Kurt

Lewin,1951)模式常被用来挑战平台培训计划（platform training programs），其目的是为了支持改变已有的态度、价值观、信仰和行为，开放思维来面对各种不确定性。莱温把这个预习（prelearning）过程描述为"解冻（unfreezing）"。学习者通过开放思维来"处理"新观点和学习，并把它作为结果。解冻伴随着新态度、信仰和行为而来，当组织达到一个新的平衡状态，新态度、信仰和行为就会稳定下来。这个三步变化过程为组织发展的所有途径提供了一个总的框架。

组织发展需要收集资料、诊断情景、适度干预、控制和稳定结果。行动研究是基本的方法（Lippit, Watson & Westly, 1958）。适度干预是基于仔细诊断，解决具体问题，改进组织功能和特别领域。可能的组织发展干预包括团队建设、过程咨询、会议、T-组织、质量环（quality circles）、工作生活质量（quality-of-work-life）和组织健康分析。行动研究过程常常导致组织或个人的混乱（解冻），期望学习（处理）发生，从而带来组织功能的提高（再冻结）。很多组织发展的顾问和咨询人员相信，这是组织提升的惟一方式（Schmuck & Runkel, 1985）。

> 如何使用组织发展模式去解决能力调整计划实施所带来的问题？

九、薪水和报酬的考虑

如前所述，工作分类制度把工作分成不同种类和等级，因此产生不同的待遇等级，从最低水平到最高水平。报酬制度决定不同层次工作的薪酬。建立工作岗位报酬制度是最终目标。这个计划应吸引、留住和激励合格的能干的员工，还要和其他工业领域的薪资保持一致，让纳税人可以接受。报酬制度采取了工资、薪水和小额优惠（wages, salaries, benefits）的形式。

把教师的工资和在工商领域里的人员工资相比较，人们对付给教师的工资一直争论不休（Benett, 1998; Carter & Cunningham, 1997）。教师的起点薪水是6 000—10 000美元，低于其他领域里的人员的工资水平，而且这个鸿沟在不断地扩大，贯穿于教师的整个职业生涯（Rollefson & Rohr, 1993）。对比教育局长和有持股权的首席执行官（CEO）的待遇，平均差异约为20 000—80 000美元。薪水的不平等导致了人们宁愿选择其他行业，而不是教育，在教育单位工作会让他们感觉受到欺骗。

除了不同专业领域的薪水差别，不同地区、州甚至学区的教师薪水差异也很大。东北部和远西（far-west）地区的教师工资一直最高，而南部地区最低。在阿拉斯加、纽约和密歇根，工资是比较高的，而在密西西比、南达科他、阿肯色和缅因州，工资是比较低的。同一地区内不同学区的校长的起点工资差距可能达到5 000—7 000美元。条件好的候选人倾向于到薪水较高的地方工作。人力资源管理的专业人员的重要职责，就是会同教育局长和学校董事会保证工资具有竞争力，把能力强的人吸引到本学区。

建立一个报酬制度首先要明确每项工作和报酬等级的经济价值。一种方法是确立一个基本率(base rate),用它说明每个报酬等级与基本等级的差异。所有的报酬工作都可以根据其经济价值在基本报酬和最高报酬之间定位。薪水范围可以使我们了解到个体的不同,这可以根据学业准备、经验和工作表现(确定这些因素可以通过合法要求)、正常工作表现差异和道德义务等影响报酬等级的因素来了解。工资表和实施这份工资表的规则、条文和程序就是学区的工资政策。相同的学业准备和经验应得到相同的工资报酬,并且在每一报酬等级内可以自动晋升一级。在很多情况下,工资表是矩阵结构的,工资数量是可以相加的。这些常常是指"量(scales)",对应学术水平和专业准备差异;排(rows)常常是指"层级(steps)",对应"经验"量。在工资表计划方面,并没有什么标准可循。

筹划工资表的方法多种多样,包括固定工资收益、变动工资收益,包括单项指标和综合指标。使用何种方法取决于你如何分配报酬。有些方法可以表明年资高的员工的工资增加比例;有些方法如综合指数可以保证每个人在每一层级上员工增长的相同比例,这就和年资没有关系了。其他报酬包括额外的责任、加班工资和工作表现奖励。合成结构(resulting structure)应显示出不同工作的合理差异,对外要有充分的竞争力以吸引有才能的人,并留住他们,对内还要承认员工之间的差异,可以就不同的报酬问题提供合理的解决办法。

很多报酬计划的问题是没有考虑到工作表现。最能干的和最差的教师在他们的职业生涯中得到的待遇相同,只要他们的职业准备和经历相同。有人认为这种制度只会导致动机低下和工作质量低下。从本质上说,这是不公平的(National Governors Association,1986)。工作报酬就是要改进过去那种单纯的工资自动晋升。工作表现报酬包括绩优奖(merit pay)、员工分级(differentiated staffing)、工作表现合同(performance contracting)和鼓励奖(incentive pay)。

绩优奖至少部分是根据教师的工作质量来定的。通过认可不同水平的工作价值来决定报酬。这种想法是基于对员工不同的贡献给予不同的报酬。成功的"绩优奖"计划的关键是工作评价制度。如果员工相信这个评价计划,他们常常是支持这一绩优奖计划的。

最简单的形式就是把工作表现收益——从最差到最突出——增加进单一的工资表。较为复杂的做法则包括点或单元系统(point or unit systems)以及薪水表现公式(salary performance formulas)。反对绩优奖的观点认为,这会产生嫉妒、不信任和冲突,削弱了合作精神和团队工作精神,评价者的权力过大,或者由于评价制度不合理而导致失败,缺乏合格的评价人,或者相同工作的报酬不同。

改进这一制度的最新建议所关注的,是以团队评价为基础的团队层面绩优奖(group-level merit pay),其重心往往放在满足顾客期望和达到标准上。团队成员共同对他们的工作表现负责,由于其意义大,相关度高,更容易得到认可。根据团队集体的工作表现,决定对其成员的奖励和处罚,并把注意力放在改进集体的进步上,放在成员对团队的贡献上。例如,在1990年下半年,肯塔基州褒奖了团队的共同努力,奖励那些超越州学校标准的团队成员各2 000美元。北卡罗来纳州奖励1 500美元。学校董事会决定如何分配这笔钱,包括给教师的分红。问题是这种方法忽略了个人的工作实绩,批评是来自团队而不是员工个体了。

员工分级,或称职业阶梯(career ladders),可以产生不同的角色,使得教师承担的责任不同,创意不同,权力不同,且与他们的兴趣、才能和工作相匹配。在工作的评估决定了学业准备的情况时,这种结构提供了承担更为复杂和要求多样的角色的机会。一般而言,员工分级计划要求有尽可能多的晋升渠道和层次,以便给员工扩大责任和增加报酬。例如,大多数教师难有提升的机会。从职业角度看,职位提升和报酬刺激不会强化作为一种职业的教学工作,它们强化的只是教育管理。教学上的所有晋升渠道导致教师离开教室。同时,所有教师都被看做是内部变化的部分,而不管他们的才能、经验或工作情况如何,因为在他们中间,没有结构性条款表明他们之间的差异。

教学上可能晋升的渠道包括助理(associate)教师、普通(staff)教师、资深(senior)教师和主任(master)教师。主任教师从事课程、教学、考试和学生指导有关的工作,只有40%左右的时间放在课堂教学上。主任教师可以获得与校长助理基本相同的待遇。这个项目在田纳西、佛罗里达、犹他州以及夏洛特-麦可林堡(Charlott-Mecklenburg)推行过,并得到过一个混合性的评价。高度紧张的教师关系和低下的教师士气使得田纳西州不得不重新评价自己的制度,而犹他州的教师却认为这个计划提高了教师的士气和学生的学业表现。1998年,马萨诸塞州评出了一批由全国专业教学标准委员会(National Board of Professional Teaching Standards)认证的工作表现出色的主任教师。

鼓励性报酬和工作表现合同是工资补充或是完成特别任务的奖金。在20世纪60、70年代,这种办法特别流行。然而到了90年代后期,这一方法似乎又重新引起人们的兴趣。总的目标是根据学生实际取得的学业进步来给教师报酬。这种办法都不大成功,但有些州,如宾夕法尼亚、纽约和俄亥俄,却千方百计把报酬与结果挂钩。1995年,费城学区的霍恩贝克(David Hornbeck)教育局长把合同激励与学生学业挂起钩来。他希望把相同的责任扩大到所有教师。鼓励性报酬则是明尼阿波里斯公立学校一项失败计划的一部分。

在低成就学校,校长和教师可能会失去他们的工作,其学校则被"重组"(reconstituted),要求教职工重新申请上岗。在进行校长和教师评价以及在实施根据学业成绩提高薪酬(pay-for-improvement)的计划时,学生的学业成绩则是必须考虑的。很多州为鼓励教师去获取全国专业教学标准委员会的证书而制定了激励措施,如佛罗里达就给成功完成这一过程的教师加薪10%。尽管这些措施依然存在,但大多数激励计划却被认为是矛盾的,具有双重的结果,而且未能得到教师工会的支持,因为教师工会更支持所有教师每年都能获得有保证的年薪增长,而不论他们的工作如何。

> 采用什么样的报酬制度可以支持和加强华盛顿小学和林肯小学将要进行的改革?你支持这些观点吗?为什么支持和为什么不支持?

津贴

津贴(养老金、保险金之类)给雇员提供了帮助和保护,不是依工作表现而定。它已占雇员总报酬的约 35%。根据法律条款,作为雇佣方的学区必须给雇员提供安全保险金、退休保险金、健康保险金、失业补偿金和工人补偿金(workers' compensation)。这五金以及假期最低工资是弹性收益(flexible-benefit)中的主要部分,故有时称之为"自助餐或市场筐计划"(cafeteria or market-basket program)。

其他津贴包括请假、安全、免费午餐、定期体检、牙病保险、储蓄奖励计划、旅游费、课时补贴、带薪假期、建议奖、娱乐项目,以及扩展了的核心范围。津贴是报酬项目的重要组成部分,它影响到招聘、雇佣和雇员的士气。

> 学生的学习成绩突出,教师可以获得什么奖励?

十、集体讨价

集体讨价(collective bargaining)是雇主和雇员组织之间进行谈判的过程,常常就具体的条款进行谈判,明确工作条件、雇员及其组织的权利,以及解决争端的程序。各州在这些方面都有立法:如何处理有失公允的行为、劳工法管理、谈判事项决定、陷入僵局的处理程序、禁止教师罢工等,以保证一个有序的谈判过程。另外,学校董事会已经更加严格地限定了与教师谈判的范围。

如果雇主和雇员组织未能就合同达成一致,或者在财政预算期限前 90 天无法达成一致,一个学区自然就会陷入僵局。在碰面协商的过程中,谈判单位要充当学校董事会的顾问,来判定谁对合同负有法律责任,根据教师的意见制定合同,但这时教师的意见往往没有什么影响了,因为控制方可能忽视教师的意见。

面对面谈判和上诉谈判(谈判之后再上诉),可能会在更多条款上出现僵局。上诉程序允许雇员组织和雇主寻求帮助解决争议。解决争议的方法可以通过调解、实况调查、仲裁,或者是其他形式的帮助,如第三方调解。实况调查是委托一个中立小组收集材料、分析争议、提交有关的事实和问题的报告,提出解决建议。实况调查不是约束性的,但是由于调查结果常常公开,并引起行政当局的关注,所以常常影响很大。

仲裁是争议双方把他们的观点提交给第三方来决定的过程,第三方有时是来自美国仲裁协会(American Arbitration Association)。这一决定是经过深思熟虑的,是双方自愿的,或者是强制性的,由双方认可的。最后的步骤如批准和达成协商须依据集体讨价程序的条例。法庭判决命令使个体或组织免于从事法庭认为违法或有害的行为。违反和破坏法律会被以蔑视法庭判决而受到惩处,其结果会被判刑或者被判罚款。如果罢工是合法的,那么学区就要拟订一个罢工计划。计划最重要的部分是沟通,因为沟通可以提供信息,可以对新闻媒体、家长、员工、安全官员和社区其他人员的反应及时做出应对。这个计划还要明确具体发言人以及决策中心。

集体讨价程序往往要致力于诸如此类的问题:教师的工作量、义务、评价和发展任务(development assignment)、薪水和小额优惠、校历、课程内容和质量、管理权限、申诉程序、非罢工条款(non-strike provision)、结束条款(a zipper clause)(当谈判重开时)、裁员(reduction in force)、班级规模、核查(权力集中)程序等(Hoyle et al.,1990)。但也有一个明显的问题,就是决定什么是可以谈判的,什么是学校董事会应该承担的政策性责任。涉及所有问题的书面协议是必需的,因为书面协议可以明确协议各方的基本权利,避免后面产生的冲突。协议要非常具体,常常超过50多页。重要的是这一合同要得到管理以确保不发生任何违反的事情。近年来,有许多双方得益或"双赢"的讨价,这免除了在某些学区存在的激烈的对抗性关系。哈里斯和蒙克(Harris & Monk)建议道:

> 面对他们是否能够确保与工资、工作时间和条件相联系的额外让步(尤其当这些让步与公共教育资助有关时)的现实,工会领导人在20世纪80年代中期开始重新思考教育上集体讨价的作用。教师工会和学区管理层相互掐脖子已经多年了,尤其是在这种背景下,工会领导人开始了"双赢"的谈判或双方获益的讨价,调和以前那种悲苦紧张的关系……教师工会官员和学区管理者之间的双赢谈判或类似消除对抗性的行动,开始走向讨价行动,代表各方合法利益的派别也以积极的态度对待这种行动。面对教育资源可利用水平不断下降和公众需求的变化,并受到对自身的局限性的认识的刺激,教师工会官员和学区管理人员已着手推行一些项目,促进教学的专业化发展,促进学校的重建(p. 227)。

关于集体讨价的考虑是如何在这两所学校中促进规划的变革或使这些更为复杂?

十一、雇员记录和报告

有效的人事管理需要搜集、保留、分析和报道大量的关于教师员工的信息,这些信息涉及到上面讨论的人力资源功能。记录和报道是人事部门的日常工作职责,这项工作始于工作分析、招聘、行动确定、申请信息,还要覆盖面试退出、失业保险、索赔和退休事宜。现代技术手段已经使得信息收集、保存和传送更有效率,使得决策质量有了很大提高。例如,建立详细的技能清单系统(skills inventory system)能使我们把职位要求输入电脑,根据清单就可以开列出现有的人员中谁具有符合职位要求的资格。如果信息被保存在一个单独的自动的人士或工资卷宗内,那么信息就有可能更可信。所有更新的内容都要存放在这样单独的综合卷宗内。

一些法律条文陈述了保护雇员个人隐私的重要性,这些在做记录和汇报时必须考虑到。这是一个相对模糊的任务,但是为了顺利实施学校制度,还是非常必要的。为了应对从学校的教育规划到反诉讼等各方面的事宜,关于员工的信息还是精确无误为好。

十二、员工诉讼

在所有的问题中,恐怕是整个社会好诉讼的本性对人力资源开发的影响最大。罗沃雷(Robore,1998)声称,"在过去的 10 年里,各学区的诉讼案件有了很大的增长。另外,从法律角度而言,人事管理今天比 10 年前更易受到攻击。"(p.333)人事管理人员必须谨慎地权衡所有决定,保证从伦理学上讲他们是负责的,在法律上是可以站得住脚的(参见第七章和第十章)。他们必须保存好各种必要的记录,支持人力资源开发的决策。罗沃雷继续说,"人事政策是有效人力资源管理的关键。学校董事会在制定发展政策时,应该深思熟虑,确保有可以辩护的人事行动。"(p.334)

> 关于教职员工的调动,要收集和使用什么信息用于决策,而又能使学校免于诉讼?

满足人的需要

斯皮兰(Robert R. Spillane)
华盛顿特区海外学校办公室

做好任何事情的关键是知道目的。这一点千真万确,就好比管理和领导的其他功能要达到的目的一样,好的管理和领导必须要达到一个好的目的。

在学校内部,满足人的需要是学校和教育的主要所在。在陈述学校目的方面,有两句格言左右着我的思想,第一句是"主要的事情就是让主要的事情成为主要的事情"(The main thing is to keep the main thing the main thing)。这里,主要的事情就是学习,管理者所做的任何事情必须保证和促进学习。第二句是"如果学校对什么事情都负责任,那它就什么责任也负不了"。学校需要对保证和促进学习负责,它所做的任何其他事情必须围绕这个终极目的。

第一句格言是针对学习的行动。第二句格言是针对学习的结果——学生的真正成就,而不仅仅是使学生取得成就的努力。

任何一个曾管理过一个大的学校体系的人都承认,"关注学习"并不是一件容易的事情。在很多情况下,最高的形象问题(highest-profile issues)相对于主要的事情而言都是次要的。对管理者来说,压力来自于他们对每一位学生的每一个需要都要负责,并把所有时间都花在处理诸如运动队、交通、预算、健康服务和个人生活服务上。无疑,一位教育局长是要处理这些事情的,但是他(她)有必要向学校系统和社区传递这样的信息,即那些在学校里工作的人必须关注学生的成就并对此负责。

在学校管理人员的工作中,学生的学业和其他需要之间的冲突不断发生。几年前,那时学校的财政状况还是很紧张的,参加游泳和潜水项目的学生的家长带着极大的兴趣努力游说学校董事会保证预算资金。这些家长排队参加校董会,给每位董事会成员说话、递条子,做一切能做的事情去争取符合他们利益的项目。他们充满感情地诉说,通过援引游泳和潜水项目的学生的学业水平,来证明这个项目可以帮助学生取得很高的学业成就。学校试图向他们解释他们所争论的内容是互相联系的,但那没用,家长们根本不听,他们只要自己的项目。最终,资金预算又恢复原样,大幅削减员工发展计划所需的资金。那一年整个困难的预算过程显然比用员工发展来替换游泳和潜水项目复杂得多,但两者的并重问题却反映了"重心"和"责任"之间的关系不清,而这正是美国学校系统中关于学生需要的讨论的中心问题。

既要着眼于学生的学业成就,但又必须满足教师员工的发展需要。最重要的问题是给教学以强有力的支持,其中包括员工发展、课程教材和学科专家的热线帮助(on-call help)。在财政比较困难的时期,这一类的支持项目(特别是员工发展)首先遭到削减,如同我们上面所看到的员工发展与学生的游泳项目相抵触那样。常常,那些为私营或公立部门工作的学校董事会成员,尽管他们的雇主为自己的雇员提供了实质性的员工发展计划,但又将教师的员工发展看做是最容易削减的。

鉴于这些问题,似乎很清楚的是,管理者需要采取两步走的方法。但两步走都不容易。首先要确保学校正在执行的课程体系、教学支持和员工发展是一致的,而且是以有充分证明的研究为基础的(记住,学校应该坚持的,是为学校的学术性学习负责)。第二步是确保整个学校系统的教师员工、董事会和社区都了解学校系统以及这一系统是如何与学术性学习相联系的。

确保公布的课程正确无错并阐明理由是一件困难的事,但对于未来的管理者来说,做到这一点又是至关重要的。管理者要对学校教育的结果负重大责任。如果你拥有课程设置的权利,你的教师又能理解它,你就可以保留住这些课程。你给予教师的教学支持将满足他们最重要的人类需要——成功地去做他们的事情。要满足这种需要,就应该指导所有的人力资源管理活动。

管理者必须传递这样一种清晰的信息,为了培育和提高学生的学业成就,教师的能力要得到判定、认可和奖励。长久以来,我相信对教师的这种评价,也相信基于这种评价基础上的经济奖励的效果。我在费尔法克斯县公立学校(Fairfax County Public Schools)任教育局长达10年之久,在此期间由我发起并监督实施的教师工作业绩评价项目(teacher performance evaluation program,TPEP),继续保证着该学校系统中教师的优异。教师工作业绩评价项目中的"绩优奖金"曾经颁发给2 000多位教师,但这一奖金已经停止执行了。我期望这种绩优奖金制能够重新回到整个美国,因为学校为此会不断强化其责任。我们为使期望明确并帮助教师成功所能做的一切,就是帮助满足教师最重要的需要。

要记住,在管理人们的需要时,主要的事情就是你做这些事情的目的。对你和教职员工而言,如果你的目的明确,你就会做好准备去做出艰难的选择,而这些选择正是每一位学校管理者在未来若干年中必须要做的。在所有各个层面,重心(focus)和绩效责任(accountability)是未来若干年中所有学校管理工作的关键词语。将努力集中于学生的学业成就的管理者,是能够满足学生和员工的需要的。

十三、结论

赖克(Robert Reich,1997)通过了解雇员的态度评价了人力资源功能的有效性:"我说,'给我谈谈公司的事情。'如果这个人说'我们(we or us)',我就知道这个人'强烈地依赖于组织'。如他说'他们(they or them)',我知道此人缺少'亲密感(sense of linkage)'。"但是这种亲密感在人力资源开发上发挥着重要的作用。某个人被安排到组织内的合适位置上了吗?作为一个大整体的部分,他(她)感到得到支持了吗?如果答复是肯定的,那么人力资源开发的功能就发挥出来了。

既然人力资源可以是象征性的,那么这项服务功能就超越了功能需要,为个体与组织之间的关系提供了有益的帮助。组织的支持褒奖了个人对组织的认同感,褒奖了他(她)做出的和将要做出的对组织的贡献。研究表明,当一个组织愿意做有益于其成员的事情,这显示了员工对组织的价值,也显示了组织对员工福祉的关心,那么他们会以更高的积极性和更大的忠诚来回报组织。有效的人力资源管理可努力提供一种比较丰富的资源,吸引有能力的员工,培养和褒奖他们,并建立一种可以留住他们的关系。

通过使学校系统的员工社会化而使他们融合到学校文化中,这将继续成为一项必要的组织实践。多样化的支持——补偿金、员工发展和其他激励、有效的上岗培训、尊敬、公正和有益的评价程序、其他确立良好的人力资源开发的功能——有助于学校取得更优异的成就。这种努力与高度信任和依赖联系在一起,与持续的组织学习、更强的责任心、对变革的认可和更大的组织成就联系在一起。员工往往把他们的组织描述成密切的联系体(close-knit),他们甚至在离开了这个组织后还与组织保持着联系。

一个组织的智力资本是成功的关键。人力资源开发部对获得、保持并发展这一智力资本负有责任。成功的学区要精心地考虑他们对学区的智力资本所做的投资,这些就是人力资源开发的功能。

档案袋物品

- 为校长、指导者、协调员和教育局长收集和比较工作的说明。
- 为学校制定一份员工计划。
- 两人结对,并为自己渴望得到的职位互做面试。记录下你的面试结果,讨论一下面试者和被面试者的情况。
- 两人结对,并互为对方完成一次工作评价。写出评价结果,并讨论被评价者和评价者的有效性。
- 为学校或个人制定一份发展计划。
- 把学校的工资和津贴计划与另外一个组织的工资和津贴计划做一比较。
- 帮助人事记录管理员更新记录,并给学区提供一份真实的行动报告。
- 就人力资源开发一事提示教育局长助理。
- 草拟一份人事政策。
- 参与新员工的面试、挑选、聘用和任职工作。

推荐阅读文献

Castetter W. B. (1996). *The human resource function in educational administration*. Englewood Cliffs, NJ: Prentice Hall.

Hanushek, E. (1994). *Making schools work: Improving performance and controlling costs*. Washington, DC: Brookings Institute.

Harris, B. M. & Monk, B. J. (1992). *Personnel administration in education*. Boston: Allyn & Bacon.

Highes, F. P. & Noppe, L. D. (1991). *Human development: Across the life span*. New York: MacMillan.

Rebore, R. W. (1998). *Personnel administration in education: A management approach*. Boston: Allyn & Bacon.

Webb, L. D. & Norton, M. S. (1999). *Human resource administration*. Upper Saddle River, NY: Merrill.

第十一章 学校与法律

引子：违反学校董事会的政策

上午 7 点钟，西普里亚尼(Kathryn Cipriani)校长就坐在办公桌旁，思考下一步的对策。昨天，中学教师奥布赖恩(Glenn O'Brien)没有遵守学校董事会的野外旅行规定。学校董事会的野外旅行政策规定：学生在参加野外旅行之前必须有家长的书面许可书。奥布赖恩也知道该政策，但是他认为具体的情况是不同的，且当时的情况也证明违反政策的理由充分。显然，事实并非如此。他在带 4 位学生驱车出行之前，并未事先得到许可，大约下午 5 点钟，这辆车发生了车祸。没有得到许可，这就明显违反了政策。

西普里亚尼清楚奥布赖恩是位合格的教师。她与奥布赖恩共事了将近 15 年。在做校长之前，西普里亚尼一直在该校做教师。她与奥布赖恩经常讨论教育问题以及如何为了孩子改善学校等问题，且一谈就是数小时。事实上，奥布赖恩是该校最为优秀的教师之一。两年前，他获得了学区的"杰出教师"奖。他没有考虑到这次野外旅行决定可能会产生的后果。

昨天下午，西普里亚尼校长和副校长设法尽可能地查明情况。一位学生还躺在医院里，预计今天出院。奥布赖恩和其他 3 位学生受了轻伤，当天晚上就出院了。西普里亚尼打电话给学区教育局长，要告诉他所发生的一切事情。因为局长不在镇上，所以校长给他家留了一条信息。

昨天晚上近午夜左右，西普里亚尼回到家后发现答录机上有一条长长的信息，是学校董事会主席卡纳万(Mike Canavan)发过来的。卡纳万主席对所发生的事情大为光火，他要求不管奥布赖恩是不是长期聘用都要解雇他。"这显然是一个疏忽"，他厉声说道。教育局长也发过来一条信息，要她在上午告诉他整个事情。他已经与卡纳万谈过，且非常关注该情况。

> 如果你是校长，下一步你将怎么做？
> 找一份本州有关教师解雇或停职的政策。政策是怎么规定的？

第十一章 学校与法律

一、法律责任

每周,联邦和州法院都宣布对全国每一所学校均有潜在影响的判决。

作为教育领导者要了解法律问题及其对学校的潜在影响,这一点十分重要。学区与许多重要的诉讼有关,了解学校法中的几个核心概念是十分必要的。对管理者来说,懂得遵守政策、程序和风险管理也是十分重要的。

了解学校与法律问题

要对法律制度及与学校有关的法律、法规等有基本的理解,一个基本途径就是参加学校法律基础课程。尽管这种课程提供了学校法律方面的基础知识,但是掌握最新知识与动向必须成为专业发展中一个经常性的部分。学校领导者应该理解、尊重教师和学生的法律权利。

教育者需要基本理解联邦的宪法和"权利法案",以及本州的宪法和法规等。普通法(common law)是普遍的,涵盖州范围的或全国范围的先例,它源自于早先的法律争论。它以至高无上的法律条文规定了法院强迫实施的社会行为。

学校董事会的职能之一就是采取与州法律相一致的政策。因此,教育领导者必须理解学区的政策。许多专业组织,如全国中学校长协会,每月都出版有关当前学校法律问题的最新材料(请看 *Cases in Point*; *A Legal Memorandum* at the NASSP Web site, www.nassp.org)。教育报刊、杂志也有关于法律问题的专栏(例如,见Kappan,PDK 的月刊,辟有专栏"Courtside")。其他资源还包括一些网址和出版物,它们为联邦和州的诉讼案提供了指南。美国政府的官方报纸《联邦记录》(*Federal Register*)(同时以网络和报纸的形式提供信息)作为一种渠道,通过联邦机构来发布自己的规章制度和法律、告示。

一门研究生水平(graduate-level)的学校法律课程以及定期出版的专业读物都将有利于管理者经常了解与学校法律有关的问题。就法院判决的诠释而言,有时难以服从,打一个电话给学区的律师(大多数学区都有法律顾问)可能是解决问题的恰当方式。

二、美国的法律制度

(一) 联邦政府在教育中的角色

美国宪法中对教育没有做具体的规定。框11.1列出了几款修正案,这些修正案具体关系到典型的学校法律问题。第10修正案写道:"对于那些宪法没有授予联邦政府但又没有授予州的权力,要由各州保留或人民拥有。"这并不意味着联邦政府对学校的影响微乎其微——事实上,宪法修正案、美国最高法院判决以及国会法令都对公立和私立教育机构产生相当大的影响。

> **框 11.1**
>
> **美国宪法修正案节选**
>
> **修正案 1(1791)**
>
> 国会不能在以下方面制定任何法律,例如,确定宗教信仰或禁止宗教信仰活动的自由;或限制言论、出版的自由;或人民和平集会的权利,以及向政府请愿要求平反冤案的权利。
>
> **修正案 4(1791)**
>
> 人们享有人身、房屋、著作和个人财产安全的权利,反对任何不合理的搜查和关押。这些权利不容侵犯。不能发布任何授权令,除非理由正当且有誓词或郑重陈辞的支持。特别指出要搜查某地方、某物或要逮捕某人时,才能发布授权命令。
>
> **修正案 9(1791)**
>
> 对宪法中某些权利的阐明不能被理解为否定或贬低其他人所拥有的权利。
>
> **修正案 10(1791)**
>
> 对于那些宪法没有授予联邦政府但又没有授予州的权力,要由各州保留或人民拥有。
>
> **修正案 14(1868)**
>
> 第1部分。所有出生在美国或加入美国国籍的人,均受到美国的管辖(jurisdiction),他们是美国公民及所居住州的公民。任何州都不得制定或实施限制美国公民特权或豁免权的法律;任何州都不得剥夺任何人的生存、自由和财产权,除非遵照适当的法律程序;任何州都不得拒绝所辖范围内的任何人受到法律平等保护的权利。

(二) 联邦法院

框 11.2 中显示出联邦法院的三级水平。每个州至少有一个联邦区法院(federal district court),有些州则有几个,其数量取决于人口密度。来自联邦区法院的上诉可以提交到上一级,即美国巡回法院或美国上诉法院。

> **框 11.2**
>
> **联邦法院体系**
>
> 美国最高法院
> (国家的最高一级法院)
>
> 美国巡回上诉法院(上诉法院)
> (13 个中级上诉法院)
>
> 美国审判法院
> (89 个区法院)
>
> (要了解更多的信息,请查 www.law.vill.edu)

第十一章　学校与法律

中级和最高上诉法院的程序和功能与审判法院的不同。它们不进行审判，也不听取任何新证词或进行调查取证。它们的功能是：复查下级法院的记录，决定是否犯有任何法律错误。法律错误可能包括程序错误、误解宪法或法规、给陪审团以不正确的指示等等。

有13个巡回上诉法院（看表11.1）。其中只有联邦巡回上诉法院具有裁判权，能够审理特殊的申诉，如与税收、专利与版权、海关税以及国际贸易有关的申诉。其余的12个法院负责与教育有关的诉讼案的上诉。

每个联邦法院所做的判决只对所辖的州生效。例如，第一巡回上诉法院涵盖的州和地区有：迈阿密、马萨诸塞州、新罕布什尔州、波多黎各和罗德岛。这个法院所做的判决只与这些州和地区有关。不过，某些上诉法院所做的判决经常会影响到其他法院对相似问题的判决。

表11.1　联邦巡回上诉法院的管辖范围

顺　序	管　辖　范　围
第1	迈阿密州、马萨诸塞州、新罕布什尔州、波多黎各和罗德岛
第2	康涅狄格州、纽约州、佛蒙特州
第3	特拉华州、新泽西州、宾夕法尼亚州
第4	马里兰州、北卡罗来纳州、南卡罗来纳州、弗吉尼亚州、西弗吉尼亚州
第5	路易斯安那州、密西西比州、得克萨斯州
第6	肯塔基州、俄亥俄州、密歇根州、田纳西州
第7	伊利诺斯州、印第安纳州、威斯康星州
第8	阿肯色州、衣阿华州、明尼苏达州、密苏里州、内布拉斯加州、北达科他州、南达科他州
第9	阿拉斯加州、亚利桑那州、加利福尼亚州、关岛、夏威夷州、爱达荷州、蒙大拿州、内华达州、北马里亚纳群岛、俄勒冈州、华盛顿州
第10	科罗拉多州、堪萨斯州、新墨西哥州、俄克拉何马州、犹他州、怀俄明州
第11	亚拉巴马州、佛罗里达州、佐治亚州
特区	华盛顿特区
联邦	三个特殊法院，华盛顿特区

美国最高法院是有关联邦法律问题的最高上诉法院。最高法院已审理了无数的与美国宪法的具体条款相关的教育诉讼案,在学校法律诉讼案中,经常引用较多的修正案有:第14修正案"平等保护条款"[例如,普莱西诉弗格森,163 U.S. 537,16 S. Ct. 1138,41 L. Ed. 256(1896)以及"布朗诉教育委员会",347 U.S. 483,74 S. Ct. 686,98 L. Ed. 873(1954)];第14修正案"适当的程序条款"[例如,梅耶诉内布拉斯加,262 U.S. 390,43 S. Ct. 625,67 L. Ed. 1042(1923)];第一修正案"机关设立条款"[例如,教育委员会诉艾伦,392 U.S. 236,88 S. Ct. 1923,20 L. Ed. 1060]。

理解法院的判决

齐克尔(Perry A. Zirkel),教育学教授
沙利文(Kathleen A. Sullivan),研究伙伴
里汉大学

颁布的法院判决形成了一个重要的法律部分,它弥补了其他法律源,像宪法和法律在处理具体的实际情况时的不足,并解决了它们之间的交叉重叠现象。不是所有的法院判决都能成为颁布的(published)判决。一般说来,联邦法院颁布判决的比率高于州法院,上诉法院高于审判法院。

援引的例子详细说明了颁布的法院判决的信息。这个典型的援引例子指出了以下关键要素:

扬克顿学区诉施拉姆,93 F. 3d. 1369(8th. Cir. 1996)。第一个要素是案件的名字,习惯上在下面画线或用斜体字来标识,至少包括诉讼双方各自团体中一个团体的名字。就许多颁布的判决而言,包括上述引用的判决,均是上诉法院一级的判决,名字的顺序不一定传达出谁是原告或上诉方。相反,在上诉法院一级,两个名字中的第一个(如"扬克顿学区")是上诉人或上诉团体,他们在低一级法院输了官司,结果又上诉到中级法院。

第二个要素由数字和缩写构成,缩写显示出在何处可以找到该案例。资料的核心部分,如"F. 3d"表示报道(reporter)或某类法院的成套书卷。《联邦报道》最初的缩写为"F.",现在是它的第三套丛书,包含了联邦系统中中级上诉法院已颁布的判决。该缩写前面的数字,如"93"表示丛书中的卷,缩写后面的数字如"1369"表示在该卷中法院判决的起始页码。

最后一个要素置于括号中,包括公布判决的年份,如果报道的缩写中没有表明颁布判决的法院,那么它还包括该法院的缩写。因为只有最高法院的判决才能以其他的最高法院报道(reporter)表示,如"U. S."和"S. Ct.",对于其他法院的标识来说,除了引用报道外,没有任何其他的符号。如在上述援引的例子中,由于美国巡回上诉法院的级别低于最高法院,所以其用巡回数字标识。州级最高法院所做的判决,其括号里

第十一章　学校与法律

只能包括州的缩写，而来自下级法院的判决，其括号里还要包括法院名字的缩写。

法院意见（opinion）也有帮助读者理解判决含义的可识别的要素。判决主审法官名字后的第一部分一般包括一些重要事实，这些事实是从案件的证据中提取的精华。事实包括谁对谁做了什么，以致引起了具体的冲突。在上诉法院，这部分还包括下级法院对该案的处理。

意见的核心要素，也许需要几个标题才能对其做出准确的界定，这个要素就是案件问题（issue）。通常情况下，一个简单的问题可以用"是"或"不是"来回答，这里的问题则以十分概括的形式提出了相关的事实。例如，在"施拉姆"案件中，其问题的陈述如下："教学房舍是否达到《残疾人教育法》（Individual with Disabilities Education Act，IDEA）所规定的'特殊教育'合格标准。"

法院判决的最后一部分由法院对该问题的回答以及判决的基础或法律源、基本原则构成。法院的回答被称为案件的裁定或裁决。在施拉姆案件中，第八巡回上诉法院根据《残疾人教育法》中的"特殊教育"定义对该问题做出了坚定的回答。基本原则是：定义中词语的明确意义，如为满足个别人的需要而"特别设计的教育"，表达了国会的意图，即包括给其他合格（qualified）学生提供的教学房舍。通常情况下，法院通过符合逻辑的讨论以及法律在案件事实上的应用等，体现出自己的基本原则。

判决经常也包括法院所做的陈述（这些陈述不是裁定必不可少的内容），如果事实不同，判决将如何改变的说明等。这些说明被称为"附带意见（dicta）"，不应该与裁定混为一谈。只有那些对法官的判决来说是必不可少的陈述或观察才能形成案件的裁定，并可能成为指导所依赖的基础。

一个法院判决，通常既运用于当前的案件，也运用于未来的相同情况的案件。这些以往的案件及其对未来案件的影响被称为先例。先例对同一管辖权限内的同级法院或上级法院有效。由于我们的法律体系包括联邦法院系统和州法院系统，每个法院都有不同的主权范围，所以不是每个判决都对其他所有法院有约束力。来自管辖权限外的判决尽管对其他法院没有约束力，但是可能对它们具有说服力。

法庭的裁决为相似案件的可能结果提供了参照，并确立了指导今后行为的范围界限。理解援引的要素，更重要的是理解判决的要素能够使学校领导者找到并运用法院判决。因为学校领导者不能把这类事情完全留给律师去处理，因此通过了解如何找到并理解法院对关键问题的回答和询问的判决，他们能够从中受益多多。

除了联邦法院外，联邦政府也制定法规（联邦法规），直接影响着教育机构。这些法规不断地被后来的立法机关更新、补充和修改[看《联邦记录》（Federal Register）]。法院决定着这些法令的法律效力和意义。只要这些法令满足宪法的要求，就对所有公民具有约束力。诸如《残疾人教育法》（the Educational of the Handicapped Act，EHA）及其1975年的修正案、《所有残疾儿童教育法》（Education for All Handicapped Children Act）、

《1973年康复法》(the Rehabilitation Act of 1973)的504节以及《1964年民权法》(the Civil Rights Act of 1964)的第7条(Title VII)等，都是联邦法规的例子。

一个几乎影响到美国所有学区的联邦立法，是《2000年目标》(Goals 2000)。该立法最初由乔治·布什总统在1989年提出，后在1994年经国会通过并由克林顿总统正式签署通过。该法由8个目标构成，规定每年都向那些自愿采纳标准的州分拨联邦经费。那些标准必须符合联邦学生成就指南。没有规定要求一个州必须申请该项基金，但是如果某个州申请了该基金，州就要把该基金分拨给地方教育机构(地方教育机构也许包括学区、地区服务中心以及其他机构)。该法还包括了其他两个法令：《杜绝枪支学校法》(Guns-Free Schools Act)和《安全学校法》(Safe Schools Act)。(想了解更多的关于联邦参与教育的详细资料，请看第二章)

教育部的角色是实施有关教育的行政政策。例如，某州若想得到《2000年目标》的拨款，就必须向教育部提出申请。教育部的首席执行官是教育部长。该职务是构成总统内阁的13个部长职务之一。教育部在万维网上有网页。(为获得更多信息，请查：www.ed.gov/index.html)

在联邦教育预算中，我们可以看到联邦政策的运作情况(第十二章提供了一个例子，该例子说明在地方学区如何把联邦基金分配到某些项目领域中加以使用)。联邦政府可以惩罚或处罚那些没有遵守联邦政策的地方教育机构。此外，来自联邦机构如平等就业机会委员会(Equal Employment Opportunities Commission, EEOC)的指导方针或政策，就经常在就业歧视诉讼中被引用。

> 就解决与奥布赖恩、受伤的学生以及野外旅行有关的问题而言，与其有关的联邦法律是哪些？

(三) 州在教育中的法律角色

尽管州法院的体系差异较大，但是大多数州法院都有三级：审判法院、中级上诉法院和州最高法院(看框11.3)。

框 11.3

州 法 院 体 系

州最高法院
　　(最高州法院)
州上诉法院
　　(中级上诉法院)
审判法院
　　(区、巡回，或乡村法院)

我们听到的大多数与教育有关的诉讼案都发生在各州，因为教育是州的功能而不是联邦政府的功能。只有当州最高法院诉讼案牵涉到联邦法律问题时，才能上诉到联邦法院。上诉法院，不管是联邦的、还是州的，都不能复审一个完整的案件。相反，它们只受理某些问题的上诉，这些问题是律师适当"保留"上诉的问题。上诉过程的狭隘性说明了为什么在所有的重要问题得到最终解决之前，一些学校法律案件要上诉好几次。我们将用例子说明对一个州教育诉讼案的审查。

谢菲诉奥尼尔(Sheff v. O'Neill)案是在1989年被正式记录在案的。米罗·谢菲(Milo Sheff)当时是一位四年级的非洲裔美国学生，他代表着康涅狄格州哈特福德(Hartford)的17名学生(其他16位居住在哈特福德市及其郊区的白人和葡萄牙裔或西班牙裔孩子也是原告)。威廉姆·A·奥尼尔(William A. O'Neill)是被告，当时他是康涅狄格州州长。原告辩论说，州应该负责减轻教育权的丧失，这种丧失是由生活在一个种族和社会经济上孤立的城区(urban area)如哈特福德所引起的。该案件最初存档于该州的最低一级法院即高级法院(superior court)。这一区级法院(district court)的判定不利于原告，即谢菲和其他孩子。法院判定：由于州并没有创立目前已形成的隔离制度，所以它不需要采取措施废除这种情况。

原告把该案件上诉到州上诉法院，上诉得到了受理。该案件在1995年又上诉到了康涅狄格州最高法院。在1996年，该州最高法院做出了有利于原告的判定。法院宣布：该州宪法中的教育和平等保护条款规定，立法机关要确保哈特福德公立学校中的学生享有综合的和平等的教育机会。尽管该案在康涅狄格州以外没有约束力，但是它潜在地影响着其他州相似的申诉。

(四) 州立法机关、行政机构和地方控制委员会

州有权在州宪法和联邦宪法的范围内制定法规。瓦伦特(Valente, 1997)在他的一本有关学校法律的书(书名为《学校中的法律》)中指出：在教育领域，

> 立法权力包括授权(1)创立、改变和废除学区，(2)变更学校董事会的结构和权力，(3)开除现任学校董事会成员和取消办公室，(4)规定校历和课程，(5)决定筹集学校收入和支出的来源与程序，(6)确定教师的任命、期限和资格，(7)要求地方学校接受非纳税人的孩子，(8)取消不符合州规定的公立学校章程(p. 17)。

例如，康涅狄格州的一个关于非监护人父母权力的法规(46b—56节)是这样规定的：

> 高级法院关于离婚、合法分居和解除婚约诉讼中对未成年孩子的监护和

看护的命令。非监护人父母获得未成年孩子记录的途径。(a) 在高级法院关于未成年孩子监护或看护裁决之前的任何争论中，以及根据46b—45节在任何指控传票交回（return）法院的日子之后的任何时间内，如果根据宪章815o的条款，法院有裁决权的话，它随时可以做出或调整任何关于孩子的教育和支持以及看护、监护和探望的命令。根据46b—56a节的条款，法院可以依据案件的实际情况以及具体的条件与限制，做出最合理的且公平的判决，可以把任何孩子的监护权判给父母共同拥有，或其中一方，或第三方。法院也可以做出任何把孩子的探望权授予第三方（包括祖父母，但不局限于他们）的命令。

有些法规被指明为教育法规。例如，康涅狄格州法规的10—221节是关于教育委员会所制定的规章：

第10—221节。教育委员会制定的规章。(a) 教育委员会要制定公立学校的管理、学科、分类和纪律规章，并在州教育委员会的控制下制定要使用的教科书规章；要制定出各自所辖权限内的学校图书馆媒介中心控制规章、批准教科书的选择和其他有关的教育媒介，要批准公立学校的建筑规划，以法规规定的方式监督中小学。

每个州都有州教学主管（state superintendent of instruction）或州教育长官（state commissioner of education）。他们是州首席学校官（the chief state school officer），是州教育部的首席执行官（chief executive）（请登录：www.ccsso.org）。州教育部由各个部门构成，如教与学、教育计划、职业技术学校、财政和行政管理部门等。州教育部的规模经常取决于该州的人口以及是否有地区教育部或县教育部。例如，得克萨斯州有地区服务中心，且都任命有中心主任（director），而加利福尼亚州则有县服务中心，受县教育委员会的保护。该委员会由选举产生且能选举产生一名教育局长（superintendent）。这些服务中心的作用各不相同，但是在这些作用中经常都包括给学区提供直接的服务，如特殊教育服务、成人教育计划、家庭服务协调以及合作购买项目等（参见第二章）。

行政管理机构不仅包括州教育部，还包括其他州和地区的机构，这些机构对该州的所有学校或某些学校具有管辖权。在某些州，教育委员会被称为学校委员会（school committee），而在另外一些州，则用另外一个名称，即学校董事会（school board）来称呼。州不能对学校实施全面监督，因此，它要授权给地方教育委员会（夏威夷是个例外，因为它只有一个学区）。尽管地方的学校委员会有权实施联邦和州的政策，但是它们的行为必须遵守联邦和州的宪法与法规（参见第五章）。

第十一章　学校与法律

每个州的法规均包括这样一些条款，它们关注教师和行政人员某些方面的行为。在州教育法规中能够发现与各种主题有关的法规，例如，包括与教师和行政人员的证书有关的信息，纪律，解聘，证书的拒发、撤消或中止，合同的终止等。表11.2展示了各州解聘或对教师做出停职处理的法规依据。学校管理者必须熟悉州教育法规中的条款，需要时能够查阅到它们。

表11.2　对教师做出解聘或停职处理的法规依据

	不合格	不适合教育事业	疏忽	不能提供指定的教学	不能参加规定的学院	没有效率	没有能力	违抗命令	拒绝遵守学校委员会的规定	不遵守学校法律	不忠诚、取消、废止、破坏合同	违反、取消、废止、破坏活动	犯罪	道德败坏	说谎、不诚实、申请书或档案造假	酗酒、行为放纵	吸毒或售毒	残暴	行为不像一个教师、在办公室内行为不当	行为不专业	违反道德准则	撤消证书	诉讼事由（正当、公平、充分）	不能遵守州法律	其他
亚拉巴马州	×	×		×					×					×								×			
阿拉斯加州	×									×		×		×								×			
亚利桑那州																									×
阿肯色州											×														
加利福尼亚州	×	×				×	×			×	×	×		×		×			×		×			×	×
科罗拉多州	×				×				×			×		×		×									
康涅狄格州	×			×				×	×					×											
特拉华州	×								×					×				×							
佛罗里达州	×	×					×							×								×			×
佐治亚州	×				×			×						×								×			×
夏威夷州			×							×				×					×			×			×
爱达荷州	×	×								×			×			×						×			
伊利诺斯州	×			×		×				×				×								×			
印第安纳州	×	×		×					×																
依阿华州							×			×				×								×			
堪萨斯州																						×			

续　表

州	不合格	不适合教育事业	疏忽	不能提供指定的教学	不能够参加规定的学院	没有效率	没有能力	违抗命令	拒绝遵守学校委员会的规定	不遵守学校法律	违反、取消、破坏活动	违反、取消、废止、破坏合同	犯罪	道德败坏	说谎、不诚实、申请书或档案造假	酗酒、行为放纵	吸毒或售毒	残暴	行为不像一个教师、在办公室内行为不当	行为不专业	违反道德准则	撤消证书	诉讼事由（正当、公平、充分）	不能遵守州法律	其他
肯塔基州	×		×		×			×						×					×						
路易斯安那州	×		×												×								×		×
缅因州																							×		
马里兰州	×		×			×								×					×				×		
马萨诸塞州					×	×	×		×		×												×		
密歇根州							×									×									
明尼苏达州			×					×		×				×											
密西西比州	×		×		×		×					×													×
密苏里州			×		×		×			×			×												×
蒙大拿州	×	×																							
内布拉斯加州			×					×	×																×
内华达州			×	×		×					×			×					×		×				
新罕布什尔州														×		×									
新泽西州																							×		
新墨西哥州	×		×		×																×				
纽约州	×		×	×	×			×		×							×								
北卡罗来纳州				×	×						×														
北达科他州			×		×						×											×			
俄亥俄州			×		×									×			×					×			
俄克拉何马州	×		×								×														×
俄勒冈州																									×
宾夕法尼亚州	×		×			×							×		×		×						×		

第十一章 学校与法律

续表

	不合格	不适合教育事业	疏忽	不能提供指定的教学	不能够参加规定的学院	没有效率	没有能力	违抗命令	拒绝遵守学校委员会的规定	不遵守学校法律	不忠诚、取消、废止、破坏合同	违反、取消、废止、破坏活动	犯罪	道德败坏	说谎、不诚实、申请书或档案造假	酗酒、行为放纵	吸毒或售毒	残暴	行为不像一个教师、在办公室内行为不当	行为不专业	违反道德准则	撤消证书	诉讼事由（正当、公平、充分）	不能遵守州法律	其他
罗德岛州	×	×						×	×		×	×	×									×			
南卡罗来纳州	×	×		×	×	×		×									×			×		×			
南达科他州																									
田纳西州	×			×										×					×			×			
得克萨斯州	×			×			×																		
犹他州																									
佛蒙特州	×													×					×			×			
弗吉尼亚州					×										×							×	×		
华盛顿州	×	×	×					×														×			
西弗吉尼亚州																									
威斯康星州																									
怀俄明州																									

【资料来源】Delon, F. (1997). *Legal Controls on Teacher Conduct: Teacher Discipline*. Topeka, KS: Nolpe.

> 你所在州的教育法典中有关教师的终身任职权、取消续签合同以及解聘的具体规定是什么？如果它们对格伦·奥布赖恩（Glenn O'Brien）来说有什么意义的话，这些意义是什么？

（五）学区与诉讼

根据安德伍德和诺夫克（Underwood & Noffke, 1990）所进行的研究，在学区诉讼中位于首位的诉讼案件是那些与雇员有关的问题。表 11.3 显示了三类问题各自占总诉讼案的百分比,这三类问题是:雇员问题、学区范围问题(districtwide issues)以及学生问题。

表 11.3 把学校告上法院的问题

问　　题	占总诉讼案的百分比	占用学区时间的百分比
雇员问题(总和)	42.6	81.4
解聘、终止续签合同	14.2	93.3
合同协商、实施	11.6	75.0
纪律	10.5	88.8
其他	1.6	33.3
聘用	1.0	100.0
学区范围问题(总和)	37.4	67.5
疏忽	22.6	63.1
学区财产	4.7	60.0
废除学校的种族隔离	3.2	66.7
课程	2.6	0.0
财政	2.1	50.0
其他	2.1	90.0
学生问题(总和)	20.0	65.4
特殊教育	8.9	50.0
纪律行为	6.8	87.5
种族歧视	2.1	33.3
年级与升级	1.0	100.0
宪法问题	0.5	100.0
其他	0.5	33.3

【资料来源】Underwood, J. & Noffke, J. (1990). *School law news*: *Your's winning*. Reprinted with permission.

第十一章 学校与法律

疏忽是引起诉讼的主要原因。但是,正像安德伍德和诺夫克(1990)所指出的,"它是最可能被当事人解决而不是通过上诉到法庭来解决的问题。"(p.20)这两位作者把第二大诉讼领域也看做是与就业有关的问题。在学生问题方面,特殊教育诉讼案排在第一位。根据他们的看法,这方面的诉讼今后还会增加。

三、法律问题与学校

共同(common)法律、法规和宪法解决的问题有:终身任职权、合同、学生权利、民事权利、集体讨价(collective bargaining)、财政、财产、废除学校的种族隔离、政府间的关系、教学计划和教师权利。在某种程度上,这些问题以及其他问题均由法律处理。教育行政人员面临的几个重要问题是适当的程序、表达的自由、学生纪律、记录以及民事侵权责任。

(一) 适当的程序

根据第14修正案,"在不遵循适当的法律程序的情况下",不能够随意剥夺一个人的"生存、自由和财产权"。在州剥夺这些权利之前,必须遵循适当的程序。根据资料研究公司(Data Research Inc. 1991)——一个出版法律文本的组织——的看法,"变化时常存在,法院并不总能对什么构成了适当的法律程序取得一致意见"(p.92)。

在实质性的和程序性的这两类适当程序中,实质性的适当程序解决整个公平化过程中的问题。根据斯特拉恩和特纳(Strahan & Turner, 1987)的观点,实质性的适当程序包括要求规定不要过于模糊以及应该根据书面规定做出处罚决定。此外,判决应该得到证据的支持,应该透露证人的身份,必须对每个人进行公正的审理,如果被告提出这些请求的话,就应该提供一个公开的或秘密的审判。程序性的适当程序包括提供事先通知(notice)和公正的审判,从而能够公正地解决当事人之间的冲突;因而,程序性的适当程序是一个已确立的制度。

事先通知指制定有序的规则,并保证当事人意识到这些规则、应该如何遵守规则以及对违反规则可能受到的惩罚等。这种观念内在的依据是,人们有权知道对他们做出的判决所依据的标准。如果在人们对期望一无所知的情况下却要求他们达到期望,这是不合理,也是不公平的。例如,如果一所学校制定了教师评价制度,却没有向教师解释该制度所包含的程序和标准,然而,却期望运用该制度对教师进行评价,这就是不合理、不公平的。同样,如果有学生纪律准则,其中包括某些行为的程序及对其的处罚,而没有向学生解释这些准则,在这种情况下,对违反准则的学生做出处罚是不合理的。标准应该事先告知人们,它们应该是清晰的,这样人们才能明白他或她的行为是否符合标准。

公正的听证(fair hearing)包括以下几个方面:一份书面的控告声明以及应该给予个人的证据类型,程序权的解释,用于准备辩护的适当时间,一个接受正式听证的机会。根据麦卡锡（McCarthy）、康布龙·麦凯布（Cambron-McCabe）和托马（Thoma）（1997）的观点，在那些教师的合约可能被终止的诉讼案中，必须包括下列程序要素：
- 控告传票。
- 获得听证的机会。
- 用于准备反驳控告的适当时间。
- 获得证据和证人的名字。
- 在公正的审理之前举行听证。
- 法律顾问的陈述。
- 出示证据和证人的机会。
- 根据证据和听证的结果做出裁决。
- 听证的记录。
- 要求一个相反裁决的申诉机会（pp.381—382）。

> 这些程序要素对西普里亚尼校长的决定来说有什么意义？

（二）言论和表达的自由

第1修正案涵盖书面、口头和符号的表达形式，这包括：
- 学术自由［例如，凯依西恩诉纽约州大学董事会（Keyishian v. Board of Regents of New York, 1967）］；
- 审查制度［例如，有计划的家长身份诉克勒克郡学区（Planned Parenthood v. Clark County School District, 1991）］；
- 社区服务计划［例如，施泰勒诉伯利恒学区（Steirer v. Bethlehem Area School District, 1993）］；
- 诽谤性表达，包括造谣中伤（口头的）和诽谤性文字（书面的）［例如，斯科特诉新公告（Scott v. New-Herald, 1986）］；
- 符号表达［例如，廷克诉德斯莫尼斯独立学区（Tinker v. Des Moines Independent School District），高级法院在1985年规定，为了表示对越南战争的抗议，孩子在学校带黑色臂章，禁止他们带黑色臂章的规定是无效的］；
- 仇恨言语［例如，多伊诉密歇根大学（Doe v. University of Michigan, 1989）］；
- 下流的、低级的或煽动性的表达［例如，米勒诉加利福尼亚（Miller v. California, 1973），凡顿诉斯瑞克（Fenton v. Sreark, 1980）］；
- 媒体自由［例如，海柔伍德学区诉库尔梅尔（Hazelwood School District v. Kuhlmeier, 1988）］；
- 宗教材料的散发［例如，斯通诉格雷厄姆（Stone v. Graham, 1983）］；

● 着装与发型规范[例如，法雷尔诉达拉斯独立学区（Farrell v. Dallas Independent School District，1968）]。

无数的关于言论自由的争论，在20世纪60年代像雨后春笋般地出现。许多教育家认为，学校不应该容忍学生有那些不符合学校基本教育使命的言论和表达。在强制性目的下，言语能够被控制，但是不能因为一个人的思想与管理者或其他人员的不同就禁止他们说话。

（三）纪律与残疾学生

在专家研讨会上，学校法律教授鲁索（Charles Russo）探讨了残疾学生的广泛权利。像前面的表11.3所指出的，就与学生有关的诉讼领域而言，安德伍德和诺夫克（Underwood & Noffke）把特殊教育列在第一位。他们认为，特殊教育方面的诉讼还在上升。在讨论正规教育和特殊教育学生的纪律问题时，法律专家齐克尔（Perry Zirkel，1996）建议，政策和实践应该"与联邦宪法的规定以及任何州法律下的程序保护措施相一致"（p.21）。框11.4比较了联邦法律中关于残疾学生和非残疾学生停学和开除的规定。

框 11.4

有关学生停学或开除的联邦法律一览表

	非残疾学生	残疾学生	
		制定的法律	正在进行中的发展
1至10天	给学生以优先的口头（或书面）控告传票，如果学生拒收它们，要给他们一个解释证据或反映的机会。 特别声明：如果该生对人身、财产或学术过程进行威胁的话，这个传票和审判可能就要推迟，在开除学生后立即执行。 （该生没有权力知道学生告发者的身份）	与非残疾学生的程序相同，除非停学累积天数的数量、接近度（proximity）或模式相当于连续10天以上——例如，在两个月内停学的时间累加起来达到35个学日。	● 校内停学的结果就是剥夺学生的教育权，以该生的个别教育计划（IEP）为测量标准，延长的时间可以被看做实际的停学时间（Big Beaver, Pennsylvania Commonwealth Court, 1993）。 ● 有些州通过法律或法规规定了具体的累计停学时间限制（如在宾夕法尼亚州是15天）。 ● 即使累积停学时间不超过10天，且初衷是好的，如果它们是基于与学生的残疾有关的错误行为而做出的话，那么这样的短期停学违反了504部分（G. Jonathan, Federal District Court. Louisiana, 1994）。

续

	非残疾学生	残疾学生	
		制定的法律	正在进行中的发展
10天以上	给予学生及其家长具体的书面传票，事先做好充分准备的情况下，在学校委员会及其被委任者前进行正式的听证。在听证时，学生一般具有以下权利： ● 咨询的权利； ● 证实和出示证人的权利； ● 相互审问对方的证人或替代程序的权利； （无权知道学生控告人的身份。） （无权不接受传闻证据。） （无权让证人宣誓和坚持正式的证词规则。） （无权把听证官或公共听证排除在外。） （无权完善记录。）	让一个知识渊博的小组来决定错误行为是否与残疾有关。如果与残疾无关，运用与非残疾学生相同的处罚程序。 特别声明：不能终止给《残疾人教育法》所涵盖的学生提供教育服务，但是可以终止给504部分和《残疾美国人法》但不是《残疾人教育法》所涵盖的那些学生提供的教育服务。 如果发现错误行为与残疾有关，提供完的特殊教育适当过程程序，包括在改变安置之前，举行一场IEP会议，给予适当程序的听证机会。 如果该生对本人或他人有明显的危险，那么，就要求法院给他一个初步的禁止令。	● 当有理由怀疑学生符合《残疾人教育法》、504部分或《残疾美国人法》(Americans with Disabilities Act, ADA)的规定时，就引发了学区的责任（例如，M. P., Federal District Court, California, 1994)；不过，"维持原状(stay-put)"居于最优先地位，除非有其他法院规定（美国教育部，1995)。 ● 决定错误行为和残疾之间的关系时，不要局限于学生是否知道改正错误 (Pascagoula, Mississippi Supreme Court, 1987)。 ● 获得一个"Honig"禁止令要求学区证实：(1)巨大的伤害可能性，(2)使伤害最小化的合理步骤(Light, Federal Appeals Court for the 8th Circuit, 1994)。 ● 对一位被少年法院控告的残疾学生的处罚也许是变动安置，从而导致"维持原状"(Morgan, Federal District Court, Tennessee, 1994)。 ● 如果错误行为是非法使用或拥有酒精或毒品，在没有《残疾人教育法》或504部分所规定的额外程序保护的情况下，可以对学生作出停学处理(OCR, 1991)。 ● 如果错误行为是带枪支入校，那么允许对学生做出45天的其他处理（如果家长请求适当程序的听证，则时间就更长）(Jeffords Amendment, 1995)。

【资料来源】*The Executive Educator*(1996), 18:7. Reprinted with permission.

就处罚学生而言，必须把实质性的和程序性的程序放在最重要的位置上。埃塞克斯（Nathan Essex,1999）说道："长期以来，人们认为，不能对那些由残疾学生的残疾所引起的行为进行惩罚……在有正当理由进行某些类型的处罚的情况下，一定要努力确保不对孩子的教育造成实质性的干扰。"（p.80）要小心谨慎并与学区的法律顾问一道工作，使学校和学区避免法律开支和承担责任（参见第九章）。

(四) 对学生档案进行保密

美国国会1974年制定的《家庭教育权利与隐私法》（Family Educational Rights and Privacy, FERPA, 公共法93—380）规定了学生的隐私权。该法中也包括这样的规定，即学校要采纳和公布获得学校档案的程序，还要解释信息是如何被删除的。《家庭教育权利与隐私法》规定，第三方要获得学生的档案必须征得家长的书面同意。该法的一个修正案，Buckley巴克勒修正案规定，如果禁止家长看孩子的完整档案，就要收回联邦基金。

管理者应该制定有关学生档案的规章，包括制定允许获得学生档案的程序、记录获得学生档案的那些人的情况、允许家长和学生向档案提交外部的材料、制定一些在把学生档案中的资料透露给第三方之前，获得学生或家长书面同意的程序。很明显，档案的保密问题是一个重要问题，制定明确的规章不仅是一个重要的法律问题，还是一个道德问题。

学 生 权 利

鲁索（Charles J. Russo），教授
代伊通大学

在过去的45年中，美国的公立教育法律全景已经发生了很大的变化。导致这一巨大变化的催化剂是美国最高法院1954年在"布朗诉教育委员会"中的判决，它判定分离的但平等的教育设施（facilities）实质上是不平等的。在"布朗案"以后的几十年里，法庭和立法诉讼的结合不仅保护了黑人孩子、女学生以及残疾学生具有平等教育机会的权利，而且还界定了所有学生享有的宪法权利范围。

"廷克诉德斯莫尼斯独立学区"（Tinker v. Des Moines Independent Community School District, 1969），是在以"布朗案"为标志的民权时代的中期和20世纪60年代的社会动荡期所作出的判决，它的意义超出了维护学生为抗议美国卷入越南战争而带臂章的权利。法院总是引用这句话，"几乎难以想像，学生或教师在学校门口没有言论或表达自由的宪法权利"（p.506），这标志着学生权利新时代的到来。

1972年教育修正案第9条的国会文本（passage）保护女学生免于受到与性别有关的教

育计划的歧视,这些计划均是受到了联邦财政资助的计划。自此以来,最高法院已经把第 9 条的范围扩大到受到性骚扰的学生(Franklin v. Gwinett County Public School, 1992)。

在"戈斯诉洛佩斯"(Goss v. Lopez)中,法院进一步界定了学生的权利,法院做出了有利于学生的裁定。这些学生被做出停学 10 天的处理之前,没有收到程序性的适当通知。法院发现,由于 10 天(或更长)的停学远非只是对学生教育权的最低剥夺,所以他们"必须收到某种传票或听证"(p.738)。尽管法院停下来为所有违反纪律的问题举行短期的法定听证,但是它指出,较长时间的停学或开除也许需要更加正式的程序。

也许,学生权利最重要的膨胀发生在特殊教育领域。"1975 年的所有残疾儿童教育法案"的文本,现在称为《残疾人教育法》(1997),为成千上万的残疾儿童打开了权利之门。在确保所有残疾学生有权在限制性最低的环境中享有免费、适当的公立教育之外,该法案还包括实质性的和程序性的保护,以帮助孩子及其家长维护他们的权利。

学生权利在司法上的膨胀终止于 1985 年在"新泽西州诉 TLO"(New Jersey v. TLO)一案中,法院支持在没有正当理由的情况下搜查学生的手袋。管理者之所以这样做,是因为学生的手袋通过了两部分的检查测试。根据法院的规定,在下列情况下允许搜查:第一,只要有理由怀疑(一个低于应用于警察局的可能理由的标准)学生已违反或正在违反学校的制度或法律;第二,被搜查的地方在范围上必须与最初证明干涉正当的环境有合理的联系。在 TLO 之后,学校官员几乎赢了将近 40 个与搜查学生有关的官司,包括最高法院的一个判决(Vernonia School District 47 J. v. Action, 1995),该判决允许对学校之间的运动员进行药检。

在"贝瑟尔学区诉埃拉色(1986)"(Bethel School District v. Eraser, 1986)中,法院限制了学生自由言论的权利。在"埃拉色"一案中,法院裁定,教育者能够处罚那些在集会中发表包含有性侮辱(innuendoes)提名演说的中学生。法院根据"廷克"一案中非扰乱性的、被动的政治观点的表达既没有干扰学校的工作也没有干扰其他学生的权利,从而把"埃拉色"一案与"廷克"一案区分开来。

法院在 1988 年关于一场学生报纸争论的判决中正好经历了一个完整的循环(full circle)。在"黑兹尔伍德学区诉库勒迈耶"(Hazelwood School District v. Kuhlmeier)一案中,法院的结论是,教育者能够在学校赞助的表达活动中对学生言论的风格与内容进行合理的编辑控制,只要他们的行为与合法的教育学关注有合理的联系(p.273)。因此,法院允许教育者从报纸上删去关于中学里早孕的文章以及学生父母离异的文章,因为他们认为这些文章是不合适的。

随着美国学校进入新的千年,教育领导者必须至少要考虑以下两个有关学生权利的重要法律问题:

1. 教育者如何在维护安全和有序的学习环境需要与学生免于受到不合理的人身和财产搜查的权利之间求得平衡?
2. 随着学生对技术的熟悉,如因特网和万维网,更不用说促进台式计算机出版工作的软件包,这更加有助于他们表达自己,行政人员如何在促进学校中坦诚、开放的讨论与阻止课堂和教育活动中不适当的论题之间保持中间立场?

今日的教育领导者如何回答这些富有挑战性的问题,对决定美国将在21世纪拥有学生和学校的种类至关重要。

参考文献:

Bethel Sch. Dist. No. 403 v. Eraser, 478 U. S. 675 (1986).
Brown v. Board of Educ., 347 U. S. 483 (1954).
Franklin v. Gwinett County Pub. Schs., 503 U. S. 60 (1992).
Goss v. Lopez, 419 U. S. 565 (1975).
Hazelwood Sch. Dist. v. Kuhlmeier, 484 U. S. 260 (1988).
Individuals with Disabilities Education Act, 20 U. S. C. A. 1400 et seq. (1997).
New Jersey v. TLO, 469 U. S. 325 (1985).
Tinker v. Des Moines Indep. Community Sch. Dist., 393 U. S. 503 (1969).
Title IX of the Educational Amendments of 1972, 20 U. S. C. A. 1681 (1997).
Vernonia Sch. Dist. 47 J. v. Action, 515 U. S. 646 (1995).

(五) 侵权行为

侵权行为(不包括合同)是民事(而非刑事)犯罪,要追究损害赔偿责任。根据瓦伦特(Valente,1997)的观点,侵权行为责任由联邦和州的法律所规定。指控学校没有保护好学生而使他们受到性骚扰和暴力威胁的上诉,要根据联邦法律对学校做出审判。根据州民事侵权法律,"由于违反某种法律义务,一个人对另外一个人造成了伤害,这个人要赔偿受害人的经济损失"(p.443)。赔偿通常从学区的集体保险金(group insurance)中支付;不过,教育领导者应该更多关注怎样使民事侵权诉讼的可能性降到最低。

民事侵权法的一个基本概念是过失(fault)。民事侵权也许是故意的,也许是由于疏忽和粗心大意造成的。泰勒(Taylor,1996)认为,符合以下三个要素时当事人要为自己的疏忽负责:(1) 被告必须在受害人的行为或某种方式的克制行为方面承担责任,(2) (被告的)失职必须是由于没有达到适当的照看标准而引起的,(3) 失职必然引起伤害(p.66)。

要求所有学校雇员以适当的方式履行自己的职责,以免引起损失或伤害。典型的民事侵权责任的场所包括实验室、店铺、操场、野外旅行、体育场地和教室。

关于疏忽:
- 学校雇员有责任在自己的照看时间内保护学生。
- 学校雇员必须履行合理的照看标准。
- 一旦确定引起了伤害,学校领导者必须询问雇员是否履行了合理的照看标准。
- 必须有证据证明原告的损失是由于伤害所引起。

> 本章中有关民事侵权的探讨对车祸所殃及的学生及其家长有什么意义?

四、监督政策与程序的遵守情况

学校管理者如何才能确保学区的政策得到遵守,如何确保教师和学生理解这些政策?为了监督政策的遵守情况,应该建立什么样的合适制度呢?因为学校继续要与个人和社会组织建立伙伴关系和合作关系,所以遵守州和学区的政策对风险管理(risk management)来说是至关重要的。舒普和邓克利(Shoop & Dunklee, 1992)认为,"风险管理即对某个学区的活动和财产进行规划、组织、领导和监控,它能对学区责任的曝光做出协调且有效的事前和事后处理。"(p. 307)

风险管理这个概念最先出现于保险业中,我们应该强烈地意识到学区商业管理的重要性。鉴于学区诉讼案的不断增加以及与此同时学区把权力下放到学校,风险管理应该成为所有管理人员都应该熟悉的一个概念。使风险管理中所涉及的无数问题变得可操作的一个重要方法,就是制定清楚、简明的政策和程序,并要在学校手册中向学生和教师做出详细的阐述。

另外一个重要概念是法律审计(legal audit)。就学区而言,法律审计是指对学区的法律事务进行专业检查,它定期举行并向学区委员会进行汇报。舒普和邓克利(Shoop & Dunklee, 1992)引述了法律审计的两个好处:

1. 学区管理人员和教育委员会关注重要的且是可预防性的法律问题的可能性增加了;

2. 在确保当事人收到准确的资料(这些资料是预防性措施的基础)的情况下,学区行政人员和教育委员会获得信息的渠道增加了。

法律审计中的一部分涉及到审查学区委员会制定的政策以及向学区全体教职工和学生事先通报这些政策的程序。学校中的管理者应该意识到,法律审计是由中心办公室安排进行的,且这些审计报告也许对自己学校的日常运作有意义。框11.5举例说明了一个学区的电子信息源,包括建筑层(building-level)的运作。康涅狄格州利班浓(Lebanon)学区的莱曼纪念高中有一本《学校-社区手册》(1999—2000年),其中包括诸如学业要求、普通学校政策、具体的行为指导以及教育委员会的重要教育政策等内容。

框 11.5

利班浓学区教育委员会的因特网行为准则

利班浓	位置:	6141.321
教育委员会	部门:	教学
政策	非正式批准时间:	1996年2月27日
	正式批准时间:	1996年3月26日

第十一章 学校与法律

续

电子信息源（因特网）

利班浓学区教育委员会支持使用因特网，通过人际交流、学生对信息的获取、研究、教师培训、合作及传播成功的教育实践方法与材料等来改进学与教。学校系统与因特网的联结将提供获得地方的、全国的和国际的信息源的机会，提供对民主社会的智力探究至关重要的合作。

作为对此的回报，学校系统内的每位因特网使用者都有责任尊重和保护我们社会中以及因特网上其他使用者的权利。要求使用者根据学区的"因特网行为准则"，在因特网上运用其他网络的任务与目的以及州和联邦的法律，以负责任的、有道德的、合法的方式使用网络。

因特网行为准则（Internet Code of Conduct）适用于所有的网络使用者。该准则写道："在任何情况下我都将努力保持诚实、忠诚的行为，并尊重他人的权利，帮助他人也具有同样的行为。我将自觉地为他人和社会服务。我同意遵守学区因特网政策陈述中所提出的进入使用和内容规定。"

教育局长制定因特网的使用基本准则，并把这些准则发放给学生和教职工。

为了提供符合于教育委员会政策的合适的因特网使用方法，已经制定了下面的"可接受的使用方针"。

可接受的使用方针

运用计算机来支持学习和改进教学。计算机网络使人们能够与许多计算机进行交互作用。因特网使人们能够与许多网络和计算机进行交互作用。所有联网的计算机都能够以负责的、有效的、道德的和合法的方式来使用。法院所界定的地方社区标准，将由房舍的管理加以应用。不遵守这些"可接受的使用方针"将导致上网权利的取消。

一位负责任的使用者可以使用因特网来：

1. 研究指定的课堂项目；
2. 给其他使用者发送电子邮件；
3. 探究其他的计算机系统。

一位负责任的使用者不可以：

1. 使用因特网做非法的事情；
2. 使用不礼貌的、谩骂的和歧视性的语言与媒体；
3. 改变不属于使用者的文档；
4. 在不经允许的情况下发送或接收有版权的材料；
5. 毁坏、修改或滥用硬件或软件。

如果使用因特网的行为属于不可接受的话，将导致上网权的取消。不可接受的使用行为包括：

1. 违反与学生的隐私权有关的法规。
2. 使用亵渎性的、色情性的、猥亵性的或其他语言以及对其他使用者有攻击性的媒体。
3. 在不经作者事先同意的情况下转寄个人信息。
4. 在违反版权法的情况下拷贝商业软件。
5. 使用网络赚取金钱、从事商业活动或其他非法活动。
6. 使用违反社会标准的媒体。

【资料来源】Lebanon Public School，Lebanon，Connecticut(1999). Reprinted with permission.

为了确保学生已经读懂这一有用的政策,确保家长意识到它的存在,学校手册中也包括"道德章程与准则"(框11.6),而学生和家长必须在上面签名并把它交回学校。

框 11.6

利班浓各学校计算机使用者道德章程与准则

作为一名计算机使用者,我同意在利班浓公立学校上学期间,在每次使用计算机时都遵守该道德章程与准则。

Ⅰ. 我承认所有计算机使用者都有相同的使用设备的权利,因此:

● 当别人需要使用该计算机进行学术活动时,我将不再玩游戏或运用计算机资源进行其他非学术性的活动;

● 我将不浪费也不乱拿学校系统提供的供应品,如纸张、打印机传输带以及磁盘;当我在计算机实验室的时候,我将轻声讲话和工作,决不干扰他人。

Ⅱ. 我承认软件受到版权法的保护,因此:

● 我不会把在计算机上发现的未经授权的软件拷贝在自己的磁盘上,或通过电子邮件、公告牌拷贝在其他计算机上;

● 如果没有版权拥有者的书面许可书或原版软件没有明确表明是共享软件或属于公共领域,那么,我将不把软件的副本给别人或借给别人、卖给别人。

Ⅲ. 我也承认所有使用者的工作都是有价值的,因此:

● 我尽量不了解别人的密码,保护他人的隐私;

● 在没有得到使用者许可的情况下,我将不拷贝、改变、阅读或使用另外一个使用者使用的文档;

● 我将不试图在未经授权的情况下,使用系统程序或计算机设备;

● 我将不通过发送令人讨厌的邮件或其他手段干扰或骚扰其他的计算机使用者;

● 我将不把信息下载到任何一台学校系统计算机的硬盘上做永久储存;

● 如果计划要把信息储存一周多的时间,我将把信息下载到磁盘上。

Ⅳ. 违反上面描述的道德章程与准则将受到严重处理。违反者要么将失去计算机使用权,要么将对造成的学校财产损失承担责任,要么受到学校的处罚,包括校外停学。

请签名并交回。

学生的签名:_____

我们是_____的家长,我们已经与我们的孩子阅读并讨论了上述利班浓公立学校计算机使用者道德章程与准则、家庭电讯使用方针和可接受的使用方针。

家长签名:_____ 日期:_____

【资料来源】Lebanon Public Schools, Lebanon, Connecticut(1999). Reprinted with permission.

第十一章 学校与法律

接下来,一件最为迫切的事情是学校里的管理人员要制定有关机制,监控所有这些表格的回收与存档。这就是所说的"预防性法律"中的内容。Shoop 和 Dunklee(1992)把预防性法律界定为"法律的一个分支,它尽量使诉讼的危险降到最低,尽可能地确保法律权利与义务"(p. 308)。

> 学校系统如何确保类似于因奥布赖恩的疏忽所引起的问题将来不再发生?

教育领导中的法律和道德方面

麦卡锡(Martha McCarthy),校长、教授
印第安纳大学

在美国,公立教育的一个重要目的就是向公民灌输核心价值,即构成民主社会基础的价值,如热爱自由、正义、民主、平等、公平与思想自由(Etzioni, 1993; McCarthy, Bull, Quantz & Sorenson, 1993)。公立教育与此有关的一个功能就是教给我们的法律系统和道德准则如何保护这些价值。然而,当前许多学校管理人员在要求教师和学生反思法律和道德问题时犹豫不决。由于学校领导者为自己的法律知识感到忐忑不安,因而害怕有些法律讨论会发现存在的一些法律问题,或使学校更容易受到法律挑战的攻击,所以有时就取消了这些法律讨论。道德思考因为经常使价值冲突表面化而被取消。公立学校因为鼓励学生澄清他们的价值而受到了某些保守公民团体的指责(Cohen, 1990)。

教育者不应该恐惧法律,为探讨道德问题感到抱歉,或设法从公立学校的课程中删去价值导向的材料(不可能达到目的的做法)。相反,学校领导者有义务鼓励教职工和学生审视自己的价值和作为美国宪法和法律基础的基本价值。

学校领导者的所有行为都有法律和道德的一面,然而,许多学校管理人员都有一个错误的印象,即认为法律和道德仅仅为他们的行为制定了限制(Bull & McCarthy, 1995)。的确,法律总是被看做是讨厌的、外部约束的一种说明性的限制,它们对管理人员的判断力和创造性施加着影响。有些人把道德思考看做比它们的实际情况更为具体和固定的一系列"正确的"行为。

应该鼓励未来的学校领导者具有更为广义的法律观和道德观。在一个有秩序的社会中,法律为所有的交互作用提供了一个基本框架,而且它还规定了解决冲突的机制。法律起源于经验,且不断发展,旨在促进个人和集体的活动,反映不同时期政治和社会的变化。因此,理解法律不仅仅是一个机械地查找规定我们行为准则和法规的过

程。当教育者不理解法律时,他们总是无缘由地对法律诉讼感到恐惧,他们关注的只是法律指示而非制定、解释和应用法律的程序。随着人们对基本法律原则的了解不断加深,个人与集体利益之间的张力,引起更多的尊重与法律权利相伴随的责任。

道德思考也比学校领导者一贯对它们的认识复杂得多。道德是一个社会过程,它能够证明人的行为是正当的,并探讨行为正当的理由。通过道德行为这面镜子来审视学校的情况(如,什么被看做是"正义的"以及为什么),一个人能够更加深入地理解自己的价值和偏见以及社会的价值和偏见。一个人的道德准则绝非只是一系列有道德的行为;它还涉及到对"美德"和其他一些概念(如,"善的"、"道德的")的检查。要理解道德,一个人必须探讨有关一系列问题的各种道德观点。

尽管法律和道德之间具有相似之处,但是这种共同点不应该被夸大。有些行为虽被认为是道德的,但是却违反了法律。反之也是如此。个人仍然要为违反某些法律(这些法律他们认为是违反道德的)而承担法律后果(民事责任)。然而,某些被视为不道德的做法(如在专业方面误导同事),因为没有违反法律所以不需要承担任何法律后果。这就是有些专业组织为什么制定道德准则以对某些法律诉讼没有涉及到的行为进行规范的原因之所在。

如果学校领导者要深入理解法律与道德,并把有关知识转化成行动的话,那就必须在教育领导的培训计划中以不同的方式对这些主题进行探讨。人们不再普遍支持这样一个观点,即应该教授学校管理人员如何处理学校情况,例如如何以一种科学合理的方式解决客观问题。目前,有许多人认为,培训计划应该在处理复杂而混乱的学校情况(这些情况没有具体的答案)方面,以及在理解个人信仰对自己工作活动的影响方面给学校领导者提供指导(Beck,Murphy & Associates,1997)。

然而,大多数培训计划仍然没有鼓励未来的学校领导者认真思考角色中的法律和道德方面,或向他们自己的价值观和世界观提出挑战。培训计划应该让未来的学校领导者学习法律和道德知识,给他们提供大量的机会让他们实践法律条文和道德规范,并让他们进行深入的自我反省和自我批评(McCarthy et al.,1993;Starrant,1994)。而且,如果学校领导者在培训计划期间就适应法律和道德思考的话,那么他们的这种适应水平应该继续存在于专业角色中。

几十年以来,法律一直是教育领导课程中的内容之一(尽管对技术过于关注),然而只是最近,某些培训计划才开始系统地关注道德(Bech et al.,1997)。法律和道德适合于问题本位的教学以及探讨正式的、模拟的学校情景下的法律和道德意义。通过识别和探讨两难问题,思考其他解决问题的观点,学校教职员工可以提出一些敏锐的问题,并做出深思熟虑的决定。培训计划有责任通过课程解决道德和法律问题(不仅仅是通过几门课程),这将有助于学校领导者看到法律、道德准则与他们每天在学校中面对的挑战之间的联系。

五、结论

一个十分重要的事情是,教育领导者要了解学校的法律问题。管理人员需要具有全面的教育和法律知识,这样才能做出审慎而明智的判断。查阅专业性刊物,必要时请教学区的法律顾问,这些均是避免学校受到起诉的重要预防性措施。还要遵守以下基本原则:

- 只有当有必要实现强制性目的,且没有现成的法规可以遵循时,学校才可以制定言论规章。
- 学校不能仅仅因为表达的某些思想不同于管理人员或教职工而禁止言论。
- 只有当言论扰乱了学校的教育目的,或侵犯了他人的权利时,才能够禁止言论。
- 为了惩罚某些学生,在把他们开除学校之前,必须给予他们一个听证的机会。
- 必须给残疾学生以及语言不流利的学生提供一种他们能够从中受益的教育。
- 在教师试用期结束后,其合同的终止或不续约只能依据州法规确定的条款。
- 所有学校人员的一举一动都要适当地考虑到别人的权利,这一点十分重要。

一个相关的问题是避免不正当的搜查和关押。埃塞克斯(Nathan Essex,1999)说道:"学校应该有充分的理由才能决定搜查某位学生,之所以搜查是因为搜查是为提供恰当的证据所必需的,这些证据能够证明学生违反了具体的政策、法规或法律。此外,搜查范围必须限制在事发现场。"(p.39)要严格根据学校官员维护秩序和纪律的需要以及保护他人安全与福利的需要,来权衡要完成的一个搜查决定。

肖坦(Ann Shorten)在《教育领导与管理国际手册》(1966)中提醒读者:"审慎的管理人员只要有可能就会建立一个操作机制,该机制使他们能够引起对法律变革的关注,并且还会建立一个适当的沟通机制,从而使信息能够传播给需要信息的那些人。"(p.83)这是一个不错的建议,未来的教育管理人员必须强烈地认识到这种沟通机制的重要性。

档案袋物品

- 找到两本不同学区的政策手册并进行比较。它们有什么相似之处和不同之处?仔细阅读每本手册的内容目录;哪些政策是一个学区所拥有而另一个学区所没有的?
- 许多州都制定有一份(或几份)被称为教育法规的文件。你所在的州有这样的文件吗?如果有,请细翻看。认真研究一个主题如教师评价与解聘。该法规的实质是什么?它已经被修订了多少次?
- 访问一位校长,向他(或她)询问一些有关学校法律的问题。可以使用 ISSLC 标准(参见第一章)来准备你所要提的问题。尤其要看标准3、5和6。
- 用一天的时间来观看法院有关家庭和家庭关系的案件,或跟踪一个教育案件的整个审判过程。

- 发现一所学校中的问题并研究与之有关的法律,形成一份支持或反对该问题的简短的法律辩词。
- 和法官共度一天。
- 找到并阅读本章中所列出的已颁布的法院判决报告,或你所在的学校感兴趣的已颁布的法院判决报告。

推荐阅读文献

Alexander, K. & Alexander, M. D. (1988). *American public school law*. Belmont, CA: Wadsworth Publishing, Co.

Essex, N. L. (1999). *School law and the public school: A practical guide for educational leaders*. Boston: Allyn & Bacon.

Imfer, M. & Van Geel, T. (1993). *Education law*. New York: McGraw-Hill.

Lamorte, M. W. (1999). *School law*. Boston: Allyn & Bacon.

Sperry, D. J. (1999). *Working in a legal and regulatory enviroment: A handbook for school leaders*. Prinicetion, NJ: Eye on Education.

Taylor, B. B. (1996). *Education and the law: A dictionary*. Santa Barbara, CA: ABC-CLIO, Inc.

Valente, W. D. (1997). *Law in the schools*. (4th ed.) New York: Merrill.

法院案例

Board of Education v. Allen, 392 U. S. 236, 88 S. Ct. 1923, 20L. Ed 1060(1968).

Brown v. Board of Education of Tapeka, 347 U. S. 483, 74S. Ct. 686, 98L. Ed. 873 (1954).

Brown v. Coffeeville Consolidated School District (1973).

Doe v. University of Michigan, 721 F. Supp. 852 (1989).

Fenton v. Stear (1976), 423 F. Supp. 767 (W. D. Pa).

Farrell v. Dallas Independent School District (1968), 392 F. 2d 697.

Hazelwood School District v. Kuhlmeier, 484 U. S. 260 (1988).

Keyishian v. Board of Regents of New York (1967), 385 U. S. 589.

Meltzer v. Board of Public Instruction (1977).

Meyer v. Nebraska, 262 U. S. 390, 43S. Ct. 625, 67L. Ed. 1042 (1923).

Miller v. California (1973), 413 U. S. 15.

Planned Parenthood v. Clark County School District, 941 F. 2d 871 (9th Cir. 1991).

Plessy v. Ferguson, 163 U. S. 537, 16S. Ct. 1138, 41L. Ed. 256 (1896).

Stone v. Graham (1983), 449 U. S. 39.

Scott v. New-Herald (1986), 655 F. Supp. 1353 (S. D. Ohio).

Sheff v. O'Neill (1996), 211 Conn. 627A. 2d. 518.

Steirer v. Bethlehem Area School District, 987 F. 2d. 989 (3d. Cir. 1993).

Tinker v. Des Moines Independent School District, 393 U. S. 503 (1969) 1985.

第十二章 资源分配与管理

引子：为梅多斯高中确定资金来源

奥森维尔学区与西部一座大城市毗邻，有7所小学、2所初中和1所高中——梅多斯高中（Meadows High School），共有近3 000名学生。该校就像全国其他高中一样，正面临着设备老化的问题。

梅多斯高中始建于1926年，1980年通过扩建，学校规模扩大了近1倍。尽管学校设备维护得很好，但仍需要改进。提及科学和计算机实验室，教师们常常会告诉马丁（Carolina Martin）校长，安全需要虽然得到了满足，但那些设备处在"让人叹息的境况中"。教师们说，设备的短缺让他们"十分尴尬"，特别当参观者经过这些教室时。一个标准的高中班级有25名学生，但电脑实验室却只有10台电脑。在科学实验室里，学生们不得不共用望远镜和其他设备。

马丁校长已就这些问题同中心办公室进行了磋商；然而，他们却告诉她：在可预见的将来，学校无法得到额外的资金。马丁校长已要求校本委员会（school-site council）在下次会议中讨论这些问题。校本委员会由校长、5名教师、1名学生和2位家长及2位社区成员组成。由于奥森维尔学区近几年下放了部分权力，因此梅多斯高中在预算计划和支出方面拥有相当大的控制权。

> 如果你正在制定下一年的预算，那么，在现有预算内，你会采用何种方法对资金进行再分配呢？
> 如何安置资金才能使学生在科学和计算机实验室得到额外的资源呢？

一、资助学校

为了解决学校运作过程中的财政问题和与学校社区的成员进行有效交流，学校管理者应当了解学校的财政状况。校本管理和预算已为更多的人所熟悉，其中包括教师和社区成员，这就要求这些参与者对公立和私立学校的资金情况，以及刺激税收的策略等问题有个基本了解。

税收

税收向许多公共服务部门提供资金,包括社会服务机构、警察局、消防部门、运输系统和学校等。公立学校的资金来源主要靠财产税、消费税和州收入所得税。当我们以平等(equity)、收益(yield)、计税基数(tax base)、经济影响和承诺(compliance)等标准来衡量时,每一种税种都有它有利和不利的一面。

税收的**平等**就是公平。美国税制开始时的基本假设之一是累进税。其信念是一种公平税,即向那些净产值增长最多的人征收更高比例的税收,因为他们从社会中获取最多,并且这些税仅仅取自奢侈品而不是生活必需品。前任劳工部长瑞切(Robert Reich)(1997)表达了对最近出台的对最富有收入者降低税收的政策的关注。他说:"我发现这一现象十分令人不安。在任何一个工业化国家中,我们的收入分配最不公平。"(p. 32)对美国最富有的人降低税收数目是 1986 年《税收改革法》的一部分,同时也成为世纪之交的一个议题。在这些情况下,要想维持目前公共服务水平,近来对中产阶级的税收就需增长。

收益是指一项税收所产生的收入。关于收益,常涉及以下几个问题:这种税收形式能使低税率带来高收益吗?源自于这项税收的收入会随着经济改善而增加,也会随着经济滑坡而降低吗?

计税基数指一个税率可以应用的特定种类。典型的计税基数种类包括收入、财富、财产值、消费和优惠等。

经济影响是评价税收制度的又一个因素。关键问题是,税收对美国业主或工人们而言是一个非刺激性因素吗?这种税收对美国经济产生消极影响吗?

税务管理可能会很棘手。问题是,怎样把税务管理的花费控制在最小值而产生最大的收益?

最后,**承诺**确保税款确实上缴上来。一个例子就是抵制缴纳收入所得税的天性。有些国家的工人每年或每季度缴纳收入税,这些税收也不是从工资单上扣除,因此,承诺便成为一个重要问题。

近年来,联邦政府已经更多地转向比例税或扁平税,即如果支出保持恒定的话,减少对富人的税收但增加对中产阶级的税收。很多州已经对某些税收作了限制。1978 年在加利福尼亚州通过的 13 号提议(Proposition 13)和马萨诸塞州通过的 $2\frac{1}{2}$ 号提议就是两个例子。各州在审查州内学校的财政立法时,倾向于减少对财产税的依赖性,而增加对其他税种(如向州彩票征收消费税)的收益量。财产税和一些其他税种经常是逆向的——即中产阶级交纳的税额在工资中的比例要高于高收入的人群。因为税收为公立教育提供较多的资金,那么,了解税收制度及其对国民的影响就相当重要。

二、联邦参与资助学校

尽管教育是州而非联邦政府的责任,但在由政府支持的具体教育计划方面,联邦政府还是发挥了资助作用。图 12.1 显示,1970 年以来,联邦政府作为学校收入来源的作用变动很小。联邦政府给地方学校预算的比率通常不到 10%。这个数字因学校类型的不同而有所变化。

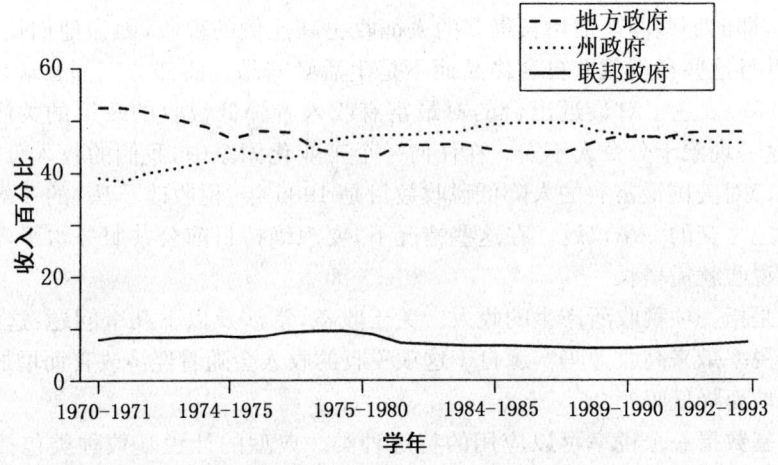

图 12.1 公立中小学的收入来源:1970—1971 到 1992—1993 学年

比如,大的城市学区实施联邦资助项目可能性较大,如双语计划、磁石学校、移民计划、头脑启迪(headstart)以及从学校到工作计划(school-to-work programs)等。因此,它们的预算中来自联邦资助的比例会高于那些没有实行这些计划的学区。

表 12.1 描述了美国政府支持的各项计划的预算支出情况。对学区的援助方式通常是一揽子拨款(block grants)、项目援助或一般性援助。这些资金通常拨付给州教育办公室,由它再将资金分发到地方教育机构。

表 12.1 学校的美元用到哪里去了?
1967 年、1991 年和 1996 年 9 个被选学区中学生人均花费的分类说明

项 目 区*	1967 年	1991 年	1996 年
日常教育	80.1%	58.5%	56.8%
特殊教育	3.6%	17.8%	19.0%

续表

项　目　区*	1967 年	1991 年	1996 年
食品服务	1.9%	3.3%	4.8%
补偿教育	5.0%	4.2%	3.5%
学生支持（护理和咨询）	2.1%	3.5%	4.2%
交通（日常教育）	3.6%	3.9%	3.1%
职业教育	1.4%	2.8%	2.7%
双语教育	0.3%	1.9%	2.5%
废止种族歧视	0.0%	1.9%	1.5%
日常保健和心理服务	1.4%	1.0%	1.1%
课外运动	0.4%	0.7%	0.6%
"问题"青年的教育、选择性教育	0.1%	0.6%	0.6%
安全和暴力防范	0.1%	0.5%	0.6%
总计	100%	100%	100%

* 以 1996 年学生人均花费排列的项目。

【资料来源】Economic Policy Institute, 1996.

三、州参与资助学校

大多数州都有复杂的财政体制，但其中一个特别重要的概念就是所谓的基础计划（foundation program）。它是指学区获得的为每个入学学生提供的最低资助。州根据平均日常学生成员（average daily membership, ADM）或平均日常出席数（average daily attendance, ADA）而向学区拨付。这一数量，有时也被称为每个学生的分配量，可能会受到下列因素的影响：地方财政努力的程度，接受特殊教育、职业教育和双语教育的学生数，来自贫困线以下家庭的学生数等。

我们可以以加利福尼亚州各学校的财政来源情况为例，见表 12.2。

第十二章 资源分配与管理

表 12.2　加利福尼亚州各学校财政来源

	1994—1995 年	1995—1996 年（估计数）	1996—1997 年（估计数）
联邦资助	8.3%	8.15%	7.8%
州政府资助	53.2%	55.6%	57.4%
财产税	29.1%	27.5%	26.4%
地方各种支持	7.2%	6.7%	6.4%
彩　票	2.2%	2.0%	1.9%

　　除基础计划外,资助公立学校的其他途径包括扁平拨款模式(flat-grant model)、力量均衡计划(power-equalizing plan)、保障计税基数计划(guaranteed tax base plan)以及学生权重计划(weighted-student plan)。许多州都采用多种途径来资助学校。

　　在**扁平拨款模式**下,州政府对当地学区的资助以一固定数量为基线。然后这个数乘以学区的学生数。许多人认为这种资助学校的方法并不公平,因为有些儿童的教育费用要高于其他学生。比如,一个需要特殊教育或双语教育的孩子与不需要此类教育服务的学生相比,要花费学区更多的钱。

　　在**力量均衡模式**下,州政府对学区的资助按学校开支的百分比支付。这一百分比与学区的贫富呈反比关系,即,学区越富有,学校获得的州财政资助就越少。这一模式的目标就是要实现富裕学区与贫穷学区之间的平衡。既然那些生活在富裕学区的人能交付远低于其收入的费用,同时也为了能向"平均日常成员"中的每位孩子的教育增加更多的钱,州政府便试图对这些不平等做出调整。

　　在**学生权重模式**下,学生以其特殊需要的比例而受到侧重。比如对接受双语教育、特殊教育或职业教育的学生,州政府会根据这些服务的花费分配给他们额外的钱。这种模式的问题之一就是分配权重的复杂性。例如,有些学生既接受特殊教育服务,又接受双语计划服务。因此,对特殊计划所给予的权重变得极为复杂。

　　法庭一直非常关注的就是公立学校资助的不平等问题。该问题就是由教育资金造成了教育机会的不平等,也就是"学区财富的功能;一项有争议的财政计划是否能为每个孩子提供最基本的或足够的教育;地方控制权的重要性;如果可能的话,法院参与调节的程度"(Lamorte,1999, pp. 351—352)。

　　另一个相关问题就是以公共开支提供教育服务的选择问题。拉谟特(Lamorte,1999)接着说:

　　　　可惜讨论的结果是,选择的概念没有形成一个单独的详细计划,而是一个体现众多计划的笼统术语……它的支持者们宣称,把消费者选择的概念引入教育,把必须竞争的必要因素以及这一术语所暗示的积极含义都引入到公立学校中,就会打破所谓的教育当局的控制垄断。(p.374)

特许学校就是鼓励创新性教育理念的一种选择形式。

特许学校是公立学校,但拥有私立学校的众多特征,也通过税款获得资助。学区或州直接把专门的配额分给入学的每一个学生而不是给学区中心办公室。如果学生选择离校的话,他或她就会从学校带走属于其个人的资金。

四、地方参与资助学校

因为学区不从销售利润中获得收益,所以州政府授权于学区向个人和公司征税。公立学校的主要收入来源就是地方财产税。财产税主要取决于三个变量:计税基数、估算活动以及税率。计税基数包括学区内除联邦政府、公共医院、国家公园、教堂和非营利实体财产之外的所有应缴税财产,上述这些实体都是不纳税的。

至于怎样评估财产,各州之间各不相同。通常是由税务机构确立一个适用于财产市场价值的百分比例。市场价值即物主卖出这些财产后所得数额。根据各州的情况,税率有不同的表达方式:估价的每千元、估价的每百元等。据夏普(William Sharp,1994)所言:"学区税率乘以社区计税基数的评估价值便可得出学校将获得的钱款数。"

我们以某个房宅为例来说明这一点。如果这个房宅的市场价值为12万美元,税务机构的价值估算是80%,那么该房宅的估价便是12万×0.80,即9.6万美元。这将是房主纳税的数量。如果每100美元的评估价值要缴纳2美元税,那么,该房宅的财产税就是9.6万×0.02的积,即1920美元。不过,要记住,房主的全部税款包括除学校税收之外的其他税项(如用水、医疗等)。

这是税收过程的简图。房主和商家通常都适合某种类型的减免税。此外,当社区力图将商业引入市镇时,它通常会提供某些减免税(头几年税额较低)。

下面是一个学区收入的典型公式:

一般目的(收入限值×平均日常出席数)
+ 特殊用途(项目援助)
+ 地方各种支持及其他收入(如资产出售、投资收入)
+ 彩票
───────────────────────────
= 学区总收入

框12.1描述了一个大城市学区的收支情况。

第十二章 资源分配与管理

> **框 12.1**
>
> **圣迭戈城市学校的总预算**
>
> **1997—1998 年一般基金预算**
> **收入来源**
>
> | 收入限值 | | |
> |---|---:|---:|
> | 　地方财产税 | $305 875 356 | 37.77% |
> | 　州总基金 | $186 591 509 | 23.04% |
> | 收入限值总额 | $492 466 865 | 60.81% |
> | 　州其他收入 | $212 548 919 | 26.25% |
> | 　联邦收入 | $49 808 577 | 6.15% |
> | 　各种地方收入 | $8 802 213 | 1.09% |
> | 　转账平衡 | $46 185 452 | 5.70% |
> | 一般基金总额 | $809 812 026 | 100.00% |
>
> **1997—1998 年一般基金预算**
> **各项开支的款额**
>
> | | | |
> |---|---:|---:|
> | 职员工资与福利 | $644 314 493 | 79.56% |
> | 　书籍和供应品 | $81 012 853 | 10.00% |
> | 　合同性服务及其他运作开支 | $37 399 585 | 4.62% |
> | 　资金支出 | $16 088 996 | 1.99% |
> | 　其他开支 | $13 849 383 | 1.71% |
> | 　存储 | $17 146 716 | 2.12% |
> | | $809 812 026 | 100.00% |
>
> **项目的款额**
>
> | | | |
> |---|---:|---:|
> | 课堂教学项目 | $512 752 104 | 63.32% |
> | 　教学支持 | $107 814 740 | 13.31% |
> | 　健康、咨询与护理 | $45 792 651 | 5.65% |
> | 　学区行政 | $24 329 440 | 3.00% |
> | 　设备维护与运行 | $65 057 885 | 8.03% |
> | 　学生接送 | $26 256 050 | 3.24% |
> | 　辅助项目 | $5 612 541 | 0.69% |
> | 　基金间转移 | $5 039 899 | 0.62% |
> | 　防止经济不稳定的存储 | $15 853 116 | 1.96% |

		续
固定周转金 ···	$1 150 000	0.14%
现金周转额 ···	$153 600	0.02%
一般基金总额 ···	$809 812 026	100.00%

【资源来源】 *San Diego United School District Statistical Report*. November, 1997. Public Information Office, San Diego City Schools.

五、教育券

20世纪50年代中期,经济学家弗里德曼(Milton Friedman)建议,每个家庭都应该接到1张儿童进入公立学校的等值的教育券(voucher)。根据他的计划,每个家庭可以为其孩子选择任何一所学校以满足政府提出的基本要求。家长可以在教育券上再添加资金,学校可以自行确定学费和入学要求。

在此后的40年中,各种形式的教育券制度在国家、州和地方各级都存在争议。由于该计划作为家庭和孩子应得到的一种教育方式,因此教育券已经同择校的概念联系在一起了。

择校(school choice)已成为影响全国所有学校的一个重要政策问题。目前,还没有一个州有教育券制度。但是,有几个城市(如密尔沃基、芝加哥、克利弗兰等)正在运用有限的成功举措实施教育券。1998年,威斯康星州高级法院确认可以使用教育券,而美国最高法院却拒绝复审这一案件。佛罗里达州州长布什(Jeb. Bush)提议为失败学校(failing school)的每位学生(以学校考试成绩为基础)提供金额高达4 000美元的教育券,这种教育券可用做学生进入公立、私立或教会学校的凭证。择校运动包括诸如教育券、磁石学校和特许学校等理念。这些运动潜在地改变着收入的分配,对学校的收入具有实际意义。

六、非传统性收入来源

为了扩大各项服务,许多学区已经开始关注各种非传统性的收入来源。迈努(Meno,1984)把非传统性资金来源划分为3项:捐赠、企业与合作。表12.3描述了这3项来源以及每一项来源的不同种类的收入。卡诺斯和金(Garnos & King,1994)的研究表明,学区教育局长和校长都认为非传统收入是提高公立学校预算的可行途径。当特许学校扩展至全国范围时,这些来源将会更加普遍。除此之外,关于开发选择性收入来源,公立学校可以向独立学校(包括私立和教会学校)学习到很多经验,以便建立一些机构去使用筹措基金策略。学校管理者必须在达成伙伴关系、保障捐赠以及建立企业等方面有很强的能力。

表 12.3　非传统性基金来源

捐　赠	企　业	合　作
1. 个人的现金捐赠 2. 个人不动产捐赠 3. 私人基金会赞助 4. 合作式捐赠 5. 非盈利组织捐赠 6. 捐赠服务 7. 捐赠供应品 8. 捐赠设备 9. 集资者集资以支持一个教育项目 10. 集资者集资以支持一项课程活动	1. 租借给其他学区或组织的服务 2. 租借给其他学区或组织的设施 3. 使用者偿付费用（社区教育、驾驶员教育等） 4. 学校设施或设备的出租 5. 学校财产的出售（自动售货机、广告等） 6. 售、租后管理	**地方机构：** 1. 与其他学区共担的计划 2. 与其他学区共担的活动 3. 与大学的合作项目 4. 服务俱乐部或组织主办的项目或活动 **政府机构：** 1. 与城市、县联合的设施维修计划 2. 公交车的联合使用 3. 运动设施或游泳池的联合使用 **商业和工业：** 1. 工作-学习计划 2. 青年工作安置计划 3. 就业指导

【资料来源】 Garnos, M. L. & King, R. A. (1994). *NASSP Bulletin* 78, 566. Reprinted with permission.

学校基金

学校基金同大学的发展办公室相似。基金具有免税权。因此，捐赠者可以从他们的捐赠中受益。基金允许社区成员以个人和公司的形式捐助。基金可用于实地考察费用、特殊项目费用、奖学金或奖金等。

塞额和萧特（Thayer & Short，1994）认为，校长一定是组建基金的关键人物。在创立基金方面，他们建议采用以下步骤：

1. 组织一个工作组研究这一行动的可行性。
2. 根据州和联邦相关的法律条文获得处理事务的地位与权力。
3. 让股东知晓基金创立的必要性及创立过程背后的情况。
4. 确立具体而可行的目标。

七、独立学校的收入来源

独立学校包括分布在国内外的教会学校和私立学校[注：美国有近 550 所学校在国外，这些学校同国防部主办的学校在某些方面有所不同，其中包括资金来源（ECIS，

1998)]。独立学校主要以学费和捐赠为资金来源,其中校友是最大的捐助来源。独立的私立学校和独立的教会学校的一个直接不同之处,是后者的部分预算来自于宗教机构。

我们还可以从独立学校学到更多东西,不仅是它们的资金筹措策略,还包括它们是如何将各项计划投入市场的。

> 各种资助机制会给梅多斯高中学校现场委员会的计划带来什么样的启示呢?

为教育计划获取资金

波兰斯基(Polansky),哲学博士
康涅狄格州(Connecticut)东里米学区教育局长助理

基金已成为学区与学校管理的一个复杂部分。虽然对学校基金的开发、获得以及使公众赞同的策略极为不同,但存在绩效责任这样一个共同因素。绩效责任很少指记账的过程,更多的是指纳税人认真审查的过程,即审查公众从他们提供的美元中得到多少回报。伴随着新千年的到来,对学校资金使用情况的检查和批评有更高的要求。学校管理者将不得不保护学校的资金策略,寻找获取资金的其他新途径。他们需要更强的能力和充分的准备来管理资金。我们当中的许多人都是在20世纪80年代这一免费时期开始了我们的教育历程。此后,准税收抵制运动就缩减了教育款额。

学校资金从哪里来?

就全国而言,学校所有资金的80%以上来源于地方和州的资助、授权(entitlement)和税收。税收已缩减,这将税收和授权置于危险之中。各学区都在为实施一些重要计划而寻求获取资金的其他途径和发展策略。学校管理者不再期望市府当局包揽所有开支。为学校筹资包括以下5个富有新意的策略:

开发教育产业区

学校不能再坐在后面期待着用税金支付革新计划的开销。多数情况下,学校必须竖起一块"向商业开放"(open for business)的牌子,延长学日(extended-day)计划、日托(day-care)计划、充实(enrichment)计划等的费用都来自消费者。校长必须学会利用市场创立绩效责任的财政制度来管理这些计划。学校将从早上6点开放到下午6点,所得费用可用做员工收入、材料费和建设项目。学校管理团队和校舍改建团队要彼此协调促进学校的全面发展。

学前计划

学校还要与私立日托服务者展开竞争。没有给学生提供更多的转变条件的学前教育计划的做法正确吗？他们会成为生产钞票的机器吗？有效的学前计划将改善喂养计划，让父母尽早参与，为社区提供与权力人群的联系。资金可用于学校范围内的所有活动。此外，研究表明，孩子们前4年的经历将对他们今后的发展产生重大影响。

资源共享

学区一般认为自己存在于一个孤立的管理群中。地区服务中心试图达成资源共享，但自身却常处于市场之中。学区应当学会共享商业服务和支持一些辅助的功能，如跨学区的交通工具、代课教师、膳食服务、保管服务、叫牌服务、创新技术及课程计划等。共享将会减少人员支出以增加学区资金。博物馆、公司以及商业机构之间的合作也将为学校提供必要的服务。多数共享之物已停止使用或成为竞争计划的一部分。

书写资助要求

学校行政人员要通过因特网寻找资助。学校有权享用的范围正在缩小，而竞争性项目的资助越来越容易得到。做点梦吧！把你的想法写在纸上，上网去寻找资助。全国学校董事会协会（www.nsba.org）和美国教育部（www.sdoe.org）都有网站和期刊发布可获得资助的计划名单。地方组织也可以列出资助项目。一些管理者对呈递资助提议表示犹豫。但要记住，可能发生的最糟事情就是他们的拒绝。这样，你就仍然需要学着寻找筹资的新途径。

远程学习

虽然多数教师工会反对远程学习，但卫星、学区内远程学习计划能降低成本（因此要允许管理者将这些资金用于别处），并能为计划本身提供筹资的机会。拉丁语4、法语6、奥林匹克数学和科学课程都可以借助互动式远程学习计划来讲授。虽然设备昂贵，但它们能够吸引资助资金。大学也提供那些可以减少支出的计划，并提供急需的视听设备。

我们再也不能依赖传统的资金来源。能够寻找到资金以最大程度地满足学校和计划需求的人，是那些富有进取心的学校管理者。

八、撰写资助要求

假如学校和学区从非传统来源中获取资金的要求提高的话，那么，对学校管理者来说，具备写出让他人理解的要求资助的写作技巧将是十分重要的。拉斯金和爱切尔斯（Ruskin & Achilles, 1995）将之概括如下：

1. 选定一个对你的方案类型感兴趣的慈善家或基金会。
2. 制定一个全面的和极富个性化的计划来吸引这个人。
3. 设计一个短期计划和长期战略以获得支持。
4. 与出资者保持个人接触。
5. 设计一个争取其他关键人物支持的计划。
6. 寄发征询和感兴趣的信件。

7. 服从对方所要求的建议。

8. 与出资者保持对话。

9. 通过让出资者参与你方案的各个阶段的管理,以确保他成为利益相关者。(p.30)

学校管理者不仅要了解申请资助的过程,而且还得了解在任何一项资助中发现的典型信息。拉斯金和爱切尔斯(Ruskin & Achilles,1995)给书写资助要求的作者提出了如下 11 条建议。

1. 提供一幅清晰地反映你学校状况的"全景":人数、课程、特殊计划、最显著的特征及问题。

2. 清晰地列举你试图满足的需求,并提供数据来说明这些需求对学生所受教育的质量所产生的影响。

3. 明确地阐述你打算满足这些需求的计划,包括这一计划是如何制定的。陈述全部的理由来说明这个计划是满足教育需求的最佳途径。借助其他成功的模式来支持你的观点,并提供一个实施计划的时间表。

4. 概括出成功地实施你的计划所产生的直接和间接的利益。强调你的计划对教育质量的作用及对学生个人的启示。

5. 列出出资者为你的计划而将使用的花费。根据出资者的要求,你可能需要使出资者相信你已对他的投入给予精心规划,并能在你的预算之内完成计划。

6. 为你的计划制定一个评价设计以作为实施进程的一部分。评价设计要与可测量的目标联系起来。

7. 对项目主持人的专业以及个人资格提供令人信服的论据。

8. 描述将来的资金需求以及确保获得所需资源的策略。

9. 制定一个初始资金到位之后继续该项目的计划,你将如何使之制度化。

10. 在附录中提供恰当的支持性信息。

11. 对资助后续事宜制定一个议程时间表。为确保与出资者保持联系,在表中具体说明重要目标资助的最后期限和约定。在这里可以补充管理工作的细节。要使资助管理者对日程表能一目了然并能提前考虑重要的期限(pp.53—54)。

九、预算、会计决算和设施管理

当管理层了解了社区能支付或愿意支持教育计划时,预算收据才具有实质性。预算确保了在恰当时候能获得完成教育计划所要求的一定数量的资源。向学校董事会和社区进行解释也是财政计划的一部分,这样可以得到他们的赞同。在这一部分中,我们先来讨论预算过程的步骤,接下来再讨论预算的 3 种途径:项目规划预算制、零基准预算和附加性预算。最后再描述一下学校本位管理模式下的预算。

预算过程

预算过程包括规划(planning)、系统阐述(formulating)、递交(presenting)、管理(administering)和评价(evaluation)几个方面。许多州都遵循着一张日程表,该表规定了一个学区的某种预算必须在何时得到落实。通常9月份开始预算,预算的通过则在下一年的6月或7月。

规划。 学术计划应当驱动学校预算,因此,在预算过程的规划阶段,诸如需求、计划目标、实现目标的选择性途径、对成本效益进行选择等因素都必须考虑到。在图12.2里,沙达斯和萨蔓妮(Sanders & Thiemann)描述了教育的教学性和实施性费用的具体内容:

教育分项的累积费用				
教学性费用		实施性费用		
		一般性的		硬件设施
直接的	间接的	辅助性服务	行政	
1. 教师工资 2. 顾问、图书馆人员、行政管理人员的工资(按他们用于教学的时间比例分配)	1. 教学性供给与设备 2. 办事人员的报酬(按他们用在各种课程领域的时间比例分配) 3. 部门领导或学科督导、协作者等的工资	1. 放像室和图书馆 2. 特殊教育 3. 指导和心理服务 4. 膳食服务 5. 交通工具 6. 代课教师的工资	1. 固定行政人员(按他们的行政时间比例分配) 2. 中心办公室的全体行政人员 3. 行政性供给与设备 4. 全体职员福利服务	1. 运作 2. 维护和修理

图 12.2 教育分项的累积费用

【资料来源】 Reprinted with permission from NASSP.

系统阐述。 在表述预算时,听取学校众多资助者的意见至关重要。学校再也不能将预算警惕地圈起来,为资金的使用途径和缘由保密。在许多学区,特别是那些实施校本管理的学校,教师在学校预算过程中要承担更多的责任。确定和细化预算应当吸纳教师、全体职员以及属于学校社区一部分的其他团体的意见和讨论结果。

框12.2展示了学校编制预算的清单,它包括过程、预算文件的组织以及编制预算所需的各种信息。

框 12.2
学校预算编制清单

过程：举行听证会的程序
　　——明确界定董事会和学区教育局长的作用。
　　——董事会财政政策的定期更新。
　　——财政数据的准确和及时。
　　——为预算配备足够的职员。
　　——举办有市民参与的公共听证会。
　　——广泛分发预算文件（或摘要）。
　　——程序合乎法律要求。
　　——为预算争取社区或政策的支持。
　　——确立应变策略（预算选择）。
　　——采用有效的估算或财政报告制度。

形式：准备文件
　　——封面、标题页、颇有吸引力的外观。
　　——目录或索引，页码。
　　——包括董事会成员和官员的名字。
　　——列出组织结构图和学校管理者。
　　——预算信息和传达性信件。
　　——图表或艺术作品、曲线图、数据图和表格。
　　——风格明确，避免专业术语。
　　——文件的规模和形式合适。
　　——主要术语表。
　　——简明的执行概要（预算简要）。

内容：信息数据综合
　　——底线要求的可行性。
　　——学校系统的目的和目标。
　　——预算纲领和优先权。
　　——目标预算总结（如工资、供应）。
　　——现场预算、总结（如单个校园）。
　　——预算历史（前 5 年的支出）。
　　——单元费用分析（学生人均支出）。
　　——估算性收入总结（所有来源）。
　　——对税率影响的解释说明。
　　——主要支出因素说明（合同、通货膨胀）。

> ——对预算编码制的解释（账目图）。
> ——执行措施（测试数据）。
> ——按年级的学生入学方案。
> ——配备教学人员的历史和计划。
> ——学区的长期计划（5年）。
> ——证明主要决策的正当性（临时解雇，决算）。
> ——学区或州际比较。
> ——现金预算总结（改进项目）。
> ——预算细节（线性条目支出数据）。

【资料来源】Hartley, H. (1990). "Boardroom Bottom Line" with permission from the *American School Board Journal*, 177(2):31.

递交。学校递交预算的一个关键部分是确定预算的根本理由。在绝大多数学区，校长亲自同学区教育局长以及与预算过程相关的重要官员一起讨论学校的预算。学区最后的预算被送至学校董事会，非独立学区的预算则被送至城市委员会或县督导委员会。为优先得到预算，至关重要的是管理者能够明确地表达出有力的理由。

管理。管理预算的一个方法就是把资金分配到各个项目或部门内，允许相关人员在既定的数目范围内自由使用。不过，在这一过程中，与购买和结算有关的责任心非常重要。通常，从一个物品的订购到账单的到来需要几个月的时间，在账单被支付之前待用的资金是不能被挪用的。因此，尽管资金从技术上讲可以利用，但它却不应当被实际使用。有大量的电脑程序可以帮助学校管理者对学校预算进行管理，确信储备金没有被挪用和预算没有超支。

评价。学校预算通常被分成各类，如计划（早期儿童计划、双语计划、语言艺术计划等）、功能（教育性的、运输、设施管理）和目标（供应物、工资、员工发展、旅行）等。评价者可以单独或综合地评价这些方面。在评价过程中，要提到下面的问题：预算对目标实现到何种程度才意味着完成？我们该怎样判定目的和目标的实现？购买的物品和服务设施确实被使用了吗？计划是否应当扩大或是删除？评价者的脑中应当时刻谨记两个关键词：效果和效率。在计划的评价过程中，学校管理者应当问一问：我们所使用的方法是否是达到目标的最有效和最高效的方法？

十、预算类型

下面4种预算类型并不是相互排斥的，每一种都能提供有用的和必需的信息。根据组织需求和情势，某一种类可能会变得极为重要。如果所采用的电脑系统提供的财政记录足够精密,数据又能得到合理的组合,那么,电脑程序就能用许多不同的程式提供支出和预算信息。

(一) 线性—项目预算(Line-Item Budgeting)

一个目标预算(object budget)实际上就是一个支出项目的清单,如工资、供给、设备、服务、保险、旅行、职业提升、邮资、养护、公共设施、小额优惠(fringe benefits)、租金、债务削减,等等。一个功能分类(function classification)就是根据产生的目的列出费用估算表,如管理、教学、健康服务、学生接送、膳食服务、运作、固定费用、暑期学校、成人教育等。今天通用的线性—项目预算就是从这两种组织类别的结合中演化出来的。

用来解释学校开支和收益的分类系统,范围广,过程复杂,要确保学校开支和收益又存在许多困难。此外,得到有关学校系统财政运作的可以进行比较的数据较为困难,这促使美国教育部颁发了一本手册——《地方和州级学校系统的财务会计》(*Financial Accounting for Local and State School Systems*),定期出版。这本手册对用于预算和会计决算中支出与收入的解释方面提出了一些建议。大多数情况下,州级和地方学校的预算都遵循了美国教育部提出的主要建议。

预算估计一般是在先前一年预算的基础上,增加一个百分数,来做下一年的预算。一般的程序是:根据前一二年的预算分类记录开支情况,把下一年的要求补充进去,然后记录所要求增加的数量。在此基础之上,预算主任、学区教育局长和学校董事会应学校的要求减少或增加一个百分比,而得出一个最后的数字结果。这是稳定拨款过程的基础,同时也提供了一个优质的控制机制。

(二) 计划、立项、预算系统(PPBS)

很明显,线性-项目预算主要关注的是功能性和目标性支出而不是计划项目。项目预算系统是指确定项目花费多少的方法。它有时被称为 PPBS,但有时称作 PPBES,这里的"E"指"评价"(evaluation)。这种预算方法要求围绕项目的目标和实现这些目标的过程制定预算。虽然,这一系统始于 20 世纪 40 年代,但是直到 60 年代,PPBS 才得到发展。

根据厄本和休斯(Ubben & Hughes,1997)的理论,PPBS 包括以下 5 个步骤:
1. 确立待实现的总目标。
2. 制定实现这一目标的具体目标。
3. 制定一个确能实现总目标和具体目标的计划和步骤。
4. 建立一个形成性和总结性评价活动。
5. 实行一个复查和循环程序,以表明该计划和步骤能否或在多大程度上促进总目标和具体目标的实现;如果不能的话,如何帮助确定其他的步骤、过程和项目。(p. 308)

项目预算不是数量增加,但它要求领导们在实现项目总目标和具体目标上决定花多少钱。根据支出和收益的分析,管理者可能为一个项目选择一个更为有利的方法,而为另一个项目选择得利较少的方法。坎德拉、哈克、芮和斯托拉(Candoli, Hack, Ray & Stollar,1984)认为 PPBES 是一个不断要求反馈的循环性过程。图 12.3 的双向箭头描述了这种预算方法的循环本质。PPBES 的一个不足之处在于其耗时远远多于其他预算方法,因而可能不是一个高效的财政控制方法。但是,就计划目的而言,它还是极好的方法。

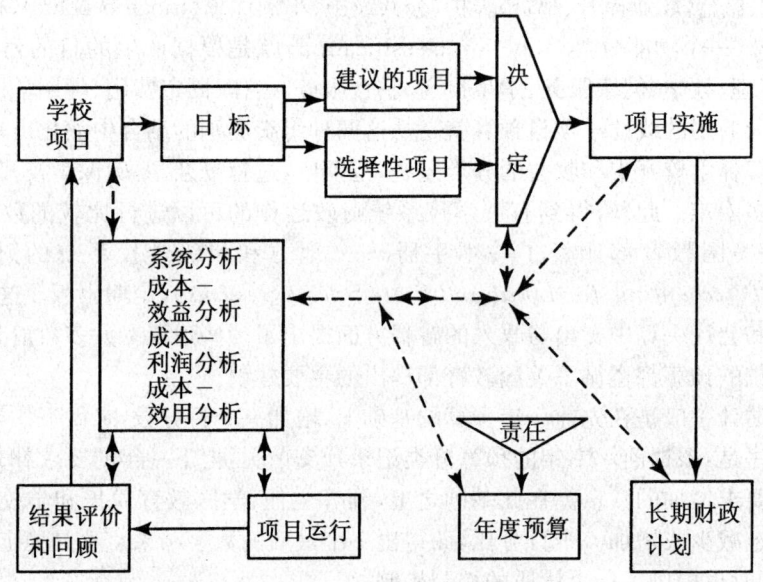

图 12.3 计划、立项、预算系统的运行图

(三) 零本预算

零本预算(zero-based budgeting)要求管理者每年度证实所有的开支。这样,计算当前的和新支出的数额均从零开始,所有支出必须在得到认定以后资金才能被分配到位。零本预算也要求做年度评价,根据项目评价的数据来确定项目的优先权。

根据布里斯(Bliss,1994)的理论,零本预算包括以下 5 步:

1. 确立决策的单位(以消耗资源的项目而定)。
2. 分析"决策袋"(decision packages)(描述一项决定的目标、活动、资源和费用的各种文件)。
3. 排列"决策袋"。
4. 分配资金。
5. 筹划官方预算。

这种预算的一个主要优势在于,各种功能或项目可根据期望值进行排列,从而可以确定各种边缘性活动。管理者可以自下而上来对自己的工作进行再评估,根据当前目标来证实花费的每一分钱。然而,人们对这种预算方案的关注主要在于高于或低于计划资金水平的那些项目的补充上。因此,零本预算的核心便在于其等级排序的过程中。

等级序列在"决策袋"中建立了优势地位。政治过程中的"给予和索取"(give and take)在决定优先权上至关重要。预测性收入决定预算数量,达到这一消耗水准的"决策袋"可以被接受。零本预算的一个不利之处在于其时间的集中性,而它的最大优势在于消除了那些在过去有效但现在却与主题无关的支出。

(四) 附加预算

附加预算(incremental budgeting)是学校中最常见的预算,它包括增加或减少学校当前年预算的数目。本年度的预算从上一年既成预算开始,由此产生了与本年预算相似的下一年预算的假设。去年的项目被看做是今年预算的基础且允许其以固定的百分点增长。不管何种资源,只要有剩余,就可以把它们指配到新的或改进的项目中。

附加预算不包括需求和项目的正式评价,因而常常会出现以下情况:有些并不一定能符合现时需要的项目继续得到分配资金,而另外一些更有效的、更新的项目却得不到足够的资金。对于一个有强烈责任意识的民族而言,这些都是十分严重的问题。诸如特殊计划和设备更新的项目都是单独处理的。此外,来源于联邦政府的收入资金通常也是单独处理的。

(五) 校本管理和校本预算

校本管理,或如人们有时所称的现场本位管理(site-based management),可以被界定为一种"个人在实施决定时切实对其实际所做决定负责的过程"(AASA,1998,p.18)。总之,在学校内部,实施校本管理的学校比不实施这一管理的学校有更多的权威性。同样,在建设学校方面拥有更大的自主权也包括了对预算有更多的地方控制权。在实施校本管理的学校中,由学校董事会对项目和财政做出决定。

在预算规划和预算开支上,校本预算典型地包括了额外的地方控制。它包括制定"既能创造一个可行的预算,又能获得全体职员对它一致赞同的策略"(Herman & Herman,1993,p.106)。

> 何种方法可能帮助梅多斯高中的校本委员会重新向科学和计算机实验室分配资金呢?它能起到多大的作用呢?

十一、活动资金

一般的学生活动经费包括学生组织(如运动俱乐部、学生会等)的费用、盈利(如特许权和学校图片)、特殊用途费(如旅行费、招待费)以及其他费用。对管理有序的学校而言,监控费也是必需的。

学校经营官员协会（Association for School Business Officials）已经为学生活动费用的管理推荐了12条指导方针，详见框12.3。

框 12.3

学校经营官员协会管理学生活动费用的指导方针

1. 付款人应当获得一张预先标有序号的收据或票证，以便确认收到了资金。
2. 如果可能的话，每天都要把钱款存起来。周末或假期，学校里永远不能留现金。
3. 收据应当交给存款人，存款单应该让存款人和学校会计或记账人员共同管理。
4. 购物单或必需品的购买必须由掌管活动经费的人首先决定。
5. 以支票的形式付款，支票应填好，从经营办公室寄给收款人。
6. 除本人外，校长还应指派两个或更多的授权人签署支票，三个签字人中的两个还应负责提款事宜。
7. 没有书面购物单，没有签字的、可以证实所购物品的精确价格的发货单，就不能批款。
8. 学生活动经费不应当由学区雇员或其他非学生成分的人作为贷款用于购买物品。应急贷款可以在校长的书面允许下贷给学生作午餐、福利等类似费用。个人不可为了获取低价的好处而以学生的名义购买物品。
9. 学生团体可以同卖主签订购买供应品、设备、服务的合同，假如合同的期限不超过学生在校时间（通常为3年）。
10. 学生团体应制作一个预算以反思过去的经验和为将来计划；就像学校和学区预算一样，学生预算应当作为该年度财政活动的指导纲领。
11. 学生活动内容和财政程序应当服从内外部的定期审查。同时，推荐实行外部的年度检查和独立的会计师制度。
12. 常规报告（月度的和年度的）应当准备好并交给校长、经营办公室或其他负责监督学生活动基金的单位。

十二、财政决算

财政管理是最为重要的，任何管理者都不能轻视。管理者每天发出去的资金都是公共资金，人们对公共资金有一个固有的期望，就是对它要做适当的决算。

一旦学区预算得到批准，学区管理机构就有责任确保拨发的钱款能得到合理的花费。财政责任需在学区决算体制和它的报告、审查、详细的手续中得到落实。

管理者对财政周期内钱款的收支情况必须做精确的记录，并且在预算年末做准确的决算。管理者在维持收益与支出平衡上以及对材料和设备的详细记录的工作中必须有相当的专业知识和能力。决算制度必须对需求、购物单、合同、支付款、要求、工资表和其他对该组织的资产有影响的行为起着充分控制的作用。人们期望，所有的记录都能十分准确，并能让学区委员会放心，因为它的财政政策正受到关注。

典型的决算系统被描述成一个双重账目(double-entry)系统。双重账目意味着两种决算间会相互影响。例如,最常用的账目是增加(购买)资产、降低资金(钱)或增加债务(债权人的债务)。交易活动以负债和贷款的形式而被加入到决算中。通常,负债会增加资产或减少资金或债务量。贷款对学校的财政账本至少产生 9 种不同的影响。在学校的所有决算中,负债和贷款必须相当,而且所有财产、资源和债务都必须在财政记录中得到解释。存有财政记录的账本被称为日记账或分类账。日记账提供了所有交易的历史记载,分类账提供了对于特定账目的所有交易。

下面就是一个关于用 600 美元购买实验室器材、用 130 美元购买供应品的分类账的例子,一个可支付的账目类别:

9月18日	实验室器材(17)	600 美元
	供应品(22)	130 美元
	应付账款(86)	730 美元

当学校收到实验室器材和供应品并支付给债权人以后,账目就变为:

9月30日	应付账款(86)	730 美元
	现金(1)	730 美元

这些交易的总的底账类似于:

资产		债务	
现金(1)		应付账款(86)	
期初余额	20 000	期初余额	1 000
应付账款	(730)	购买实验室设施	600
期末余额	19 270	购买供应品	130
		支付	(730)
		期末余额	1 000

实验室设备(17)	
期初余额	15 000
购买	600
期末余额	15 600

供应品(22)	
期初余额	2 600
购买	130
期末余额	2 730

第十二章　资源分配与管理

每一个学校体系都有他自身履行财政责任的程序，但是，人们期望管理者或他们任命的人能适当开支，遵循会计决算制度以精确地记录底账和一个现金出入的分类账目。一个管理者所制定的最重要决策就是挑选财政官员和账目管理员来做财政记录的工作。尽管如此，管理者还要有高度的责任感，并应当了解决算的程序。

十三、审计

核查会计的准确性被称为审计。内部和外部的审计都要定期实施，且准备审计报告。许多州都要求一个持证的公共会计师去实施以一年或两年为时间间隔的外部审计。为了学校的利益，审计工作要定期进行以维持学校的声誉和责任。在负责预算工作之前，管理者应当确信审计已经完成。

> 梅多斯高中需要解决什么样的绩效责任程序？

资源的获取、分配和解释

金（Richard A. King）
北科罗拉多大学

获得充足的资源以实现行动目标对各级教育领导者提出了挑战。学校财政在以下几个方面为所承担的计划寻找资金：(1) 聚集资源，这常指收入的领域；(2) 将相关的资源用于教育项目，这构成了分配领域；(3) 确保资源的使用能为项目的结果产生作用，这体现了管理职能（确保资源被分配到需要的地方）和责任的范围（将分配和学校行动措施联系起来）。

统一性与地方控制之间的平衡

收入领域曾经是立法者、学校董事会和县评估者的分内之事，如今也涉及到各级教育领导者。由于注意力不断地从地方和州政府转移到持续扩大的财源上，领导们将着力处理平衡与地方控制这一冲突性的问题。学区教育局长和校长要求保证让所有学校都有权获得同样的资源，同时，也要努力使每一所学校对教师和家长在希望资金方面的要求做出反应。

许多州法院都认为：以财富为基础的支出不公破坏了州宪法的保护平等的条款，或要求"统一"，或"彻底而又高效"的教育制度的法律文件。其他一些州法院支持现行财政政策，认为收入变动并不否认对平等的保护，因为它们是州乐于坚持地方控制学校的合法结果。州立法者对法律上和政治上要求平衡资源的压力做了回应。在20世纪90年代,州平均承担的份额达到了48%,超过了地方的45%,剩余的部分由联邦收入补充。

商业的伙伴关系、教育基金以及出售在设施和校车上的广告空间都成为新的资金来源。然而,这些资金仅仅占总收入的一小部分,并且,当社区之间获得新资源的机会反差很大时,这些资金,像财产税,会引起不平等的问题。

学校和学区人员继续走处于两大目标之间的中间路线,这两大目标是:平等的教育机会,就像前面所说的对所有学生的教育提供平等的资源,及对社区需求做出反应的目标。领导者将被持续加压以寻求更多的收入,扩大项目范围,获取必需的教学材料和技术、专业发展所需的资金,以及与私立学校和特许学校进行竞争的能力。教育领导者将会提出下列问题:我们的学区是否会满足于通过传统渠道提供的资源？或者,我们是否积极地寻求额外的资源以满足家长的要求和学生的需求(尽管这会导致学校间的不平等现象)？

分配资源时确定优先事项

正如平等和地方控制的目标影响收入政策一样,提高效率的愿望也影响了许多分配的决定。计划和预算框架帮助学校人员确定总目标和具体目标,确定为了实现目标时人力和物力资源形成最低耗高效的组合,确定实行项目时必需的资金,以及当新的预算周期开始时对与资源相关的结果进行评价。这些预算制定过程衍生出了关于优先事项的问题。对这些问题的回答,通常反映在计划需求和生产性措施的方法中。

利益相关者之间对优先事项达成一致意见十分困难,这就使得分配领域高度政治化了。因此,为减轻压力,人们倾向于采用一个增加的方法,给所有先前的预算增加一个固定的百分比。然而,由于新的教学方法和教学技术的出现,由于随学校人数的变化而变化的各种项目需求,由于传统项目的生产性受到挑战,关于资源优先事项的讨论也就不可避免。

在学校本位决策的背景下,预算决策将日益提高到建设水平(building levels)。在现存和已提出的项目之间的分配,将对教育领导构成挑战。为此,必须解决如下问题:我们将额外地增加目前所有项目的预算,或者,我们将检测哪些教学方法和相应的资源分配能让学校人员最大程度地满足学生日益变化的需求和提高学生的成绩。

对财政资源使用的解释

中心办公室和学校内部的预算管理和会计功能,主要是确保指定资金中公共资金的合法使用。最近几年,学校财政领域已扩展到一个包括更宽阔的责任职能的范围,将资源决策与提高项目的成果相关联。

人力和财力的投入与产出之间的关系,界说了学校生产力和效率的传统观点。另外一个关于效率的看法是,在一个相同或可能更低的社会资源投入的水平上,最大限度地提高消费者(家长、学生、雇员和立法者)的满意度。对学校绩效的关注已促使家

第十二章 资源分配与管理

长寻求教育券,并使学校管理和教学私有化。

一个正在出现的政策导向是,通过以成绩为基础的学校财政政策来促使学校的改进和效率的提高。学校的这种企业化重组使资源以及潜在的支持与州的标准和评估结合起来。要对一些学校或学区给予奖励,因为这些学校或学区的学生成绩达到了期望的标准或接近这些目标。这种奖励方法意在刺激学校领导和教师为实现教育改革目标来重新设计课程和教学。然而,人们的担心在于,高度的绩效责任会带来一些意料之外的结果,如围绕测试的主题使课程范围变窄,把测试目的从教室移到州的绩效责任的重心上,以及当学生的学业成绩目标不能实现时,随着消极的公众态度而出现道德士气的丧失。

在一定程度上,项目和财政的绩效责任将未来的学校资源与学校成绩联系在一起,教育领导者们要解决以下问题:预算管理主要指的是在确定的资金范围内对收益和花费做出合理的解释;或者,我们也要引导学校帮助全校人员在财政资源的支持下使项目产生最多的结果——并最终加强公众对公立教育的责任和支持。

十四、学校供应和设备的管理

管理学校的供应包括购买、储存、分配和决算。在管理供应和设备中,计算机项目尤其能提供帮助。表 12.4 描述了购买和控制的过程,并列举了参与这一过程的相关人员或机构。

表 12.4 供应过程及其控制

购买和控制过程	参与这一过程的部门成员
1. 制定供应和配备的标准清单	1. 使用者与业务主管的合作
2. 从标准清单中提出货物种类,包括由必须订购信息一般处理的所有可能的供应物	2. 业务办公室
3. 年度供应和设备要求(一年需求的详细说明)	3. 包括教师和监管人的所有成员
4. 预算文件(列表,一般是索要的供应和设施,以及可用资金)	4. 业务办公室制定的、学校董事会和上级主管同意的供应和设备预算
5. 需求和赞同	5. 由个人发起,经指定的人员批准
6. 购买单	6. 指定的购买办公室
7. 有序的收据单	7. 接收员
8. 对重量、质量和数量的现场检查,做记录	8. 业务办公室
9. 有关供给和设备的分类账目的材料	9. 供应员

续表

购买和控制过程	参与这一过程的部门成员
10. 统计处支付的账单	10. 由购买官员送往统计处
11. 以年度或定期需要为基础,将分配的记录材料寄送给每个负责的单位	11. 校长
12. 建立分配人员记录,每位教师在年初和定期按要求获得基本的供应	12. 主要官员,可使用中心办公室的电脑
13. 使用者的义务:接受供应时签字	13. 使用者(教师、监护人等)和年初室内装备,由供应员提供清单
14. 使用者"使用"图表:材料在使用时应受到检验,供应和鉴定的表格可由电脑处理	14. 使用者(教师、监护人等)
15. 现场检测和视察	15. 业务办公室和校长
16. 对所有供应的存储情况的年度清单	16. 业务办公室(供应)
17. 使用图表、报告、总结	17. 业务办公室(供应)

十五、学校建筑物及场地的养护

为学生创造一个有意义的、舒适的学习环境,对教育者而言是一个挑战。它不仅要求有优秀的课程设置,还要求对学校的校舍及场地进行良好的设计和维护。布莱克和弗斯特哈瑞森(Anne Bullock & Elizabeth Foster-Harrison,1997)描述了学校环境的必不可少的12个要素:用具、色彩、美观、地毯、建筑物和场地的养护、装饰细节、舒适、空间和设计、光线、教室要素(如吊扇、洗涤槽)、教学要素(如学生操作的区域)和专业项目(如电话的使用)。

你将如何把改进校舍和场地的必需要素列到你的计划中?

十六、学校安全

营造安全的学习环境需要学校能鉴别出可能出现的危险。富兰纳瑞(Flanary,1997)认为安全问题和气候问题是危险的两个来源,他建议学校应定期进行设施的安全检查。检查对象包括以下地方和设施:

校车和交通区域

开放地区
学校场地
停车场
运动场地和球场
附属建筑物
体育馆
主要建筑物的外表
入口
走廊和楼梯
洗手间
餐馆
高价房间（电脑储存室、放像室和音乐设备储存室）
教室教学区
图书馆
科技实验室
储藏室
会议室和公共房间
办公区
内外部照明设施
烟火检测器
火警装置
灭火器
危险物品处理设备
应急化学冲洗器和眼睛清洗剂

为梅多斯高中制定一个学校安全计划！

十七、结论

学校行政人员必须对学校的财政问题有一个基本的了解。学校财政收入来源多种多样，而有些来源在增加收入方面比其他来源起着更重要的作用。在21世纪，学校的收入增加和资源分配的问题将依然是州和国家占主导地位的议题。

由于学校领导的作用已扩展至建设水平上，因此，对于管理者、教师、全体职员和社区成员而言，更好地理解财政问题就变得极为重要。显然，发现新的和创造性的获取资金的来源已成为地方的讨论主题。

除了资金来源问题外,预算、决算、维护对于管理良好的学校来说是相当重要的。规划、管理和控制等每一环节在完整的预算和决算过程中都起着各自独特的作用。一所学校不能以牺牲他校的利益来运转;相反,他们将以财政管理工作的多重目的而共存。学校管理者必须与全体教师员工合作,以确保一个适宜的、吸引人的学校环境。

档案袋物品

- 比较和对比同一学区中的两个学校及两个不同学区之间的预算。
- 在你的学校或现场实习学校中,以小型的承诺书的书面形式,与你的同事合作。完成后,请写出你的收获。
- 调查一个拥有基金的学校,采访基金委员会的某些成员。这个基金最先是怎样开始的?它目前是如何运作的?记下你在采访中了解到的关于学校基金的信息。
- 检查学校的安全计划。这一计划包括哪些内容?谁参与到计划的实施当中?
- 关注学校的审计过程。
- 同记账员合作了解学校的会计记录,或按照这个系统规定跟踪了解一个购买程序。
- 出席一次讨论预算的学校董事会会议。

推荐阅读文献

Burrupe, P., Brimley, V. & Garfield, R. (1999). *Financing education in a climate of change*. Boston: Allyn & Bacon.

Drake, T. & Roe, W. H. (1994). *School business management: supporting instructional effectiveness*. Boston: Allyn & Bacon.

Ruskin, K. B. & Achilles, C. M. (1995). *Granting, fundraising and partnerships: Strategies that work!* Thousand Oaks, CA: Corwin Press.

School in the middle (November/December 1997). NASSP middle level education (entire issue devoted to facilities design and management).

Swanson, A. & King, R. (1997). *School finance: Economics and politics*. White Plains, NY: Longman.

Thurow, L. (1996). *The future of capitalism*. New York: Simon & Schuster.

第十三章 基于问题的学习项目

　　这一章包括 4 个基于问题的学习项目（problem-based learning，简称 PBL），我们建议在典型的 3 个学分的大学课程中，只要使用其中一个项目即可。教师和学生可以在一个以上的小组中使用同一个项目，也可以在同一时间里让不同的学习小组完成不同的项目。项目的选择可以根据学生的兴趣和学校的阶段（小学、初中、高中或学区）来决定，因为学校是他们进行学习的地方。表 13.1 列出了每一项目的主要特征。

表 13.1　基于问题的学习项目的主要特征

项目名称	年级水平	相关的章节	相关的主题和概念
安全的避风港	K—8	第一、三、五、六、九、十、十一章	服务整合 伙伴关系 资助的书面申请 现场管理 善于变化的领导才能 设施的管理和布置 变化
糖罐中的一粒胡椒	初中	第三、四、六、七、八、九、十、十一章	文化差异 变化 员工发展 课程 学习理论 公平和学生的权力 中央办公室和董事会的角色
原子和比特	高中	第二、三、四、五、六、八、十、十一、十二章	技术 员工发展 变化 课程 教学 项目评估
令人惊叹的结果	学区	第一、二、三、五、六、七、八、十、十一、十二章	领导风格 员工发展 学校改进 组织结构 改革

一、基于问题的学习

基于问题的学习(PBL)是一种教学方法,它利用某些在实践中碰到的具有典型性的问题作为学习背景,对核心的学习内容进行深入的考察。布里奇斯和哈林格(Bridges & Hallinger, 1995)认为,基于问题的学习具有5个组成要素:

1. 学习的起点是某一个问题。
2. 这一问题是学生将来从事专业工作时有可能碰到的。
3. 学生希望在专业训练中获得的知识应该围绕问题而非学科来组织。
4. 学生个体或集体在教学中负主要责任。
5. 大部分学习在小组学习而非教师讲授的情境中进行。

基于问题的学习的一个关键部分是项目中的问题的性质。莱特伍德、贝格利和卡曾斯(Leithwood, Begley & Cousins, 1994)认为,教育领导者面临的问题可分成两类:高地型和沼泽型(high-ground and swampy)。他们探讨了为培养专家型的学校领导者而准备的教学大纲,并极力主张教学大纲要把重点放在沼泽型的问题上。所谓高地型问题是指那些"具有较多技术性质,通过对解题步骤进行反复操练可以解决的问题"(p.53)。所谓沼泽型问题是指那些至少对于学习者来说是复杂的,有必要去"解决"的问题。他们解释说,当"某人对当前的情境机制只是模糊地有所理解,但对如何找到最佳方案没有清晰的想法,也不知道按照什么步骤解决情境中的各种障碍和困境"(p.43)时,他就面临一个沼泽型问题。

与此同时,这些学习教育管理的学生需要和专家们一起对话,以便深入了解这些优秀的实践者如何解决相同或类似的问题。和这些真正的听众一起参加令人兴奋的基于问题的学习项目,了解他们解决问题时通常使用的方法,为学生提供机会了解专家是如何解决问题并进行自我反思的。这一反思的目标是让学习者通过分析、探究、收集材料,进行批评,从而对沼泽型问题加以检查。

例如,莱特伍德(Leithwood, 1995)认为,在他研究过的一些颇有名气的优秀教育局长中,高水平的反思构成了他们解决问题时的行为的一个有机部分。同样,舍恩(Schön, 1987)倡导"行动中的反思"(reflection-in-action),因为通过反思,实践者有时会使实践中出现的那些不确定的、从未遇到过的,或者相冲突的情境变得具有新的意义。舍恩坚持认为,如果教师鼓励学生进行反思,他们就不会以为"现有的专业知识能适用于所有的情况,或者认为每一种情况只有一种正确的解决办法"(p.39)。反思性思维(reflective thinking)对于帮助教育领导者增进解决问题的专门知识是至关重要的。

在真实的学校世界中,问题不是依靠个人独自解决的,学校领导者面临的复杂问题要想得到解决需要进行集体合作。合作,要求人们学会倾听他人的想法,共同研究问题的解决方案,并回应和参与相关的讨论。维果茨基(Vygotsxy, 1978)提出的"最近发展区"这一概念或许是和基于问题的学习特别相关的。正如第八章所述,这一发展区是指存在于某一个体独立解决问题时的能力同个体与集体或同伴合作解决问题时的能力之间的差距。集体中的讨论和批判性反馈为学习者个体提供了机会,使他们把集体解决问题的能力进行内化。准确的判断力、有效控制情节的能力以及有效进行沟通,将最终决定能否成功地解决问题,能否得到准确的理解,找出可能的方案和解决当前的问题。教育领导者的能力取决于他或她能否很好地解决问题,而不是他或她面临何种问题(高地型或沼泽型)。

学习集体合作的技巧对于基于问题的学习是必要的,因此同伴和教师的反馈是项目的有机组成部分。在这些项目中,学生通常被要求反思自身和同伴在集体中扮演的角色,教师则提供反馈以帮助他们了解这些角色。有一部分讨论包括探讨某些决策形成的原因,以及如何在解决问题时使得其他因素也包括在其中。这样,阿吉里斯(Argyris, 1982)所谓的"双链环式学习"(double-loop learning)就能够被融入反馈和评价的过程中了。

教育领导能力训练中的基于问题的学习

布里奇斯(Ed Bridges)
斯坦福大学
哈林格(Philip Hallinger)
范德比尔特大学

基于问题的学习为学习者提供一个情境,使他们能够发展各种领导技能,获得作为领导者处理各种问题时所需要的知识,并得到一些经历,理解和体验"领导者"的内涵。基于问题的学习旨在培养这样的领导者,他们能够通过和对结果有影响的人们一起深思熟虑,最终全力贯彻集体的决策。

当人们第一次参与基于问题的学习时,他们通常会在刚开始时感到仿佛"在大海中迷失了方向"。当小组成员努力地界定问题并对下一步的行动做出一致决定的时候,"大海"会变得波涛汹涌。如果海面旋涡四起,小组内产生深刻的分歧,那么学习的效果就会差强人意,结局不佳,学习低效。经过多年的尝试,我们发现通过特殊的方法和技巧,这些不良的后果能够被减小到最低的程度,甚至得以避免。在以下的简要介绍中,我们将和你一起分享这些方法和技巧。

小组规模

通过对各种小组规模的实验,我们发现 6 人或 7 人的小组规模是较为理想的。这一规模能够允许小组成员扮演和学习不同的角色(如领导者、促进者、记录员、小组成员)。此外,这一规模能够为所有小组成员提供参与和发表意见的机会。3 人规模的小组是特别麻烦的,因为这些小组有一种内在的倾向,即其中的两个人会结成同盟和第三个人对立。当小组规模超过 7 人时,会限制每个成员拥有的时间和空间。这时,影响小组功能的各种问题出现的可能性会增加,除非有一个技能十分熟练的促进者(facilitator)指导小组的讨论。

组织有效会议的方法

大多数人都参加过小组活动,有些人毫无疑问浪费了时间却学习效果了了,而其他一些人则学得既快又好。当小组活动运行不佳时,人们倾向于把问题归咎于个性的冲突。虽然这些冲突能够部分地说明小组中出现的种种问题,但更为常见的是,这些麻烦主要归咎于缺少组织高效率的会议的方法。

在我们寻找帮助小组提高运作效率的方法的过程中,我们向他们介绍了互动法(Doyle & Straus, 1982)。这些小组在刚刚开始运用这一方法时,会觉得太受约束,但当他们将这一方法内化并掌握某些技能和工具时,这种不适就会逐渐消失。只是偶尔会出现这样的情况:在尝试了一次或两次后,小组会放弃这一方法,理由是他们合作得很好,并不需要这样的方法。不过,这些小组通常会陷入麻烦,转而求助于互动法,并更能赞赏这一方法在促使小组有效运作方面的作用。

问题形成和分析的标准

正如基于问题的学习这一术语所暗示的那样,基于问题的学习始于问题情境(problematic situation)。有些问题结构良好,有些则结构不良,显得混乱、复杂且含糊不清。辨别并简洁地陈述问题对多数人来说是一个挑战。大多数的小组成员会在尚未完全理解问题所在时就急于着手解决问题。然而,正如杜威(Dewey, 1910)和其他人所教导的那样,"如果一个问题被很好地界定,那就意味着这个问题已被解决了一半"。除非问题被界定好,否则解决问题者会沿着一条路走下去,不仅无法处理现有情境,还会导致更多的困难,因为他们没能充分考虑到其他可能的行动路线。

为了促进问题解决过程中的问题形成,我们发现为基于问题的学习的小组评价问题陈述的充分度提供两个标准是有益的。第一个标准强调阐述问题时不可包含解决方案的重要性。通常学习小组会将某一方案纳入问题陈述中,从而阻碍了他们对其他方案的考虑。以下这个简单的例子有助于理解这一要点。

在我们的领导能力课程中使用了一个名为"沙漠生存"(desert survival)的训练项目,学习小组要么绕过问题形成阶段,要么将问题陈述为:"我们应该留在坠毁现场,还是离开此地前往安全之处?"无论哪一种问题陈述,都包含了一个针对"我们怎样才能生存"这一"真正"问题的答案,因为小组做出的"滞留还是离开"的选择对生存的可能性非常重要。

除了判断问题陈述是否适当的"排除答案"的标准外,我们还鼓励基于问题的学习

第十三章 基于问题的学习项目

学员从问题情境中寻找有助于问题界定的事实。通过把问题的界定和包含在问题描述中的事实相互对照,他们就能够获得评价自己对问题的特殊界定的基础。

资源的利用

在许多基于问题的学习项目中,教师提供了可能与问题相关的资源的列表。在另外一些项目中,教师还提供建议阅读的资料。小组成员经常会决定先让每个成员阅读不同的资料。然后,在下次小组成员会面时,轮流把各自阅读的材料作简要汇报。完成了阅读"任务"以后,他们就开始着手解决问题。经过这一步骤以后,小组成员会倾向于仅仅关注材料上的知识,而不是知识的运用,还有可能使自己对材料的深刻见解局限于材料上的知识本身。

由于知识及其运用在基于问题的学习中具有同样的重要性,我们鼓励小组成员推迟阅读有关的材料,直到他们在问题的陈述上达成一致。当小组的个体成员阅读材料时,他们要问自己这样一个问题:"如何把我读到的知识运用于所面临的问题?"当小组成员向小组汇报时,他们要讨论如何将自己学到的知识应用于问题解决。如果两个成员阅读了相同的材料,他们就能在同一个问题上进行切磋。我们发现,如果小组成员在问题陈述之后而非之前研究辅助材料,他们更有可能会在解决问题中运用这些知识。

二、促进小组的学习

教育活动开发研究公司(The Institute for Development of Educational Activities, Inc., IDEA)参与了几个旨在改进促进者(facilitator)提高工作效率的技能的项目。下列有关小组促进者的讨论就是以教育活动开发研究公司的项目为基础的。

小组解决问题的成功与促进者帮助小组高效运作的能力密切相关。小组成员带着深思熟虑的想法、丰富的知识和优良的禀赋组成小组,促进者的首要任务是帮助小组形成学术性的氛围,以促使他们在连续不断的基础上为个体的成长和进步而努力(Cunningham & Gresso, 1993)。促进者和小组成员一起工作,建立起相互之间的理解和信任,并能像一个团队一样形成努力合作的氛围,以便找到当前问题的最为可行的解决方案。促进者需要一些技能,以便对小组成员的不同天赋做出敏锐的感知和赞赏,并尊重每一位成员对小组的独特贡献。能够扮演小组成员的积极支援者并坚持不懈地执行合理的行动计划,对一个成功的小组领导者来说是必不可少的能力。促进者必须具有亲和力、支持力和自信心。

促进者并不提供答案,相反,他们是小组中保持中立的服务员。小组成员通过表述自己的观点,并就问题的解决方案取得一致使自己的思维变得清晰起来。促进者做出的关键决定之一是:决定何时保持沉默及何时对小组进行干预。

促进者的重要作用如下:

- 提高小组成员的能力和水平。

- 在小组成员中激发不同的价值标准和观点。
- 激发小组成员的主人翁意识。
- 激发他人的创造性思维。
- 提出问题,帮助成员重新思考当前的情形。
- 确保小组成员辨别出那些解决问题所需要的资源、外部信息和各种想法。
- 运用有效而可靠,并经过时间考验的小组运作过程,最大程度地发挥小组成员个体的效能。
- 示范有效地倾听、归纳和沟通的技巧。
- 鼓励以目标为中心的行为,创设一个耐心的、催人上进的环境。

依靠采用使小组成员扮演各种角色的责任分工的方法,促进者的任务包括:和小组成员一起制定与解决问题相关的计划表、日程表和任务分工表。在这种变动不定的环境中,机械的答案是没有容身之地的,成功取决于每个成员的良好判断力。促进者的第一步工作应该是让成员们彼此理解组成小组的原因,并说明小组的运作过程。要鼓励小组成员在问题解决之前保持思维开放,敢于冒险,分享专业知识,集中注意力,不轻易做出判断。

为了取得成功,小组成员需要能够一起解决问题,并一起做出所有人都要投入的有效决定。坎宁安和格雷瑟(Cunningham & Gresso,1993)说,"小组促进者的作用是,在小组商议阶段,成员们进行思考、讨论和决定时扮演分析者的角色,为他们提供帮助"(p.23)。促进者应当帮助小组意识到成员个体的需要,并促使小组的行动集中于目标之上。"促进者要在如何适当地参与小组活动上做出示范,并帮助个体尽量做到有效参与。促进的主要功能是持续不断地激励和支持人力开发,达到个体、团队、组织的发展。"(p.243)

小组和团队的处理技能

格雷瑟(Donn Gresso),教授
东田纳西州立大学

根据美国州际学校领导者证照中心(ISLLC)的标准规定的学校领导者素质标准(1996,参见第一章),学校管理者不仅要具备控制有效的形成问题和解决问题的能力,还应能够有效沟通,并能运用化解冲突的技巧。在基于问题的学习中,针对教育管理的方法有一个令人兴奋的做法,这就是为学习教育领导能力的学生提供充足的机会,让他们把这些技能付诸实践,并从教师和同伴那里获得直接的反馈。

当你在基于问题的学习项目中运用小组形式工作时,我有如下建议:

第十三章　基于问题的学习项目

- 为每一学期指定人员充当促进者、管理者、记录员的角色。
- 在工作之前先制定基本规则，禁止个人攻击、讥讽和辱骂。
- 在每次会议之前先指定一个人拟定活动日程，日程要包括完成每一细目需要的时间。
- 正视那些影响小组取得理想结果的行为。
- 如果出现冲突，立即处理，因为要使冲突具有积极作用，就要让冲突集中在问题上，而非集中在人与人之间。
- 就活动过程的方法达成一致〔比如，互动法，列名小组技巧（the nominal group technique），头脑风暴法，力场分析法（force-field analysis）〕。
- 鼓励所有小组成员就与当前问题有关的知识进行相互切磋。
- 讨论意见时要把各种信息以所有小组成员清晰可见的形式加以记录（如，使用投影仪、表格、计算机显示）。
- 就行动的步骤和责任达成一致，并为各项任务确定完成日期。
- 询问所有会议的情况，讨论那些承担特定角色的成员和其他成员的能力；至少为所有成员（包括承担特定任务的成员）提供一个担架（stretcher），这个"担架"指一句评语，旨在帮助小组成员改进他或他的小组的技能。

促进者对于所有小组来说都是一个关键角色。每一个参加领导能力课程的学生都应有机会担任小组促进者角色的机会。要想成为一个有效的小组促进者，就要具备使用有效倾听和管理冲突的技能，并能够应付其他各种小组经常会面临的挑战。

小组要考虑的另一个角色是过程观察员（process observer）。过程观察员既可以兼具两种角色，即团队成员和小组观察员，也可以做局外人，只承担观察的任务。过程观察员要检查团队工作的进行状况，然后在每次小组会议结束时询问运作情况，进行检查。在这一过程中有几个重要的目标：

- 从会议和基于问题的学习部分的经验中吸取教训。
- 增强成员对日程表中结果的责任意识。
- 个别地或以小组形式帮助成员提高小组行为的有效性。
- 对那些有助于实现团队目标的行为给予正强化。
- 把基于问题的学习部分中的事件作为相互联系的整体加以考虑和记录，寻找各个部分之间的相互联系，如时间安排和活动顺序之间，活动类型和学员参与水平之间，以及所有这些和计划的目标之间有何关系。

小组应要求过程观察员找到使小组有效运行需具备的明确的特征，而过程观察员随后可依据这些特征评估这些标准的达成度，并反馈给小组以帮助他们更有效地工作。反馈的内容包括达到和未达到标准的各种例子。最好允许过程观察员在未经讨论的情况下汇报检查的情况。所有的团队成员可以仔细考虑过程观察员的汇报，并决定自己在下一个小组会议上应如何改变自己的行为。

下面是一个过程观察员可以借鉴的几个标准,包括:
1. 小组的任务清晰,并被所有成员所重视。
2. 小组成员能自由表达意见。
3. 小组成员分担责任以完成任务。
4. 小组成员对要采取的行动清楚明了。
5. 小组成员运用良好的沟通技能。
6. 小组的运作情况定期接受检查。
7. 问题界定良好。

要记住,通过小组活动增进知识是目标所在。反馈为小组成员提供信息,了解小组工作或行动的有效情况。反馈应是描述性的,包括肯定和否定的,要明确并且指向行为表现或可以改变的行为,还要使用征求意见的语气,并在工作完成后立即给予反馈。

有很多集中论述小组运作的教材和资料(如 Doyle & Straus, 1982; Corey & Corey, 1987; Robbins & Finley, 1995; The Study Circles Resource Center, E-mail: scrc @ neca.com),这些材料可以帮助学习教育领导艺术的学生改进小组运作技能。

项目1 安全的避风港:开发学校卫生所

斯洛安(Ellen Smith Sloan)
南康涅狄格州立大学

当前的医疗危机威胁着美国公立学校在内的数量众多的儿童的生命,这已经不是什么新鲜事。美国缺少保障的这些年轻人健康情况欠佳,他们享受不到医疗和健康保险,人们对儿童的健康表示严重关注,所有这些导致了对这个国家的"外部冲击"(Jehl & Kirst, 1992, p.27)。这一冲击已持续了两个世纪以上。此外,公立学校系统还经常被或多或少地卷入到试图消除这些冲击的努力之中。"霍勒斯·曼(Horace Mann)在1839年就呼吁(公立)学校要关注健康问题"(Cortese, 1993, p.21),而早在1840年,马萨诸塞州康科德市的群众"要求医生就像在其他公共机构中一样在他们学校里提供医疗服务"(Kirby & Lovick, 1987. p.139)。

虽然这一时期有人呼吁关注儿童的健康问题,但这些呼声至多只能算是零散的。直到进步主义运动时期(the progressive period, 1890—1920),伴随着汹涌的移民浪潮,大量的组织和个人才更加意识到美国儿童的困境,开始提醒公立学校应对此起到更多的作用。和今天的许多公共话题不同,为缺乏保障的儿童提供医疗这一话题在社会的以及政治的讨论中引起了不同的,甚至经常是激烈冲突的观点(Raftery, 1992)。"像雅各布·里斯(Jacob Riis)这样的激进主义作者……把儿童的痛苦描述得触目惊心——摧毁一代人,并为之奔走呼号。"(Tyack, 1992, p.20)"公立学校应成为解决这

第十三章 基于问题的学习项目

些问题的媒介"这一强烈的呼吁，逐渐在美国得到广泛认可(Wollons，1992；Zigler，Kagan & Klugman，1983)。

今天许多公立学校发现自己仍然面临着许多有待解决的健康问题。社会的、情感的、心理的健康问题向着美国公立学校蜂拥而来。由于意识到要承担起所有这些问题的责任将面临政治的和财政的诸多问题，学校和其他社会机构发明了富于创造性的策略，以满足儿童的需要。有一个现象正在全国兴起，这就是设立"学校卫生所"(school-based health center or clinics，简称 SBHC)，这些卫生所采取跨机构合作的形式。儿童宣传组织敦促学校和社会进行合作，把家庭和医疗、人事提供者联系起来。在这一建议的推动下(Anne E. Casey Foundation，1993；Children's Defense Fund，1992)，已有超过 33 个州建立起 570 多个学校卫生所(Education Week，February，1994)，这一数字每年还在增长。

1967 年，哈佛医学院教授帕特(Phillip Porter)在马萨诸塞州剑桥市的公立小学中首次把学校卫生所的概念付诸实践。有 6 个为儿童提供服务的独立机构同这些首批剑桥学校相互联系(Raftery，1992)。1975 年，由于剑桥计划的成功，罗伯特·伍德·约翰逊基金会(Robert Wood Johnson Foundation)为 3 个学校系统提供资助。在同一时期里，学校卫生所的项目分别在得克萨斯州、康涅狄格州、伊利诺斯州和明尼苏达州展开(Kirby & Lovick，1987)。

现有的为儿童提供合作服务的模式有很多种类，在这些常见的类型(以学校为基础的，与学校挂钩的，以居民点为基础的，以社区为基础的各种类型)之间存在广泛的差异。实际上，多数人认为跨机构的类型之间存在差异是正常的。此外，人们还承认那些地方一级的学校卫生所在联络工作、必要的设备和资源的挖掘方面富有创造性。许多人避免制造俗套的设计，以免别人模仿。基那普(Kinapp，1995)承认，给特定模式贴标签是复杂的(和危险的)，因此他选择使用这样的措词来描述跨机构的合作："为儿童和家庭提供广泛而合作的服务"(p.5)。

不管这些术语如何称呼，当来自不同职业和领域的人们走到一起，拟定计划，争取资金，指定场所和服务项目，学习合作共事的时候，完成这些遍布全国的事业需要花费大量的精力和耐心。不过当教师和校长们在包括许多不同职业的跨机构合作中成为必要的角色时，事情又会表现出另一面。布赖恩和劳森(Hooper-Brian & Lawson，1994)对这些跨职业的某些问题做了这样的解释，他们"煞费苦心，找到了描述'合作'的语言——事实上，多数小组面对在一起工作的挑战都能进行合作"(p. 28)。就像德赖富斯(Dryfoos，1994)嘲讽的那样，合作是"在互不同意的成人之间发生的牵强的行为"(p. 149)。

(一) 学习目标

- 增进对"跨机构合作"这一概念，特别是对"学校卫生所"的概念的理解。
- 为设立一个学校卫生所制定明确的策略。

- 通过小组讨论,反思强烈的信念和设想在何种程度上塑造了我的"行动和思考的方式",进而在我们作为教育领导者所做的决策中起重要的作用(参见第一章)。
- 获得专门知识,掌握技巧,以便懂得如何讨论学校及其社区面对的,被人们强烈指责的问题。
- 为设立一个学校卫生所准备短期和长期的计划。
- 通过提高小组互动的技能提高会议的效率。
- 提供组织高效率的会议的能力(参见第五章)。

(二)指导性提问

1. 如果你的学校有一个学校卫生所,认真考虑你的学校在教师会议、社会活动、班级活动以及其他教育活动中,发动社会服务人员或学校护士的情况。他们是否参与其中了?他们是否被包括在内?他们是否感觉到自己是学校的一部分?为什么?你如何接触这些来自不同职业的人?(参见第九章)

2. 像校长那样思考:在你的教学楼里,什么样的组织过程能够支持和改进学校护士和社会服务人员的工作?何种组织过程和结构阻碍了他们的工作?

3. 在你阅读随后的基于问题的学习项目,或者完成这一项目之前,参观一所设有学校卫生所的学校。安排和该校的校长、在学校卫生所中工作的专业人员以及某位教师谈话。这些谈话中,有哪些信息可以融入这一项目之中?

4. 你如何使家长和其他看护人(caregiver)参与到完成一个有关学校卫生所的最初讨论中?你的学校使家长和其他看护人参与到学校卫生所的最初讨论之中了吗?为什么?(参见第五、六章)

5. 你是否已经建立或者考虑过和校外机构建立合作关系?你的学校情况如何?学校已经和学校所在社区的青少年系统或某所医院、收容所建立了非正式但却稳固的关系了吗?哪些工作做好了,哪些没有做好?

6. 在阅读了这一问题,并且通过阅读材料,和其他职业的人们对话从而获得某些深刻见解之后,你想在哪里设立儿童卫生所最好呢?在教学楼里,还是在学校其他地方?抑或是建在居民区或社区里?为什么?

7. 在考虑卫生所应为儿童提供哪些具体服务时,常会出现一些问题。仔细思考你的想法。了解你所在学区有关学校护士工作的政策,确认他们在为儿童提供身体的、社会的、感情的医疗服务时能做什么,不能做什么。

(三)问题

当你在姆克凯布学校(A. M. McCabe School)(K—8)担任校长的第三年,有越来越多的学生被吩咐到学校护士办公室、社会服务人员办公室和你的办公室去。有身体的或社会的健康问题的儿童等在这三个办公室门口,排成一列列长队,这一情景久久

第十三章　基于问题的学习项目

萦绕在你脑海里。你不仅担心这些护士和社会服务人员能否应付得了这么多人，还担心这些学生的福利，他们会不会拉下功课，会不会因此打断教师的课堂教学。你还要担心，如果护士和社会服务人员不在怎么办（护士和社会服务人员的工作时间都是星期一、三、五）？

学区教育局长对你有关姆克凯布学校的种种忧虑十分同情，并给予帮助。她延长了社会服务人员和护士的工作时间。此外，她还再次拨款为幼儿园至三年级增加师资。这些改进在某种程度上缓解了教师的焦虑。不过，每个人都意识到这些变化虽然令人高兴，但仅仅将天平向有利于儿童的一方倾斜了一下。教育局长还向地方教育委员会提出了姆克凯布学校的问题，但委员会未能在如何更好地满足儿童现实需要的问题上达成一致意见。

伴随着资金不足以及学区中还有其他25所学校也面临同样问题的情况，又有许多人认为那些学校并没有责任解决学生严重的身体和心理健康问题。他们认为，学校的重点应牢牢地放在学术性问题上。反对者还提醒你，市中心还设有社区健康中心，所有的家庭都可以也应该去那里。你也认真盘算过这个办法，却发现有无数个理由可以解释人们为何不利用市社区健康中心。这些理由包括：交通匮乏，公交车运营时间不规律，离多数学生居住的住宅区有4英里，家里有几个不能单独留在家中的婴幼儿，繁琐的官僚主义式的手续和表格要填，家里没有家长或看护人。

意识到社区实际上能帮你做什么以后，你决定采取发动基层力量的方法，让你的教员参与其中，解决面临的问题。早在一年以前，你就投票选举出一个教工委员会（Faculty Council），并已经和全部成员会过面。这一委员会包括学校34位教师中的8位，及护士、社会服务人员。除了解决学校面临的学术性问题以外，你还鼓励教工委员会关注儿童未能满足的健康需要。在最初的一系列旨在解决健康问题的会议上，教师们讨论与学校建立业务伙伴关系的事，最终目标是这一伙伴关系能解决短期内增加额外的健康和社会服务人员的问题。

摆脱了这么一连串问题的追击，又要面对新的问题。不仅多数商业和工业都已经迁出这个城市，就是那些留下的公司也已经将目光转移到其他的项目和慈善事业上去了。因此，讨论的话题还要包括挖掘私人慈善资源，为儿童提供到达市社区健康中心的交通工具，恳请社区医学专业人员提供慈善服务，并向全国性的基金会提出申请。虽然教工委员会面临着很多障碍和不熟悉的领域，你仍然不断地被小组的乐观精神、旺盛的精力以及全力帮助儿童的热情所鼓舞。

两个月以前，你开始意识到学校和所属市卫生局及其有关部门可以获得州的资助，以设立学校卫生所。（事实上，市卫生局及其有关部门会对学校卫生所的管理进行检查。）每一所学校可获得（每年15万美元）总共3年的资助。这样，学校不仅可以为入校的学生提供服务，还可以为那些留在家里的学龄前儿童（0—5岁）提供服务。

为了提醒教工委员会关注这种机会，你要求得到申请材料。申请材料两星期前送到了你手里。于是,你和委员会同所有的教工讨论了你的想法和申请事项,最后他们投票决定学校要按此想法行动起来。

显然,教工会议的总体气氛是乐观的——每个人都似乎因为这一将改变学校卫生所进展的独一无二的机会而返老还童了。你虽然未做任何悲观的评论,但也试图就得不到这笔资助的可能性做些讨论,以平衡教工们过高的热情。不过,你还是禁不住被他们的热情深深感染,这一决定仿佛是人们在深邃而漫长的隧道出口见到的一缕光芒,因为学校卫生所能够成为改善学生健康问题,从而影响学生学术成绩的动力。

你就申请资助的事和督学、市卫生局接触,他们鼓励你继续沿着这条路走下去。督学被你发动教工委员会和全体教工的行为深深打动,并且认为树立这种主人翁意识是关键的一步。为了在预算项目和填写表格的语言方面帮助你,督学委派了一位督学助理在你觉得合适的时候参与申请工作。此外,你还从市卫生局请来了护士。市卫生局还准备在校卫生所的管理结构上负责提供技术上的支持,包括人员的聘用和解雇。

你深深呼了一口气,又到了召开完成申请任务的首次委员会工作会议的时候了,即指由护士和社会工作者了解学校卫生所是怎么一回事。和你一样,对于你的教工委员会中的8位教师来说,这是一个新的领域。事情的内容广泛而严格,并要求在4周内完成。工作小组能按期完成并做好这一工作吗?教师会不会觉得被任务压得喘不过气来?他们会不会因为护士和社会工作者比他们知道得多而感觉不自在?此外,在你的内心深处,你还担心你是否正在带领整个学校沿着一条错误的道路向前走。毕竟,你还刚刚开始了解学校卫生所,还没来得及参观一所学校卫生所。你还承认自己对州有关学生表现进步的评估十分在意。如果得到了资助,你将怎样和委员会以及其他城市纳税人解决那些必定会出现的、有争议的健康问题?喜欢制造轰动效应的地方报纸会如何处理这一消息?这一消息会怎样影响其他试图创办卫生所的学校?

现在是下午3点15分,你走进办公室,这些问题仍然萦绕在你的脑海中,挥之不去。

(四) 申请资助:需要解决的问题和范围

1. 为你在教育环境中增设一所学校卫生所提出书面理由。
2. 学校卫生所将满足哪些儿童健康和人事服务的需要?具体阐述学校选择这些服务的理由。
3. 列出哪些人将参与学校卫生所的建设工作,包括那些参与这些书面申请准备工作的人员(按照他们的职业、社区职务,而非姓名排列)。
4. 对每年15万美元的资金配额拟定使用预算,大致说明在三年资助中每一年学校卫生所要聘用的员工的具体类型(包括工时和薪水,但不必写姓名)。特别提醒基于问题的学习项目的成员:每所学校卫生所都必须依法提供如下服务:委派1名医师每周至少3个小时对所有医疗程序进行检查。
5. 学校将采取何种措施使新的健康和人事服务人员能够和现有学校护士、社会

第十三章 基于问题的学习项目

服务人员相互合作?

6. 将采取什么程序和步骤鼓励教工和健康人事服务人员之间进行跨职业的理解?如何在这3年之中对这种成功的合作进行监督?

7. 阐明采用何种过程向教师、家长、看护人、媒体介绍学校卫生所的概念?

8. 在你的学校人员构成存在种族和文化差异的情况下,学校卫生所如何确保最大程度地满足所有儿童(以及他们的家庭)的健康和人事服务的需要?

9. 教学管理者将在设立、整合以及维持学校卫生所的工作中承担哪些具体的任务?

10. 学校卫生所将设在哪儿?具体说明该处为最佳选择的理由。你的基本理由是什么?

下面是和基于问题的学习成员有关的信息:学校可以有3种选择,任何一种选择在建筑规模上都相同。这些选择是:(1)设在与现有校护士办公室相邻的房间;(2)设在与校长办公室相邻的房间;(3)在校园里另建一栋和教学楼分开的独立建筑。以上任何一种选择成本都相同。

(五) 姆克凯布学校概况

1. 年级水平

幼儿园至八年级(每个年级两个班)

2. 学校注册总人数:457

民族/种族分类	
亚洲人	10
黑人	112
拉丁美洲人	216
印第安人	1
白人	118

性别	
男	207
女	250

3. 班级平均规模

幼儿园/一年级	24.5
二、三年级	25.0
四、五年级	26.0

六、七、八年级	25.0

4. 特殊课程注册人数(人)

双语教育	180
非母语英语课程	9
全日制幼儿园	49
特殊教育	
每周 0.5 小时或稍短	40
每周 0.5—1.5 小时	25
每周 15 或 15 小时以上	27

5. 其他的学生需求

免费或优惠的伙食	72.8%
英语是非母语	约 45%

6. 每一年返回姆克凯布学校读书的学生比例

约 92%

7. 经常性缺课的水平

幼儿园—四年级	约每周 10%
五—八年级	约每周 13%

8. 人员构成

教工总人数	34
普通教学(regular classroom)	18
艺术、音乐、体育	5
特殊教育	5
特殊课程	
(非母语英语课程,双语课程)	6
管理人员总数	1
非资格证书持有人员(助手)	8
文秘	1
校护士(兼职)	1
社会服务人员(兼职)	1

9. 教工的性别和种族构成

女	
亚洲	1
非洲裔美国人	3
拉丁美洲	5
白人	22

第十三章 基于问题的学习项目

男
 拉丁美洲   1
 白人   2

10. 学生向校护士求助的原因记录

（每8个月的学生人数）

暂时性疾病   202
慢性病
（耳，胃，喉，眼，肠）   175
哮喘类疾病   52
牙痛   160
生殖类疾病   32

特别说明：许多有疾病的儿童被吩咐去找社区健康中心的医生或家庭医生（如果儿童有疾病的话）。这些较为严重的疾病使得儿童需要如下服务：预备性的测试，免疫功能检查，体格检查，人工呼吸器，引起耳聋的耳部感染、牙齿检查和相关手术，及眼部损伤、发生在家里或学校里的身体损伤的治疗和手术。

11. 学生向学校社会服务人员求助的原因记录

（每8个月学生人数）

生殖系统的问题   25
商量有关同伴的问题   180
家庭问题   125
吸毒   36
学术问题   129

12. 家庭参与情况

姆克凯布学校传统上一直受到家庭对学校教育儿童使命的支持，但是家长和看护人真正参与的活动（会议，志愿者活动，公开课，家长-教师组织）是有限的，因为在这些参与者中，有45％来自非英语家庭，并承担着家庭和工作的许多责任。两年前，全体教工、校长以及一个规模小但精力充沛的家长-教师组织拟定了一个解决这一问题的计划。在邻近学校入口处的地方设立了"家长接待室"。室内随时供应咖啡和茶水，还陈列了杂志和书籍以备浏览，四周的墙上布置了儿童的作品。一口西班牙语的校长经常驻足接待室和来访者聊天。从客人登记簿来看，家长和看护人的来访频率增加了，教师则反映说家长会议的出席率和舒适度都增加了。

13. 单亲或看护人家庭的儿童情况

单身母亲   212
单身父亲   8
和祖父母生活   18

和其他看护人生活	8
总数	246

14. 姆克凯布学校所在社区情况

姆克凯布学校是一所居民区学校(neighborhood school),大多数儿童每天早晨步行上学。这些家庭的居住地包括单身和低收入的寓所,两套联邦投资建设的低收入住宅区。本市无入学儿童的纳税人的比例是35%,人口的大部分年龄超过55岁。

(六) 参考文献

如果需要了解有关健康及其相关问题的具体统计数据、政策、手续,请与下述机构联系。你也可以参考本书中的相应章节。他们的数据和其他资源能增进基于问题的学习项目学员和教师的知识,提高工作效率。

Anne E. Casey Foundation. *Kids count date book：State profiles of child well-being.* Washington, DC.

Children's Defense Fund (1992). *Leave no child behind：The state of America's children.* Washington, DC.

Cortese, P. A. (1993). Accomplishments in comprehensive school health education. *Journal of School Health*, 63(1), 21—23.

General Accounting Office, Washington, DC.

Kirby, D. & Lorick, S. (1987). School-based health clinics. *Educational Horizons*, 5(3), 139—143.

State and City Departments/Bureaus of Health and Human Services.

University of Colorado Health Sciences Center, Office of School Health. (定期提供州和全国关于学校健康、人事服务问题的资料。由美国卫生和人事服务部资助) 4200 E. 9th Ave. /Box C287, Denver, CO80262.

Zigler, E., Kagan, S. & Klugman, E. (1983). *Children, families, and government.* Cambridge, England：Cambridge University Press.

项目2 糖罐中的一粒胡椒：解决多元文化问题

考德罗(Paula A. Cordeiro)

圣迭戈大学

今天,学校面临的最大挑战之一就是那些站在我们学校门口的孩子们的多元性问题。美国的人口统计结果在一些重要方面发生着变化。美国的家庭正迅速地变得更

第十三章 基于问题的学习项目

加多样化——"家庭"的概念被重新定义。单亲家庭数量增加、留有前夫或前妻的孩子的家庭增多、更多的父亲单独抚养孩子、更多的母亲进入劳动力市场,这些都是变化的因素。在过去30年中,涌入的移民潮所积淀下来的结果既深远又令人感兴趣。近来,又出现了许多代表某些文化群体的新移民,他们在过去还从未大规模地移入美国。这些新移民分为3类:难民、合法移民和非法移民。有绝对数字表明,这次迁移是美国历史上规模最大的移民潮之一。

如何处理这些移民的孩子给学校带来的特殊要求,大多数教师和管理者对此还从未接受过任何训练。许多城镇当地政府的结构层是不会轻易提供相关服务的,而这些服务其他社区成员和学生可以享受得到。另外,随着失业现象的增多和当地政府财政限制的增加,种族主义上升到了表面化。

学校管理者除了要不断提高教学效能外,还要面对这些挑战。对这些问题的圆满解决将主要依靠教育管理者调整学校工作重心的能力,以确保每个学生都获得成功。

(一) 学习目标

- 拓展对文化多元性问题的理解。
- 根据多元文化教育的研究结果,合作开发一项并入知识的计划。
- 制定具体的实施多元文化计划的策略。
- 对语言与文化问题的个人信念及假设进行审视。

(二) 指导性提问

1. 你的种族背景、性别、宗教、健康或残疾、性特征对你的信念产生什么影响,对这个问题进行思考。将你的一些基本观点与小组成员进行交流。他们后来是如何改变自己的观点的?为什么?

2. 第四章讨论了社会与文化的各种问题。将基于问题的学习计划与第六章的赤字与差异理论联系在一起讨论。

3. 第四章斯利特和格兰特(Sleeter & Grant)阐述了解决文化多元性问题的5种途径。对你正在工作的或你曾经工作过的学校的课程进行思考,它们使用了什么办法来解决文化多元性问题?

4. 一名学校管理者对于文化多元性问题应该知道些什么?你知道这些问题吗?如果知道的话,过去你是如何得知的?如果不知道的话,你可能怎样得知这些问题?

5. 一名教师对于文化多元性问题应该知道些什么?如果他在这方面没有接受过训练,那么要让他或她对此了解更多的最好方法是什么?

6. 家长、家庭、地方教育委员会和社区成员在与学校合作的过程中,如果起作用的话,他们应该起什么作用?在以下的海望学区和银矿初级中学的个案中,他们能怎样积极参与到多元文化教育计划中来?

7. 班克斯(Banks，1994)(见第四章)的"多元文化课程模式的途径"该怎样运用于这种情况？

8. 第八、九、十和十一章讨论了法律与民族的问题、学习、学习的迁移、学生服务以及教员发展等问题。这些内容对你小组计划的开展有什么意义？

(三) 海望学区

海望学区(Seaview School District)位于美国东北部的一个大城市附近，大约有2 970名学生。20世纪80年代中期以前，本学区的统计人数相对稳定。海望曾是由中等阶层白人控制的社区。然而，从那时起，美籍非洲人和西班牙人(波多黎各人和美籍墨西哥人)呈现了稳步增长的态势。另外，有两个当地组织还发起了老挝和越南移民的活动，其中一个组织还计划在不远的将来引入移民。

(四) 银矿初级中学

银矿初中(Silvermine Middle School)大约有520名学生和30位有证书的教员。目前学校还没有双语计划，但是随着讲西班牙语人数的不断增长，学区教育局长助理已开始对某种形式的双语(西班牙语或英语)计划的必要性进行了讨论。学区聘用了两名英语全职教师和6名教师助理。其中一名英语作为第二语言(English as a second language，ESL)教师负责学区所有的初中和高中，另一名教师负责学区的3个小学，在那里英语为非本族语的学生的比例最高。教师助理分别在不同的小学"辅导"学生，辅助那些班里都是英语为非本族语学生的小学教师的工作。

学校所有的教师(有证书和无证书)都是白人。有27％的学生现在享受免费或减价的顿餐，这一比例在过去的10年里已经翻了一番。

学校开设的是初级中学典型的课程内容。教师和学生对他们的技术教育计划都非常满意。学校拥有一个设备完善的图书馆信息中心和一个计算机实验室。学校除了英语和英语作为第二语言课程以外不开设其他语言课。

(五) 存在的问题

你现在是银矿初中的一名新任校长。去年秋天，就在你刚上任的头两个星期之后的一天里，学校发生了一起严重的种族事件。你的学生和附近城市的一个中学的学生卷入其中。有几个学生被棒球棒打得鼻青眼肿，遍体鳞伤，需要救治。社区各组织对此事做了全面调查之后，决定勒令两个学校的11名学生退学。其中两位家长声明他们的孩子受到了不公平的惩罚，他们认为没有证据证明他们的孩子参与了此事，而且退学的处分过于严厉。

在调查过程中，你发现在过去的5年里曾发生了多起有关人种、民族和宗教的事件。在你刚上任的一年中就有无数起"小"事出现。一学年中你与你的校长助理和教师们相互交流开发课程之后,你看到很少有关文化多元性问题正在得到解决的依据。另外,你还会发现在多半情况下你的教师和校长助理不觉得这些属于带有偏见性质的"事件"。他们认为这些事情是"青少年的典型问题"而已。

有几位美籍非洲人和讲西班牙语的家庭曾经以正式和非正式的方式向你和办公室人员抱怨说他们的孩子在银矿初中正忍受着一些教师的不公正待遇。通过今年的观察,你也看到了一些这类歧视的现象。而且,就在上次的地方教育委员会的会议上,几名美籍非洲学生的家长将这些问题提了出来,要委员会引以重视。委员会答应对此事进行调查并将结果反馈给家长们。

银矿初中的60%以上的教师都在本校工作了至少17年。你会相信,与15年前的学生相比,很多教师对学区现在的各种"不同"的孩子非常反感。尽管多数教师不知道与这些将英语作为非母语的学生或者带有人种和民族背景的非白种人的学生该如何相处,但是还有几位教师对英语能力有限学生和来自不同文化背景的学生的确有一定的教学经验。最近萨斯(Sasse)女士给你讲了一个西班牙裔学生的故事,这个学生非常信任她,故事讲的是在银矿初中里她就"像糖罐中的一粒胡椒"。

根据从对事件的调查和通过开发课程所获得的信息,你可以深刻地意识到银矿初中在处理有关种族、文化和宗教等事件的方法上不可能继续保持消极的态度了。同时,学区教育局长已经向学区所有的学校管理者都发送了一份备忘录(参见下面的备忘录)。

(六) 你的任务

今天是6月3日,学区教育局长约你在29日上午10:00与她见面。你和你的教师小组对学区教育局长提出的计划已经做了一些工作。她请你在会上陈述你草拟的书面计划框架。她和助理打算要详细了解你的小组提出的办学建议,这样,她们就能够对学区资源进行规划配置。

备忘录

6月2日

  对象:所有校长、校长助理和教学领导

  作者:布兰迪学区教育局长

  论题:多元文化教育

你可能发现海望学区的人口正在迅速变化,我们还看到了学生之间的严重冲突也在增多,这越来越说明学校中所有的人对新出现的多元学生群体的本质的理解方面显得无能。

这些变化迫使各级学校必须着手解决多元文化教育的问题。多元文化教育不只是一个种族问题,相反,它的焦点是那些在我们的社会中经受偏见和歧视的文化群体。

教育的目的是减少对他们的歧视和为所有的学生提供平等的受教育的机会。为了实现这个目标，本学区要：

● 培养学生对自己以及他人的终生的尊重和同情，不论种族、血统、性别、社会地位、残疾、宗教和性倾向（sexual orientation）。

● 坚决保证为所有的学生提供高质量的平等受教育的机会，不进行不合法的区别对待。

● 努力确保让所有的学生获得平等机会。

多元文化教育是一个重要问题，我们鼓励所有学校通过课程和教员自身发展的途径来加以解决。如果现在就着手的话，问题不久就会消除。

每个学校在下一学年度要制定出一个解决问题的 3 年计划。在以后几周中，我要通知各个学校召集会议，在会上你们要陈述框架。

海望学区　1999—2000

学　　校	年　　级	入 学 人 数
团结小学	K—五	380
希望小学	K—五	438
实践小学	K—五	291
海望初级中学	六—八	468
银矿初级中学	六—八	522
海望高级中学	九—十二	870

银矿初中　1999—2000

有证书人员的总数	25
固定课堂教师	20
特别项目教师	2
行政人员	2
学生人事服务	1
没有证书的人员：教学工作	4
没有证书的人员：非教学工作	10
一般班级规模	26

学校入学情况

	数字	百分比 现在	百分比 3 年内
总数	522	100	(大约)
人种-民族			
美籍亚洲人	34	7	10
美籍非洲人	62	11	15
西班牙人	60	12	20
本地美国人	5	1	1
白种人	361	69	51

(七) 计划制定的具体要求

根据学区教育局长的要求制定出一份解决银矿初中问题的行动计划。此计划应由小组成员共同完成，它要包括以下几个部分：

(1) 明确问题，正像你在银矿初中里所看到的。如果你的小组发现学校存在着不止一个问题的话，请选出要优先解决的问题。

(2) 制定一个 3 年的草案，如何解决问题的主要方面。计划要包括活动范例、活动实施过程的各项步骤，以及阐明做此选择和实施步骤的理由。

(3) 你的策略，如何赢得科系、教职员、学生和家庭的支持。它要包括你将如何克服落实计划时所要遇到的潜在的障碍。

(请参考本书中的有关章节所提供的帮助)

(八) 银矿初中的 4 位教员

卡蒂·毕晓普在银矿初中教授社会科已有 17 年的历史，她现在担任小组组长。来海望学区工作之前，卡蒂·毕晓普曾在西班牙的一所国际美国学校干了 5 年。她经常到讲西班牙语的国家(墨西哥、西班牙、危地马拉)度暑假。她对拉丁美洲文化颇感兴趣，深受许多讲西班牙语家庭的尊敬。

斯科特·纽柯克，今年是他教英语的第八个年头。在来银矿初中以前，他在纽约市教书已有 10 年历史。斯科特·纽柯克几次曾向校长谈了有关英语能力有限(limited English proficiency, LEP)学生的问题。他认为他不能满足学生对语言学习的需要，因为一名 ESL 教师既要负责初中又要负责高中，许多学生每天只能有一堂 ESL 课。

海伦·扎塞在银矿初中和海望高中已教了 4 年的 ESL 课。在此之前，她在银矿初中有四分之三的时间教英语，四分之一的时间教 ESL。她有英语作为第二语言教学(TESOL)的硕士学位。去年夏天,她参加了为期一周的第三特别工作室,主要研究有具体语言背景的 LEP 学生的语言学习问题。

鲍勃·因凡提诺是一名指导咨询员,在银矿初中干了 11 年。前几年,鲍勃·因凡提诺特别擅长于处理那些参与人种和民族事件学生的问题。他的夫人是一位美籍非洲妇女,与黑人社群有密切关系。

项目 3　原子与比特:一个技术项目

坎贝尔(Barbara S. Campbell)
康涅狄格州沃尔科特学区教育局长助理

"微粒与颗粒"一词出自麻省理工学院媒体实验室的创办指导者 Nicholas Negroponte,他在其书《数字化时代》(*Being Digital*)中的比喻:

> 最近,我(Negroponte)到美国五大联合电路制造商中的一个制造商的总部参观。在我进去之前签名的时候,接待员问我是否随身带有笔记本电脑,我当然有了。她询问电脑的型号和序列号以及价格。"大致 100 万—200 万美元之间吧。"我说。"哦,这不可能,先生,"她说,"你是什么意思?让我看看。"我把旧的强力笔记本电脑拿给她看,她估价为 $2 000。她记下价格以后,才允许我进去。我要说的意思是当原子不值那样的价值时,比特几乎一钱不值(pp. 11—13)。

这种问题学习法所面临的挑战是:我们学校里所做的一切是为学生在一个原子与比特的世界中具备生产能力而做准备吗?

微芯片技术的存储、管理和快速传递大量信息的能力已经使我们社会生活和工作的方方面面发生了转型。用微芯片传递的信息就是未来的商品。过去,教育的使命是为学生将来所从事的行业(如农业,工业)储备各种能力,目的是为了让他们过上一种具有生产性的高质量的生活。当前的学校是以信息为基础的机构,担负着同样的教育使命,所以,人们期待它们成为积极的技术手段的采纳者和使用者。

然而,学校还没有成功地采用和整合技术。原因通常为:
- 没有足够的硬件。
- 没有合适的或足够的软件。
- 缺少或没有足够的技术支持。
- 缺少或没有充分的教师培训和教职员的发展。
- 缺少行政支持。

第十三章　基于问题的学习项目

- 技术与教育需求之间的错位。
- 缺少或没有足够的启动资金和后续资金。

如果学校要为21世纪成功地培养具有生产性和信息能力的公民的话，那么，它们就必须要克服把技术整合于教学与学习过程中所遇到的种种问题。

（一）学习目标

- 确定与技术整合有关的机遇和挑战。
- 合作开发一项学校采用和实施技术的计划，这个计划要与通过可靠资源渠道收集来的先前学习、实地经验和最佳实践模式合为一体。
- 使用可以利用的计算机技术手段来制定计划。
- 参与行政评论。

（二）指导性提问

1. 你将和谁一起开发计划？和谁一起落实计划？你将起到什么作用？（见第六章）
2. 你在初次制定计划时，哪个技术手段最"适合"？落实技术计划会遇到什么挑战？（见第十一、十二章）
3. 对于技术计划的开发和落实，你有哪些潜在的起支持作用的理由？
4. 制定技术计划的范型由哪些因素构成？
5. 根据你对变革、教职员发展、课程或教学和学校改革等方面所掌握的知识，对于过去导致技术整合失败的各种原因，你该如何解决？（见第二、三、八和十章）

（三）问题

作为玛丽埃塔高级中学（Marietta High School）的新任校长，你花了半年多的时间收集学校文化的信息。尽管有许多问题反映了这一地区全部高中的特点，但是一个连一个的问题开始使你感到心灰意冷，压得喘不过气来。

玛丽埃塔是芒乔尹学区惟一的高级中学，有2 800名学生。随着大班教学的实行，入学人数开始增加，超过730人。这一学区似乎是个缓冲地带，它的周围一边是富裕的郊区，一边是很大的城区。从与其他学区校长的谈话中，你会感受到一种压力，这种压力产生于这一对矛盾，即学校要与郊区学校展开成绩竞争，又要对付那些来自内部城市、家长已经搬到芒乔尹学区居住的更多的危险学生。数据表明，你的学校中少数民族和特殊教育的学生人数每年都在递增。

学校的教职员（55位有证书）经验丰富，他们中的大多数人认为自己是学科内容专家。当你就以学生为中心的教学策略开始与各科主任交流思想和论文时，他们中的大多数是不接受的。他们会告诉你他们一年两次的观察活动说明教师们都具备牢固的教学技能,看来能够满足那些有学习动机的学生们的需要。社会科主任总结了他们的观点:"我们在有限的时间内完成了教学内容,那些事情(如,以学生为中心的教学法、选择性评定、技术手段、读写能力)不管怎么说是针对小学和初中教师的!"

教师们已经向你表达了他们对专业发展的态度:他们清楚自己的授课内容是"本年度的流行时尚";在职培训时间的选择总是适应那些较低层次的教师;授课教师们缺乏教高中学生的经验。他们坚信:"这也应当忽略过去。"他们认为,惟一的现行"时尚"就是学区对技术的承诺。但是,由于技术计划首先从小学启动,所以他们认为等技术计划到他们身边时,资金和承诺也会消失殆尽。

学生对技术计划持反对态度。他们的"冷漠"烦扰着你,这在你课间走过大厅和通过课堂观察你都能感受得到。你向学生提出技术将对你们产生什么影响的问题的时候,许多学生回答"我不知道",或耸耸肩膀。另一种情况是,一些学生跑来向你抱怨课堂是如何令人厌烦、计算机不够、学生没有参与决策等。

你认为学生得低分的经历可能是造成学生产生消极行为和态度的主要因素。从与其他校长的谈话中,你得知刚入学的新生们所满怀的各种期望发生了很大的改变,这是学区在小学和初中阶段成功施行的技术计划所造成的。学生小学毕业的时候,他们已经习惯于在全部网络化的环境下使用文字处理、图表和表格来完成作业。到了初中,他们继续这样做。学生们习惯于在大段时间里与几位教师一起学习。他们习惯于自我管理的学习方式。面对着未施行技术计划的玛丽埃塔学校和 42 分钟一节课的讲座式教学,学生看来就是以迅速退化为冷漠或纪律问题的种种行为作为回应。

玛丽埃塔学校糟糕的基础硬件设施存在着所有以下问题:设计不合理和简陋的设备无法有效地实施各种计划项目;电线不够;任何计划蓝图几乎都不存在。你会觉得这个学区所有的设备、经费都已花在试图满足小学和初中那不断增长的入学人数上了。

没有能容纳一个班级配备 14 台以上电脑的地方,而一般的班级规模是 23 台。需要计算机的几个领域,如英语、商业和技术教育,被认为只有这些相关的科系才能使用。这些电脑型号杂乱,有 Apple Ⅱ 和 GS 型,有 286—486 的 DOS 机,和 1984 年苹果公司生产的麦金托什机。其中有些 DOS 机可以使用 WINDOWS,而其他的不能。教学楼内的微型网络(办公室、技术教育和商业)互不链接,无法登录 Internet。

玛丽埃塔高级中学的家长可划分为两派:一派坚决维护学校的原本面貌(QUO);另一派则强烈要求提高学生的学业成绩,扩大各项学习的计划。玛丽埃塔学校的家长协会主席卡伦·斯特朗(Karen Strong)就属于前一派。她没有加入最近刚成立的学区家长协会(所有学校的家长协会主席都具备成员资格)。她曾告诉过你家长协会的成员们都认为芒乔尹(Mountjoy)学区的所有学校都是私立技术学校。她的辞职报告被那些对学术和加强技术使用感兴趣的家长否决了。

从你与学区教育局长加西亚(Garcia)的上次会面中,你得知在下一个预算年度中将有足够的资金开始为玛丽埃塔高中营造丰富的技术氛围。她请你先订出一个三年

第十三章　基于问题的学习项目

计划的第一部分,并通知你她要向你发送一份详细的备忘录。

与其他所有的教学与文化问题一起,你要考虑该如何完成这个制定计划的任务。

(四) 计划制定的具体要求

1. 制定玛丽埃塔学校的基于技术的计划项目。计划必须包括:

(1) 简要介绍计划制定的过程(如,有谁参与,何时见面,如何规划任务,校长的作用是什么);

(2) 列出首先要采用和实施技术(手段)的目录,并给出作此选择的理由;

(3) 列出采用和实施技术计划阶段和策略的框架,并简短说明每一主要阶段和策略的理由;

(4) 对你将如何监控计划的进展和它的圆满完成加以描述。

2. 使用计算机来准备计划。

3. 准备并参加行政机构对计划进行的评论工作。

注意:这个评论工作不包括正式陈述,因为行政评论的目的是在计划的定稿和实施之前对计划进行再加工。这个行政机构要提前阅读你的计划。在评论过程中,你一定要准备好回答有关问题。

预期计划:＿＿＿＿＿＿＿

备忘录

4月15日

对象:卡罗尔(Deborah Carroll)

作者:加西亚(Esmeralda Garcia),学区教育局长

话题:技术启动计划

我们上次见面时,我和你一起谈了我们学区的技术启动计划,并请你开始着手起草自己学校的技术计划。明年9月份的行政机构会议我们将对你的计划进行讨论。10月份的会议将做最后定稿。为了帮助你开发计划,我要提出以下条件和指导:

● 考虑本学区的技术目标——依托技术提高教学、学习和管理水平。

● 我们的合作伙伴和州教育委员会愿意为我们的周密计划提供慷慨的资金赞助。所以:

——将为你的教学楼提供网络组织;

——为计划开发提供的全部费用(如教师的暑期工作、咨询费、参观、培训、材料)都已到位;

——当选择技术(手段)时,费用不应成为主要的决策标准。

● 要做长远考虑,但计划的开发只是针对玛丽埃塔学校技术计划采用和实施的第一年来说的。你应当列出第二、三年的"继后步骤"。

- 在制定计划的过程中,其他学校的技术合作者和校长可以随时向你提供帮助。
- 9月15日以前把计划复印件寄给我,这样我们可以在开会之前将它复印,并发送出去。
- 需要帮助的话,请给我打电话。

(五) 校长日记选摘

5月1日

今天我围着教学楼转了一圈,眼前的现实给了我很大打击。一个多么丑陋的地方!天花板上的瓷砖污迹斑斑,地面上的瓷砖排列错位,墙壁上的涂料色彩目不忍睹……那些破旧的带扶手的椅子成排。

学校管理主任弗兰克(Frank)先生说,玛丽埃塔学校由于石棉和电的问题,已经放弃了装备取暖设备和用对讲电话装置的内部通信联络系统。他还告诉我,他没有足够的人员来管理如此规模的大楼。

后来,我的助理伊莱恩(Elaine)女士打断了我的巡视,说她在上课时计算机网络已经全部瘫痪。我勃然大怒。我从佛瑞德(Fred)和卡罗尔(Carroll)(校长助理)处了解到,这个网络早已瘫痪多时。当我向办公室人员质问对于一个瘫痪的网络我们该做些什么时,他们面面相觑。合同上提供的服务以时间为限,而不是根据我们的需要。

5月24日

我这样做了!!!我终于说服学区教育局长加西亚(Garcia)博士同意玛丽埃塔学校的教职员不参加学区的培训。我打算花三天时间和同事们一起探讨他们对本校学生有什么梦想、期望和需要。而且我想让他们在系里花些时间,尤其自从每个科系都进了至少一位新教员以来。

同到大楼以后,我就去找我们图书馆的媒体专家凯丽(Kelly)女士,从聊天中,我获得了一些有价值的信息。虽然她得到的预算并不充足,但是好像她正在与佛瑞德(Fred)、南希(Nancy)和帕特(Pat)合作,将学习从过去的课本转移到基于资源的学习上面。凯丽(Kelly)说也许我能看到她们小组的某项提议,我向她保证我期待着。她问我是否认为在不远的将来能得到建立玛丽埃塔图书馆媒体自动化中心的资金。好像其他学校的大楼都装了联机循环和目录系统、CD-ROM参考资料和无线通讯!

5月28日

以下是我对各科系主任的第一印象:

戈尔诺(Fred Gollner)(英语):语言表达能力强,好像知道最新流行的词语。同行们笑他处于教育的"流血之边缘(bleeding edge)"。他想要更多的计算机用于写作。

海西(Nancy Heisey)(科学):在我上任的第一天,她向我打招呼。她相信她的同

第十三章 基于问题的学习项目

行们都在做有意思的事情。她曾暗示过有关学区政策的问题，即每门课必须使用经批准的课本。她好像知道如何帮助她的同事们相互妥协。在小组中，她听得多，讲得少。她的电脑都是别人不要的、偷工减料拼凑起来的次品。她曾组建了一个小型的电脑学习实验室。

凯勒（Hank Keller）（社会科）：从20世纪60年代早期以来他读过书思考过问题吗?！看来他信奉这一观点："如果它不破，就不修理它。"他抱怨作为科系主任所必须做的一切工作，但他竟在这个位置上干了10年。

兰金（Terry Rankin）（健康与体育教育）：当我坚持要他参加会议时，他大吃一惊，他明显已习惯于找借口经常逃会，因为他不教"学术"课程。会上，他的身体语言告诉我他那从冷漠到最后敌视的态度。

格罗夫（Carl Groff）（数学）：他就像汉克（Hank）这样的"好好先生"（yes-man），他告诉我高中拥有足够的技术，他的数学教师个个都是专家。那么对于我们较低的数学分数他该做何解释？无论我什么时候一提到全国数学教师理事会（NCTM）的标准，他都避免做正面答复。

戈麦斯（Jose Gomez）（外语）：他好像是个内行！他急需额外的教师和一些计算机设备，以便学生能够与讲本族语的人交流。他有相当的幽默感。

鲍（Sally Ball）（综合艺术）：一个充满能量的地方！两年前，她单独向BOE提出建议要资助艺术推进奖（Arts Propel）并提供一台绘画电脑让学生使用，尔后，在她的帮助下，学生们赢得了各种奖项。她好像比较重视佛瑞德说的话。

克兰德尔（George Crandall）（职业学科）：当问及他想看到什么样的变化时，他回答道："所有的学生都应当学会打字。"对于学校到工作（school-to-work）的过渡计划，他没有什么积极的态度。他说他不愿意对家政或汽车维修的计划进行修改，因为它们符合玛丽埃塔学校中非学术性孩子们的要求。

格林（Pat Green）（特殊服务）：她好像受同行们的排斥——独自坐在一边，没有人问候她。有几次，人们以"你的学生"或"格林（Green）的学生"的间接方式提到她。她看起来很愉快而且知识渊博。我猜想是不是因为本学区实行了将有特殊需要的学生纳入正常班的这个不受欢迎计划，人们都避开她。

5月29日

虽然我与许多教职员都见过面，但这是我头一次把他们聚在一起。我提出了几项初步假设：（1）新教师被当做门外汉看待；（2）在教学中，多数教师没有将自己的教学行为与学生的表现连接起来；（3）许多教师认为只有一些学生可以取得高分；（4）教师的身份与各自的科系极其相关。令人惊奇的是竟然有些教师不知道其他科系新来教师的名字！而全体教师才只有55人，不是200人。

通过在课间和午餐时对他们这些社交群体的观察，我想我可以把他们做一个十分典型的分类。他们初步分为：发起者（对跨科系教师的了解甚少，凯丽（Kelly）和帕特（Pat））；大多数中间派；称自己为"家伙"的小团伙，他们是汉克（Hank）、卡尔（Carl）、乔治（George）和特里（Terry）。他们把午饭带到视听室，走来走去、摇摇摆摆、东拉西扯(mover shaker smatter)，边吃边看棒球赛。

6月3日

　　我想我不应该对全体教师提出的一系列问题感到失望，但我失望了。没有远景只有需要。设想一下，课堂上内部通信中断4—5次，一些教室内无法运行的联络系统（必备的），这样规模的学校却只有一台复印机供行政和教学使用！另一个大问题是教师们觉得他们所必须参加的许多会议是那么的无聊。

　　当我保证在课堂时间和一些循环活动前不做任何训话时，我想我得到了一些教师的支持。

　　我也劝教师们成立一个委员会就复印和内部联络的各种需求提出些建议。房间里一片寂静。我不知道这是什么意思。最后，格莱（Greg）（一名社会科教师，我怀疑他是一位非正式领导）做了解释，说他们感到会议太多了，而委员会提出的多数建议都被置之不理。

　　我心里一阵紧张，我答应要减少那些没有结果的会议的数量，要为教员们对复印机和内部联络系统所提出的任何建议做预算。死一般的沉默之后，教师们开始极力抱怨没有数量足够的、条件充分的技术手段。最后，凯丽（Kelly）提出要给我一份有关大部分视听设备的详细清单，看来没有人保存过计算机和软件的清单。

　　后来，教师协会的主席玛丽（Mary）讽刺说：学校的许多会议是属于契约性质的。学区教育局长曾经告诉过我掌握着教师们的合同。然而，当我再次翻阅合同的时候，发现合同专门谈到了全体教员和科系会议的问题，但对于会议的内容和时限，语言使用得非常模糊。我虽然看到了有效利用时间的可能性，但是我不准备使我的观点公开化。于是，我提议，那些自愿参加复印机或内部联络系统委员会的教师们，在开全体教员会时他们可以先开会，而按照合同，会议一定要安排在工作日结束时。（是谁的糊涂想法？！）这样一切进展顺利，再散会。

　　哈瑞（Harry）（科学）和凯丽（Kelly），曾自愿共同主抓委员会工作，问我是否愿意考虑委员会需增加一位秘书的问题，因为办公室人员也要使用各种技术手段。我同意了——他们相当惊喜。

6月5日

　　我与卡罗尔（Carroll）博士产生矛盾了。（肯定是哪个教师告的密）今天早上我一到学校，有个便条让我9点以后给学区教育局长打电话。她严厉通知我："我要让教师们按照要求开会。"在我解释完理由和计划（针对教师发展灵活安排时间、小组学习

第十三章　基于问题的学习项目

等）之后，她好像接受了这个看法，但她仍然警告我"在火边他们要站稳脚跟"的重要性。哼，这就是矛盾的暗发地带。

6月10日

今天，哈瑞（Harry）、凯丽（Kelly）和我就复印机的问题碰了面。我同意就复印机和电话做出预算。同时，他们的汇报也提出了一些其他技术手段的重要问题。凯丽（Kelly）给的视听设备清单已经过时，不符合我们的要求。没有列出计算机和软件清单，因为各科系都严守自己的阵地。

6月12日

真令人沮丧！最后8次的听课有7次都是教师讲，学生坐在下面听；一章结束时是作业和提问。没有一个学生参与，所讲的内容与他们的生活或当前发生的事件也无任何联系。

从现在起，我打算混合听课。听了8堂这样的课，我再听学校一些真正有教学天赋的教师——专家与新手的课，将二者加以比较。我要采取方法让传统的教师掌握他们的一些教学技巧。

然后召开各科系会议。汉克（Hank）是小组的头，他以自己魁梧的身躯和洪亮的声音描述了一场精彩的比赛，并控制着人们的讨论。观摩了他的课和一些数学教师的课后，我至今看不到他说的话与他的行为有什么联系！

讨论的话题是州级水平测验分数——低，低，低！我曾经要求主任们对这样的结果进行分析，看看在提高学生的成绩方面我们能够做些什么。我认为他们的回答出乎我的意料。

我们学校的孩子都是好孩子。

一些学生能学习是因为他们有学习动机。

我们能够帮助那些有学习动机的学生。（他们认为这样的学生大致占总人数的20%。提高他们的分数将对我们的结果产生巨大影响！）

他们的老师工作努力但还将继续努力。（做什么呢？）

溺爱孩子而不教育孩子是初级中学的过错。

只有佛瑞德（Fred）和南希（Nancy）在他们的科系里讨论了考试分数的问题。我所说的和所做的都不能使大多数教师朝着将教学和课程与学生的成绩联系起来的方向努力。

6月13日

与学生和学生组织的首次见面结束后，我被自己的所见所闻深深地困扰着。冷漠和愤怒同时存在。学生们觉得他们被学校的决策过程拒之门外。许多学生看来对现在的各种俱乐部和运动计划并不感兴趣。另外,有一小部分学生对建立"校园精神"颇感兴趣。他们想将学校的一切事物进行重组,从额外课程计划到白天可用计算机的数量。

我和两位副校长一起对我的调查进行评论。他们有戒备心理,说没有时间讨论,因为他们花在处理纪律问题上的时间越来越多。

真让我吃惊,从随意的谈话中,有那么多的教师想知道学校是否有能力营造技术配备齐全的环境,学区的其他学校已经完成了。看来他们是从学生那里获悉其他学校的教学楼里都有什么,而他们自己的教学楼却从来没有这些设施。

(六) 参考文献

Negroponte, N. (1995). *Being digital*. New York: Afred A. Knopf.
(同时参考本书中的有关章节)

项目 4 令人惊叹的结果:权威力、作用、关系和学校改革

坎宁安(William G. Cunningham)
欧德·多米尼尔大学(Old Dominion University)

学校改革通常要求有新的思维方式和行为方式。如果学区教育局长们打算帮助学校进行必要的改革的话,他们就必须为学校的教师提供发展的机会,以使教师具备必需的能力和技巧。新聘用的教师必须对学校的改革有深刻的了解并有相当的能力,并且能在现有的教员中间发展自己的技能。

教师对相互学习和合作的愿望已有所增强。哈蒙德(Hammond)在为全国教学和美国未来委员会(National Commission on Teaching and America's Future)(1996)写的背景报告中提出:"用于准备、计划、与同事合作、与学生和家长单独见面、或致力于课程或评定手段开发的时间很少能够得到保证,而且这也不被认为是教师主要工作的一部分。当前为学校改革所付出的种种努力有可能取得成功,在很大程度上是因为它们建立在教学知识这一稳固的基础之上,而且这些努力是在改革属于结构性的而不只是象征性变化的承诺下不断持续着。"全国教师发展协会(National Staff Development Council)的执行领导斯帕克斯(Sparks)也认为:"教师日常教学生活的巨大变化必须处于改革进程的核心地位,为改革付出一切努力的真正目的是要建立成年人能感受到自己胜任工作、所有学生能发展自己全部潜能的学校。"

那些拥有成长、发展和晋升机遇的人会经常提升自己的热望,评价自己的技能,改进行为,为了进步而组成政治联盟,积极参加并支持各项改革。而那些没有这样机遇的人则会降低自己的热望,低估自己的技能,远离工作的改进,形成保护性同伴群体,进行被动抵抗。在团体中能够影响他人的能力会激发积极的态度。如果一个人的权

第十三章　基于问题的学习项目

威力十分有限的话,那么他或她的知识和能力就不会受到尊重。甚至权威的象征形式也能提升一个人在他或她的同事们眼中的价值。无权威力只能引起小范围的控制,而不是领导能力、改革或改进的行为。

无权威力通常表现为过于严密的监督,阻碍人们事业的发展,无法发挥他们的才华,是"看门狗"而不是一位领导者。同时,它还意味着对手段而非结果的关注,恪守标准的操作程序和过去的实践活动。领导者们怎么样能为学校人员提供发展、机遇和权力,足以鼓励或激励那些有抱负又有责任心的教师愿意投身于学校改革所需要的工作中去?教师怎样才能共同分享各自的知识使它能够融入改进的实践中去?

(一) 学习目标

- 加深对学校改革取得成功复杂性的认识。
- 对那些促进教师发展和课程与教学改进的各种组织结构的类型进行研究。
- 为了学校改革成功,确定教师的日常生活该做怎样的改变。
- 分析促进学校成功改革的领导风格类型,分析这些成功领导风格所需支持的类型。
- 研究出能将不同群体的知识和能力以一种持续互惠的方式融合一起的一套方法;确定各群体间分享才华、知识和资源的途径,进而形成彼此支持的关系,将他们的能力融入到学校改革的目的之中。
- 以一种能引起相互尊重和愿意合作共同促进学校改革的方法来分配权力和责任。

(二) 指导性提问

1. 你怎样才能使教师发挥他们的全部潜能,并鼓励他们投身于学校改革的过程中去?一个能为发展和进步提供机会的工作有什么特点?(见第六、八章)
2. 考虑"动态型"和"静态型"两种雇员的概念,你如何区分一个人是属于"静态型"还是与之相对的"动态型"?
3. 如果权威意味着调动智慧、影响他人和"让别人做事情"这种能力的话,那么如何给不同的教师赋予权威,使他们树立可信性,赢得他人的尊敬,最后"让学校的改革得以实现"?
4. 学校内的命令、权力和目的的来源是什么?(见第一、二、五、七和十一章)
5. 要实现复合性学习、创造力、实验和学校的持续发展,应做哪些方面的努力?
6. 你将如何知道自己在培养潜能和能力?

(三) 希克里·里奇高中

希克里·里奇高级中学(Hickory Ridge)是一所比较大的城市学校,大约有1 800名学生,其中15%属于异常或有特殊需要的学生,46%为白人,40%为美籍非洲人,

12%是西班牙人,2%为亚洲人,其中许多人都是新移民。标准化考试,如依阿华州基础技能考试（Iowa Test of Basic Skills）,它的平均综合分数已经从百分制的45分上升为49分,但是仍有一些学生的分数在25分以下。

毕业班有420名学生。其中160人获得了高级学习文凭,147人毕业时的成绩不到2.0分（最低平均积分4.0分）。

学校和社区已经开始考虑如何满足学生的各种要求,但他们的要求在过去4年里已发生了很大的变化,学校教育已经不能与之保持同步了。去年,希克里·里奇学校、全体教职员、家长和商业合作者曾尝试了各种改革行动,但都成效不大。学区为改革所做的努力是让希克里·里奇的教师组成一个核心小组参与到改革中来。他们参观了基于技术的工业区,参加了学校改革实验性项目落实的社区论坛。虽然希克里·里奇学校有明确的新理念和新远景,但教师和行政人员在如何使之更好地运作起来的问题上观点不一。人们一般认为这所学校无法符合新的改革原则,它已经过时了,而且处于严重的分歧中。

希克里·里奇高中教师队伍的结构情况见表13.2。

表13.2 希克里·里奇高中教师队伍的结构情况

学 校 统 计	全体教师（百分比）
总数	100
性别	
男	35.0
女	65.0
年龄	
26岁以下	21.4
26—30岁	16.4
31—35岁	2.1
36—40岁	4.5
41—45岁	10.0
46—50岁	11.3
51—55岁	20.0
56—60岁	8.0
61岁或以上	6.3
人种-民族	
亚洲或太平洋的岛民	0.0
西班牙人,不论种族	1.3
美籍非洲人,非西班牙血统	20.6
白种人,非西班牙血统	75.6
本地美国人	2.5

第十三章 基于问题的学习项目

续 表

学 校 统 计	全体教师（百分比）
最高学历	
高中文凭	0.0
商业/技术学校证书	0.0
准学士学位（2年或以上）	0.0
学士学位	38.3
硕士学位	56.9
教育专家或专业文凭	2.4
博士学位	1.2
专业学位	1.2

图13.1中的第一根黑柱显示了教师本人所理解的5组中每一组人把他们尊为有能力专业人士的程度。图13.1说明了5个组别在对教师尊重度上教师的观点和感觉。

图中第二根浅色黑柱显示5组中每一组人他们自己认为把教师尊为有能力专业人士的程度。从图中看，除了学生组以外，教师们都低估了自己受尊重的程度。

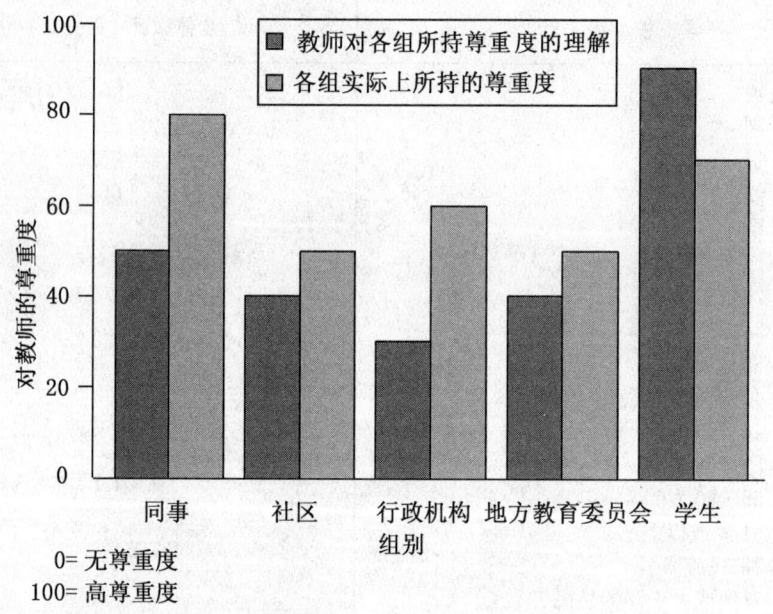

图 13.1 教师本人对他人将自己作为专业人士尊重度的理解

从图13.2中可以看出，人们对分数极为关注，前三年的分数有所下降，但从去年开始分数已稍微有所上升。

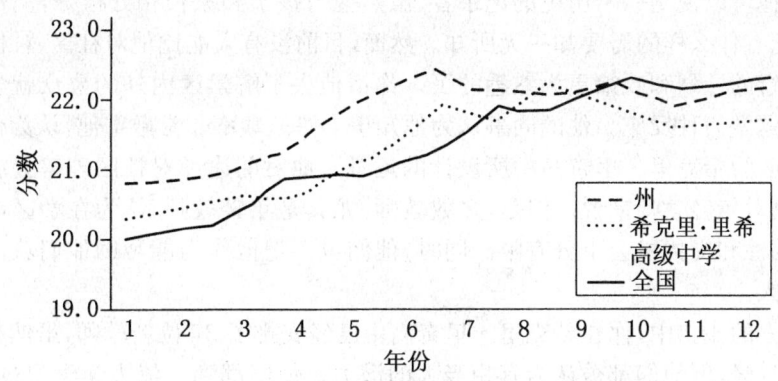

图13.2 过去12年学生在全国标准化考试中的分数

温菲尔德(Wingfield)学区改革的重心主要集中于开发一种"整合的以技术为依托的课程"。其目的是使技术成为学生们每天所上课程的一部分。高中的所有教室都装配了线路,每个教室至少安装15台电脑。人们把学区当做获得必需设备成立学校技术中心的领导者。然而,教师和学生双方对电脑的实际操作都令人失望,学校教育所面临的主要压力是如何将电脑融入课程和日常教学中去。尽管学生在标准化考试中的分数和表现不尽如人意,但是地方教育委员会和社区都相信这些改革必将"使所有的孩子能得到更好的学习",并且是"通过向学生提供严谨的思维和技术性技能的一个重要的开端"。

希克里·里奇高中拥有一个有相当支持力的家长团体,他们公民意识强、年轻、技术能力从高级到中级以至中级以下。附近地区内的转换率非常高,因为它被认为是更大发展的起点。你和一些主要的行政人员都对希克里·里奇高中的教师们极为尊敬。很多人都对希克里·里奇高中当前的事态迷惑不解。

(四) 问题

你现在是温菲尔德学区的学区教育局长。上任4年来,你要致力于帮助学区实现学区的新远景,即把学区建设成为一个以技术为推动力的新型学区。此次改革的重心是以学校为基础,首先从希克里·里奇高中开始,然后推广至其他学校。你把所有学校的工作都指向开发一种以技术为依托的符合建构主义思想的新课程。

希克里·里奇高中的教师们都年事已高,其中许多人的工龄在20年或更长。校长吉姆·奥康瑙尔(Jim O'Connor)在做校长助理之前就曾在初中做了16年的教师。他担任10年校长助理之后,去年才提升到现在希克里·里奇高中校长的位置上。

人们认为奥康瑙尔不是一个能走得比高中校长更高位置的人。他晋升的原因是因为他对温菲尔德的忠诚和他对社区的权力结构和政策、规则以及制度超乎寻常的了

第十三章　基于问题的学习项目

如指掌。他可以说是一个历史的记录者，虽然他与孩子和家长相处很好，但他对他们在21世纪有什么样的需要却一无所知。然而，目前没有人能比他对社区、社区的人们和学区现行的计划和政策更为熟悉的了。你请他去了解学区内外的公众就学区正在考虑的问题做何种反应。他的同事认为他知识丰厚但却不非常敬重他，认为他没有能力理解学区为希克里·里奇高中所设计的远景。他对前途和对社区理解上有许多看法，特别是对年轻教师来说。但是，多数教师，尤其是年轻教师，认为在学区内他的领导力、重要性和提拔机会十分有限。同时，他们也不把他作为能帮助他们获得满意晋升机会的人。

在过去的4年中，你在希克里·里奇高中已经安排了27位新教师，虽然相对来讲他们比较年轻，但他们都被认为有相当大的潜力。他们都到一流大学学习过，在他们所从事的研究项目中他们曾名列前10%之内。在进行理想的学校改革方面，他们都受过极好的训练，是技术方面的专家。在将来的某一天，这些有相当潜力的新教师极有可能成为学区教育局长——他们是"快速追踪者"。

你之所以把这些"快速追踪者"安排在希克里·里奇高中里，是希望奥康瑙尔和年老的教师们在新的改革计划方面能向他们学习。同时，你也希望他们也能从奥康瑙尔和经验丰富的教师那里学到更多的有关社区、家庭、孩子和学区的知识。你希望年轻教师和年老教师能够分享各自的才华、资源、知识和技能，为改革的成功而支持对方和学校。然而，这种对彼此的能力和知识予以尊重和欣赏的现象却从未出现过。

有两名优秀的新教师密切尔·斯科特和凯丽·伯斯最近请求要退出学校的现场计划小组。22名新教师一直都在抱怨奥康瑙尔的管理方法和许多老教师的态度。他们先向奥康瑙尔抱怨，然后向学区教育局副局长沃尔切克讲得更细，奥康瑙尔也向他汇报甚至还会向你诉说。他们告诉沃尔切克说奥康瑙尔经常检查他们的工作，经常主观猜测他们是如何教课的，他们都向家长们讲些什么，他总是无休止地挑剔。

他们渐渐开始对奥康瑙尔和一些老教师是否能真的胜任自己的工作提出质疑。他们觉得奥康瑙尔和老教师们与当今时代隔绝，过于墨守成规，在教育界不受尊敬。他们担心校长和老教师们会阻碍他们的事业发展，他们无法与学校内外的权力机构接触。校长衡量教师的表现是根据他们是否坚持常规程序和与社区的关系，而不是根据所取得的成就、学生的反应或不断的改进。沃尔切克比较关心此事，他曾向奥康瑙尔询问情况，当然他没有透露出有关人员的姓名。

奥康瑙尔解释说，他有着丰富的经验，他觉得那些新任教师对社区或孩子们不了解，或是对本学区所取得的瞩目成就不欣赏。他抱怨他们好像看不起他，也看不起有经验教师说的话。结果，他们犯了许多错误，他们竟试图做一些不可能奏效的事情。他们的疏忽要求他必须密切注意他们的工作，教育孩子与社区保持良好关系十分重要，值得去做。"无论如何，"他说，"他们并不像他们所认为的那样聪明。你要想成为一名优秀的教育者，你就得花时间去体验和去理解学校的传统来发展你所需要的各种技能。"虽然奥康瑙尔没有这么说,但沃尔切克能够看出来,他十分生气。

现在你突然发现自己正处于地方教育委员会的压力之下。你确实赞同委员会确定的办学方向,而且你也对他们在希克里·里奇高中所遭受的挫折表示同情。你已经赢得了委员会、教师和社区对你的信任,而你又不想失去它。同时你也意识到高中的教师和家长们好像开始把自己分为要么支持年老教师,要么支持年轻教师的两派。你也知道奥康瑙尔在社区中有许多朋友,其中包括一些委员会成员。你所构建的完美组合,即由那些对于改革来说技术能力强、知识渊博的年轻教师,与那些对于学区的孩子、计划、服务和家庭了解至深的年老教师和校长搭配而成,但它却无法正常运作,对此你感到心灰意冷。你之所以不想放弃你的想法是因为你清楚地知道在取得成功的较大可能性上没有比这更好的选择了。

通过对现状的反思,你发现也许你没有把成功的改革计划制定得十分完备,你或者认为自己能够让这些教师相互尊重,共同致力于学校的改革。虽然新教师对改革十分了解,但毕竟他们与社区的关系不融洽,而奥康瑙尔虽对改革的必需性不理解,但他与社区的关系处理得很好。只要校长和教师进行合作,他们双方的知识、经验和能力就会成功地找到恰当的契合点。但在目前的防备对方、愤怒、权力争斗、不信任、自我保护和紧张的对手关系的状况下,什么合作都不会发生。现在你又回到了起草改革方案委员会,要想出一切办法让这一计划运行起来。

你发现阻碍希克里·里奇高中改革进程的主要问题是缺乏信任、信心和领导力;对彼此作用的误解;沟通不充分;彼此间缺少相互尊重,缺少对关键知识的双方共享;校长被认为缺少与主要行政机构和学区教育局长协作的能力;双方都不觉得自己参与了改革或是地位重要;年轻人因缺乏强有力指导的机会而感到遗憾;老教师则缺少改变现存状态的动机。还有一些其他的因素,如教学习惯;缺少对多样性的尊重;为了学校的最大利益,缺乏将知识、才华、资源综合起来的能力;低的期望值。

(五) 你的任务

作为温菲尔德学区的学区教育局长,你意识到希克里·里奇高中的组织文化实际上阻碍着必要的学校改革。无论哪一方都需要相互合作,以达到实现理想课程和教学进步的目的。全体教职员,从校长到最新进校的教师,好像目前都有一种无助感和无能感。当他们在改革中都起着绝对重要的作用时,他们却不能同时行动起来。你认识到你必须要找到让校长和教师们产生目的感、方向感、责任感、权力感、乐观精神和使命感的有效方法。

委员会已经授予你一项自己可以做决定的自由权,确保希克里·里奇高中的所有教师都有一个共同目标,彼此合作和相互支持,保证有充裕的时间和能力"去推进必需的改革,然后再致力于那些改革计划"。这一想法的目的是对每个人的独特才华给予尊重,并将之作为一项重要的资源,这样,他们就能够为创建 21 世纪的优秀学校而一起工作。

这项计划应该包括希克里·里奇高中改革成功的"促成因素"。它应当在学区上下之间起到促进深层理解、支持和帮助的作用,而这一切都始于希克里·里奇高中。

学区董事会主席曾向你提出要求:"先将每个学校的能量、创造力和责任放开,然后你再回来,就会惊诧于所获得的结果。"你现在领悟到了这富有挑战性话语的全部内涵。你让教师做的任何事情好像都是额外的。他们好像不具备合作的潜能。校长受不到尊敬。能量和重心逐渐丧失;压力和焦虑逐渐升高。委员会主席说出了他的忧虑:"任何挫伤教师信心的行为都将导致学校的发展呈螺旋式下降的趋势。"

这一计划应该包括以下基本要素:

1. 帮助奥康瑙尔校长赢得新教师对他的尊敬。
2. 在所有的教师中间倡导共同掌权、诚实和坦率的交流以及相互支持。
3. 在目前为改革所做的各种努力中,鼓励更多的设计、更大的实验和冒险行为。
4. 在教职员中培养高度的期望值、信任和信心。
5. 为学校的所有成员给予切实的支持和赋权。
6. 使教师之间关系更为紧密,这样他们就能更好地欣赏、发现和分享各自独特的知识和能力,鼓励他们拓展研究范围,掌握与理想的改革有关的知识。
7. 建立组织机构,为行政人员、家长和教师提供参与学校决策和参加学校改革进程的机会。
8. 当对希克里·里奇高中进行改革以更好地满足 21 世纪学生需求的时候,保留学校中重要的和优秀的东西。

人们曾经告诉过你:"你在使之正确之前要犯许多错误。"这次你让它实现了。

(六) 计划制定的具体要求

从某种程度上说,你认识到自己必须要对里奇高中进行重整,使它能更好地为满足改革的要求做准备。这正如一位委员会成员面带微笑地警告说:"你不能用武力胁迫人们变得伟大起来。"你的重整计划的第一步是要建立一些必需的关系和探究学校在结构上和文化上的变化。你应该授予奥康瑙尔校长更大的象征性的权力,这样他肯定会赢得更多的尊敬。你要确保教师们互相合作,共同分享知识和专业技术。你必须制造出一种催化剂,加速希克里·里奇高中的改革进程。

你要开发一项"战略性联盟"计划,这个计划能够创造条件将目的、价值、信息和关系做到有意义的结合,并使它们能围绕学校改革的设想开发一种整合的以技术为依托的课程体系。你要解决希克里·里奇高中改革的成功所必须创设的一些条件。你要建立一套基于学校每一成员潜能之上的一个程序,以便发挥学校的集体智慧。为了学校的改革和发展,这项计划要促进持续的生成性的学习和教师参与的过程。计划应鼓励实验和实施,要增强学校的参加、参与、相互连接、发展和富有弹性的性能。你要创造出在整个学区中分配权力的新方法，以提高相互尊敬和增加每个人显示自身重要性的机会。

计划还要利用雇员的力量，调动他们的能量和责任来改革和改进学校的工作。你必须对不同股东对学校的资金投入给予鼓励并负责管理，你还要仔细研究教师的作用，策划新型的组织结构。现在的状况看来不再能满足学区的需要。关键是你目前已经真正授予他们解决这个非常"棘手"问题的自由权，可以着手开发一种有效整合的以技术为依托的课程体系。

新的方向通常要求有新的组织结构、新的实践、新的作用和期望、新的关系、新的思想，也许甚至还要有新人。在报告中，这些变化被称之为"战略性结盟"。这一结盟必须要出现在学校的组织结构、在这一组织结构中工作的人们以及所必须进行的教育改革三者之间。只有这样，基于技术的教学和学习才能取得成功。学校全体人员创设的必须改革计划的过程是改革走向终极成功的最重要的因素。将来有可能请你就你的书面计划在学区委员会上做口头陈述。你的计划要包括短期目标（第1年）、长期目标（2—5年）和要采取具体步骤的时间序列表。

（请参考本书中的有关章节所提供的帮助）

词汇表

A

AASA	美国学校管理者协会
accelerated learning	加速学习
accountability	绩效责任
active learning	主动学习
ADA	平均日常出席数
administrative platform	管理纲要
Afrocentric schools	非洲中心学校
apprenticeship learning	学徒制学习
ASCD	督导和课程发展协会
assessment centers	评价中心
assimilation	同化
authentic instruction	真实性教学
authentically grounded	基于真实的环境
authenticity	真实性
authority and responsibility	权力与责任

B

"back seat" children	"后坐的"孩子
bilingual education	双语教育
block grants	一揽子拨款
Brown decision	布朗决议
bureaucracy	官僚
business partners	商业合作伙伴

C

chaos theory	混沌理论
circuit court	巡回法院
community	共同体
constructive learning	建构主义学习
constructivism	建构主义
context	情境（或背景）
cooperative learning	合作学习
critical teaching (pedagogy)	批判性教学（教学法）
cultural deficit theory	文化缺失理论
cultural difference theory	文化差异论

cultural diversity	文化多元
cultural leadership	文化领导
cultural pluralism	文化多元主义
cultural relativism	文化相对主义
culture	文化
culture identity/ethnic identity	文化同一性/种族同一性
culture shock	文化冲击
curriculum alignment	课程一致性
curriculum audit	课程审核

decentralization and delegation	分权与委托
decentralizing	分权（或权力下放）
defendant	被告
delegation	代表
dependent and independent school board	独立与非独立学校董事会
desegregation	废除种族歧视
development plan	发展计划
differentiated instruction	分层教学
differentiated staffing	分别安置
discrimination	歧视
distance learning	远程学习
downsizing	缩小规模
due process	适当的程序

Ebonics	依波尼克斯
Education for All Handicapped Children Act	《面向所有残疾儿童的教育法》
educational platform	教育纲要
Elementary and Secondary Education Act	《初等和中等教育法》
employee assistance program (EAP)	雇员帮助项目（EAP）
English as a second language (ESL)	英语作为第二语言
English for special (or specific) purpose (ESP)	用于特殊目的的英语
English language learners (ELL)	英语学习者
equal educational opportunity	平等的教育机会
equal protection clause	平等保护条款

词汇表

establishment clause	确立条款
ethics	伦理
extracurricular activity	课外活动

F

Family Educational Rights and Privacy Act (FERPA-1974)	家庭教育权与隐私法
feminist critique	女权主义批判
flat-grant model	扁平-拨款模式
"the forgotten half"	"被遗忘的一半"
foundation concept	基金概念

G

generative instruction	生成性教学
graying of America	美国人口老龄化

H

hidden curriculum	隐藏课程
hierarchical constructs of human development	等级制的人力发展建构
human resource development (HRD)	人力资源开发
human resource utilization (HRU)	人力资源使用

I

Individuals with Disabilities Education Act (IDEA)	《残疾人教育法》
individualized educational plan (IEP)	个别化的教育计划
in-school suspension	校内停学
integration	整合
interdisciplinary	跨学科
intergroup education	小组间教育
internet	因特网
interprofessional cooperation and comprehensive service integration	专业间合作与全面服务整合
instructional leadership	教学领导

J

job classification	工作分类

L

language minority student	语言少数学生
language proficiency	语言熟练
Lau v. Nichols	劳诉尼克尔斯
leadership	领导
leadership and management	领导与管理
learning disability (LD)	学习障碍
learning organization	学习组织
learning style	学习风格
learning transfer	学习迁移
libel	诽谤
limited English proficiency (LEP)	英语能力有限
line and staff	行业和员工
looping	环结

M

magnet schools	磁石学校
mainstreaming and inclusion	主流与全纳
management	管理
MBWA	溜达管理
meta-narratives	元叙事法
modernism	现代主义
morals	道德
multimedia presentations	多媒体展示
multiple intelligence theory	多元智力理论

N

NAESP	全国小学校长协会
NASSP	全国中学校长协会
national assessment of educational progress	全国教育进展评价
national education standards	全国教育标准
national goals	全国目标
national information infrastructure (NII)	国家信息基础设施

national mosaic (not a melting pot)	国家拼盘(而不是一个大熔炉)
negligence	过失
NMSA	全国中学协会
norm-referenced test	常模参照考试
NSBA	全国学校董事会协会

O

open-ended questions	开放问题
operational areas	工作区
organizational development	组织发展
OTL standards	学习机会标准

P

paradigm shift	范型转换
paradigms	范型
participatory management	参与式管理
pay grade and single salary schedule	薪酬等级和单一工资表
perceiver academics	观察者学院
performance appraisal	工作评价
performance assessment	表现评价
plaintiff (complainant)	原告(起诉人)
plan of assistance	帮助计划
policy and procedures	政策与程序
politics	政治
portfolio	档案袋
postmodernism	后现代主义
power-equalizing model	力量-均衡模式
PPBES	计划、立项、预算、评价系统
PPBS	计划、立项、预算系统
prejudice	偏见
principal skills and proficiencies	校长技能与专业水平
problem-based learning	基于问题的学习
professional negotiation and meet-and-confer	专业谈判和面谈
Pygmalion effect	皮革马利翁效应

R

race	种族
racism	种族主义
reading recovery	阅读治疗计划
reflective practice	反思性实践
reform	改革
roots and wings	根基与翅膀
rubric	量规

S

safe school plan	安全学校计划
school-based management (SBM)	校本管理
school effective research	学校效能研究
school foundation	学校基金
school management and resource team (SMART)	学校管理与资源小组
school psychologist	学校心理学家
school renewal	学校革新
second-generation discrimination	第二代歧视
segregation	种族歧视
service centers	服务中心
sheltered English	隐蔽英语
site-based	以现场为基础
situational leadership	情境性领导
slander	诽谤
socioeconomic groups	社会经济群体
specially designed academic instruction in English (SAIDE)	专门用于英语的学校教育
staff planning	员工规划
statute	
stereotypes	成见
stewardship	服务
Swann v. Charlotte-Mecklenburg Board of Education	史万诉夏洛特-麦克兰伯格教育委员会
synergy	协同

T

thematic instruction	主题教学
tort	侵权行为
total quality management (TQM)	全面质量管理
transformational leadership	转换型领导
triarchic theory	三拱理论

U

U. S. Department of Education	美国教育部

V

values	价值观
vested interests	既定的利益
virtual reality	虚拟现实
virtue	美德
vision	愿景
vouchers	教育券

W

weighted-student model	学生权重模式

X

X-Y theory	X-Y 理论

Z

zero-based budgeting	零本预算
zone of proximal development	最近发展区

A

AASA. (1993). *1994 platforms and resolutions*. Arlington, VA: American Association of School Administrators.

Aboud, F. (1988). *Children and prejudice*. New York: B. Blackwell.

Achilles, C. M. & Smith, P. (1994, 1999). Stimulating the academic performance of pupils. In Larry W. Hughes (Ed.). *The principal as leader*. New York: Merrill.

Adler, P. (1975). The transitional experience: An alternative view of culture shock. *Journal of Humanistic Psychology 15*, (4), 23-40.

Airasian, P., & Walsh, M. (1997). Constructivist cautions. *Phi Delta Kappan 78*, (6), 444-449.

Alam, D., & Seick, R. (1994). A block schedule with a twist. *Phi Delta Kappan*, *9*, 732-733.

Alexander, L. (1986). Chairman's summary. In National Governor's Association, *Time for Results*. Washington, DC: National Governor's Association.

Allison, G. (1971). *Essence of decision making: Exploring the Cuban missile crisis*. Boston: Little, Brown.

Allport, G. (1979). *ABC's of scapegoating*. New York: Anti-Defamation League of B'nai B'rith.

Allport, G. (1958). *The nature of prejudice*. Cambridge, MA: Addison-Wesley.

American Institutes for Research (1994). *Educational innovation in multiracial contexts: The growth of magnet schools in American education*. Palo Alto, CA: Prepared for the U. S. Department of Education.

American Association of School Administrators (1993). *1994 Platform and resolutions*. Arlington, VA: American Association of School Administrators.

American Association of School Administrators (1991). *America 2000: Where school leaders stand* (Report No ISBN-0-8762-172-3). Arlington, VA: AASA (ERICED 344 325).

American Association of School Administrators (1988). *School-based management* (AASA Stock Number 0221-00209) Washington, DC: American Association of School Administrators, National Association of Elementary School Principals, National Association of Secondary School Administration.

American Association of School Administrators (1981). *Statement of ethics*.

参考文献

Arlington, VA: American Association of School Administrators.

Andrade de Herrera, V. Education in Mexico: Historical and contemporary educational systems. In J. LeBlanc Flores (Ed.), *Children of La Frontera*. Charlestown, WV: ERIC Clearinghouse.

Anyon, J. (1980, winter) Social class and the hidden curriculum of work. *Journal of Education*, 162, 67-92.

Apple, M. (1986). *Teachers and texts: A political economy of class and gender relations in education*. New York: Routledge.

Archer, J. (1994, February 2). School-based health centers. *Education Week*, 3, 7.

Argyris, C. (1982). *Reasoning, learning, and action*. San Francisco: Jossey-Bass.

Argyris, C., & Schön, D. (1978). *Organizational learning: A theory of action perspective*. Reading, MA: Addison-Wesley.

Argyris, C., & Schön, D. (1974). *Theory in practice: Increasing professional effectiveness*. San Francisco: Jossey-Bass.

Arias, B. (1986, November). The context of education for Hispanic students: An overview. *American Journal of Education*, 26-57.

Aristotle (1962). *Nicomachean ethics*. Trans. Martin Ostwald. Indianapolis, IN: Bobbs-Merrill.

Armstrong, T. (1994). *Multiple intelligences in the classroom*. Alexandria, VA: Association for Supervision and Curriculum Development.

Arons, E. L. (1998). *Successful interviewing techniques*. Mimeographed sheet, p. 18. Rockville, MD: Montgomery County Public Schools.

Association of School Business Officials (1986). *Guidelines for managing student activity accounts*. Reston, VA: Association of School Business Officials.

Atkins, J. M., & Black, P. (1997). Policy perils of international comparisons. *Phi Delta Kappan*, 79(1), 22-28.

B

Bacharach, S. B., & Mundell, B. (Eds.) (1995). *Images of Schools: Structures and roles in organization behavior*. Thousand Oaks, CA: Corwin.

Baker, E. T., Wang, M. C., & Walberg, H. J. (1995). The effects of inclusion on learning. *Educational Leadership*, (4), 33-35.

Ballew, A., & Prokop, M. (1994). *Earthquake survival*. San Diego: Pfeiffer.

Ballinger, C. (1988). Rethinking the school calendar. *Educational Leadership*.

Banks, J. A. (1995). The historic reconstruction of knowledge about race. *Educational Researcher*, 24(2), 15–25.

Banks, J. A. (1994). *An introduction to multicultural education*. Boston: Allyn & Bacon.

Banks, J., & Banks, C. (Eds.) (1994). *Multicultural education: Issues and perspectives*. Boston: Allyn & Bacon.

Banks, J. A. (1993). "The canon debate, knowledge, construction, and multicultural education." *Educational Researcher*, 22(5), 4–14.

Bardwick, J. M. (1997). Emotional leadership. In K. Shelton (Ed.), *A new paradigm of leadership* (pp. 191–194). Provo, UT: Executive Excellence.

Barker, J. A. (1992). *Paradigms: The business of discovering the future*. New York: Harper Collins, Publishers, Inc.

Barnett, B. G. (1991). The educational platform: Articulating moral dilemmas and choices for future educational leaders. In: Barnett, B. G., McQuarrie, F. O., & Norris, C. G. (Eds.), *The moral imperatives of leadership: A focus on human decency*. Memphis, TN: National Network for Innovative Principal Preparation.

Beck, L. (1994). *Reclaiming educational administration as a caring profession*. New York: Teachers College Press.

Beck, L., & Murphy, J. (1996). *The four imperatives of a successful school*. Thousand Oaks, CA: Corwin Press.

Beck, L., Murphy, J., et al. (1997). *Ethics in educational leadership programs: Emerging models*. Columbia, MO: University Council for Educational Administration.

Bell, C. (1997). Passionate leadership. In K. Shelton (Ed.), *A new paradigm of leadership* (pp. 195–198). Provo, UT: Executive Excellence.

Bell, T. H. (1993). Reflections: One decade after a nation at risk. *Phi Delta Kappan*, 74(8), 592–598.

Bellah, R., Madsen, R., Sullivan, W., Swindler, A., & Tipton, S. (1991). *The good society*. New York: Knopf.

Bellah, R., Madsen, R., Sullivan, W., Swindler, A., & Tipton, S. (1985). *Habits of the heart*. Berkeley, CA: University of California Press.

Bender, W., Sebring, P., & Bryk, A. (1998). *School leadership and the bottom line in Chicago*. University of Chicago, Consortium on School Research.

Bennett, C. I. (1998). *Comprehensive multicultural education: Theory and practice*. Boston: Allyn & Bacon.

Bennett, K. P., & LeCompte, M. D. (1990). *How schools work: A sociological analysis of education*. New York: Longman.

Bennett, W. J. (1988). *American education: Making it work*. Washington, DC: U. S. Government Printing Office.

Bennis, W. G. (1983). *The chief*. New York: Morrow.

Bennis, W., & Nanus, B. (1985). *Leaders: The strategies for taking charge*. New York: Harper & Row.

Berliner, D., & Biddle, B. (1995). *The manufactured crisis*. Reading, MA: Addison-Wesley.

Bernard, C. I. (1938). *The functions of the executive*. Cambridge, MA: Harvard Press.

Bernstein, B. (1964). Elaborated and restricted codes: Their social origins and some consequences. *American Anthropologist, 66*, 55–69.

Berube, M. R. (1994). *American school reform: 1883–1993*. Westport, CT: Praeger.

Bilingual Education Office (1986). *Beyond language: Social and cultural factors in schooling language minority students*. Sacramento, CA: Bilingual Education Office.

Binkowski, K. (1995). *Factors contributing to school improvement in high performing elementary schools*. Unpublished doctoral dissertation. University of Connecticut.

Birdwhistell, R. (1970). *Kinesics and context*. Philadelphia: University of Pennsylvania.

Blake, R. R., & McCanse, A. A. (1991). *Leadership dilemmas—Grid solutions*. (Formerly *The managerial grid* by Robert R. Blake and Jane S. Mouton). Houston: Gulf Publishing.

Blake, R. R., & Mouton, J. S. (1978). *The new management grid*. Houston: Gulf Publishing.

Blake, R. R., & Mouton, J. S. (1964). *The managerial grid*. Houston, TX: Gulf Publishing.

Blanchard, K. H., & Peale, N. V. (1988). *The power of ethical management*.

Blase, J. G. (1990). Some negative effects of principals' control-oriented and protective behaviors. *American Educational Research Journal 27*(4), 727–753.

Blau, P. M. (1970). A formal theory of differentiation in organization.

American Sociological Review 35(2), 201–218.

Bliss, W. (1994). Managing budgets. *NAASP Bulletin*, 78(566), 327–344.

Block, P. (1993). *Stewardship: Choosing service over selfinterest.* San Francisco: Berrett-Koehler.

Bloom, B. (1956). *Taxonomy of educational objectives: A classification of educational goals. Handbook I:* Cognitive domain. White Plains, NY: Longman.

Bloom, B., & Krathwohl, D. R. (1984). *Taxonomy of educational objectives.* Addison-Wesley.

Blumberg, A., & Greenfield, W. (1980). *The effective principal: Perspectives on school leadership.* Boston: Allyn & Bacon.

Boardman, G. R., & Cassel, M. (June, 1983). How well does the public know its school board. *Phi Delta Kappan* 64(10), 739–744.

Bolman, L. G., & Deal, T. E. (1995). *Leading with soul: An uncommon journey of spirit.* San Francisco: Jossey-Bass.

Bolman, L. G., & Deal, T. E. (1993). Everyday epistemology in school leadership: Patterns and prospects. In P. Hallinger, K. Leithwood, & G. Murphy (Eds.), *Cognitive perspectives on educational leadership.* New York: Teachers College Press.

Bolman, L. G., & Deal, T. E. (1991). *Reframing organizations.* San Francisco: Jossey-Bass.

Bonsignore, F. N. (1997). People leadership. In K. Shelton (Ed.), *A new paradigm of leadership* (pp. 55–58). Provo, UT: Executive Excellence.

Bossert, S., Dwyer, D., Rowan, B., & Lee, G. (1982). The instructional management role of the principal. *Educational Administration Quarterly*, 18(3), 34–64.

Boud, D., & Feletti, G. (1998). *The challenge of problem-based learning.* New York: St. Martin's Press.

Bourdieu, P., & Passeron, J. (1977). *Reproduction: In education, society, and culture.* Newbury Park, CA: Sage.

Bowles, S., & Gintis, H. (1976). *Schooling in capitalist America.* New York: Basic Books.

Boyan, N. J. (Ed.). (1988). *Handbook of research on educational administration.* New York: Longman.

Bracey, G. (1995, October). The fifth Bracey report on the condition of public education. *Phi Delta Kappan*, 77(2), 149–160.

Brandt, R. (1992, September). On building learning communities: A conversation with Hank Levin. *Educational Leadership*, *50*(1), 19-23.

Brandt, R. (1992, February). On rethinking leadership: A conversation with Tom Sergiovanni. *Educational Leadership*, *49*(5), 46-49.

Bredeson, P. (1995). A journey toward community in educational administration. *UCEA Review*, *36*(1), 1, 13-17.

Bridges, E. M. (1986). *The incompetent teacher*. Philadelphia: Falmer.

Bridges E., & Hallinger, P. (1995). *Implementing problem-based learning in leadership development*. University of Oregon, ERIC Clearinghouse on Educational Management.

Brookover, W. (1979). *School social systems and students' achievement*. New York: Praeger.

Brookover, W. B., Brady, C., Flood, P., Schwirgen, J., & Wisenboter, J. (1979). *School systems and school achievement*. New York: Praeger.

Brookover, W., & Lezotte, L. (1979). *Changes in school characteristics in coincidence with changes in student achievement*. East Lansing, MI: Michigan State University.

Brown, F. (1995). Privatization of public education: Theories and concepts. *Education and Urban Society*, *2*(2), 116.

Bryk, A. (1993, July). *A view from the elementary school: The state of reform in Chicago*. Chicgo: Consortium on Chicago School Research.

Bull, B. L., & McCarthy, M. M. (1995, November). Reflections on the knowledge base in land and ethics for educational leaders. *Educational Administration Quarterly*, *31*(4), 613-631.

Bullivant, B. M. (1989). Culture: Its nature and meaning for educators. In J. Banks and C. A. McGee Banks (Eds.), *Multicultural education: Issues and perspectives* (pp. 27-45). Boston: Allyn & Bacon.

Bull, B. L., & McCarthy, M. (1995). Reflections on the knowledge base in law and ethics for educational leaders. *Educational Administration Quarterly*, *A*, 613-631.

Bullock, L., & Gable, R. (1998, February 21). *Implementing the 1997 IDEA new challenges and opportunities for serving students with behavior disorders*. Reston, VA: Council for Exceptional Children.

Bullock, A., & Foster-Harrison, E. (1997, November/December). Making the best decisions: Designing for excellence! *Schools in the middle: NASSP*, *7*(2), 37-39, 60-61.

Bullock, C. S., & Stewart, J. (1979). Incidence and correlates of second-generation discrimination. In M. L. Palley & M. B. Preston (Eds.),

Race, sex, and policy problems (pp. 115 - 129). Lexington, MA: Lexington Books.

Bullock, C. S., & Stewart, J. (1978). *Compliant processing as a strategy for combating second generation discrimination.* Paper presented at the annual meeting of the Southern Political Science Association, Atlanta.

Burillo, R. C., & Reitzug, U. C. (1993). Transforming context and developing culture in schools. *Journal of Counseling and Development, 71*(6), 669 - 677.

Burns, J. M. (1978). *Leadership.* New York: Harper and Row.

Bynham, W. C. (1978, November). How to improve the validity of an assessment center. *Training and Development Journal, 32*(11), 4 - 6.

Bynham, W. C. (1971, December). The assessment center as an aid in management development. *Training and Development Journal, 25*(12), 10 - 22.

C

Callahan, R. E. (1962). *Education and the cult of efficiency.* Chicago: University of Chicago Press.

Cameron, T. (1995, October). Block scheduling one year later, or, what's your schedule done for you lately? *Oklahoma Association of Secondary School Principals Newsletter.*

Campbell, R. (1987). *A history of thought and practical educational administration.* New York: Teachers.

Campbell, R. F., Cunningham, L. L., Nystrand, R. O., & Usdan, M. D. (1980). *The organization and control of American schools.* Columbus: Merrill.

Campion, J., & Arvey, R. (1989). Unfair discrimination in the employment interview. In R. Eder & G. Ferris (Eds.). *The employment interview: Theory, research and practice.* Newbury Park, CA: Sage.

Canady, R. L., & Rettig, M. (1995). *Block scheduling: A catalyst for change in high schools.* Princeton, NJ: Eye on Education.

Candoli, I. C., Hack, W. G., Ray, J., & Stollar, D. H. (1984). *School business administration: A planning approach.* Boston: Allyn & Bacon.

Capper, C. A. (1998, August). Critically oriented and postmodern perspectives: Sorting out the differences and applications for practice. *Educational Administration Quarterly, 34*(3), 354 - 379.

Capper, C. A. (1991). Educational administration in a pluralistic society: A multiparadigm approach. In Collen A. Capper (Ed.), *Educational administration in a pluralistic society*. Albany: State University of New York Press.

Carlson, R. (1989). *Restructuring schools: International memorandum*. Washington, DC: District of Columbia Public Schools.

Carlson, R. (1996). *Reframing and reforms*. White Plains, NY: Longman.

Carnegie Forum on Education and Economy (1986). *A nation prepared: Teachers for the twenty-first century*. New York: Report of the Task Force on Teaching as a Profession.

Carnegie Task Force on Meeting the Needs of Young Children (1994, August). Starting points: Meeting the needs of our youngest children. New York: Carnegie Corporation of New York.

Carroll, J. M. (1994). The Copernican plan evaluated: The evolution of a revolution. *Phi Delta Kappan*, 76(2), 105-113.

Carroll, J. M. (1990). The Copernican plan: Restructuring the American high school. *Phi Delta Kappan*, 51, 358-365.

Carson, C. C., Hiwelskamp, R. M., & Woodall, T. D. (1992, April). Perspectives on education in America. Final Draft. Albuquerque, NM: Sandia National Laboratories.

Carspecken, P., & Cordeiro, P. (1995). Being, doing, and becoming: Textual interpretation of social identity and a case study. *Qualitative Inquiry*, 1(1), 87-109.

Carter, G. R. (1993). Revitalizing American's public schools through systemic change. In Stanley Elam (Ed.). *The state of the nation's public schools*. Bloomington, IN: Phi Delta Kappan.

Carter, G., & Cunningham. W. G. (1997). *The American school superintendent: Leading in an age of pressure*. San Francisco: Jossey-Bass.

Castetter, W. B. (1996). *The human resource function in educational administration*. Englewood Cliffs, NJ: Prentice-Hall.

Center for the Future of Children. (1992, Spring). *The future of children*. Los Altos, CA: The David and Lucile Packard Foundation.

The Center for the Future of Children (1992, Spring). School linked services. *The Future of Children*, 2x(1), 31-43.

Checkley, K. (1997). The first seven... and the eighth: A conversation with Howard Gardner. *Educational Leadership*, 55(1), 8-13.

Children's Defense Fund (1991). *The state of America's children*. Washington,

DC: Children's Defense Fund.

Church, A., & Bracken, D. (1997, June). Advancing the state of the art of 360-degree feedback. *Organizational Management*, *22*(2), 149–162.

Cibulka, J. G. (1997). Two eras of urban schooling: The decline of the old order and the emergence of new organizational form. *Education and Urban Society*, *29*(3), 317–341.

Clarke, G. H. (1998). *Real questions, real answers*. Alexandria, VA: Association for Supervision and Curriculum Development.

Clemmer, E. F. (1991). *The school policy handbook: Primer for administrators and school board members*. Boston: Allyn & Bacon.

Clinchy, E. (1995, January). Sustaining and expanding the educational conversation. *Phi Delta Kappan*, *77*(5), 352–354.

Cohen, D. K., & Spillane, J. P. (1992). Policy and practice: The relations between governance and instruction. In G. Grant (Ed.), *Review of research in education*. Washington, DC: American Educational Research Association.

Cohen, D. K., & March, J. G. (1974). *Leadership and ambiguity: The American college president*. New York: McGraw-Hill.

Cohen, J. J. (Ed.) (1990). *The fundamentalist phenomenon*. Grand Rapids, MI: William B. Eerdmans.

Cohen, J. M. & March, J. G. (1977, September). Almost random careers: The Wisconsin superintendency, 1940–1972. *Administrative Science Quarterly*, *22*, 79–92.

Cohen, J. M., March, J. G., & Olsen, J. P. (1972). A garbage can model of organization choice. *Administrative Science Quarterly*, *17*, 1–25.

Cole, N. S. (1990). Conceptions of educational achievement. *Educational Researcher*, *19*(3), 2–7.

Coleman, J. (1993, March). *Family involvement in education*. Paper prepared for The Milken Family Foundation, National Education Conference. Los Angeles.

Coleman, J. S., & Hoffler, T. (1987). *Public and private high schools: The impact of communities*. New York: Basic Books.

Collins, G. C., & Porras, G. I. (1994). *Build to last: Successful habits of visionary companies*. New York: Harper-Collins.

Comer, J. P. (1991). *A brief history and summary of the school development program*. New Haven, CT: Yale Child Study Center.

Comer, J. P., Joyner, E. T., & Haynes, N. M. (1996). Lessons learned. In

J. P. Comer, et al. (Eds.), *Rallying the whole village*. New York: Teachers College Press.

Commission on the Skills of American Workforce (1990). *America's choice: High skills or low wages?* Rochester, NY: National Center on Education and the Economy.

Commission on Standards for the Superintendency (1993). *Professional standards for the superintendency*. Arlington, VA: American Association of School Administrators.

Committee on Labor and Human Resources, United States Senate Report to the Chairman (1993). School-linked human services: A comprehensive strategy for aiding students at risk of school failure. (GAO/HRD – 94 – 21). Washington, DC: General Accounting Office.

Constas, M. A. (1998, March). The changing nature of educational research and a critique of postmodernism. *Educational Researcher*, 27(2), 26 – 32.

Cordeiro, P. (1999). The principal's role in curricular leadership and program development. In L. Hughes (Ed.), *The principal as leader* (2nd ed.). Upper Saddle River, NJ: Prentice-Hall.

Cordeiro, P. (1998). The principal's role in curricular leadership and program development. In L. W. Hughes (Ed.), *The principal as leader*. New York: Merrill.

Cordeiro, P. (1996). *Border crossings: Educational partnerships and school leadership*. San Francisco: Jossey-Bass.

Cordeiro, P. (1990). *Growing away from the barrio: An ethnography of high achieving, at-risk, Hispanic youths at two high schools*. Dissertation Abstracts International. University of Houston, Houston, TX.

Cordeiro, P., & Loup. K. (1996). Partnering changes the roles of school leaders: Implications for educational leadership preparation programs. In P. Cordeiro (Ed.), *Border Crossings: Educational partnerships and school leadership*. San Francisco: Jossey-Bass.

Cordeiro. P., & Monroe-Kolek, M. (1996). Connecting school communities through the development of educational partnerships. In P. Cordeiro (Ed.), *Border crossings: Educational partnerships and school leadership*. San Francisco: Jossey-Bass.

Cordeiro, P., Reagan, T., & Martinez, L. (1994). *Multiculturalism and TQE: Addressing cultural diversity in schools*. Newbury Park, CA: Corwin.

Corey, M., & Corey, G. (1987). *Groups: Process and practice*. Pacific

Grove, CA: Brooks/Cole.

Cortese, P. A. (1993). Accomplishments in comprehensive school health education. *Journal of School Health*, 63(1), 21-23.

Costa, A. L. (1997). Curriculum: A decision-making process. In A. L. Costa & R. M. Liebmarin (Eds.), *Envisioning process as content*. Thousand Oaks, CA: Corwin Press.

Covey, S. (1997). Leading by compass. In K. Shelton (Ed.), *A new paradigm of leadership* (pp. 83-88). Provo, UT: Executive Excellence.

Covey, S. R. (1989). *The 7 habits of highly effective people*. New York: Simon & Schuster. © 1998 Steven R. Covey. Used with Permission.

Covey, S. R., Merrill, A. R., & Merrill, R. R. (1994). *First things first*. New York: Simon & Schuster.

Craig, R. (1999). Ethical frameworks to guide action. In L. Hughes (Ed.), *The principal as leader*. Upper Saddle River, NJ: Prentice Hall.

Craig, R. (1994). Ethical frameworks to guide action. In L. Hughes (Ed.), *The principal as leader*. New York: Merrill.

Cremin, L. (1965). *The genius of American education*. New York: Vintage.

Crosby, P. B. (1996). *The absolutes of leadership*. San Diego, CA: Pfeiffer.

Crowson, R. (1988). Editor's introduction. *Peabody Journal of Education*, 65(4), 1-8.

Cuban, L. (1989). *The urban school superintendency: A century and a half of change*. Bloomington, IN: Phi Delta Kappa.

Cuban, L. (1988). *The managerial imperatives and the practice of leadership in schools*. Albany: State University of New York Press.

Cuban, L. (1976). *The urban school superintendency: A century and a half of change*. Bloomington, IN: Phi Delta Kappa Education Foundation.

Culbertson, J. A. (1981). A century's quest for a knowledge base. In N. J. Boyan (Ed.), *Handbook of research on educational administration*. New York: Longman.

Cummins, J. (1989). *Empowering minority students*. Sacramento: California Association for Bilingual Education.

Cunningham, L., & Hentges, G. T. (1982). *The American school superintendent*. Arlington, VA: American Association of School Administrators.

Cunningham, W. G. (1994, December). The way we do things around here. *The School Administrator*, 54(11), 24-26.

Cunningham, W. G. (1991). *Empowerment: Vitalizing personal energy*.

Atlanta, GA: Humanics.

Cunningham, W. G. (1982). *Systematic planning for educational change*. Palo Alto, CA: Mayfield.

Cunningham, W. G., & Gresso, D. W. (1993). *Cultural leadership: The culture of excellence in education*. Boston, MA: Allyn & Bacon.

D

Danzberger, J. P. (1998). School boards—Partners in policy. In R. Spillane & P. Regnier (Eds.), *The superintendent of the future*. Gaithersburg, MD: Aspen.

Daresh, J. C. (1992, May). Teacher evaluation: Are you a drive-by shooter? *Principal*, 71(5).

Darling-Hammond, L. (1998, February). Standards for assessing teaching effectiveness are key. *Phi Delta Kappan*, 79(6).

Darling-Hammond, L. (1997). *The right to learn*. San Francicso: Jossey-Bass.

Darling-Hammond, L., & Falh, B. (1997). Using standards and assessments to support student learning. *Phi Delta Kappan*, 79(3), 190-202.

Data Research (1991). *U. S. Supreme Court education Cases*. Rosemount, MN: Data Research.

David, J. L. (1989, May). Synthesis of research on school-based management. *Educational Leadership*, 46(8), 45-53.

Davidman, L., & Davidman, P. T. (1994). *Teaching with a multicultural perspective*. New York: Longman.

Deal, T., & Peterson, K. (1998). *Shaping school culture: The heart of leadership*. San Francisco: Jossey-Bass.

Deal, T. E., & Kennedy, A. A. (1982). *Corporate cultures*. Reading, MA: Addison Wesley.

Deal, T. E., & Peterson, K. E. (1990, September). *The principals' role in shaping school culture*. Washington, DC: Office of Education Research and Improvement.

Delbecq, A. L., Van De Ven, A. H., & Gustafsan, P. H. (1975). *Group techniques for program planning*. Dallas: Scott, Foresman.

Delon, F. (1977). *Legal controls on teacher conduct: Teacher discipline*. Topeka, KS: NOLPE.

Deming, W. E. (1997). Quality leaders. In K. Shelton (Ed.), *A new paradigm of leadership* (pp. 121-126). Provo, UT: Executive Excellence.

Deming, W. E. (1991). Foundations for management of quality in the western world. In *An introduction to total quality for schools*. Arlington, VA: American Association of School Administrators.

Deming, W. E. (1986). *Out of crisis*. Cambridge, MA: MIT Center for Advanced Engineering Studies.

Deming, W. E. (1993). *The new economics for industry, government and education*. Cambridge, MA: MIT Center for Advanced Engineering Studies.

Depree, M. (1989). *Leadership is an art*. New York: Dell.

Detterman, D. (1993). The case for the prosecution: Transfer as an epiphenomenon. In D. Detterman & R. Sternberg (Eds.), *Transfer on trial: Intelligence cognition and instruction*. Norwood, NJ: Ablex.

Deutsch, M. (1963). The disadvantaged child and the learning process. In A. H. Paslow (Ed.), *Education in depressed areas* (pp. 163–180). New York: Teachers College Press.

Dewey, J. (1938). *Logic: The theory of inquiry*. New York: Holt, Rinehart & Winston.

Dewey, J. (1910). *How we think*. Boston: DC Heath.

Diangreco, M. F., Cloninger, C. J., & Iverson, V. S. (1993). *Choosing options and accommodations for children*. Baltimore: Brookes.

Diaz, C. (1992). *Multicultural education for the twenty-first century*. Washington, DC: National Education Association.

Digest of Education Statistics (1995). Washington, DC: National Center for Education Statistics.

Dolan, L. J. (1992). Models for integrating human services into the school (Report No. 30). Baltimore, MD: Center for Research on Effective Schooling (ERIC Document Reproduction Service No. ED 347 244).

Doll, R. (1986). *Curriculum improvement, decision making and process*. Boston: Allyn & Bacon.

Doyle, D., & Finn, C. (1985). Now is the time for year-round schools. *Principal* 65, 29–31.

Doyle, M., & Straus, D. (1993). *How to make meetings work* (3rd ed.). New York: The Berkley Publishing Group.

Drake, T. L., & Roe, W. H. (1999). *The principalship*. Upper Saddle River, NJ: Merrill.

Drake, T., & Roe, W. H. (1994). *School business management: Supporting instructional effectiveness*. Boston: Allyn & Bacon.

Drucker, P. F. (1998). *Managing the nonprofit organization*. New York: Diane Publishing.

Drucker, P. F. (1997). Leaders as doers. In K. Shelton (Ed.), *A new paradigm of leadership*. Provo, UT: Executive Excellence.

Drucker, P. F. (1992). *Managing for the future: The 1990's and beyond*. New York: Truman Tally Books.

Drucker, P. F. (1980). *Managing in turbulent times*. New York: Harper & Row.

Drucker, P. F. (1974). *Management: Tasks, responsibilities, and practices*. New York: Harper & Row.

Drucker, P. F. (1967). *The effective executive*. New York: Harper & Row.

Drucker, P. F. (1954). *The practice of management*. New York: Harper & Row.

Dryfoos, J. (1994). *Full-service schools: A revolution in health and social services for children, youth, and families*. San Francisco: Jossey-Bass.

Duignan, P. A. (1997). *The ideal and the ethics of authenticity in leadership*. Annual Conference of the University Council for Educational Administration. Oct. 31 - Nov. 2, Orlando, Florida.

Duke, D. L. (1998, April). The normative context of organizational leadership. *Educational Administration Quarterly*, 34(2), 165 - 195.

Duke, D. (1987). *School leadership and instructional improvement*. New York: Random House.

Duke, D., & Grogan, M. (1997). The moral and ethical dimensions of leadership. In L. Beck & J. Murphy (Eds.), *Ethics in educational leadership programs*. Columbia, MO: UCEA.

Duke, D. et. al. (1997, November). A thousand voices from the firing line: A study of educational leaders, their jobs and the problems they face. Paper presented at the 1997 Annual Conference of the University Council of Educational Administrations, Orlando, FL.

E

E. C. I. S. (1998). *The directory of the European council of international schools*. Petersfield, England: European Council of International Schools.

Education Week. (1999, January 11). Quality counts: *Education Week/Pew Charitable Trusts report on education in the 50 states*. Bethesda, MD: Education Week.

Einedar, D., & Bishop, H. (1997). Block scheduling the high school: The effects on achievement behavior, and student-teacher relationships. *NASSP Bulletin*, *51*(589), 45–54.

Eisner, M. (1997). Creative leadership. In K. Shelton (Ed.), *A new paradigm of leadership* (pp. 105–108). Provo, UT: Executive Excellence.

Ellena, W. G., & Redfern, G. (1972). *Tentative Report: Evaluation of personnel*. Richmond, VA: State Department of Education.

Elmore, R. F., & Fuhrman, S. H. (1994). The governance of curriculum. *1994 ASCD Yearbook*. Alexandria, VA: Association for Supervision and Curriculum Development.

Elmore, R. F., Peterson, P. L., & McCarthy, S. J. (1996). *Restructuring in the classroom: Teaching, learning, and school organization*. San Francisco: Jossey-Bass.

English, F. W. (1995). Toward a reconsideration of biography and other forms of life writings as a focus for teaching educational administration. *Educational Administration Quarterly*, *31*(2), 203–233.

English, F. (1993, Spring). A post-structural view of the grand narratives in educational administration. *Organization theory dialogues*. Bloomington, IN: Organizational Theory SIG (AERA) Indiana University.

English, F. W., & Steffy, B. E. (1997, February). Using films to teach leadership in educational administration. *Educational Administration Quarterly*, *33*(1), 107–115.

Epstein, J. L. (1995). School/family/community partnerships: Caring for the children we share. *Phi Delta Kappan*, *76*, 701–712.

Epstein, J. L., Coates, L., Salinas, K. C., Sanders, M. G., & Simon, B. S. (1997). *School, family, and community partnerships: Your handbook for action*. Thousand Oaks, CA: Corwin Press.

Erickson, E. H. (1998). *Identity and the life cycle*. New York: W. W. Norton.

Essex, N. L. (1999). *School law and the public schools*. Boston: Allyn & Bacon.

Etzioni, A. (1993). *The spirit of community*. New York: Crown.

Etzioni, A. (1989). Humble decision making. *Harvard Business Review*, *67*, 122–126.

Etzioni, A. (1986). Mixed scanning revisited. *Public Administration Review*, *46*, 8–14.

Etzioni, A. (1967, December). Mixed scanning: Their approach to decision-making. *Public Administration Review*, 27: 385–392.

Evers, C. W., & Lakomski, G. (1996). *Exploring educational administration*. New York: Pergamon Press.

Evers, C. W., & Lakomski, G. (1996, August). Science in educational administration: A postpositivist conception. *Educational Administration Quarterly*, 32(3), 379–402.

Evers, C. W., & Lakomski, G. (1991). *Knowing educational administration: Contemporary methodological controversies in educational administration*. New York: Pergamon Press.

F

Fairman M., Holmes, M., Hardage, J., & Lucas, C. (1979). *Manual of the organization health instrument*. Fayetteville, AR: Organizational Health: Diagnostic and Development.

Fashola, O. S., and Slavin, R. E. (1998, January). Schoolwide reform models: What works? *Phi Delta Kappan*, 79, 370–379.

Fayol, H. (1949). Administrator Industrielle et generale. In: C. Starrs (Ed.), *General and industrial management*. London: Sir Issac Pitman and Sons.

Fisher, C., Duyer, D., & Yocam, K. (Eds.). (1996). *Education and technology*. San Francisco: Jossey-Bass.

Flanery, R. A. (1997). Making your school a safe place for learning. *Schools in the Middle*, 7(20), 43–47.

Follett, M. P. (1942). *Dynamic administration*. New York: Harper.

Follett, M. P. (1924). *Creative experience*. London: Longmans Green.

Foster, W. (1986). *Paradigms and promises: New approaches to educational administration*. Buffalo, NY: Prometheus Books.

Foster, W. (1998, August). Editor's foreword. *Educational Administration Quarterly*, 34(3), 294–297.

Frank, J. (1970). *Law and the modern man*. Gloucester, MA: Peter Smith. (Original work published in 1930.)

Frankl, V. (1984). *Man's search for meaning*. New York: Simon & Schuster. (Originally published in 1949.)

Frase, L., English, F., & Poston, W. (1995). *The curriculum management audit: Improving school quality*. Arlington, VA: AASA.

Freire, P. (1973). *Pedagogy of the oppressed*. New York: Seabury Press.

Freire, P. (1985). *The politics of education*. South Hadley, MA: Bergin and Garvey.

Fukuyama, F. (1995). *Trust: The social virtues and the creation of prosperity*. New York: Free Press.

Fullan, M. (1990). Staff development, innovation, and institutional development. In Joyce, B. (Ed.), *Changing school culture through staff development*. Alexandria, VA: Association for Supervision and Curriculum Development.

Fullan, M. (1991). *The new meaning of educational change*. New York: Teachers College Press.

Fullan, M. (1993). *Change forces*. Bristol, PA: Falmer Press.

Fullan, M. (1997). *What's worth fighting for in the principalship*. New York: Teachers College Press.

Fullan, M. (1993). Innovation, reform, and restructuring strategies. In G. Cawelti (Ed.), *Challenges and achievements of American education*. Alexandria, VA: Association for Supervision and Curriculum Development.

Fullan, M., with Stiegelbauer, S. (1991). *The new meaning of educational change*. New York: Teachers College Press.

Fullan, M., & Hargreaves, A. (1992). *What's worth fighting for in your school*. New York: Teachers College Press.

Fuhrman, S. H. (1994). Legislature and Education Policy. In R. F. Elmore and S. H. Fuhrman (Eds.), *The governance of curriculum*. Alexandria, VA: Association for Supervision and Curriculum Development.

French, D. (1998, November). The state's role in shaping a progressive vision of public education. *Phi Delta Kappan*, 80(3), 184–195.

G

Gable, R., Baler, G., Wang, M., & Walberg, H. (1995). *Research on school effects in urban schools*. Philadelphia: National Research Center on Education in the Inner City.

Gardner, H. (1993). *Multiple intelligences: The theory in practice*. New York: Basic Books.

Gardner, H. (1983). *Frames of mind: The theory of multiple intelligences*. New York: Basic Books.

Gardner, H., & Boix-Mansilla, V. (1994, February 7). Teaching for understanding—within and across the disciplines. *Educational Leadership*, 51(5), 14–18.

Gardner, H. (1991). *The unschooled mind: How children think and how schools should teach*. New York: Basic Books.

Gardner, H. (1993). *Frames of mind: The theory of multiple intelligences*. New York: Basic Books. (Originally published in 1983.)

Gardnet, S. (1993). Key issues in developing school-linked, integrated services. *Education and Urban Society*, 25(2), 141-152.

Gardner, S. L. (1992). Key issues in developing school-linked integrated services. In *The future of children* (2nd ed.) (pp. 85-94). Los Altos, CA: Center for the Future of Children.

Garnos, M. L., & King, R. A. (1994). Non-traditional sources of revenue: South Dakota's experience. *NASSP Bulletin*, 78(566), 27-38.

Garvin, J. R., & Young, A. H. (1993). Resource issues: A case study from New Orleans. *Politics of Education Association Yearbook*, pp. 93-106.

Gee, W. (1997). The Copernican plan and year-round education: Two ideas that work together. *Phi Delta Kappan*, 78(10), 793-796.

Gerber, S. B. (1996, Fall). Extracurricular activities and academic achievements. *Journal of Research and Development in Education*, 30(1), 42-50.

Giangreco, M. F., Cloninger, C. J., & Iverson, V. S. (1993). *Choosing options and accommodations for children*. Baltimore: Brookes.

Gilligan, C. (1982; 1993). *In a different voice*. Cambridge, MA: Harvard University Press.

Giroux, H. (1992). *Border crossings: Cultural workers and the politics of education*. New York: Routledge.

Glass, T. E. (1992). *The study of the American school superintendency*. Arlington, VA: The American Association of School Administrators.

Glatthorn, A. (1997). *The principal as curriculum leader: Shaping what is taught and tested*. Thousand Oaks, CA: Corwin Press.

Glatthorn, A. A. (1994). *Developing a quality curriculum*. Alexandria, VA: ASCD.

Glickman, C. D. (1998). *Renewing America's schools*. San Francisco: Jossey-Bass.

Glickman, C. D. (1998). *Revolutionizing American schools*. San Francisco: Jossey-Bass.

Goerty, M. E., Floden, R. E. & O'Day, J. (1996, October). *Systematic reform*. Washington, DC: U. S. Office of Educational Research and Improvement.

Goldring, E. G. (1990). Elementary school principals as boundary spanners: Their engagement with parents. *Journal of Educational Administration*,

28, (1), 53-62.

Good, H. (May, 1998). Then and now: The more boards change, the more they remain the same. *The American School Board Journal*, 185, 5.

Goodlad, J. I. (1994). *Educational renewal: Better teachers, better schools*. San Francisco: Jossey-Bass.

Goodlad, J. I. (1991). *Teachers for our nation's schools*. San Francisco: Jossey-Bass.

Goodlad, J. I., & Lovitt, T. C. (Eds.) (1993). *Integrating general and special education*. New York: MacMillan.

Gordon, B. M. (1985). Toward emanicpation in citizenship education: The case of African-American cultural knowledge. *Theory and Research in Social Education*, 12, 1-23.

Gorton, R., & Snowden, P. (1997). *School leadership and administration*. Madison, WI: WCB Brown & Benchmark.

Gorton, R., & Snowden, P. (1993). *School leadership and administration: Important concepts, case studies, and simulations* (4th ed.). Madison, WI: WCB Brown & Benchmark.

Gould, S. J. (1981). *The mismeasure of man*. New York: Norton.

Gould, S. J. (1995, November). The geometer of race. *Discover*, 109, 64-69.

Grant, C. A. (Ed.) (1992). *Research and multicultural education: From the margins to the mainstream*. London: Falmer Press.

Grant Foundation Commission on Work, Family, and Citizenship (1988). *Citizenship through service*. Washington, DC: Grant Commission.

Graves, B. (1995, February). Putting pay on the line. *The School Administrator*, 52(2), 8-16.

The William T. Grant Foundation (1998, January). *The forgotten half: Non-college youth in America*. Washington, DC: William T. Grant Foundation.

Greenfield, T. B. (1988). The decline and fall of science in educational administration. In D. E. Griffiths, R. T. Stout, and P. B. Forsyth (Eds.), *Leaders for American schools*. Berkeley, CA: McCutchan.

Greenfield, T. B. (1985). Theories of educational organization: A critical perspective. In T. Husen and T. B. Greenfield (Eds.), *International encyclopedia of education*. Oxford: Pergamon Press.

Greenfield, T. B. (1980). The man who comes back through the door in the wall: Discovering truth, discovering self, discovering organizations. *Educational Administration Quarterly*, 16(3), 26-59.

Greenfield, T. B. (1979). Ideas versus data: How can the data speak for the mselves? In G. L. Immegart and W. L. Boyd (Eds.), *Problem-finding in educational administration*. New York: Lexington Books.

Greenfield, T. B. (1978, Spring). Reflections on organizational theory and the truth of irreconcilable realities. *Educational Administration Quarterly*, 14 (2), 1–23.

Greenfield, T. B. (1975). Theory about organizations: A new perspective and its implications for schools. In N. Hughes (Ed.), *Administering education: International challenge*. London: Athlone.

Greenfield, T., & Ribbins, P. (Eds.). (1993). *Greenfield on educational administrations: Towards a humane science*. London: Routledge.

Greenfield, W. D. (1995, February). Toward a theory of school administration: The centrality of leadership. *Educational Administration Quarterly*, 31 (1), 61–85.

Greenfield, W. D. (1993). Articulating values and ethics in administrative preparation. In Collen A. Capper (Ed.), *Educational administration in a pluralistic society*. Albany, NY: State University of New York Press.

Greenfield, W. D. (1990). Five standards of good practice for the ethical administrator. *NASSP Bulletin*, 74(528), 32–37.

Greenfield, W. D. (1982). *A synopsis of research on school principals*. Washington, DC: National Institute for Education.

Greenleaf, R. K. (1996). *On becoming a servant leader*. San Francisco: Jossey-Bass.

Greenleaf, R. K. (1977). *Servant leadership: A journey into the nature of legitimate power and greatness*. New York: Paulist Press.

Greenleaf, R. K. (1970). *The servant as leader*. Indianapolis, IN: R. K. Greenleaf Center for Servant Leadership.

Griffiths, D. E. (1979). Intellectual turmoil in educational administration. *Educational Administration Quarterly*, 13(3), 43, 65.

Griffiths, D. E. (1969). *Developing taxonomies of organizational behavior in educational administration*. Chicago: Rand McNally.

Griffiths, D. E. (1959). *Administrative theory*. New York: Appleton-Century-Crofts.

Griffiths, D. E., Stout, R. T., & Forsyth, P. E. (Eds) (1988). *Leaders for America's schools: The report and papers on the national commission on excellence in educational administration*. Berkley: McCutchan.

Gross, J. (1992, March 29). Collapse of inner-city families creates America's new orphans. *New York Times National*, *1*, 616.

Guba, E., & Lincoln, Y. (1989). *Fourth generation evaluation*. Beverly Hills, CA.

Guthrie, J. W., & Reed, R. J. (1991). *Educational administration and policy: Effective leadership for American education*. Boston: Allyn & Bacon.

H

Hall, G. E., & Hord, S. M. (1987). *Change in schools: Facilitating the process*. Albany, NY: State University of New York Press.

Hallinan, M. (1979). Structural effects of children's friendships and cliques. *Social Psychology Quarterly*, *42*, 54–77.

Hallinger, P., Leithwood, L. E., & Murphy, J. (Eds). (1994). *Cognitive perspectives on educational administration*. New York: Teachers College Press.

Hallinger, P., & Murphy, J. (1987). Instructional leadership in the school context. In W. Greenfield (Ed.), *Instructional leadership: Concepts, issues, and controversies* (pp. 79–207). Boston: Allyn & Bacon.

Halpin, A. W. (1966). *Theory and research in administration*. New York: MacMillan.

Halpin, A. W. (1958). *Administrative theory in education*. Chicago: University of Chicago Press.

Halpin, A. W. (1956). *The leader behavior of school superintendents*. Columbus, OH: Ohio State University College of Education.

Hanson, E. M. (1979, 1991, 1996). *Educational administration and organizational behavior*. Boston: Allyn & Bacon.

Hanushek, E. (1994). *Making schools work: Improving performance and controlling costs*. Washington, DC: Brookings Institution.

Hardage, J. G. (1978). *Development of an instrument to measure the task-centered and the internal state components of organizational health*. Unpublished doctoral dissertation. Fayetteville, AR: University of Arkansas.

Hargreaves, A., & Fullan, M. (1998). *What's worth fighting for out there*. New York: Teachers College Press.

Harris, B., & Monk, B. J. (1992). *Personnel administration in education*. Boston: Allyn & Bacon.

Harris, C. E. (1996). The aesthetic of Thomas B. Greenfield: An exploration of practice that leaves no marks. *Educational Administration Quarterly*, 32(4), 487-511.

Harry, B. (1992). *Cultural diversity, families, and the special education system*. New York: Teachers College Press.

Hart, A. W. (September, 1995). Reconceiving school leadership: Emergent views. *The Elementary School Journal*, 96(1), 9-28.

Hart, A. W., & Bredeson, P. V. (1996). *The principalship: A theory of professional learning and practice*. New York: McGraw-Hill.

Hartley, H. (1990). Boardroom bottom line. *American School Board Journal*, 177(2), 29-31.

Health Insurance Association of America (1986). *Wellness at the worksite. A manual*. Washington, DC: HIAA.

Hechinger, N. (1993). The roles of technology. In S. Rocikman (Ed.), *The future: New visions of schooling*. Electronic School. Alexandria, VA: National School Board.

Henderson, A., & Berla, N. (Eds.). (1994). *A new generation of evidence: The family is critical to student achievement*. Columbia, MD: Center for Law and Education.

Henderson, R. (1985). *Compensation management*. Reston, VA: Reston Publishing.

Hemphill, J. K., & Coons, A. (1950). *Leadership behavior description*. Columbus, OH: Personnel Research Board, Ohio State University.

Herman, J., Aschbacher, P., & Winters, L. (1992). *A practical guide to alternative assessment*. Alexandria, VA: Association for Supervision and Curriculum Development.

Herman, J. J., & Herman, J. L. (1993). *School-based management: Current thinking and practice*. Springfield, IL: Charles C Thomas.

Herman, J., & Winters, L. (1992). *Tracking your school's success: A guide to sensible evaluation*. Newbury Park, CA: Corwin Press.

Hersey, P. (1994, February 12). *AASA/NASSP superintendent leadership development program*. Presented at the American Association of School Administrators, Conference on Education, San Francisco, CA.

Hersey, P., & Blanchard, K. H. (1977, 1982). *Management of organizational behavior: Utilizing human resources*. Englewood Cliffs, NJ: Prentice-Hall.

Hersey, P., & Blanchard, K. H. (1988). *Management of organizational behavior: Utilizing human resources* (5th ed.). Englewood Cliffs, NJ:

Prentice-Hall.

Heslep, R. D. (1997, February). The practical value of philosophical thought for the ethical dimension of educational leadership. *Educational Administration Quarterly*, 33(1), 67 - 85.

Hesselbein, F. (1997). Strategic leadership. In K. Shelton (Ed.), *A new paradigm of leadership* (pp. 101 - 104). Provo, UT: Executive Excellence.

Hewstone, M., & Brown, R. (Eds.). (1986). *Contact and conflict in intergroup encounters*. New York: Basil Blackwell.

Hill, M. S., & Raglan, J. C. (1995). *Women as educational leaders*. Thousand Oaks, CA: Corwin.

Hill, R. B. (1991). *The strengths of black families*. New York: Emerson Hall.

Hirsch, E. D. (1996). *The schools we need: And why we don't have them*. New York: Doubleday.

Hodgkinson, C. (1991). *Educational leadership: The moral art*. Albany, NY: State University of New York Press.

Hodgkinson, E. (1982). *Toward a philosophy of administration*. Oxford, MA: Blackwell.

Hodgkinson, H. L. (1995, October). What should we call people? *Phi Delta Kappan*, 77(2), 173 - 179.

Hodgkinson, H. L. (1993). Keynote address by Harold Hodgkinson. In S. Elan (Ed.), *The state of the nation's public schools*. Bloomington, IN: Phi Delta Kappa.

Hofstede, G. (1991). *Cultures and organizations: Software of the mind*. London: McGraw-Hill.

Holland, A., & Andre, T. (1991). Is the extracurriculum an extra curriculum? *American Secondary Education Journal*, 19(2), 1 - 12.

Holland, S. (1989) (1989, September/October). Fighting the epidemic of failure: A radical strategy for educating inner-city boys. *Teacher Magazine*, 88 - 89.

Hooper-Brian, K., & Lawson, H. (1994). *Serving children, youth and families through interprofessional collaboration and service integration*. Oxford, OH: Institute for Educational Renewal.

Hooper-Brian, K., & Lawson, H. A. (1994, October). Serving children, youth, and families through interprofessional collaboration and service integration: A framework for action. Philadelphia: National Forum for the Danforth Foundation and the Institute for Educational Renewal at Miami

University.

Hopfenberg, W. S., & Levin, H. M. (1993). *The accelerated schools resource guide*. San Francisco: Jossey-Bass.

Hottenstein, D., & Malatesta, C. (1993). Putting a schooling year with intensive scheduling. *High School Magazine*, 2, 23-29.

Hoy, W. K. (1994, May). Foundations of educational administration: Traditional and emerging perspectives. *Educational Administration Quarterly*, 30(2), 178-198.

Hoy, W. K., & Miskel, C. G. (1991, 1995). *Educational administration: Theory, research and practice*. New York: McGraw-Hill.

Hoy, W. K., & Tarter, C. J. (1995). *Administrators solving the problems of practice*. Boston: Allyn & Bacon.

Hoyle, J. R., English, F. W., & Steffy, B. E. (1990). *Skills for successful school leaders* (2nd ed.). Arlington, VA: American Association of School Administrators.

Hughes, L. (1999). *The principal as instructional leader*. Englewood Cliffs, NJ: Prentice-Hall.

Hughes, L. W., & Achilles, C. M. (1971). The supervisor as change agent. *Educational Leadership*, 28(8), 840-848.

Hymes, D. L., Chafin, A. E., & Gonder, P. (1991). *The changing face of testing and assessment*. Arlington, VA: American Association of School Administrators.

I

Innoccone, L. (1978). *Public participation in local school districts*. Lexington, MA: Lexington Books.

IBM. (1992, June 22) *EduQuest: The journey begins*. Armonk, NY: IBM Educational Systems.

J

Janis, I. L., & Mann L. (1977). *Decision making: The psychological analysis of conflict, choice, and commitment*. New York: Free Press.

Jehl, J., & Kirst, M. (1992). Getting ready to provide school-linked services: What schools must do. In *The future of children* (2nd ed.) (pp. 95-106). Los Altos, CA: Center for the Future of Children.

Joint Committee on Standards for Educational Evaluation (1988). *The personnel *evaluation standards: How to assess systems for evaluating educators.* Newbury Park, CA: Sage.

Johns, B. H. (1998). Translating the new discipline requirements of the 1997 Individuals with Disabilities Education Act into practice. In L. M. Bullock and R. A. Gable (Eds.), *Implementing the 1997 IDEA: New challenges.* Reston, VA: Council for Exceptional Children.

Johnson, B., & Galvan, P. (1996). Conceptualizing school partnerships and inter-organizational relationships: A consideration of the public choice and organizational economics frameworks. In P. Cordeiro (Ed.), *Border crossings: Educational partnerships and school leadership.* San Francisco: Jossey-Bass.

Johnson, D. W., & Johnson, R. (1975). *Learning together and alone.* Englewood Cliffs, NJ: Prentice-Hall.

Johnson, S. M. (1996). *Leading to change: The challenge of the new superintendency.* San Francisco: Jossey-Bass.

Johnson, S. M. (1990). *Teachers at work: Achieving success in our schools.* New York: Basic Books.

Johnston, E. W. G. (1988). *Organizational health instrument: Technical manual.* Fayetteville, AR: Organizational Health Diagnostic and Development Corporation.

Joyce, B., Weil, M., & Showers, B. (1992). *Models of teaching.* Boston: Allyn & Bacon.

K

Kagan, S. L. (1991). *United we stand: Collaboration for children.* New York: Teachers College Press.

Kanter, R. M. (1983). *The change masters.* New York: Simon & Schuster.

Kaplan, D. (1997). Leader as model and mentor. In K. Shelton (Ed.), *A new paradigm of leadership* (pp. 145 – 148). Provo, UT: Executive Excellence.

Kaplan, D. S., Peck, B. M., & Kaplan, H. B. (1997, August). Decomposing the academic failure-dropout relationship: A longitudinal analysis. *Journal of Educational Research, 90*(6), 331 – 343.

Kean, T. H. (1986, November). Who will teach? *Phi Delta Kappan, 18,* 205 – 208.

Kearns, D. (1995, January 9). Are we making progress? *Industry Week,* 12.

Keller, B. K. (1995). Accelerated schools: Hands-on learning in a unified community. *Educational Leadership, 52*(5), 10 – 13.

Kellogg Leadership Studies Project. (1997). *Leadership in the twenty-first century*. College Park, MD: University of Maryland, Center for Political Leadership and Participation.

Kilmann, R. (1989, October). A completely integrated program for creating and maintaining organizational success. *Organizational Dynamics*, 5-19.

Kimbrough, R. B., & Burket, C. W. (1990). *The principalship: Concepts and practices*. Englewood Cliffs, NJ: Prentice Hall.

Kimbrough, R. B., & Nunnery, M. Y. (1983). *Educational administration*. New York: MacMillan.

King, A., Clements, J., Enns, J., Lockerbie, J., & Warren, W. (1975). *Semestering the secondary school*. Toronto, Ontario: Ontario Institute for Studies in Education.

Kirby, D., & Lovick, S. (1987). School-based health clinics. *Educational Horizons*, 5(3), 139-143.

Knapp, M. S. (1995). How shall we study comprehensive, collaborative services for children and families? *Educational Researcher*, 24(4), 5-16.

Knapp, M., & Shields, P. (1996). *Better schooling for the children of poverty: Alternatives to conventional wisdom*. Berkeley, CA: McCurtchan.

Knapp, M., & Associates (1995). *Teaching in high poverty classrooms*. New York: Teachers College Press.

Knezevich, S. J. (1975). *Administration of public education*. New York: Harper & Row.

Kotlowitz, A. (1991). *There are no children here: The story of two boys growing up in the other America*. New York: Anchor Books.

Kottkamp, R. B. (1982). The administrative platform in administrator preparation. *Planning and Change*, 13, 82-92.

Kouzes, J., & Posner, B. (1993). *Credibility: How leaders gain and lose it, why people demand it*. San Francisco: Jossey-Bass.

Kowalski, T., and Reitzug, U. (1993). *Contemporary school administration: An introduction*. New York: Longman.

Kozol, J. (1991). *Savage inequalities: Children in America's schools*. New York: Crown.

Kramer, S. L. (1997). What we know about block scheduling and its effects on math instruction, part II. *NASSP Bulletin*, 81(587), 69-82.

Krug, S. E. (1992, August). Instructional leadership: A constructivist perspective. *Educational Administration Quarterly*, 28(3), 430-443.

L

LaMorte, M. W. (1999). *School law*. Boston: Allyn & Bacon.

Lave, J. & Wenger, E. (1993). *Situated learning: Legitimate peripheral participation*. New York: Cambridge University Press.

Lawler, E. E. (1992). *The ultimate advantage*. San Francisco: Jossey-Bass.

Lawler, E. E. (1986). *High involvement management*. San Francisco: Jossey-Bass.

Lawrence P. R., & Lorsch, J. W. (1969). *Developing organization: Diagnosis and action*. Reading, MA: Addison Wesley.

Leithwood, K. (1999). *Changing leadership for changing times*. Bristol, PA: Taylor Frances.

Leithwood, K. (Ed.) (1995). *Effective school district leadership*. Albany, NY: State University of New York Press.

Leithwood, K. A. (1992, February). The move toward transformational Leadership. *Educational Leadership*, 49(5), 8–12.

Leithwood, K., Begley, P., & Cousins, B. (1994). *Developing expert leadership for future schools*. Bristol, PA: Falmer.

Leithwood, K. A., Steinback, R. S., & Raun, T. Superintendent's group problem-solving process. *Educational Administration Quarterly*, 29(3), 364–391.

Lemann, N. (1991). *The promised land*. New York: Knopf.

Lepering, R., & Moskowitz, M. (1993). *100 Best companies to work for*. New York: Doubleday Currency.

Lepsinger, R., & Yukl, G. (1995, December). How to get the most out of 360-degree feedback. *Training*, 32(12), 45–50.

Lerner, R. (1995). *America's youth in crisis*. Thousand Oaks, CA: Sage.

Levine, D., & Ornstein, A. (1993, November/December). School effectiveness and national reform. *Journal of Teacher Education*, 342.

Levinson, B. (1996). Social difference and schooled identity at a Mexican *secundaria*. In B. Levinson, D. Foley, & D. Holland (Eds.), *The cultural production of the educated person*. New York: State University of New York Press.

Levinson, B., & Holland, D. (1996). The cultural production of the educated person: An introduction. In B. Levinson, D. Foley, & D. Holland (Eds.), *The cultural production of the educated person*. Albany, NY: State University of New York Press.

Levy, E. H. (1948). An introduction to legal reasoning. *University of*

Chicago Law Review, 15, 501－574.

Lewin, K. (1951). *Field theory in social science*. New York: Harper & Row.

Lewis, A. (1992). *Urban youth in community service: Becoming part of the solution*. Washington, DC: Office of Educational Research and Improvement (EDOUD－72－4).

Lezotte, L. (1988). Strategic assumptions of the effective school process. *Monographs on effective schools*. New York: New York State Council of Educational Administration.

Lezotte, L., Edmonds, R., & Ratner, G. (1974). *A final report: Remedy for school failure to equitably deliver basic school skills*. East Lansing, MI: Michigan State University Press.

Lieberman, A., & McLaughlin, M. (1992). Networks for educational change. *Phi Delta Kappan*, 73(9), 673－677.

Likert, R. (1967). *The human organization: Its management and value*. New York: McGraw-Hill.

Lindblom, C. E. (1995). *The intelligence of democracy*. New York: Free Press.

Lindblom, C. E. (1980). *The policy making process*. Englewood Cliffs, NJ: Prentice-Hall.

Lindblom C. E. (1959, Spring). The science of muddling through. *Public Administration Review*, 19, 79－88.

Lippitt, R., Watson, J., & Westley, B. (1958). *The dynamics of planned change*. New York: Harcourt, Brace, and World.

Lipsitz, J. (1984). *Successful schools for young adolescents*. New Brunswick, NJ: Transaction Books.

Little, J. W. (1986, September). The effective principal. *American Education*, 72, 3.

Liu, J. Q. (1997). The emotional bond between teachers & students. *Phi Delta Kappan*, 79(2), 156－157.

Louis, K. S., & Miles, M. B. (1990). *Improving the urban high school: What works and why*. New York: Teachers College Press.

Loveless, T., & Jasin, C. (1998). Starting from scratch: Political and organizational challenges facing charter schools. *Educational Administration Quarterly*, 34(1), 9－30.

Lucas, C. J. (1978). *Development of an instrument to measure form dimensions of organizational health: Innovation, autonomy, adaptation, and problem-solving adequacy*. Unpublished doctoral dissertation,

Fayetville, AR: University of Arkansas.

Lunenburg, F., & Ornstein, A. (1991). *Educational administration: Concepts and practices*. Belmont, CA: Wadsworth.

Luster, R., & McAdoo, H. P. (1994). Factors related to the achievement and adjustment of young African American children. *Child Development*, 65, 1080-1094.

M

Macedo, D. (1994). *Literacies of power: What Americans are not allowed to know*. Boulder, CO: Westview Press.

Machiavelli (1988). *The prince*. New York: Skinner & Price. (First published in 1515.)

Manz, C. (1997). Superleadership. In K. Shelton (Ed.), *A new paradigm of leadership* (pp. 45-50). Provo, UT: Executive Excellence.

March, J. G., & Simon, H. A. (1959). *Organizations*. New York: Wiley.

Mark, G. (1996). Superintendency in crisis calls for system thinking: State, national leaders meet at national conference. *Leadership News*, 168, 1.

Martin, J. R. (1993). The school home: Rethinking schools for changing families. *Educational Leadership*, 52(1), 25-31.

Marzano, R., & Kendall, J. (1997). Curriculum frameworks. *NASSP Bulletin*, 81(590), 26-41.

Matthews, J. (1994, January 19). Analysis of seven frameworks of educational leadership. Charlottesville, VA: National Policy Board for Educational Administration, 1-16.

McCarthy, B. (1997a). *About learning*. Barrington, IL: Excel.

McCarthy, B. (1997b, March). A tale of four learners: 4 MAT's learning styles. *Educational Leadership*, 54(6), 45-51.

McCarthy, M., Bull, B., Quantz, R., & Sorenson, G. (1993). *Legal and ethical dimensions of schooling: Taxonomy and overview*. New York: McGraw-Hill.

McCarthy, M., & Cambron-McCabe, N., & Thomas, S. (1987). *Public school law*. Boston: Allyn & Bacon. (1998).

McCurdy, J. (1992). *Building better board-administrator relations*. Arlington, VA: American Association of School Administrators.

McFarland, L. J., Senn, L. E., & Childress, J. R. (1993). *Twenty-first century leadership*. New York: Leadership Press.

McGregor, D. (1960). *The human side of enterprise*. New York: McGraw-

Hill.

McKenna, B. H. (1965). *Staffing the schools*. New York: Teachers College Press.

McKnight, J. L., & Kretzman, J. P. (1993). Mapping community capacity. *Michigan State University Community and Economic Development Program Community News*, 1-4.

McLaughlin, M. W., Irby, M. A., & Longman, J. (1994). *Urban sanctuaries*. San Francisco: Jossey-Bass.

Meadows, M. E. (1995). *A preliminary program review of the four-period day as implemented in four high schools*. Doctoral dissertation. College Park, MD: University of Maryland.

Meek, J. C. (1972). *Unit cost analysis of the implementary expenditures in an urban system*. Master's thesis. University of Alberta.

Meier, K., & Stewart, J. (1991). *The politics of Hispanic education: Un paso Pa'lantey Dos Pa'tras*. New York: State University of New York Press.

Meno, L. R. (1984). Sources of alternative revenue. In *Fifth annual 1*. L. D. Webb and V. D. Mueller (Eds.). Cambridge: Ballinger.

Mertz, N. T. (1997). Voices from the field: Principal perceptions. Presented at the 1997 Annual Conference of the University Council of Educational Administration, Orlando, FL.

Mertz, N. (1997). Knowing and doing: Exploring the ethical life of educational leaders. In L. Beck & J. Murphy (Eds.), *Ethics in educational leadership programs*. Columbia, MO: UCEA.

Metcalf, H., & Urwick L. (Eds.) (1941). *Dynamic administration and the collected papers of Mary Parker Follett*. New York: Harper.

Metz, M. (1978). *Classrooms and corridors: The crisis of authority in desegregated secondary schools*. Berkeley, CA: University of California Press.

Meyer, H. H., Kay, E. E., & French, R. P. (1965, February). Split roles in performance appraisals. *Harvard Business Review*, 48(2).

Miller, E. (1995, November/December). Shared decision making by itself doesn't make for better decisions. *Harvard Education Letter*, *XI*(6), 1-4.

Millman, J., & Darling-Hammond, L. (Eds.) (1990). *The new handbook of teacher evaluations: Assessing elementary and secondary school teachers*. Newbury Park, CA: Sage.

Milstein, M. (1993). *Changing the way we prepare educational leaders*.

Newbury Park, CA: Corwin.

Mintzberg, H. (1989). *Mintzberg on management*. New York: Free Press.

Mintzberg, H. (1987, July-August). Crafting strategy. *Harvard Business Review*, 65(4), 66–75.

Mitchell, B., & Cunningham, L. L. (Eds.) (1990). *Educational leadership and changing contexts of families, communities, and schools* (Eighty-ninth NSSE Yearbook, Part II) Chicago: University of Chicago Press.

Moffett, J. (1994). *The universal schoolhouse: Spiritual awakening through education*. San Francisco: Jossey-Bass.

Morris, C. (1992, December). Pressure groups and the politics of education. *Updating School Board Policies*, 23(9), 1–5.

Murphy, J. (1993). What's in? What's out? American education in the nineties. In S. Elam (Ed.), *The state of the nation's public schools* (pp. 55–56). Bloomington, IN: Phi Delta Kappan.

Murphy, J. (1995). *School-based management*. Thousand Oaks. CA: Corwin Press.

Murphy, J. (Ed.) (1993). *Preparing tomorrow's school leaders: Alternative designs*. University Park, PA: ULCA, Inc.

Murphy, J. (1991). *Restructuring schools: Capturing and assessing the phenomena*. New York: Teachers College Press.

Murphy, J. (1990). The educational reform movement in the 1980's. In J. Murphy (Ed.), *The reform of American public education in the 1980's: Perspectives and cases*. Berkeley: McCutchan.

Murphy, J., & Beck, L. (1996). *The four imperatives of a successful school*. Thousand Oaks, CA: Corwin.

Murphy, J., & Hallinger, P. (Eds.). (1993). *Restructuring schooling: Learning from ongoing efforts*. Newbury Park, CA: Corwin.

Murphy, J., & Lewis, K. (1999). *Handbook of research in educational administration*. San Francisco: Jossey-Bass.

Myrdal, G. (1944). *An American dilemma: The negro problem and modern democracy*. New York: Harper & Brothers.

N

Nanus, B. (1992). *Visionary leadership*. San Francisco: Jossey-Bass.

Nathan, J. (1996). *Charter schools*. San Francisco: Jossey-Bass.

National Association of Elementary Schoool principals (1991). *Proficiencies for principals: Revised*. Alexandria, VA: NASPP.

National Association of Secondary School Principals (1998). *Assessment handbook*. Reston, VA: NASSP.

National Association of State Boards of Education (1992). *Winners all: A call for inclusive schools*. Alexandria, VA: National Association of State Boards of Education.

National Commission on Child Welfare and Family Preservation (1990). *A commitment to change*. Washington, DC: American Public Welfare Association.

National Commission on Children (1991/2). *Beyond rhetoric: A new American agenda for children and families*. Washington, DC: U. S. Government Printing Office.

National Commission on Excellence in Education (1983). *A nation at risk: The imperative of school reform*. Washington, DC: U. S. Office of Education.

National Commission for Excellence in Teacher Education (1985). *A call for change in teacher education*. Washington, DC: American Association of Colleges for Teacher Education.

National Commission on the Role of the School and the Community in Improving Adolescent Health (1990). *Code blue: Uniting for healthier youth*. Alexandria, VA: National Association of State Boards of Education and the American Medical Association.

National Commission on Teaching and America's Future (1996). *What matters most: Teaching and America's future*. New York: NCTAF.

National Education Goals Panel (1991). *The national education goals report: Building a nation of learners*. Washington, DC: NAEG.

National Education Goals Panel (1994). *The National Education goals report: Building a nation of learners*. Washington, DC: U. S. Government Printing Office.

National School Board Association (1997). *Urban dynamics: Lessons learned from urban boards and superintendents*. Alexandria, VA: National School Boards Association.

National Governors Association (1986). *Time for results*. Washington, DC: National Governors Association.

National Governors Association (1987). *Results in education: 1987*. Washington, DC: National Governors Association.

National Science Board (1983). *Educating Americans for the twenty-first century*. Washington, DC: National Science Foundation.

Negroponte, N. (1995). *Being digital*. New York: Alfred A. Knopf.

Neukrug, E. (1999). *The world of the counselor*. Pacific Grove, CA: Brooks/Cole.

Newmann, F. M., & Wehlage, G. (1993, April). Five standards of authentic instruction. *Educational Leadership*, 50(5), 8-12.

Nieto, S. (1992; 1996). *Affirming diversity: The sociopolitical context of multicultural education*. New York: Longman.

Noddings, N. (1992). *The challenge to care in schools: An alternative approach to education*. New York: Teachers College Press.

Norris, C. J. (1994). Cultivating creative cultures. In L. W. Hughes (Ed), *The principal as leader* (p. 341). New York: MacMillan.

Norris, J. H. (1994, Spring). What leaders need to know about school culture. *Journal of Staff Development*, 15(2).

North Central Regional Educational Laboratory (NCREL). (1994). *Designing learning and technology for educational reform*. Elmhurst, IL: NCREL.

Northhouse, P. G. (1997). *Leadership: Theory and practice*. Thousand Oaks, CA: Sage.

Norton, M., Webb, L., Dlugosh, L., & Sybouts, W. (1996). *The school superintendency: New responsibilities, new leadership*. Boston: Allyn & Bacon.

O

Odden, A. R., & Wohlestetter, P. (1994). Making school-based management work. *Educational Leadership*, 51(6), 32-36.

Ogawa, R. T. (1994). The institutional sources of educational reform: The case of school-based management. *American Educational Research Journal 31*, 519-548.

Ogbu, J. (1992). Understanding cultural diversity and learning. *Educational Researcher*, 21(8), 5-14.

Olson, L. (1997, February 12). Designing for learning. *Education Week*, 16(20), 40-45.

O'Neil, R. (1995). On lasting school reform: A conversation with Ted Sizer. *Educational Leadership*, 52(5), 4-9.

Outtz, J. H. (1993). *The demographics of American families*. Washington, DC: Institute for Educational Leadership.

Owens, R. G. (1995). *Organizational behavior in education*. Boston: Allyn & Bacon.

P

Pai, Y. (1990). *Cultural foundations of education*. Columbus, OH: Merrill.

Palmer, P. J. (1998). *The courage to teach: Exploring the inter-landscape of a teacher's life*. San Francisco: Jossey-Bass.

Parker, L., & Shapiro, J. (1993). The context of educational administration and social class. In C. Capper (Ed.), *Educational administration in a pluralistic society*. Albany, NY: State University of New York Press.

Payzant, T. W. (1994). Commentary on the district and school roles in curriculum reform: A superintendent's perspective. In R. F. Elmore and S. H. Fuhrman (Eds.), *The governance of curriculum* (p. 224). Alexandria, VA: ASCP.

Payzant, T. W. (1992). New beginnings in San Diego: Developing a strategy for interagency collaboration. *Phi Delta Kappan 74*(2), 139-146.

Pedersen, P. (1994). *A handbook for developing multicultural awareness*. Alexandria, VA: American Counseling Association.

Peltier, G. (1991). Year-round education: The controversy and research evidence. *NASSP Bulletin, 75*(536), 120-129.

Perkins, D., & Blythe, T. (1994, February). Putting understanding up front. *Educational Leadership, 51*(1), 4-7.

Perman, P., & McLaughlin M. W. (1978, May). *Federal programs supporting educational change, volume VIII: Implementing and sustaining innovation*. R-1589/8-HEW. Washington, DC: Department of Health, Education and Welfare.

Perot, R. (1997). Caring leaders. In K. Shelton (Ed.), *A new paradigm of leadership* (pp. 237-240). Provo, UT: Executive Excellence.

Peskin, A. (1991). *The color of strangers, the color of friends*. Chicago: University of Chicago Press.

Peters, T. (1997). Brave leadership. In K. Shelton (Ed.), *A new paradigm of leadership* (pp. 73-76). Provo, UT: Executive Excellence.

Peters, T. (1994). *The pursuit of wow!* New York: Vintage Books.

Peters, T. (1987). *Thriving on chaos: Handbook for management revolution*. New York: Knopf.

Peters, T. J., & Austin, N. (1985). *A passion for excellence: The leadership difference*. New York: Random House.

Peters, T. J., & Waterman, R. H. (1982). *In search of excellence: Lessons from America's best-run companies*. New York: Harper & Row.

Peterson, P. L., McCarthy, S. J., & Elmore, R. F. (1996, Spring).

Learning from school restructuring. *American Educational Research Journal*, *33*(1), 119-153.

Phinney, J. (1993). A three-stage model of ethnic identity development in adolescence. In M. Bernal & G. Knight (Eds.), *Ethnic identity*. New York: State University of New York Press.

Popham, W. J. (1997). The standards movement and the emperor's new clothes. *NASSP Bulletin*, *81*(590), 21-25.

Porlin, B. S. (1997, November 1). Complexity and capacity: A survey of principal role change in Washington state. Paper presented at UCEA annual meeting, Orlando, Florida.

Postman, N. (1995). *The end of education: Redefining the value of school*. New York: Knopf.

Pounder, D. (1995). Theory to practice in administrator preparation. *Journal of School Leadership*, *5*, 151-162.

President's Committee of Advisors on Science and Technology (1997, March). *Report to the president on the use of technology to strengthen K-2 education in the United States*. Washington, DC: Panel on Educational Technology.

Prestine, N. A. (1995). A constructivist view of the knowledge base in educational administration. In R. Donmoyer, M. Imber, & J. Scheurich (Eds.), *The knowledge base in educational administration*. Albany, NY: State University of New York Press.

Purkey W. W., & Novak, J. M. (1984). *Inviting school success* (2nd ed.). Belmont, CA: Wadsworth.

Putman, R. D. (1996, Winter). The strange disappearance of civic America. *The American Prospect*, *24*, 34-48.

Q

Quigley, M. (1997). Leader as learner. In K. Shelton (Ed.), *A new paradigm of leadership* (pp. 93-96). Provo, UT: Executive Excellence.

Quinlan, C., George, C., & Emmett, Y. (1987). *Year-round education: Year-round opportunities*. Los Angeles: California State Department of Education. (ERIC Reproduction Service No. ED 285 272.)

R

Raferty, J. R. (1992). *Land of fair promise*. Palo Alto, CA: Stanford University Press.

Ramirez, M., & Casteñeda, A. (1974). *Cultural democracy, bicognitive development and education*. New York: Academic Press.

Ravitch, D. (1995). *National standards in American education*. Washington, DC: Brookings Institution Press.

Raywid, M. A. (1994, September). Alternative schools: The state of the art. *Educational Leadership*, 52(1), 25–31.

Razik, T. A., & Swanson, A. D. (1995). *Fundamental concepts of educational leadership and management*. Englewood Cliffs, NJ: Prentice Hall.

Reagan, B. R. (1981, July). Teacher shortages in Texas. Presentation at the AASA Summer Instructional Leadership Conference. Washington, DC.

Rebore, R. W. (1998). *Personnel administration in education: A management approach*. Boston: Allyn & Bacon.

Regan, R. (1984). Overview of education reform issues. In C. Masshner (Ed.), *A blue print for educational reform*. Washington, DC: Free Congress Research and Education Foundation.

Reich, R. (1997). Keynote speech. Employment in the twenty-first century conference. Pittsburgh, PA: University of Pittsburgh and Carnegie Mellon University.

Reid, W. M. (1995). *Restructuring secondary school with extended time blocks and intensive courses: The experiences of school administrators in British Columbia*. Dissertation Abstracts. Spokane, WA: Gonzaga University.

Reith, K. M. (1989, Winter). Minority athletes: Study breaks stereotypes. *National Coach*, 25(2), 36.

Reitzug, U. C. (1994). A case study of empowering principal behavior. *American Educational Research Journal*, 31(2), 283–307.

Richardson, M. D. (1988, June). The administrative assessment center. Presented at the Kentucky Association of School Superintendent Annual Conference. Louisville, KY. ED 301–930.

Robbins, H., & Finley, M. (1995). *Why teams don't work: What went wrong and how to make it right*. Princeton, NJ: Pacesetter Books.

Robinson, V. M. G. (1994, February). The practical promise of critical research in educational administration. *Educational Administration Quarterly*, 30(1), 56–57.

Rhodes, L. A. (1997, January). Connecting leadership and learning. A position paper for the American Association of School Administrators. Arlington, VA: American Association of School Administrators.

Roethlisberger, F., & Dixon, W. (1939). *Management and the worker*. Cambridge, MA: Harvard University Press.

Rogers, E. M. (1995). *Diffusion of innovations*. New York: Free Press.

Rollefson, M., & Rohr, C. L. (1992). *Teacher salaries—Are they competitive?* Washington, DC: National Center for Education Statistics.

Rosaldo, R. (1989). *Culture and truth: The remaking of social analysis*. Boston: Beacon Press.

Rowan, B. (1990). Commitment and control: Alternative strategies for the organizational design of schools. *Review of Research in Education*, *16*, 353–389.

Rutter, M., Maughan, B., Mortimore, P., Ouston, J., & Smith, A. (1979). *Fifteen thousand hours: Secondary schools and their effects on children*. Cambridge, MA: Harvard University Press.

Ruskin, K. B., & Achilles, C. M. (1995). *Grantwriting, fundraising and partnerships: Strategies that work!* Thousand Oaks, CA: Corwin.

Ryau, K., & Bohlin, K. E. (1999). *Building character in schools*. San Francisco: Jossey-Bass.

S

Sagor, R., & Barnett, B. G. (1994). *The TQE principal: A transformational leader*. Thousand Oaks, CA: Corwin.

Salisbury, C. L., Palombaro, M. M., & Hollowood, P. M. (1993). On the nature and change of an inclusive elementary school. *Journal of the Association for Persons with Severe Handicaps*, *2*(8), 75–84.

Sanders, K. P., & Theimann, F. C. (1990). Student costing: An essential tool in site-based budgeting and teacher empowerment. *NASSP Bulletin*, *74*(523), 95–102.

San Diego Unified School District (1997–1998). Statistical report. San Diego, CA: San Diego City School Communications/Public Information Office.

Sarason, S. B. (1996). *Barometers of change: Individual educational social transformation*. San Francisco, CA: Jossey-Bass.

Sarason, S. (1994). *The predictable failure of school reforms*. San Francisco: Jossey-Bass.

Sashkin, M., & Walberg, H. (1993). *Educational leadership and school culture*. Berkeley, CA: McCutchan.

Schein, E. (1991, 1985). *Organizational culture and leadership*. San Francisco: Jossey-Bass.

Schewick, J. J., & Young, M. D. (1997, May). Coloring epistemologies: Are our research epistemologies racially biased. *Educational Researcher*, 26(4), 4–16.

Schlechty, P. C. (1997). *Inventing better schools: An action plan for educational reform.* San Francisco: Jossey-Bass.

Schlechty, P. C. (1990). *Schools for the twenty-first century.* San Francisco: Jossey-Bass.

Schoenstein, R. (1995). The new school on the block. *Executive Educator*, 17(8), 18–21.

Schmitt, N., Noe, R., Meritt, R., Fitzgerald, M., & Jorgensen, C. (1983). *Criterion-related and content validity of the NASSP assessment center.* Reston, VA: National Association of Secondary School Principals.

Schmuck, R., & Runkel, P. (1985). *The handbook of organizational development in schools.* Prospect Heights, IL: Waveland Press.

Schofield, J. W. (1989). *Black and white in school: Trust, tension, or tolerance?* New York: Teachers College Press.

Schön, D. (1983). *The reflective practitioner: How professionals think in action.* New York: Basic Books.

School Health Resource Services, Office of School Health. (1995). *School-based health centers: Recommended services.* Denver: University of Colorado Health Sciences Center Resource Packet Series. [Available by writing: 4200E. 9th Ave./Box C287, Denver, CO 80262 or calling (303) 270–5990.]

School Health Resource Services, Office of School Health. (1995). *School-based clinics that work.* Denver: University of Colorado Health Sciences Center Resource Packet Series.

School Health Resource Services, Office of School Health. (1995). *State initiative to support school-based health centers.* Denver: University of Colorado Health Sciences Center Resource Packet Series.

Schwartz, W. (1995). *School dropouts: New information about an old problem.* Washington, DC: Office of Educational Research and Development. EDO-OD-96-5.

Scott, W. R. (1992). *Organizations.* Englewood Cliffs, NJ: Prentice-Hall.

Sears, S. J., & Coy, D. R. (1991). *The scope of practice of the secondary school counselor.* Washington, DC: ERIC Clearinghouse on Counseling and Personnel Services. ED 328830.

Senge, P. M. (1990). *The fifth discipline: The art and practice of the learning organization.* New York: Doubleday Currency.

Senge, P. M. (1990, May). The leader's new world: Building learning retention. *Educational Leadership*, 47, 84–88.

Sergiovanni, T. J. (1994, May). Organizations or communities? Changing the metaphor changes the theory. *Educational Administration Quarterly*, 30(2), 214–226.

Sergiovanni, T. J. (1992, February). Why we should seek substitutes for leadership. *Educational Leadership*, 49(5), 41–45.

Sergiovanni, T. J. (1991). *The principalship: A reflective practice perspective.* Boston: Allyn & Bacon.

Sergiovanni, T., & Starratt, R. J. (1998). *Supervision: Human perspectives.* New York: McGraw-Hill.

Shakeshaft, C. (1995). A cup half full: A gender critique of the knowledge base in educational administration. In R. Donmoyer, M. Imber, & J. Scheurich. *The knowledge base in educational administration.* Albany, NY: State University of New York Press.

Shakeshaft, C. (1986). *Women in educational administration.* Newbury Park, CA: Sage.

Shanker, A. L. (1990, April). Restructuring: What is it? *Educational Leadership*, 47(7), 10.

Shapiro, J. P., & Stefkovich, J. (1997). Preparing ethical leaders for equitable schools. In L. Beck & J. Murphy (Eds.), *Ethics in educational leadership programs.* Columbia, MO: UCEA.

Sharp, W. (1994). Seven things a principal should know about school finance. *NASSP Bulletin*, 78(566), 1–5.

Shelton, K. (Ed.). (1997). *A new paradigm of leadership: Visions of excellence for the twenty-first century.* Provo, UT: Executive Excellence Publishing.

Shen, J. (1997, October). The evolution of violence in schools. *Educational Leadership*, 55(2), 18–22.

Shoop, R. J., & Dunklee, D. J. (1992). *School law for the principal.* Boston: Allyn & Bacon.

Shoop, R. J., & Sparkman, W. (1983). *Kansas school law.* Dubuque, IA: Bowers.

Short, P. M., & Greer, J. T. (1997). *Leadership in empowered schools.* Upper Saddle River, NJ: Prentice Hall.

Short, P. M., Green, J. T. & Michael, R. (1991, April). Restructuring schools through empowerment: Facilitating the process. *Journal of School Leadership*, *1*(2), 127-139.

Shorten, A. R. (1996). Law and the courts. In K. Leithwood, J. Chapman, D. Corson, P. Hallinger, & A. Hart. (Eds.), *The international handbook of educational leadership and administration*. Boston: Kluwer Academic.

Shreeve, J. (1994). Terms of estrangement. *Discover*, *108*, 57-63.

Simmons, R. (1994). The horse before the cart: Assessing for understanding. *Educational Leadership*, *51*(5), 22-23.

Simon, H. A. (1976, 1947). *Administrative behavior* (4th ed.). New York: MacMillan.

Simon, H. (1960). *The new science of management decision*. New York: Harper & Row.

Singh, J. V., Tucker, D. J., & House, R. J. (1986). Organizational legitimacy and the liability of newness. *Administrative Science Quarterly*, *31*, 171-193.

Sirotnik, K., & Oakes, J. (Eds.). (1986). *Critical perspectives on the organization and improvement of schooling*. Boston: Kluver-Nighoff.

Sizer, T. R. (1996). *Horaces' hope: What works for the American high school*. Boston: Houghton Mifflin. (Excerpts from *Horace's Hope* copyright 1996 by Theodore R. Singer. Reprinted by permission of Houghton Mifflin Co. All rights reserved.)

Slater, R. (1994). Symbolic educational leadership and democracy in America. *Educational Administrative Quarterly*, *30*, 97-101.

Slater, R. O. (1995). The sociology of leadership and educational administration. *Educational Administration Quarterly*, *31*(3), 449-472.

Slavin, R. E., Madden, N. A., Dolan L. J., & Waskik, B. A. (1996). *Every child. Every school: Success for all*. Thousand Oaks, CA: Corwin.

Slavin, R. E., Madden, N. A., Dolan L. J., & Waskik, B. A. (1994, November). Roots and wings: Inspiring academic excellence. *Educational Leadership*, *52*(3), 10-15.

Slavin, R. (1990). *Cooperative learning: Theory, research, and practice*. Englewood Cliffs, NJ: Prentice-Hall.

Slavin, R. (1995). *Cooperative learning and intergroup relations*. Washington, DC: ERIC Document No. ED 382 730.

Slavin, R. (1996). Cooperative learning in middle and secondary schools. *Clearinghouse*, *69*(4), 200-204.

Sleeter, C., & Grant, C. (1993). *Making choices for multicultural education: Five approaches to race, class and gender*. New York: Merrill.

Smith, W. F., & Andrews, R. L. (1989). *Instructional leadership: How principals make a difference*. Alexandria, VA: Association for Supervision and Curriculum Development.

Smrekar, C., & Goldring, E. B. (1999). *School choice in urban America: Magnet schools and the pursuit of equity*. New York: Teachers College Press.

Solomon, R. P. (1992). *Black resistance in high school*. New York: State University of New York Press.

Spartz, J., Valdes, A., McCormick, W., Meyers, J., & Geppert, W. (1977). *Delaware educational accountability system case studies: Elementary schools grade 1-4*. Dover, DE: Delaware Department of Public Instruction.

Spillane, R. R., & Regnier, P. (1998, Spring). *The superintendent of the future*. Gaitherburg, MD: Aspen.

Spring, J. (1998). *Conflict of interests: The politics of American education*. Boston: McGraw-Hill.

Sredl, H. G., & Rothwell, W. J. (1987). *Professional training roles and competencies—volume I*. New York: Random House.

Stallings, J. (1980). Allocated academic learning time revisited, or beyond time on task. *Educational Researcher, 9*, 11-16.

Starratt, R. J. (1996). *Transforming educational administration: Meaning, community and excellence*. New York: McGraw-Hill.

Starratt, R. J. (1995). *Leaders with vision*. Thousand Oaks, CA: Corwin Press.

Starratt, R. J. (1994). *Building an ethical school: A practical response to the moral crisis in schools*. London: Falmer Press.

Starratt, R. J. (1993). *The drama of leadership*. Bristol, PA: Falmer Press.

Starratt, R. J. (1991). Building an ethical school: A theory for practice in educational leadership. *Educational Administration Quarterly, 27*(2), 185-202.

Stedman, L. (1995, February). The new mythology about the status of U.S. schools. *Educational Leadership, 52*(5), 80-85.

Stedman, L. (1987). It's time we change the effective schools formula. *Phi Delta Kappan, 69*(3), 215-224.

Steinberg, L. (1996). *Beyond the classroom: Why school reform has failed* and what parents need to do. New York: Simon and Schuster.

Steinberg, E. D. (1995, January 6). Margaret Wheatley on leadership for change. *School Administration*, 16–20.

Sternberg, R. (1996). IQ counts, but what really counts is successful intelligence. *NASSP Bulletin*, 80(583), 18–23.

Sternberg, R. (1996). *Successful intelligence*. New York: Simon & Schuster.

Sternberg, R. & Caruso, O. (1985). Practical modes of knowing. In E. Eisner (Ed.), *Learning and teaching the ways of knowing* (NSSE Yearbook) (pp. 133–158). Chicago: University of Chicago Press.

Sternberg, R., & Frensch, P. (1993). Mechanism of transfer. In D. Detterman & R. Sternberg (Eds.), *Transfer on trial: Intelligence, cognition, and instruction*. Norwood, NJ: Ablex.

Stevens, R., & Slavin, R. E. (1995). Effects of a cooperative learning approach in reading and writing on academically handicapped and nonhandicapped students. *Elementary School Journal*, 95(3), 241–262.

Stiggins, R. (1994). *Student-centered classroom assessment*. Portland, OR: Assessment Training Institute.

Stodolsky, S., & Lesser, G. (1971). Learning patterns in the disadvantaged. In *Challenging the myths: The schools, the blacks, and the poor*. Reprint Series #5. Cambridge: Harvard Educational Review.

Stogdill, R. (1981). Traits of leadership: A follow-up to 1970. In B. Bass (Ed.), *Handbook of leadership*. New York: Free Press.

Stogdill, R. (1974). *Handbook of leadership*. New York: Free Press.

Strahan, R. D., & Turner, L. C. (1987). *The courts and the schools*. New York: Longman.

Strike, K., Haller, E., & Solitus, J. (1988). *The ethics of school administration*. New York: Teachers College Press.

Strong, J. H. (1997). Improving schools through teacher evaluation. In J. H. Stronge (Ed.), *Evaluating Teaching*. Thousand Oaks, CA: Corwin Press.

Suters, E. (1997). Inspirational leadership. In K. Shelton (Ed.), *A new paradigm of leadership* (pp. 199–202). Provo, UT: Executive Excellence.

Swap, P. (1993). *Developing home-school partnerships: From concepts to practice*. New York: Teachers College Press.

Takaki, R. (1993). *A different mirror: A history of multicultural America*.

Boston: Little, Brown.

Talbert, J., & McLaughlin, M. W. (1994). Teacher professionalism in local school contexts. *American Journal of Education*, 102, 123–153.

Tanner, D. (1993, December). A nation truly at risk. *Phi Delta Kappan*, 74, 288–297.

Tannenbaum, R., & Schmidt, W. H. (1958). How to choose a leadership pattern. *Harvard Educational Review*, 57, 92–106.

Tanner, D., & Tanner, L. N. (1995). *Curriculum development: Theory into pratice*. Englewood Cliffs, NJ: prentice-Hall.

Tanner, L. N. (1997). *Dewey's laboratory school: Lessons for today*. New York: Teachers College Press.

Task Force on Teaching as a Profession. (1986). *A nation prepared: Teachers for the twenty-first century*. New York: Carnegie Forum on Education and the Economy.

Taylor, B. B. (1996). *Education and the law: A dictionary*. Santa Barbara, CA: ABC-CLIO.

Taylor, C. (1991). *The ethics of authenticity*. Cambridge, MA: Harvard University Press.

Taylor, F. W. (1947). *Scientific management*. New York: Harper.

Thayer, Y., & Short, T. (1994). New sources of funding for the twenty-first-century school. *NASSP Bulletin*, 78(566), 6–15.

Thomas, K., & Kilmann, J. (1975). Conflict and conflict management. In Marvin Dunnett (Ed.), *Handbook of industrial and organizational psychology*, vol 2. Chicago: Rand McNally.

Thurston, P., Clift, R., & Schacht, M. (1993, November). Preparing leaders for change oriented schools. *Phi Delta Kappan*, 259–265.

Tice, L. (1997). Limitless leadership. In K. Shelton (Ed.), *A new paradigm of leadership* (pp. 79–82). Provo, UT: Executive Excellence.

Triandis, H. (1971). *Attitude and attitude change*. New York: Wiley.

Trilling, L. (1974). *Sincerity and authenticity*. London: Oxford University Press.

Trueba, H. T. (1988/9). *Raising silent voices: Educating the linguistic minorities for the twenty-first century*. Rowley, MA: Newbury House.

Tucker, M. (1990, April). Restructuring: What is it? *Education Leadership*, 47(7), 9.

Turnbull, A. P., Turnbull, H. R., Shank, M., & Leal, D. (1995). *Exceptional lives*. Englewood Cliffs, NJ: Prentice-Hall.

Tyack, D. (1992, Spring). Health and social services in public schools: Historic perspective. *The Future of Children*, 2(1), 19-31.

Tyler, R. W. (1949). *Basic principles of curriculum and instruction*. Chicago: University of Chicago Press.

U

Ubben, G. C., & Hughes, L. W. (1997). *The principal: Creative leadership for effective schools*. Boston: Allyn & Bacon.

Underwood, J., & Noffke, J. (1990). Litigation threat has chilling effect. *The Executive Educator*, 12(3), 18-20.

Urwick, L. F. (1937). Organization as a Technical Problem. In L. Gulick and L. F. Urwick (Eds.), *Papers on the science of administration* (pp. 47-88). New York: Institute of Public Administration, Columbia University.

V

Valente, W. D. (1994). *Law in the schools* (4th ed.). New York: Merrill.

Van Horn, G., Burrello, L., & De Clune, L. (1992). An instructional leadership framework: The principal's leadership role in special education. *Special education leadership review*. Albuquerque, NM: Council of Administration of Special Education.

Vroom, V. H., & Jago, A. G. (1988). *The new leadership: Managing participation in organization*. Englewood Cliffs, NJ: Prentice-Hill.

Vroom, V. H., & Yetton, P. W. (1973). *Leadership and decision-making*. Pittsburgh: University of Pittsburgh Press.

Vygotsky, L. (1978). *Mind in society*. Cambridge, MA: Harvard University Press.

W

Walberg, H. J., & Lane, J. E. (1989). *Organizing for learning: Toward the twenty-first century*. Reston, VA: National Association of Secondary School Principals.

Walsh, J., & Snyder, D. (1994). Cooperative teaching: An effective model for all students. *Case in Point*, 2, 7-19.

Wang, M. C., Haertel, G. D., & Walberg, H. J. (1993). Toward a knowledge base for school learning. *Review of Educational Research*, 63(3), 249-294.

Webb, L. D., & Norton, M. S. (1994, 1999). *Human resource administration*. New York: Merrill.

Weber, M. (1947). *The theory of social and economic organization* (trans. by A. M. Henderson; introduction by T. Parsons). New York: Free Press.

Weiss, C. H. (1995, Winter). The four "I's" of school reform: How interests, ideology, information, and institution affect teachers and principals. *Harvard Education Review*, 65(6), 571–592.

Weller, L. G., Buttery, T. L., & Bland, R. W. (1994). Teacher evaluation of principals: As viewed by teachers principals, and superintendents. *Journal of Research and Development in Education*, 27(2), 112–117.

Werner E. E., & Smith, R. S. (1989). *Vulnerable but invincible: A longitudinal study of resilient children and youth*. New York: Adams, Bannister, Cox.

West, C. (1992). The new cultural politics of difference. In S. Seidman (Ed.), *The postmodern turn: New perspectives on social theory*. Cambridge, England: Cambridge University Press.

Wheatley, M. (1992). *Leadership and the new science*. San Francisco: Berrett-Koehler.

White, W. D. (1988, January). Year-round high schools: Benefits to students, parents and teachers. *NASSP Bulletin*, 478, 18–24.

Wiggins, G. (1998). *Educative assessment*. San Francisco: Jossey-Bass.

Wiggins, G. (1990). *The case of authentic assesment*. ERIC ED 328 611.

Wiles, J., & Bondi, J. (1993). *Curriculum development* (4th ed.). New York: MacMillan.

William T. Grant Foundation (1988, January). *The forgotten half: Non college youth in America*. Washington, DC: The William T. Grant Foundation.

Willower, D. G. (1996). Explaining and improving educational administration. In C. W. Evers and G. Lakomski (Eds.), *Exploring educational administration*. New York: Pergamon.

Willower, D. G. (1979). Some issues in research on school organization. In G. I. Immegart & W. Boyd (Eds.), *Currents in administrative research: Problem finding in education*. Lexington, MA: Heath.

Willower, D., & Licata, J. (1996). *Values and valuation in the practice of educational administration*. Thousand Oaks, CA: Corwin.

Wimpelberg, R., Teddlie, C., & Stringfield, S. (1989). Sensitivity to context: The past and future of effective schools research. *Educational*

Administration Quarterly, 25(1), 82 – 107.

Wolf, S. (1997, October). Teach our children well. *Time*, 150(17), 62 – 71.

Wollons, R. (1992). (Ed.). *Children at risk in America: History, concepts, and public policy*. Albany, NY: State University of New York Press.

Yetman, N. R. (1985). *Majority and minority: The dynamics of race and ethnicity in American life*. Boston: Allyn & Bacon.

Yukl, G. A. (1989). *Leadership in organizations*. Englewood Cliffs, NJ: Prentice-Hall.

Zepeda, S., & Logenbock, M. (1999). *Special programs in regular schools*. Boston: Allyn & Bacon.

Zigler, E., Kagan, S., & Klugman, E. (1983). *Children, families, and government*. Cambridge: Cambridge University Press.

Zirkel, P. (1996). Discipline and the law. *The Executive Educator*, 18(7), 21 – 23.

译后记

近年来,我一直遵循着自己的"立基点于本土,求视野于世界"的研究原则,因而,"求视野"的国外教育著作的翻译工作也就成为我全部研究的重要组成部分。当《教育科学精品教材译丛》主编朱永新教授希望我能主持翻译本书时,我欣然答应了。

尽管我们已经看过不少教育管理类的著作,包括翻译的著作,也认为对教育管理方面的内容颇为熟悉,但由于本书涉及的范围广泛、内容丰富,加之"本书介绍了美国最杰出的和最新的相关研究与理论,评述了美国最富有创见的专家们关于教育问题的思考"(原作者中文版序),我们一旦真正工作起来,就深感已有知识的不足以及对美国教育管理的陌生,因而这一翻译工作也使我们对学校教育管理有了一种全新的认识。

尽管我们惊讶于该书的涉猎范围和内容,但更对它的撰写方式感兴趣,以设计的(或许是真实的)问题情境入手,来讨论与问题情境相联系的管理理论和知识,并辅之以框注及他人的研究成果,从而增加了理论著作的可读性。这一点值得一提,值得借鉴。

本书由我主持翻译工作,逐章校对和通读全书。具体翻译工作由我和我的研究生合作完成,分工如下:中文版序(许庆豫)、前言、第一章(赵中建)、第二章、第三章(李敏)、第四章(赵中建、周涛)、第五章(兰小云、赵中建)、第六章、第十章(于家太)、第七章(杨丽宁、赵中建)、第八章、第九章、第十一章(陈霞)、第十二章(徐士强、赵中建)、第十三章(王海燕、贾爱武)。陈霞、贾爱武、李敏等协助我做了一些具体的工作,特此致谢。鉴于本书涉及的范围较广,同时也限于我们的水平,本书在翻译和统稿方面可能会存在某些不足和疏漏,恳请读者批评指正。

赵中建
2002 年 12 月